KB070461

최선의 교육제도

도시학교를 중심으로 한 미국교육사

나남
nanam

한국연구재단 학술명저번역총서
서양편 361

최선의 교육제도

도시학교를 중심으로 한 미국교육사

2017년 10월 15일 발행
2017년 10월 15일 1쇄

지은이__데이비드 타이악
옮긴이__양성관 · 임경민
발행자__趙相浩
발행처__(주) 나남
주소__10881 경기도 파주시 회동길 193
전화__(031) 955-4601 (代)
FAX__(031) 955-4555
등록__제 1-71호 (1979.5.12.)
홈페이지__http://www.nanam.net
전자우편__post@nanam.net
인쇄인__유성근 (삼화인쇄주식회사)

ISBN 978-89-300-8898-5
ISBN 978-89-300-8215-0 (세트)

'한국연구재단 학술명저번역총서'는 우리 시대 기초학문의 부흥을 위해
한국연구재단과 (주)나남이 공동으로 펼치는 서양명저 번역간행사업입니다.

최선의 교육제도

도시학교를 중심으로 한 미국교육사

데이비드 타이악 지음

양성관 · 임경민 옮김

나남
nanam

The One Best System:

A History of American Urban Education

by David B. Tyack

나의 과거, 현재, 미래의 학생들에게

옮긴이 머리말

1995년 여름 한국교육정치학회 학술대회에서 처음으로 교육의 책무성(*accountability*)에 관한 논쟁을 듣게 되었다. 당시 석사과정을 마치고 한국교육정치학회 편집간사 일을 맡고 있었다. 이해는 5·31 교육개혁 방안으로 알려진 '세계화, 정보화 시대를 주도하는 신교육체제 수립을 위한 교육개혁 방안'이 발표된 해이기도 했다. 신교육체제의 기본 특징 가운데 "규제와 통제 중심 교육 운영으로부터 벗어나 자율과 **책무성**에 바탕을 둔 개별 학교 중심의 학교운영으로 전환"이 명시된 바 있다. 책임(*responsibility*)과 의무(*duty*)의 결합으로 이해된 책무성은 교사를 포함한 교원의 책무성 증진, 교육기관의 책무성 증진 등과 같은 표현으로 주요 교육정책의 목표 중 하나로 인식되었다.

　2004년 겨울 한국교육행정학회 연차학술대회에서 다시 교육의 책무성과 관련된 논의가 진행되고 있었다. 당시는 박사과정을 마치고 시간강사로 있으면서 그 책무성에 대해 나름의 생각을 갖고 이런 저런 주장과 질문을 준비하였던 것으로 기억된다. 10년이 지나 책무성과 관련된 논의는 책무성의 개념, 구성요소, 유형, 초등·중등·고등교육의 책무성 특징과 단위학교·지방수준·중앙수준의 책무성 특징과 같은 주제로 확대되었다. 물론 여전히 그 책무성에 대한 개념과 관련해서는 책임과 의무의 결합에서 '설명'과 '보고'의 결합까지 분분했다. 학술대회 마지막 순서로는 총회가 진행되었는데, 학회의 1년 회계보고와 활동보고가 있었다. 학술대회장 단상 왼쪽에는 당일 '교육 책무성' 관련 학술대회 식순이 걸려 있었고, 오른쪽에는 총회 관련 회무보고가 함께 걸려 있었다. 질문과 답을 함께 걸어 놓고 갑론을박하고 있었던 셈이다.

위 10년의 간극에서 만난 책이 바로 데이비드 타이악(David Tyack) 교수의 《최선의 교육제도》(The One Best System)였다. 대학원 박사과정에서 수강한 대부분의 교육행정 및 교육정책, 교육철학과 교육사회학, 학교교육 개혁, 교육행정가 윤리 등의 강좌에서 빠지지 않고 인용되었던 책 가운데 하나였다. 그는 미국 공교육제도의 발전사를 시골학교에서 도시학교 변천과정 속에서 그려 냈다. 또한 교육에 대한 제도적 변화뿐만 아니라 이념적 지형의 변화, 그리고 그와 같은 변화에 대한 미국사회의 다양한 이해집단들의 관점과 해석을 풍부하게 제시하였다. 공교육에 대한 교육전문가(엘리트)의 시각뿐만 아니라 학생과 학부모, 교사의 관점 또는 소득, 인종, 문화 면에서 소외된 계층의 관점 등을 적극적으로 기술한 것이다.

　타이악 교수는 당시 미국의 교육제도 속에서 상대적으로 희생을 감수한 사람들의 시각으로 학교교육을 분석하였다고 밝히고 있다. 물론 그들의 희생을 단순히 묘사하기보다는 그와 같은 일이 발생하게 된 정치적, 사회적 상호작용에 초점을 두어 그들의 희생이 '일상화'되는 데 초점을 두었다. 예를 들면, '교육의 정치적 중립성을 지켜야 한다'는 주장 이면에 숨겨진 권력의 속성이라든지, 특정 인종이 백인에 비해 열등하다는 인식은 불평등을 합리화하는 일종의 신화라는 타이악 교수의 해석은 표면적으로 드러난 역사적 사실에 대해 비판적으로 분석할 필요가 있음을 잘 보여 준다.

교육사 관련 교재를 보면 주로 특정 시대나 사조의 흐름에 따라 기술되어 있기 때문에 주류로 판단되는 역사적 내용을 중심으로 따라 읽기 마련이어서 당시의 복잡·다양했던 상황과 기록 이면에 숨겨진 사람들의 목소리들은 확인하기 힘들었다. 그런데 타이악 교수는 그와 다른 다양한 목소리를 직접 인용함으로써 단선적 사고, 인과적 사고, 또는 종합적 사고에 익숙한 우리에게 다른 관점에서 역사적 사실에 접근하도록 끊임없이 요구한다. 학교교육에 대한 통제권이 지역주민에서 교육전문가의 손으로 옮겨 갔다고 해서, 지역주민이 중심이 된 기초자치단체 수준의 교육위원회의 목소리가 갖는 민주적 성격을 너무 정치적이라는 이유로 그냥 묻히도록 내버려 두지 않았다. 그는 미국화라는 동화작용 속에서도 기초자치단체의 구성원이 갖는 인종적, 민족적 정체성 추구의 노력을 그려 냈다.

이 책에서는 그 다양한 사람들의 목소리를 직접 들을 수 있다. 열악한 교육환경에 처한 신참 교사의 불안, 학교보다는 농장이나 각종 노동현장에서 더 많은 시간을 보내야 했던 아동의 처지, 기차시각의 엄수나 공장 출근시간의 엄수와 같은 절대적 정확성과 규칙을 강조했던 교육감의 주장, 학업성취 정보를 학생명, 학교명과 함께 신문에 실었다가 교육감에서 물러난 이야기, IQ 시험을 비롯한 각종 시험성적을 중심으로 학생들을 분류하는 데 적극적이었던 교육가들, 시카고 시장과 교육감의 부패, 평등한 교육을 받는다고 하면서도 차별받는 흑인 학생과 이에 대해 말 못하는 처지의 학부모, 학교에서 중요시하는 가치와 전혀 달랐던 이탈리아계 이민 학생들, 남교사에 비해 열등한 지위 속에서 가르쳐야 했던 여교사의 목소리, 한국교총 성격의 NEA와 전교조 성격의 AFT가 경쟁했던 상황 등은 1870년대에서 1970년대까지 미국의 교육계에서 들을 수 있던 소리였다.

그런데 이 생생한 목소리는 2016년 대한민국의 교육현장에서도 들을 수 있다. 그렇게 힘든 임용시험을 통과하여 교단에 서게 되었는데도 당연히 알겠지 하는 태도로 혼자서 초임교사 시절을 보내야 하는 교사, 학교를 중도탈락하는 학생들이 증가하는 현실, 경쟁력 강화를 위한 각종 표준화 운동, 객관적 시험에 더해 정의적 성격을 지니는 잠재력까지 확인하여 학생들을 선발하고자 하는 의지, 소득 불평등으로 인한 교육불평등의 심화, 목소리를 높이는 학부모 단체가 있는 반면, 자녀를 위한 소리 한 번 낼 기회를 가질 수 없는 학부모, 진보 교육감과 보수 정부 간의 교육권한 갈등, 정권의 성격에 따라 흔들리는 교원단체의 지위, 그리고 '촛불시위' 속에서 울리는 국정교과서 반대의 목소리는 미래의 데이비드 타이악 교수 같은 연구자가 귀 기울이게 될 것이다.

이 책은 한국의 교육, 미국의 교육을 기술할 때, 역사적 사건들의 배열이 아닌 이야기 속에서의 제도적 특징을 현미경을 통해 밝혀내는 것과 같은 방식의 접근을 형성하는 데 도움을 줄 것으로 기대된다. 그와 같은 생생한 사례가 많아 번역하기가 더 힘들었다. 많은 연구자들이 이 책을 인용하면서 미국의 산업혁명기 근대 공교육의 시작에서 읽을 수 있는 특징을 나열해 왔다. 이 책은 개론서 수준의 역사교과서에 나타난 근대 공교육의 특징을 나열한 것이 아니라, 과거-현재-미래를 **상상**하게 하며, 현재의 교육 문제를 해결할 수 있는 **지혜**와 **의지**를 갖게 한다. 데이비드 타이악 교수가 독자에게 마지막으로 요청한 일이다.

2017년 9월
양 성 관

"미국인의 사회적, 경제적 삶을 고양한다" — 한 교육위원회의 관점

지은이 머리말

이 책은 미국 교육에 관한 해석적 성격의 역사서로서, 특별히 19세기에서 20세기 동안 미국의 학교교육이 어떻게 발전했는지를 보여준다. 또한 교육정치학에서 자주 논의되는 주제도 포함되어 있다. 예를 들면 교육의 주체와 대상에 관한 문제, 교육이 이루어지는 장소와 시기 및 방법에 대한 문제를 다룬다. 이 책에서는 교육에 관한 제도적 구조와 교육이념이 어떻게 변화되었는지를 탐색하고, 그 제도적 구조와 이념이 여러 세대를 걸쳐 미국의 교육현장에서 어떤 의미로 해석되었는지 살펴보고자 한다. 그리고 학교교육이 미국의 도시-산업화 전환과정에 미친 영향력을 분석함과 동시에, 도시-산업화 과정이 학교교육에 미친 영향력도 함께 분석하고자 한다.

이 연구는 탐색적 성격과 잠정적 성격을 지니고 있다. 또한 어떤 면에서는 시기상조라는 느낌을 줄 수도 있다. 왜냐하면 지금도 유능한 신진학자들이 도시를 중심으로 한 학교교육에 대한 연구를 다수 진행하며, 그 연구결과 중에는 미국의 학교가 실제로 어떻게 운영되는지를 보여 줄 것으로 기대되는 것도 있기 때문이다. 이 책의 내용 중에도 유능한 신진연구자들의 최근 연구결과에서 도움을 받은 부분이 많고, 그중에는 아직 출판되지 않은 연구물도 다수 포함되어 있다. 또한 과거에 나온 미국의 도시학교 교육[1]에 관한 수많은 실증적 자료들도 비록 역사적인 해석을 하기 위한 목적이 아니었지만 이 책에서 새로운 분석을 필요로 하는 연구문제나 가치함축적인 접근법을 다루는 데에 유용한 통찰력을 제공해 주었다. 내가 이 책을 통해 시도하고자 하는 것은 과거와 현재의 학교교육에 대한 연구동향을 종합 정리하면서 내 연구를 결합시켜 보다 종합적인 역사 해석의 분석틀을 제공하는 것이다. 만약 이 책이 다른 연구자들에게 비판적인 안목을 제공하거나, 좀더 정교한 설명을 하도록 자극하는 역할을 하거나, 역사적인 시기 구분을 분명히 하고 누락된 부분을 설명하도록 유도하는 역할을 한다면 의미 있는 교재가 될 수 있을 것이다.

이 연구는 교육 전문가뿐만 아니라 현재 미국이 겪는 교육 위기를 걱정하고 그 이유를 궁금해 하는 일반인을 대상으로 한 것이다. 우리는 지금까지 당연시해 온 미국의 교육제도와 가치관을 점검할 필요가 있다. 과거든 현재든 여러 가지 대안을 탐색하고자 한다면 사실을 있는 그대로 받아들이기보다는 퍼즐로 바꾸어 놓고 볼 필요가 있다. 퍼즐을 푸는 것처럼 과거를 심도 있게 인식하는 방법을 터득

---

1) 〔옮긴이주〕'urban education'을 '도시학교 교육' 또는 '도시 지역의 학교교육' 등으로 풀어서 번역하고자 한다. 이는 미국사회에서 도시화가 진행되면서 발생한 학교교육이 전문화, 관료화된 측면을 담기 위함이다.

한다면 오늘 우리가 어떤 선택을 해야 하는지도 알 수 있을 것이다.

일상생활의 겉모습은 수시로 변화하며 그 안에는 드러나지 않은 역동적 관계가 존재하는데, 교육사 연구문헌을 보면 대체로 그런 부분을 우격다짐 식으로 그려 낸다. 똑같은 '실체'를 인식하는 것도 사람에 따라, 집단에 따라 다를 수 있다. 그래서 다양한 사람들에게 어떤 사건이 갖는 의미를 하나의 객관적인 설명으로 제공하는 것은 매우 어려운 일이다. 교육사 연구문헌들은 주로 교육제도나 사회제도에서 상류층에 속한 사람들의 관점만을 대변해 왔다. 우리는 도시 중심의 학교교육을 학생, 학부모, 교사의 관점에서도 분석할 필요가 있으며, 소득, 인종, 문화 등에서 소외된 계층의 관점을 이해할 필요도 있다. 따라서 나는 이 책에서 도심을 중심으로 한 학교교육의 특징을 다양한 사회구성원들의 관점을 통해 분석하고자 한다.[2]

이와 동시에 나는 학교교육제도가 우연히 운영된 것이 아니라 어느 정도는 체계를 가지고 운영되었다는 가정을 바탕으로 글을 전개하고자 한다. 이 연구를 시작할 당시에 나는 도시 지역의 학교교육을 주로 희생당한 사람들, 빈곤층과 같이 소외된 자의 관점에서 분석하고자 하였다. 그러한 과정에서 깨달은 사실은 교실에서 소외된 자와 관련된 끔찍한 이야기만을 그려 내는 작업은 되지 말아야 한다는 것이었다. 그와 같은 연구는 다른 학자들이 많이 진행하였으며, 이 시점에서 필요한 연구는 보다 광범위한 정치적 과정과 사회적 체

---

2) 최근 교육 역사기록학의 대립적인 여러 해석을 보려면, Cremin, *Cubberley*; Greer, *Great School Legend*; Church, "History of education as a field of study"; Sloan, "Historiography"; Beach, "History of education"; Tyack, "New perspectives" 참조.

제로서의 학교교육이 그와 같은 희생을 예상 가능하게 만들고 일상
화하는 과정을 분석하는 일이다. 다시 말해, 학교교육을 통해 체계
적으로 희생자를 만드는 과정을 분석하는 연구가 필요하다고 본 것
이다. "학교는 정치적으로 중립적이어야만 한다"는 구호 이면에는
권력이 숨어 있고, 특정 인종이 열등하다는 원칙은 불평등을 합리화
하는 일종의 신화(*myths*)로 볼 수 있다. 제도적 체제로서의 학교는
이와 같은 구호나 신화를 매개로 불평등을 강화하여, 어떤 사람에게
는 기회를 주고 또 다른 사람에게는 불평등을 당연한 것으로 생각하
도록 만들었다.

　나는 사회학과 정치학 관련 연구를 참고로 하여 이와 같은 학교가
어떻게 운영되었는지를 해석하고자 하였으며, 학교에서 이루어지
는 의사결정과 의사소통 유형을 탐색하면서 학교교육에 영향을 미
치는 다양한 정치적 현상들을 분석하고자 하였다. 내 생각에 역사학
자는 마치 뻐꾸기가 자신의 알을 다른 새들의 집에 낳는 것처럼, 역
사학이 아닌 다른 학문 영역에 자신의 알을 낳는 경우가 많다. 그 이
유 중 하나는 역사학자들은 사회과학 이론을 통해 새로운 자료를 얻
기도 하며, 전통적인 담론을 증명하거나 반증하는 해석 작업에 보다
충실할 수 있는 여유를 제공하기 때문이다. 나를 포함한 대다수의
역사학자들은 여전히 특정 에피소드에 나타난 형형색색의 복잡다양
한 실체에 관심을 기울이지만, 사회과학의 이론적 설명모형은 역사
적 사건의 일반성과 특수성을 구분하는 데 도움을 주며, 때로는 그
이유에 대한 설명도 제공한다.[3]

---

3) 사회학자나 정치학자들은 학교에 대해 높은 관심을 보인다. 문헌과 연구 가능

특정한 사건의 발전단계를 폭넓게 분석할 수 있는 방법에는 시대별 비교, 장소 비교, 사회적 또는 경제적 지위에 따른 비교 등이 있다. 미국 도시를 중심으로 한 교육의 역사는 그 규모나 위치 면에서도 서로 다르고, 지역이 같더라도 시기에 따라 다르며, 인종과 계층에 따라서도 대조적이다. 그리고 사회복지나 경찰 관료와 같은 조직과 교육조직 또한 서로 대조적이라 할 수 있다. 어떤 역사학자는 도시 중심의 교육 하면 보스턴이나 뉴욕시의 교육을 생각할 것이다. 물론 오리건주 포틀랜드시에 사는 사람들은 그 말에 동의하지 않을 것이다. 4) 특정 도시만의 교육은 존재하지도 않고 과거에도 없었다. 5)

나는 다양한 사회학적 관점과 분석모형을 통해 시골학교가 도시학교로 변환되는 과정을 밝히려고 노력하였다. 나는 도시의 인구집중, 경제와 정치의 관료제화, 그리고 산업기술혁명과 같은 현상에 수반되는 사고방식과 행동방식의 복잡한 변화과정을 간단히 '시골' (*village*) 6) 또는 '도시'로 구분하여 사용하였다. 호러스 만(Horace

---

성에 대한 입문서로는 Brim, *Sociology and the Field of Education*; Bidwell, "The school as a formal organization"; Kirst, ed. , *State, School, and Politics* 참조.

4) 〔옮긴이주〕 왜냐하면 포틀랜드시도 오리건주에서는 대도시에 속하므로 꼭 뉴욕이나 보스턴의 교육만 도심 교육으로 인식하는 의견에 찬성하지 않을 것이기 때문이다.

5) 비교교육학의 가치에 대해서는 Cremin, *Cubberley*, 50~51; Woodward, ed. , *Comparative Approach to American History* 참조.

6) 〔옮긴이주〕 사람들이 모여 사는 사회생활 단위로서, 가족 또는 가구가 모여 정치, 경제, 사회, 문화의 통합을 이루는 지역 집단. 일반적으로 도시에 대응하는 개념으로, 주로 제1차 산업을 영위하는 지역사회를 '촌락'이라고 하

Mann), 윌리엄 해리스(William T. Harris), 존 듀이(John Dewey)와 같은 사려 깊은 교육학자들은 학교교육의 기능이 앞에서 언급한 '근대화' 효과에 반응하여 변화하였다는 점을 인지하였다. 시골 생활방식과 도시 생활방식이 서로 합쳐짐에 따라 공장과 가구 수는 증가하였고, 가정과 직장이 분리되기 시작하였다. 조직 내 인간관계도 시골생활에서는 개인적이면서도 다소 산만한 형태였지만, 도시화되면서 비정적(*impersonal*)이면서 규정을 중시하는 것으로 성격이 바뀌었다. 시골에서는 만물박사가 인정받았지만 도시에서는 특정 과제를 전문적으로 처리할 수 있는 사람이 필요하게 되었다. 전통과 무속에 따라 신념이 형성되고 행동이 유발되던 생활양식은 대중매체가 제공하는 새로운 정보에 따라 행동규범이 정해지도록 변화했고, 과학이 광범위한 권위의 원천이 되었다. 직업도 다양해져 영업사원, 교사, 기술자 등과 같은 새로운 직종이 생겨났으며, 사람들은 특정 지역에만 관심을 쏟는 것이 아니라 그 지역을 뛰어넘는 공통의 이해관계에 관심을 두게 되었다. 로버트 위브(Robert Wiebe)가 말한 '새로운 중산층'이 형성된 것이다. 7)

사고방식이나 행동방식의 시골에서 도시 방식으로의 전환이 선형적이거나 연속적인 것은 아니었다. 사람들은 직장이나 낯선 타인과의 교제와 같은 공적 생활에서 따르는 행동규범이 있고, 친척, 이웃, 종교 모임 같은 사적 영역에서는 다른 행동규범을 갖고 있었다.

는데, 이 책에서는 도시와 대비되는 개념의 '시골'로 번역하였다.

7) Wiebe, *Search for Order*; Wiebe, "Social functions of public education"; Wirth, "Urbanism"; Handlin, "Modern city"; Warner, "If all the world were Philadelphia".

19세기 작은 마을에 그 지역 일과 그 지역 사람들이 중시하는 윤리적 가치에는 전혀 관심이 없는 도시 풍의 사람들이 존재한 것처럼, 20세기 중반 대도시 한복판에서는 허버트 겐즈(Herbert Gans)가 말한 "도시 속의 시골인"처럼 전혀 도시인 같지 않은 사람들도 찾아볼 수 있었다. 특히 20세기에는 대중화된 도시사회 중심에서 발생한 네트워크의 영향력이 소규모 지역 마을까지 미치는 것을 확인할 수 있었고, 반대로 시골에서 전통적인 생활양식이 몸에 밴 사람들이 도시로 유입되었기 때문에 시골의 성향이 완전히 배제될 수도 없었다. 중요한 것은, 점진적이기는 했지만 생산수단, 유대관계 형식, 의사결정, 사고와 행동 양식이 모두 변화하였다는 점이다. 나는 그것을 '도시적인' 변화라고 이름 붙였는데, 이는 대부분의 미국 사람들이 생활 속에서 경험한 변화였다. 8)

학교는 이와 같은 다양한 사회적 변화를 반영하기도 하고 형성하기도 하였다. 교육에 대한 통치방식은 '정치로부터 학교의 중립성 확보'라는 미명 아래 일반 지역사회 통제모형에서 점차 기업이나 관료조직에서 찾아볼 수 있는 통제모형으로 대체되었다. 학교조직도 전문화된 세부구조를 지닌 조직으로 변화했는데, 이는 마치 사회가 경제 발전의 세부영역에 따라 나뉘는 방식과도 같았다. 기업 고용주나 각종 직업단체들이 자신의 직장에 들어오기 위한 학력기준을 강화함에 따라, 더 나은 지위에 이를 수 있는 관문을 통과하는 데 학교교육이 더욱 중시되었다. 그리고 학교는 점차 명시적으로나 암묵적

---

8) Gans, *Urban Villagers*; Merton, *Social Theory*, 387~420; Vidich and Bensman, *Small Town*.

으로 가정과 직업세계를 이어 주는 교육과정을 개발하였는데, 이는 도시와 관련된 학문분야를 형성하는 데 기여하였다. 9)

이 책은 시골 지역의 교육과 관련하여 '지역사회 통제'(*community control*)와 '전문가 중심주의'(*professionalism*) 분석에서 시작한다. 도시 지역을 중심으로 한 학교교육에 초점을 맞춘 연구에서 시골 지역의 학교교육을 탐색하는 이유는 무엇인가? 첫 번째 이유는 19세기 중반에 많은 도시에서 이루어진 교육행정의 기본모형이 시골 지역의 교육행정 유형에서 나왔기 때문이다. 그래서 시골 지역의 학교 및 지역사회가 변화하는 과정을 탐색하는 것이 1세기 전 도시에서 분권화된 의사결정이 발생한 모습을 이해하는 데 도움이 된다. 두 번째 이유는 도시학교를 개혁하기 위해 고안된 관료제 모형이 20세기 초 시골 지역 학교를 통합하는 데 있어 교육적 청사진 역할을 담당했기 때문이다. 따라서 시골 지역의 학교가 통합되는 과정은 도시에서 발생하는 수많은 변화를 압축해서 보여 주면서도, 교육과 관련된 권한이 일반인에게서 전문가 집단으로 옮겨 가는 과정을 설명하는 중요한 수단이 된다.

2장과 3장에서는 19세기에 도시를 중심으로 '유일한 최선의 교육제도'를 찾기 위해 펼치는 교육계 지도자들의 노력과, 그와 상충되는 정치적 이해집단이나 반대론자들 사이에서 벌어지는 복잡한 경쟁 양상을 추적한다. 교육 전문가들은 교육계의 질서 확립을 위해 이념적, 조직적 합의를 도출해 갔지만, 도시민들의 이해관계가 다

---

9) Kimball and McClellan, *Education and the New America*; Berg, *Education and Jobs*.

양화되고 학교행정에 대한 권한이 분산됨으로써 교육 전문가들은 훨씬 더 다양한 방식의 노력을 기울여야만 했다.

4장에서는 1890년에서 1920년 동안 도시 중심 교육의 대표적 특징인 상명하달식 교육개혁운동을 다룬다. 그 당시 도시에서 엘리트에 속하는 겸임이사들은 주로 재계 인물, 전문가, 대학 총장과 교수, 그리고 몇몇 진보주의적(*progressive*) 교육감으로 이루어져 있었으며, 이들은 학교를 중앙집권적 방식으로 운영하기 위해 힘을 모았다. 겸임이사들은 '성공한' 사람들로 구성된 소규모 위원회, 곧 교육위원회를 구성하였는데, 이는 기업 이사회와 같았다. 그리고 이 이사회에서는 교육감을 비롯한 직원들을 '교육 전문가'로 보고 학교와 관련된 대부분의 결정 권한을 교육감에게 위임하는 분위기가 확산되었다. 일반적으로 도시 '진보주의' 진영에서는 이 운동을 전문적이고 효율적이며 청렴한 엘리트 집단이 수행하는 공적 서비스라고 높이 평가했다. 뉴욕, 필라델피아, 세인트루이스, 샌프란시스코의 네 도시를 중심으로 한 사례연구를 통해, 전문가 중심의 중앙통제 방식에도 다양한 종류가 있을 수 있고 여기에 반대하는 세력도 있음을 알 수 있다. 새로운 사회제도 변화하에서도 실제로 벌어지는 정치적 행동은 사회구조 개혁을 정당화하는 규범과는 확연히 다르게 나타나기도 했다.

5장에서는 1890년에서 1940년까지의 반세기 동안 교육 전문가와 대중들이 인식하는 도시교육의 주요한 변화를 기술한다. 이 기간 동안 학교정책의 구조는 복잡해졌고, 그 규모가 확대되는 일도 흔했다. 그리고 학교의 기능도 분화되어 '지능'과 학습의 성격에 대한 개념이 바뀌었으며, 더 많은 학생들을 수용할 수 있는 공간이 확보되었다(아동노동방지법에 따라 일자리가 없어졌으며, 직장에서도 피고용인들에게 특정 자격을 요구하면서 학생들이 직업을 갖기 어렵게 됨에 따라 학생 수가 증가한 점이 부분적인 이유이다). 학교교육이 대부분의 직업세계에서 중요한 요소로 자리 잡기 시작한 그 시점에, 교육 전문가들은 학생들을 가르치고 안내하는 새로운 방법들을 개발하였다. 이처럼 학교교육에 대한 전통적 이념과 실천방식의 변화는 사회의 각 계층에 속한 사람들에게 서로 달리 인식되었다. 그래서 나는 5장의 여러 곳에서 이들 집단이 생각하는 교육의 의미를 분석하기로 했다. 예를 들어, 이탈리아계 미국인의 중도탈락률은 그들의 학교생활의 단면을 보여 주며, 흑인 학생이 직업을 구하지 못하는 이야기는 교내 직업상담교사의 딜레마를 보여 준다고 할 수 있다. 그리고 교장이 교사를 감독하는 모습은 교육과정 개발 조언자로서의 교장이라는 진보주의 문구와 상반된 모습을 보여 준다.

마지막으로, "비판 받는 유일한 최선의 교육제도"(The One Best System under Fire)라는 제목의 에필로그에서는 지난 한 세기간의 구조, 권력관계, 그리고 이데올로기에 주목하여 현재 도시의 학교교육에서 나타나는 위기상황을 간략하게 살펴본다. 교육사 연구에 의문을 품어 보는 것이야 현명한 일이지만, 그렇다고 과거에 축적된 경험의 유산을 모두 무시하는 것은 어리석은 일이다. 현재 진행되는 교육개혁을 위한 몇 가지 만병통치약과 같은 제안들, 예를 들면 책무성, 지역사회 통제, 또는 보상교육과 같은 제안들은 전혀 새로운 것이 아니다. 그리고 도시학교에서 현재 이루어지는 권력투쟁은 과거에 겪은 갈등의 새로운 형태에 불과하다. 도시학교에서 이루어진 교육개혁의 성과가 실망스럽다면, 그것은 아마 학교에 너무 많은 것을 요구하였거나 교육 문제를 너무 단순하게 규정하여 그에 대한 해결책이 부적절했던 탓도 있다.

이 책은 대도시에 소재한 공립학교에 초점을 맞추었다. 한 세대 전만 하더라도 어느 교육사학자든지 공립교육기관에 연구의 주안점을 두게 된 것을 합리화해야 할 필요성을 전혀 느끼지 못했을 것이다. 엘우드 커벌리10)와 그를 전후한 교육사학자들의 유일한 관심은 '공립학교가 어떻게 발전해 왔는가'였다. 그들의 도시 지역 학교에 대한 연구는 주로 학생 수 확대, 교육비 증가, 교육과정 확대, 전문성 제고, 아동에 대한 기회 확대 등과 같은 의기양양한 '가정사'를 이야기하는 방식으로 진행되었다. 교육사의 주된 목적은 교장이나 교감 같은 학교행정가와 교사에게 전문가로서의 정신과 정체성을 제공하는 데 있었다. 교육사는 진보주의의 역사였지만 때때로 '정치' 혹은 특별한 이해집단이나 과거지향적인 교사와 일반인에 의해 훼손되기도 했다. 또한 교육사는 고위 교육 전문가에서부터 교사에 이르기까지 주로 내부인의 관점에 의해 기술되었다. 그런 면에서 그들의 이야기는 꽤 정확했다. 대부분의 사람들은 1900년 혹은 1850년과 비교해 볼 때 오늘날의 교사가 훈련을 더 잘 받았고, 학교 건물

---

10) 〔옮긴이주〕 엘우드 커벌리(Ellwood P. Cubberley)는 유럽의 교육사상사 중심 교육사 기술에서 탈피하여 본격적으로 미국의 학교 중심 공교육제도사를 연구한 대표적 교육사학자다. 그의 저서(*Public Education in the United States: A Study and Interpretation of American Educational History*)는 당시 유행한 경험주의와 실증주의의 흐름에 따라 교육기관 발전에 대한 경험적, 기능주의적 접근을 통해 교육행정 및 교육과정 변화와 팽창의 역사를 다루었다〔참고: 김재웅(2008), "미국 교육사 연구의 역사에 대한 비판적 고찰: 교육사 연구를 위한 새로운 접근의 가능성", 〈교육원리연구〉, 13권 2호, 1~31쪽〕.

들은 더 편리하고, 교실은 작고, 교수방법은 더 다양하며, 학생들은 학교에 더 오래 머문다는 점에 동의할 것이다.

공교육의 역사를 보면 영감을 주는 많은 이야기가 포함되어 있으며 학교를 중심으로 기술되었다. 그러나 최근에는 이런 경향도 다음과 같은 어려움을 겪고 있다. 공교육의 역사 속에 감화를 주는 이야기가 포함되어 있지만 도시학교에 대한 글들의 논조는 침울하거나 격노한 분위기가 되었다. 그리고 공교육의 역사는 학교제도 중심이지만 많은 교육사학자들이 교육의 개념을 학교교육의 범주를 뛰어넘는 것으로 인식하기 시작했다. 나는 곧 이 책의 논조나 성향에 대해 논할 예정이지만 우선은 왜 학교라는 제도를 분석하는 것이 유용하다고 생각하는지를 설명하고자 한다. 나는 많은 '교육'이 학교 밖에서 일어나기 때문에 역사학자들이 가족, 교회, 대중매체, 그리고 다른 교육 관련 기관을 탐색하는 일도 가치 있는 작업이라고 생각한다. 역사학자들은 여전히 자신이 아는 지형의 굳건한 기반 위에서 사회를 관찰하기를 희망한다. 제도가 그와 같은 관점을 제공한다고 볼 수 있다. 더구나 사회과학자들의 지적처럼 근대 미국은 조직 중심의 사회로 발전해 왔으며, 그에 따라 우리의 삶도 광범위한 제도에 의해 강한 영향을 받는다고 볼 수 있다. 조직들이 보다 큰 사회제도를 형성하기도 하고, 반대로 사회제도가 그 조직을 형성하기도 한다. 또한 그 조직들은 나름의 내적 역량과 생명력을 지니기 때문에 그 조직에 속한 구성원들의 행동에도 영향을 미친다. 따라서 도심의 학교를 분석하면, 그 분석이 비록 특정 기관에 관한 것이지만 그래도 사회 전반에 관한 분석이 될 수도 있다. 그리고 '제도의 역사'는 '건물의 역사'일 필요는 없고, 더 광범위하면서도 다양한 측면을 보여 줄 것이다.

이제 논조와 전망에 관한 문제를 다루고자 한다. 나는 전통사학적인 관점의 논문에 나타나는, 공교육에 대한 행복에 찬 찬사를 이 책에서 하고자 하는 것도 아니고, 최근에 유행처럼 번지는 공교육 찬성론자에 대한 비판이나 보통학교(의무교육제도)에 대한 실패를 다루려는 것도 아니다. 소로우(Thoreau)는 《주먹에 대한 보답을 키스로》(*A Kiss for a Blow*)[11]를 쓴 어느 교육개혁가를 냉소적으로 묘사한 적이 있다. 그 개혁가는 교육개혁에 대한 찬사나 냉소 말고는 다른 대안이 없는 것처럼 행동했다는 것이다. 사실 많은 교육연구 문헌이 그 개혁가와 같은 논조다.[12]

개혁가들의 동기를 비난하는 것은 흔한 일이다. 학교 지도자들은 '사회통제'를 추구하면서 자신의 관점을 그들의 희생양이라 할 수 있는 학생들에게 '부과'한다는 비난을 면할 수 없었다. 교육기회의 평등성과 학교생활의 만족도 측면에서 본다면 현재 학교교육은 '실패'한 것이 분명한 것처럼, 학교 지도자가 사회를 통제한다거나 자신의 관점을 학생들에게 주입한다는 말의 의미를 분명히 하지 않으면 그

---

11) 〔옮긴이주〕 헨리 라이트(Henry C. Wright)가 쓴 예화 제목으로, 어느 학교를 방문한 저자가 학생들에게 악을 선으로 갚는 내용의 교훈을 가르치면서 나온 표현이다. 조지가 여동생인 메리를 한 대 때리자 그 옆에 있던 교사는 메리에게 보복하려고 오빠를 때리는 대신 키스를 해주라고 한다. 선생님의 말씀에 따라 오빠에게 키스해 주자 오빠는 잘못을 뉘우친다는 이야기이다. 목회자이면서도 비폭력, 노예반대주의를 피력한 저자의 사상이 잘 나타난다〔참고: H. C. Wright(1885), *A Kiss for a Blow and Other Tales*, London: George Loutledge Sons〕.

12) Shepard, ed., *Thoreau's Journals*, 176~177.

와 같은 비난을 부정하는 것은 불가능하다. '사회적 통제'는 원시인 사회에서 에스키모 사회에 이르기까지 모든 역사시대에 존재했다. 학교가 학생들에게 강요하는 것도 새로운 사실이 아니다. 학생들을 '이용'한다고 선언하는 것도 새롭지 않다. 심지어 '자유학교' 운동도 이 점을 인정하는 모습을 종종 볼 수 있다. 중요한 것은 사회를 통제 하고 특정 관점을 강요할 때 나타나는 의도, 방법 및 효과가 어떤 유 형으로 전개되는지를 살펴보는 일이다. 나는 공립학교에서 가톨릭 학생들에게 부모나 목사가 가르치는 것과 반대되는 《킹 제임스 성 경》(King James Bible)을 읽히는 것과 그 학생들에게 문해 교육을 하 는 것 사이에는 도덕적 측면과 교육학적 측면에서 차이가 있다고 생 각한다. 그리고 수업시간에 공부를 하지 않는다고 회초리를 드는 것 과 시간엄수를 가르치는 것 사이에는 엄연한 차이가 있다고 본다. 사람은 교양도 지녀야 하고 시간엄수와 같은 합법적 의무도 지켜야 하지만, 이는 최소한 종교적 편견이나 '체벌'과 같은 가학성과 구별 되어야 한다. 13)

학교교육과 관련해서 논란이 되는 연구 가운데 조너선 코졸14)의 《이른 나이의 죽음》(Death at an Early Age)이나 에드거 프리덴버그 (Edgar Z. Friedenberg)의 《미국시대의 도래》(Coming of Age in

---

13) N. Harris, review of Katz's *Irony of Early School Reform*; Greer, *Great School Legend*; Karier, Violas, and Spring, *Roots of Crisis*; Kozol, *Free Schools*.

14) 〔옮긴이주〕 조너선 코졸(Jonathan Kozol)은 뉴욕 할렘과 보스턴 소외지역 의 아이들을 가르치면서 교육과 사회정의 문제에 전념한 교육학자다. 1988 년부터 1990년까지 미국의 도심 빈민가 30여 곳을 돌아다니며 취재한 열악 한 교육현장 보고서인 《야만적 불평등》(*Savage Inequality*)으로 유명하다.

America) 에서 중산층 이하에 속한 교사들의 무자비하고 음흉한 모습은 반감을 갖게 한다. 비판적 교육학자들은 인종차별적인 교사관이나 세계관에 둔한 교사를 찾는 데 혈안이 된 듯하다. 사회복지사나 경찰과 마찬가지로 도시 빈민지역의 교사들도 사회적 체제의 일부이고, 그 사회적 체제에 의해 그들의 행동이 형성된다. 사회적 불의를 비판하는 일이 중요한 것은 그 비판으로 인해 사회적 불의가 교정되기 때문이다. 과거에는 교육개혁의 실패에 대한 주된 이유를 사회 전반적 권력과 부의 분배가 동시에 일어나는 조직적 변화보다는 학교 교사의 개인적 철학이나 전술의 추구에서 찾았다.

나는 도시학교들이 끊임없이 쇠퇴한다는 견해에 동의하지 않는다. 이는 단지 진보의 모습만 바라보는 최근의 어리석은 낙관론자들의 견해만큼 과장된 것이라 생각한다. 학교가 여호수아의 나팔소리에 무너질 것 같은 허술한 기관이라는 견해에도 ·동의하지 않는다. 근대사회에서 학교와 관련된 사람들의 이해관계나 역할 면에서 본다면 학교는 여리고성[15] 보다는 중국 만리장성에 더 가깝다고 볼 수 있다.

역사학자의 개인적 관점에 따라 과거를 달리 인식하는 경향은 피할 수 없다. 지난 10여 년 동안 미국 도시 지역에 소재한 학교교육과 관련된 자료에 심취하여 연구를 진행했다. 사물을 바라보는 다양한 시각을 견지하면서, 개방적이면서도 체계를 갖춘 변치 않는 특성을

---

15) 〔옮긴이주〕 성경에 의하면 여리고성은 굳건한 것 같았지만 여호수아 군대가 나팔을 불면서 성 주위를 돌자 무너져 버렸다. 저자는 학교조직을 그와 같이 허술한 조직이 아니라, 중국 만리장성과 같이 나름대로 탄탄한 체제를 갖춘 기관으로 이해한다.

찾고자 노력하였다. 그러면서 교육의 잠재적 기능뿐만 아니라 명시적인 목적도 살펴보았고, 교육의 성공사례뿐만 아니라 실패사례에도 주의를 기울였다. 그러나 이 책에서 내가 강조하려는 부분은 다음 기술과 같은 나의 판단에 대해 지속적으로 문제를 제기하면서, 내가 정의한 개념들에 어떤 오류가 있는지를 밝히는 데 있다.

- 지금까지는 유일한 최선의 교육제도를 탐색하려는 노력이 미국 사회의 다원주의적 성격과 부합되지 않았다.
- 도시 지역의 학교조직이 점차 관료화하면서 수단과 목적이 바뀌기도 하고, 고객에 해당하는 학생의 요구보다는 오래된 관습과 고착화된 입장 등이 더 강조되는 경향을 보였다.
- '교육기회의 평등'에 관한 선한 의도와 수많은 주장에도 불구하고 학교는 가난한 학생들을 제대로 가르치지 못했으며, 이런 실패는 특이한 예외적 현상이 아니라 구조적 문제였다.
- '학교를 정치로부터 떼어 놓아야 한다'는 주장은 오히려 실제 존재하는 권력과 특권의 양상을 제대로 보지 못하게 하는 데 종종 일조했다.
- 미국에서는 제도화된 인종차별주의처럼 약자를 비난하는 방식을 사용하여 사회적 불의를 영속화하는 경향이 자주 나타난다.

위 견해에 대한 예외도 중요하고 고려해 볼 가치가 있다고 본다. 많은 사람들은 나처럼 전문가 집단의 자율성이나 정치적 성향을 띤 학교체제에 대해 상반된 감정을 지니고 있다. 더구나 과거에 많은 교육학자들이 유일한 최선의 교육제도, 다시 말해 가장 선한 동기를 갖고 중앙통제식으로 운영되는 도시학교를 추구하였다는 것은 분명하다. 그러나 이런 노력은 거의 빛을 발하지 못했고, 주창자들의 목적이 수상하다 하여 제대로 발전하지 못했다. 음모나 악역을 찾는 것은 보람 없는 일이다. 그것은 어느 정도는 기만에 속하며, 특히 대부분은 자기기만에 지나지 않는다. 그러나 제도화된 인종차별주의나 저소득층에 대한 불평등한 대우, 그리고 문화적 배타주의가 아무리 무의식적으로 또는 무의도적으로 시행되었다 하더라도 이는 학생들에게 영향을 주었다.

미국의 도시에 소재한 학교가 사회적 불평등을 영속화하는 체제의 일부 역할을 담당하였지만 그 학교가 사회적 불평등을 만들어 낸 것은 아니다. 학교교육이 개선되는 것만으로 사회 불평등 문제를 해결할 수 있다고 믿는 것은 어리석은 희망이라 할 수 있다. 그러나, 근본적인 개혁과정에서 재해석되고 있기는 하지만, 오래된 공교육의 목적은 유산으로 남아 여전히 사회적 정의(social justice)를 추구하는 중심으로 기능한다.

데이비드 타이악

한국연구재단 학술명저번역총서 서양편 361

최선의 교육제도

도시학교를 중심으로 한 미국교육사

차 례

에필로그

제1장

시골마을의 유일한 최선의 교육제도
지역공동체로서의 시골학교와 학교 통합

"교사가 되고 싶다고요? 그럼, 플랫 크릭(Flat Crick) 교육청에서 당신이 뭘 할 수 있을지 참 궁금하군요. 뭐, 거기 애들이 바로 전에 선생 2명을 쫓아냈고 그 이전 사람은 그냥 갖고 놀았지." 건장하고 억세 보이는 학교 이사는 성격이 고약해 보이는 불도그 한 마리와, 그 옆에서 비웃기라도 하듯 킬킬 웃던 그의 딸과 근육질의 아들을 대동한 채 한마디 던졌다. 이들 앞에 선 젊은 교사 지원자, 랄프 하트숙(Ralph Hartsook)은 마치 야생동물 굴에 들어온 것 같은 느낌이었다. 소설 《시골뜨기 교사》(*The Hoosier School-Master*)에서 에드워드 이글스턴(Edward Eggleston)은 영웅적 인물로서의 교사 하트숙을 야만적이고 위선적이며 무식하고 폭력적인 데다가 부패하기까지 한 동네 사람들과 대립시키고, 결국 그 대립은 감상적인 러브 스토리와 몇몇 '문명화된' 지인들의 도움으로 해결된다. 이제 미국 대륙을 가로질러 저 멀리 오리건주 애슐랜드(Ashland)로 가보자. 한 아이의 아버지인 밀리언(B. Million)은 아이의 담임교사인 올리버 크롬웰 애플게이트(Oliver Cromwell Applegate)에게 다음과 같은 편지를 보냈다.

선생님께:

죄송하지만 재가 보기에 선생님은 교사로서 자질이 업써보입니다 우리 아이의 얼굴을 때리신 게 우발적으로 그런 거라면 모르겠지만 고의적이라면 선생님은 이 일을 할 자격이 업읍니다, 큰 아이들에게 본때를 보여주기 위해서 작은 학생들을 벌주는 것 같은데 그건 잘못된 일입니다 선생님 큰 애들이 작은 애들에게 모범이 되게 하십시요. 선생님 내 생각에는 그게 옳은 방법입니다. 1)

소설 속 인물인 랄프 하트숙과 실존 인물인 올리버 애플게이트, 두 인물 모두 적과의 싸움에서 승리했다. 그러나 그 과정에서 그들은 당시 시골 교사들이 다 그러했듯이 '지역사회 통제'가 무엇인지 어느 정도나마 알게 되었다. 2)

학교에 대한 지역사회 통제와 더불어 시골학교의 익숙한 풍경은

---

1) 〔옮긴이주〕 일부러 맞춤법 일부를 틀리게 번역하였다. 철자가 틀린 원본의 느낌을 살리기 위함이다.

2) Eggleston, *Hoosier School-Master*, 1; 날짜가 적히지 않은 이 편지는 오리건대학 도서관의 올리버 크롬웰 애플게이트 서류보관소(O. C. Applegate Paper)에 맡겨졌다. 애슐랜드 지역 지방학교의 다양한 기록들도 편지와 함께 위탁되었다. 나의 관심을 끌도록 편지에 이름을 붙여 준, 이미 고인이 된 마르틴 슈미트(Martin Schmitt) 씨에게 깊이 감사한다. 여기에 인용된 원고는 애슐랜드에서 펴낸 오리건대학 도서관 저널 *Call Number*(1966년 봄호), 13~23쪽에서 발췌했다.

1900년대 교육개혁가들에게 악몽과도 같았다. 무학년제 초등교육, 나이 많은 학생이 어린 학생을 가르치는 수업방식, 자주 바뀌는 수업시간표, 그리고 교사와 학교 후원자 사이의 행정적 완충장치의 부재 등이 문제였다. 시골학교 통합과 관료제 도입, 전문성 강화 등을 주장한 20세기 학교교육 전문가들이 시골학교의 다목적 교실(one-room school)을 이유 없이 비난한 것은 아니었다. 어떤 농부들은 자신의 자녀들이 축사만큼도 못한 매우 열악한 시설의 학교에서 하루종일 지내는 것을 그다지 꺼려하지 않았다. 대부분 마을의 경우, 박봉을 받으며 지역사회의 통제와 감시 속에서 교단에 설 만한 사람은 무능력자이거나 무식한 사람들뿐이었다. 학생들은 널빤지 의자 덕에 생긴 물집이나 자작나무 회초리 자국으로 고생했고, 배불뚝이 난로 가까이에서 땀에 절어 있든지, 아니면 교실 구석에서 추위에 떨었다. 이렇게 열악한 환경에서 빈약한 정규교육을 받은 시골 학생들은 복잡한 산업화된 도시로 이주했을 때 심각하게 불리한 상황에 처했다.

　20세기 초반, 지역사회가 주도하는 본질적으로 촌스럽고 편협한 교육 시스템으로는 변화된 농촌사회의 수요나 과학기술이 중시되는 도시사회의 복잡한 시민의식에 대처하는 충분한 경쟁력을 시골 젊은이들이 갖출 수 없다고 교육 전문가들은 주장했다. 도시 학생들과 마찬가지로 시골 학생들에게 의무교육은 아주 큰 비중을 차지했다. 교육 전문가들은 지방교육을 위한 '최선의 제도'를 만들어 내려 했는데, 그것은 당시 도시에서 서서히 시도되던 '유일한 최선의 제도'를 시골 지역의 형편에 맞게 조금 각색한 것이었다. 그들은 그 일련의 프로그램들을 공적 성격의 봉사라고 정당화하면서, 한편으로는 자신들의 지위가 향상되고 영향력이 확장되기를 희망하였다.

교육 전문가들이 시골교육에 대한 담론을 지배했기 때문에 새로운 시각으로 시골교육을 바라보는 일이 쉽지는 않았다. 교육자들의 눈에 다목적 교실의 결함은 확실히 보였지만 장점은 보이지 않았다. 농부들은 교육을 주로 책을 읽는 것과 결부시켜 사소한 것으로 치부하였고, 이들 대부분에게 학교는 단지 농촌사회에서 학생들이 받는 종합교육의 부수적인 부분에 지나지 않았다. 어린아이들은 자신의 가족이나 다양한 세대의 다양한 형편에 처한 이웃들로부터 삶의 가치와 기술을 배웠다. 농장에서 직접 노동을 하거나, 장인의 작업장 또는 마을 소매점에서 수습 생활을 하는 것이 이들에게는 주된 직업 훈련이었다. 시민의식이나 도덕적 교훈은 대개 교회에서 배우거나, 가정 또는 동네에서 사람들이 하는 세상 이야기 속에서 듣는 것이 대부분이었다. 이러한 사회에서 자라난 학생은 일터-가정-종교-여가-학교를 모두 유기적으로 연결된 하나의 인간관계 체계로 인식하게 된다. 특히 도시의 학교교육에 대한 평가와 비교했을 때, 시골학교 교육은 많은 이들의 기억 속에 대단히 호의적으로 남아 있음을 알 수 있다. 그러나 셔우드 앤더슨(Sherwood Anderson), 에드거 리 매스터스(Edgar Lee Masters), 햄린 갈랜드(Hamlin Garland), 에드워드 이글스턴 같은 작가들의 글에 나타난 시골에서의 삶은 힘들고 단조로우며, 순응을 강요당하거나 문화생활의 기회가 희박하고 직업선택의 폭이 좁은, 전제적 성격의 부족사회라 할 수 있다. 3)

---

3) 다목적 교실(one-room school)에 대한 개인적 회상담, 전문 교육자들의 비판적 논문과 저서가 본문에서 다수 인용될 것이다.

그렇다면 이제 교육 전문가들과 지역주민 간의 관점의 불일치를 설명해 줄 시골학교에 잠재해 있는 기능들을 살펴보기로 한다. 우선 교사와 지역사회 사이의 복잡한 상호작용을 짚어 보고, 20세기 초반 교육개혁가들이 바라본 '시골학교의 문제점'을 조사하기로 한다. 시골 지역 학교들이 통합되고 보다 조직화된 기관으로 변모한 것은 교육 이념과 체제상의 커다란 변화를 반영한 것이었다. 도시에서 혁명처럼 시작된 학교조직의 변화는 시골과 대도시 모두에서 20세기 공교육의 모델로 사용되었다.

1. 지역공동체로서의 학교, 학교로서의 지역공동체

19세기 동안 시골마을에서 학교는 법적인 의미 그 이상을 지녔다. 학교는 주민들에게 집 밖에서의 삶의 중심이었다. 캔자스주 프레리 뷰(Prairie View)에 정착한 초기 이민자들은 시청 건물을 "학교 건물일 뿐만 아니라 서부 평원지대 개척자 사회의 교육적, 사교적, 연극적, 정치적, 종교적 중심지가 되는 백색의 작은 건물"이라고 기록하였다. 이처럼 미국 전역에 소재한 다목적 교실 학교는 다양한 역할을 담당하였다. 이 건물에서 목사가 성도들과 만나기도 하고, 정치가들은 지지자들과 전당대회를 열었으며, 가족 단위로 크리스마스 파티나 포크댄스를 추는 무도회를 열기도 했다. 이 건물은 또한 농민공제조합이 저녁식사를 제공하고, 문화 강좌가 열리고, 떠돌이 배우가 환등 슬라이드와 축음기를 크게 틀어 놓아 사람들을 모으며, 주민들이 맞춤법 대회를 열거나 각종 연설을 들으러 오기도 하는 곳

이었다. 4)

학기 중 학생들은 매일 정오에 모여 눈 쌓인 언덕에서 썰매를 타고, 날씨가 화창한 5월에는 교사와 함께 술래잡기를 하기도 했다. 한 학생은 "학교에 가고 싶은 가장 큰 이유는 아이들과 즐겁게 노는 것이었어요"라고 말했다. 텍사스 서부나 와이오밍 동부의 건조한 평원에서 자라난 목장 출신 학생들은 이웃과 몇 마일씩이나 떨어져 있어 학교가 가족 이외의 사람을 만나는 유일한 사교 장소였다. 5)

때로는 학교가 하나의 대가족이 되기도 하였다. 올리버 크롬웰 애플게이트가 애슐랜드에서 교사로 있을 때 그의 학생 중 4명이 애플게이트가(家) 출신이었다. 그로부터 30년 후, 오리건주 다이어리(Dairy)에서 교사 생활을 하던 그의 조카는 "학생 대부분이 나의 자매들이거나 사촌들이었다"고 회고했다. 그 당시 학생들의 연령대 또한 다양했다. 메인주 이스트포트(Eastport)의 한 교사는 그가 부임한 첫날을 이렇게 묘사했다. "학생 중에는 나보다 몇 살 더 많은 3명의 남자들이 있었다. … 동갑내기로 보이는 몇몇의 젊은이들이 있었는데, 그중 1명은 영원한 젊음의 샘을 찾아 다녔다던 폰세 데 리옹(Ponce de Leon, 스페인 정복자이자 미 대륙 탐험가)보다 더 성공적이었나 보다. 학교 기록에 의하면 그는 지난 5년 내내 18세였다니 말이다." 이렇게 나이 많은 학생에서부터 아장아장 걷는 아이까지, 시골 교실 학생들의 나이는 다양했다. 어머니들이 취학 아동들과 그

---

4) Barber, *School House at Prairie View*, 1.
5) Burton, *District School*, 107; Shatraw, "School days", 68~71; Smith, "Protestant schooling"; Tyack, "Kingdom of God and the common school"; C. Johnson, *Country School*, *passim*.

들의 서너 살짜리 동생들을 함께 보낸 것이다. 어린 아이들은 주판을 가지고 놀거나 그림책을 보면서 시간을 보내기도 하고, 교사의 숄(shawl)을 베개 삼아 소나무로 만든 의자에서 낮잠을 즐기기도 했다. 큰 남자아이들은 나무를 해 와서 불을 붙이고, 여자아이들은 한낮에 화로에서 사과를 굽기도 했다.[6]

그러나 가정과는 달리 학교는 자발적이면서도 부수적인 기관이었다. 출석률은 날마다, 계절마다 가지각색이었는데, 날씨 상황에 따라, 집에서 필요한 노동력 수요에 따라, 또는 교사에 대한 애정이나 두려움에 따라 들쑥날쑥하였다. 주로 나이 있는 남자아이들이 학교에 나오는 겨울에는 남교사가 교실을 지도했으며, 큰 아이들이 밭에서 일하는 여름에는 전통적으로 여교사가 교실을 지켰다.[7]

시골 주민들이 접하는 몇 안 되는 사회적 기관으로서 공립학교는 공동체 의식을 형성했고, 공동체 의식이 공립학교에 반영되기도 했다. 이웃 가족들은 일반적으로 느슨하게 연결된 부족과도 같았다. 그들의 사회적, 경제적 역할은 대부분 일치했고 분화되지 않았으며 친숙했다. 주민들이 서로의 생활을 가까이 알고 매일 대면하는 대단히 밀착된 사회 속에서 학교와 지역공동체는 유기적으로 연결되었다. 이웃 사이가 원만한 지역에서 학교는 그들의 응집력을 보여 주는 곳이었다. 그러나 이웃 간의 불협화음이 있는 지역의 학교는 서로 갈등관계인 집단들 사이에서 압박당하기 일쑤였다. 때로는 교육

---

6) 애슐랜드 중학교 기록, 1865, O. C. Applegate Papers; Peil, "Oregon school days", 200; Nelson, "Red schoolhouse", 305.

7) C. Johnson, *Country School*, 4, 56~57; Nelson, "Red schoolhouse", 306; Hazard, *Pioneer Teachers*.

자체가 대립의 원인을 제공하기도 했는데, 그 결과로 파벌이 생기거나 심지어는 새로운 교육청이 생기기도 했다. 다툼의 흔한 원인으로는 학교 위치 설정 문제가 있었다. 클리프턴 존슨(Clifton Johnson)은 뉴잉글랜드 지역에 대해 쓴 글에서 "학교 내 작은 건물이 세워질 위치를 결정하기 위해서 2년에 걸쳐 총 10번의 교육청 회의가 열렸다"면서, 이것은 대통령 선거에 한 번도 참여하지 않은 산에 사는 사람을 그 산에서 끌어내는 일과 마찬가지라고 말했다. 아이오와에서는 학교 위치에 불만이던 농부들이 학교 건물을 원래 있던 자리에서 자신들이 선호하는 1마일(약 1.6킬로미터) 떨어진 곳으로 밤사이 몰래 옮겨 버린 일도 있었다. 오리건주 욘칼라(Yoncalla)라는 아주 작은 도시에서는 파벌 간 다툼으로 인해 교육청이 3개로 나누어졌는데, 각 파벌들은 자신들 고유의 학교를 운영하고자 하였다. 그 밖에 학교에서 어떤 종교와 관련된 교육을 실시하는가에 대한 문제로 불협화음이 발생하기도 하였고, 사소한 임명 권한도 중요하게 여기는 시골 지역의 특수성으로 인해 어떤 교사를 선발할 것인가 하는 문제에 대해서도 잦은 잡음이 발생하였다. 그러나 대부분의 경우 시골학교는 그 학교가 속한 지역을 분열시키기보다는 통합하는 기능을 담당하였다.[8]

시골 지역사회와 교사 간의 관계는 공식적 지위보다는 개인적 특성에 기인한 바가 더 컸다. 대부분의 지역 교육 후원자들은 주 정부의 규정과는 상관없이 학교를 교육 전문가가 아닌 바로 자신들의 소

---

8) C. Johnson, *Old Time Schools*, 102; Dick, *Sod-House Frontier*, ch. ⅵ; John Miller to Oliver Applegate, June 21, Aug. 15, 1863, O.C. Applegate Papers.

유로 여기고 관리, 통제해야 한다고 믿었다. 하지만 여전히 다목적 교실에서 힘 있고 인기 있는 교사들은 자신의 도덕적 특성이나 설득력을 통해, 때로는 방해활동을 통해 영향력을 확보할 수 있었다.

초기에 오리건주의 한 교사는 학교 이사회로부터 학생들에게 문법을 가르치지 말라는 지시를 받은 관계로 언어수업과 문학수업을 통해 문법을 간접적으로 가르치기도 했다. 역시 오리건주의 다른 교사는 주 정부의 교육과정 지침에 따라, '복사본이 제대로 된 방향으로 나오게 하기 위해서' 학생들에게 종이의 밑에서부터 위로 필기하도록 했다고 한다. 이에 분노한 한 지역 대표는 그 교사에게 "학생들이 위에서부터 아래로 쓰게 하지 않으면 당신을 해고해 버리겠다"고 엄포를 놓았고, 그의 주장은 받아들여졌다. 한편 주 정부 방침대로 남학생과 여학생용으로 두 채의 옥외 화장실을 각각 짓는 일을 학교 이사회가 반대했을 때, 그 교사는 화장실 두 채를 짓는 데 20달러밖에 들지 않는다고 설명하여 그들의 지지를 얻을 수 있었다. [9]

캔자스의 한 젊은 교사는 자신의 교실이 그 전날 있었던 마을회의 후에 "휴지와 담뱃재 부스러기로 온통 어지럽혀져 있는" 것을 발견하고는 "학교 이사회에 교실을 깨끗하게 사용할 것을 요구하고 이 주장이 받아들여질 때까지 수업할 수 없다"고 주장하기로 결심했다. 그러나 그는 자신이 부임하기 전 1년 동안 3명의 교사가 실패하고 떠난 이 마을에서 교육법은 그의 편에 서 있을지 모르지만, 학교 후원자들은 외부의 지배를 용납하는 사람들이 아니라는 것을 알게 되었다. 그가 확인한 것은 다음과 같은 말들이었다. "만약 자신이 학

---

9) Dallas et al. , comps. , *Lamplighters*, 28, 129.

학교와 지역사회

교 이사회를 좌지우지할 수 있다고 말하는 교사가 있다면 일단 의심하라. 그는 거짓말쟁이거나 한 학기 이상 견딜 수 없는 사람일 것이다. 아마도 그는 둘 다일 확률이 높다."[10]

교사들은 자신의 교육활동을 누구에게 보고할 책임(*accountable*)이 있는지 알고 있었다. 자신을 고용한 학교 이사회, 학부모, 다른 납세자들에게 자신의 능력을 납득시켜야 했고, 학생들에게는 존경받을 수 있어야 했다. 보통 젊고 경험이 적으며 훈련이 덜 된 교사들은 몇몇 나이 많은 학생들의 상대가 되지 못했다. 오리건주 클래머스 폴스(Klamath Falls)에서는 교장이 문제 학생과의 싸움에서 패한 후 이사회로부터 근신 처벌을 받았다. 당시 싸움은 흔한 일이었기에 이는 싸움 자체에 대한 문책이 아니라 싸움에서 패한 것에 대한 처

---

10) Kirkpatrick, *Rural School*, 39~40.

벌인 듯하다. 11)

시골학교에서 교사의 지위는 매우 열악했다. 도서벽지의 주민들은 교사들이 그들의 생활방식에 순응하길 바랐다. 실제로 법에 규정되어 있지 않을 경우 그 지역 교육위원회가 교사를 선발할 수 있었다. 교사와 위원회 사이의 조정 역할을 해줄 행정상의 장치나, 그를 뒷받침해 줄 소속단체가 없는 상태에서 교사는 지역사회에 맞설 힘이 없었다. 권위는 본래 교사라는 직무에 있지 않고 교사 개인에게 부여되어 있었다. 교사의 역할은 전문적이고 명확하며 공식적인 것이 아니었고, 오히려 그 반대였다. 시골학교에서는 한 교사가 어떤 학생에게는 형이, 다른 학생에게는 구혼자가 되기도 하고, 사냥 친구, 동료 농부, 하숙생, 또는 사촌일 수도 있었다. 수업에 대한 결과가 좋든 나쁘든 간에 매주 금요일 저녁 학교에서 진행되는 맞춤법 대회나 웅변시간을 통해 온 동네 주민에게 공개되었다. 만일 학부모의 집 근처에서 하숙하는 교사라면 여가 시간에도 그들의 감시 속에서 지내야 했다. 12)

그 지역 출신 교사인 경우 그의 장단점은 지역주민들 모두에게 공공연히 알려졌기 때문에, 만일 그의 교사직을 탐내는 경쟁자가 있다면 그 점을 이용하여 교사를 곤경에 빠뜨릴 수도 있었다. 타지 출신 교사의 경우 역시 그다지 유리하지는 않았다. 그는 이 지역 사람들의 신망을 얻기까지 노력해야 했는데, 앞서 언급한 소설 《시골뜨기 교사》에서처럼, 거친 아이들이 교사를 언제 쫓아낼지 잔인한 미소

---

11) Peil, "Oregon school days", 206.

12) Elsbree, *American Teacher*; Beale, *Freedom of Teaching*.

를 띠고 기다리는 학교 후원회의 눈빛을 견뎌야 했다. 때론 연애 문제가 완력보다 더 무서운 협박이었다. 욘칼라의 한 교사는 결혼 문제 때문에 곤욕을 치르기도 했다. "그 젊은 교사가 결국 독신인 채 이곳을 도망치듯 떠난 것은 욘칼라의 딸(욘칼라 여자)들 탓이 아니다. 그것은 자신이 자초한 일이다. 그는 속으로 계속 고민에 시달렸고, 한때는 매우 괴로워하는 듯 보이기도 했지만 괴로운 현실을 은근슬쩍 외면하고 꿈쩍하지 않았다." 편파적인 대중의 결혼에 대한 압력에 대항하여 기댈 곳 하나 없었던 이 교사는 철저히 고립되었고, 결국 의지할 곳은 자기 자신밖에 없었다. 13)

시골학교에서 '교육과정'이라고 하는 것은 주변에 있는 책은 아무 것이라도 괜찮았다. 어떤 책에서는 학생들이 세상에서 성공해야 한다는 꿈을 인생의 절대적 가치로 보고, 교양은 다만 바른 말투를 쓰며 품위 있는 행동을 하는 것에 불과한 것이라고 했다. 《맥거피 선집》(*McGuffey's Eclectic Readers*)은 학생들에게 일상의 단조로움과 말똥 비료 틈으로부터의 피난처가 되기도 했다. 마치 학교 운동장에서 뛰어놀며 농장생활의 외로움을 달래는 것처럼 말이다. 텍사스주 러벅(Lubbock) 근처의 덕스버리(Duxbury) 지역 학교에 다니는 한 소년은 독서를 통해 문학에 대한 자신의 열정을 발견했고, 후에 교수가 되었다. 아이오와에 사는 햄린 갈랜드는 "우리가 읽던 그 선집

---

13) John Miller to Oliver Applegate, Feb. 16, 1867, O.C. Applegate Papers. 많은 시골학교들에서는 교사도 지역사회도 교육에 대한 실권을 갖지 못했음을 주의해야 한다. 식민주의적이고 무력한 기관의 예로는 인디언 보호구역 내의 학교, 남부의 시골 흑인 학교, 이주노동자 자녀 학교 등이 있다. 심지어 참여민주주의나 시골학교를 옹호하려는 경우에도 재산을 몰수당한 사람들에게는 발언권이 거의 없었다.

은 나이 많은 형들의 거친 입담과 속된 말투에 대항할 수 있는 유일한 방패막이였다. 나는 그 선집에서 스콧(Scott), 바이런(Byron), 사우디(Southey), 워즈워스(Wordsworth)의 시에 매료되었고, 다른 많은 문학의 대가들을 만날 수 있었다. 선집에 실린 몇몇 선별된 장면들을 통해 처음으로 셰익스피어도 맛보게 되었다. 어떤 분이신지는 잘 모르지만 고상하고 기품 있는 작품들을 선별해 주신 맥거피 교수님께 깊은 감사의 마음을 전하고 싶다"고 회상했다. 그와 반면에 에드거 리 매스터스는 그의 학창시절이 "행복하지 못했다. 매력적인 요소가 전혀 없었다"고 했고, 뉴잉글랜드의 한 소년은 자신의 교과서 표지 뒷면에 "절대, 절대, 절대로 지나가지 않는 11주"라고 썼다. 14)

학생들이 독서의 세계를 즐겁게 느낄 것인지 여부는 대부분 교사의 역량에 달려 있었다. 비록 대부분 부족한 교육을 받았지만 시골 교사는 지역사회의 지식인으로 여겨졌고, 그들은 스스로를 진정한 학자라고 믿었다. 애플게이트의 친구는 편지에 자신이 "주 정부의 교사를 대상으로 한 학회에 다녀왔는데 적어도 11명의 교수들이 모인 아주 큰 학자들의 모임이었고, 14명의 목사와 그 외 50명이 참석했다"고 썼다. 농부들과 개척자들은 자기 지역 학자들에 대해 상반되는 감정을 갖고 있었다. 욘칼라의 '노인'들은 맞춤법 대회와 웅변을 "불꽃 튀는 경쟁이 있는 학교, 또는 그런 종류의 어리석은 것"이

---

14) Garland, *Son of the Middle Border*, 112; Masters, *Across Spoon River*, 39; C. Johnson, *Old Time Schools*, 159; 저자에게 보내는 C. T. Lloyd의 편지, May 11, 1966. 교과서의 일반적 연구를 보려면, Elson, *American Textbooks*, 특히 7~9장 참조.

라고 조롱했다. 학생들도 종종 '모든 음악학교, 주일학교, 맞춤법학교, 문법학교, 그리고 토론학교'에 대한 어른들의 불신과 비슷한 생각을 갖고 있었다. 그러나 초창기 개척자들의 마음속에는 고상함에 대한 부르주아적 갈망이 몰래 공존하기도 했는데, 적어도 여성들에게는 그런 경향이 더욱 강했다. 교사가 시골의 세계와 학문의 세계를 성공적으로 연결할 때, 올리버 크롬웰 애플게이트가 그의 아름다운 서법과 능숙한 사냥 실력으로 회색 곰을 사냥해 왔을 때처럼 그 지역사회는 크게 행복해했다. 15)

2. '시골학교의 문제점'과
   교육 전문가들로의 권한 이양

1890년대를 시작으로 20세기에 들어서는 본격적으로 교육개혁가들이 시골교육의 문제점을 지적하였다. '독서 중심' 교육과정, 무계획적인 교사 선발과 장학체계, 학생들이 자신이 처한 상황에 따라 마음대로 결석하는 문제, 훈육 문제, 그리고 들쭉날쭉한 학교 건물과 시설 등이 쟁점 사항이었는데, 교육개혁가들은 이런 문제들을 보다 근원적이면서도 심각한 문제 때문에 나타나는 현상으로 인식했다. 그들이 생각한 시골교육 문제의 근본적 발단은 시골 지역 사람들이

---

15) Henry Cummins to Oliver Applegate, Feb. 17, 1863, O. C. Applegate Papers; John Miller to Oliver Applegate, Apr. 15, 1863, O. C. Applegate Papers; Oregon Superintendent of Public Instruction, *Report for 1874*, 58~59.

복잡해진 새로운 사회에 발맞추려면 어떻게 해야 좋은지 알지 못한 채 학교를 자체적으로 운영하려고 한다는 데 있었다. 1914년 엘우드 커벌리는 교육개혁 작업을 과소평가하지 말 것을 경고하였다. "오늘날의 시골학교가 발전의 교착상태에 빠진 이유는 다양하다. 전통적 교육방식에서 벗어나지 못한 채 시골에 무엇이 필요한지 깨닫지 못하거나 교육의 가능성에 대해 깨닫지 못한 시골 사람들이 학교를 비효율적으로 관리하는 문제와 함께, 시골사회의 문제점에 대한 포괄적인 이해가 없는 교사들이 학생들을 가르치다 보니 … 시골 교육의 재정비가 힘들고 더딜 수밖에 없는 것이다." 시골학교 교육의 개선을 주장하는 전문가들의 진단과 대응방안 속에는 경제적 현실주의와 과거에 대한 향수가 섞여 있을 뿐만 아니라, 교육에 대한 전문가들의 효율적 관리의 중요성에 극성스러운 정의감까지 결합되어 있는 것을 알 수 있다. 16)

시골학교 개혁을 주장한 교육 전문가들 대부분은 시골 출신이었다. 그들의 글 속에 묘사된 과거의 시골은 가족들이 함께 가축을 돌보며 옥수수 껍질을 벗기고, 교회와 학교가 번창하며, 그들이 '표준 미국인'이라고 부르는 시골의 자작농들이 다스리는, 부지런하고 도덕적이며 평화로운 나라였다. 캔자스주의 한 교사는 9월의 어느 아침, 매킨리 대통령17)이 탄 기차가 그가 사는 시골마을의 한 목장 앞

---

16) Cubberley, *Rural Life and Education*, 105~106.
17) 〔옮긴이주〕 윌리엄 매킨리(William McKinley)는 미국의 25대 대통령(1897 ~1901년 재임)으로, 1877년 하원의원이 되어 1890년 매킨리관세법을 제안하여 가결시켰다. 1896년 공화당 후보로 대통령에 당선된 후, 쿠바의 반란을 원조하여 1898년 미국-스페인 전쟁에 의해 필리핀과 푸에르토리코를 얻

에 정차한 일을 회상했다. 우유를 짜러 온 맨발의 두 소년이 젖소가 자던 풀밭에 남아 있던 따뜻한 기운으로 추운 발을 녹이는 장면을 목격한 대통령이 수행원들에게 "여러분, 저 모습을 보니 내 생에 가장 행복했던 시절이 생각나는군요"라고 말하자 수행원들도 각자 어린 시절에 같은 방법으로 발을 따뜻하게 했던 일을 떠올리며 대통령의 말에 동감했다. 당시 미국의 가장 큰 실력자들이었던 그들은 자신들의 행복한 시간을 떠올리게 한 아이오와의 두 소년을 위해 만세 삼창을 했다고 한다. 18)

그러나 예리한 개혁주의자들의 분석에 따르면 산업화, 인구통계학적 변화, 도시화가 시골마을의 삶을 변화시켰다. 시골 농장은 자급자족의 수준을 넘어서 세계시장을 대상으로 생산활동을 했다. 농업과학, 전화, 자동차, 시어스 로벅(Sears Roebuck) 19) 상품목록, 전기, 그리고 농기계의 등장은 농부들의 일상을 완전히 바꾸어 놓았다. 더 적은 인원으로 더 많은 곡물을 생산할 수 있게 된 것이다. 시골의 교육 전문가들은 상업화, 기계화된 시설을 갖추고 농촌 노동자 계급을 고용하는 '대량 생산자'의 성장을 대단히 불길하게 생각했다. 마지막으로 주 정부 지역 대부분이 시골로 이루어진 곳에서는 남유럽과 동유럽에서 온 이민자가 농장 소작인과 토지 소유자가 되는 비

었고, 쿠바 독립 성취 등의 성과를 올렸다. 1900년 하와이 병합, 금 본위제 확립 등으로 같은 해 재선되었으나 암살되면서 두 번째 임기는 수행하지 못했다. 사망 후, 그의 부통령이었던 루즈벨트가 임기를 이어받았다.

18) Kirkpatrick, *Rural School*, 104~141; Keppel, "Myth of agrarianism in rural educational reform".

19) 〔옮긴이주〕미국 시카고에 본사를 둔 대형 통신판매회사로, 가전제품 등을 주로 취급하였다.

율이 증가하였다. 커벌리는 이들에 대해 다음과 같이 말한다. "검소하지만 무지하고 대부분 매우 가난한 사람들이다. 이들의 출신 국가는 대부분 보통교육이나 대중적인 정부 기반이 미약한 곳이다. 그들에게는 진취적인 마음이나 자립심이 부족하고, '민중의지에 의한 지배'라는 영국-독일계(Anglo-Teutonic)적 개념이 결여되어 있다." 외국에서 이민 온 소작농이나 노동자들이 농경사업에 뛰어들자, 많은 지역에서는 "힘 있고 자기주장이 강하며 박력 있게 지역을 이끌어 갈 토박이 주민이 부족하다"는 걱정이 생겨났다. "호세 카르도자(Jose Cardoza), 프란체스코 베르톨리니(Francesco Bertolini), 그리고 피터 페타로비치(Peter Petarovich)와 같은 이민자 출신이 학교 감독자로 선출되었다"라며 커벌리는 한탄했다. "새로 정착한 이들에게는 물론 유익한 경험이었겠지만, 지방 행정부 입장에서는 조금 버거웠을 것이다." 네브래스카에서 실시된 조사에 의하면 시골 교사의 과반수가 외국인이었는데, 네브래스카 주립대학 출신의 교육자에게는 이것이 큰 근심거리였다. 그는 "서로 간의 간격을 좁히고 통일하려는 강한 노력이 있지 않고서야 여러 나라의 언어와 피가 뒤섞인 국가에서 어떻게 애국심을 고취시킬 수 있겠는가?"라고 물으며, "그러므로 교사는 심정적으로나 이념적으로 매우 미국적인 사람이어야 하고, 미국식 훈련을 통해 충성심도 높은 사람이어야 한다"고 말했다. [20]

20세기를 지나오면서 수많은 연구를 통해 시골 지역의 '에덴동산'

---

20) Cubberley, *Rural Life and Education*, chs. ii~iv, 55~56, 70~71; Committee of Graduate School of Education, Nebraska, *Rural Teacher of Nebraska*, 27~28.

의 모습이 붕괴되는 현상이 보고되었다. 전통적 생활방식의 해체, 시골의 지루함과 진흙밭을 도망치듯 떠나는 젊은 인재들, 낡아 버린 학교 건물, 악취 나는 옥외 화장실, 그 지역에 살지 않으면서 이윤만 추구하는 지주 등이 그 증거였다. 장로교파에서 4,515제곱킬로미터의 지역을 대상으로 실시한 한 조사보고서에 의하면, 농장의 53%는 소작농들에 의해 유지되었고, 주민들의 신앙생활은 정체되어 있었으며, 그 대신 당구장, 술집, 이발관 등이 주민들의 여가 수단으로 활용되었다. 오리건주의 한 교사는 "1915년 현재 시골 공동체의 사회활동은 거의 없는 것이나 마찬가지다. 마을 사람들이 모여 옥수수 껍질 벗기기 모임, 퀼트 파티, 헛간 준공식 기념 저녁파티, 맞춤법 대회, 문학을 즐기던 시대는 지났다. 농부들은 자기 주변 사람들에 대해서도 잘 모르는 경우가 많았으며", "이웃이라는 단어가 어색하고 낯설게 느껴질 정도"라고 불만을 토로했다. 교육개혁가들은 이제 새로운 사회적 변화 때문에 혼란에 빠진 시골마을을 쇄신하기 위해 무엇인가 해야 한다는 데 동의했다. 커벌리는 "개혁의 근본적 목표는 시골에 농민들로 이루어진 가장 미국적인 계층을 유지하는 것"이라며, 그 계층을 '표준', 즉 중산층의 대중적 성향을 가진 대농(大農)들로 정의했다.[21]

농민사회의 이상을 붕괴시킨 경제적, 인구학적 변화를 명확하게 분석하고 난 후, 개혁주의자들은 학교 전문가들에게 자문을 구했다. 커벌리는 "현재 시골 지역의 상태에 대한 책임이 지역 농민들에

---

21) O. M. Smith, "Rural social center", 110; Cubberley, *Rural Life and Education*, 106~107; Eggleston and Bruere, *Work of the Rural School*, 20~21; Carney, *Country Life and Country School*, ch. ii.

의해 운영되는 학교에 있다는 의견에는 이의가 거의 없을 것이다"라고 말했다. 시골 사람들이 학교를 망쳐 놓았다면 이를 해결할 유일한 방편은 교육 전문가들에게 이 문제를 넘겨주는 것이었다. 22)

1890년대 미국교원연합회(National Education Association, NEA)의 12인 시골학교위원회(Committee of Twelve on Rural Schools)를 시작으로 유능한 교육 전문가들은 하나의 해결책에 대해 한목소리를 냈다. 학교 통합과 학생들의 버스 통학, 교육감에 의한 전문적 관리, '교육의 정치적 수단으로의 사용 금지', 전문성 개발을 위한 교사 연수, '지역사회의 일상생활'을 반영한 교육과정 운영 등이 그것이었다. 교육 전문가들에 의해 계획된 유일한 최선의 교육제도를 통해 시골학교는 건강한 가치관과 직업기술을 가르칠 예정이었고, 그 결과 교육 전문가의 관리하에 '지역공동체'가 더욱 표준화되고 근대화될 것으로 기대되었다. 23)

시골 청년들에게 기회의 평등은 곧 획일적인 규제를 뜻했다. 자율적인 운영을 위한 세칙규정은 불가능해졌다. 오리건주의 촌락학교 규범은 교실 벽에 걸리는 액자 하나하나까지도 법으로 규정했다. "주 정부 교육과정에 나오는 사진의 복사본이어야 하며 그림 자체의 크기만 적어도 100평방인치(약 645제곱센티미터) 든지, 액자까지 합해서 180평방인치(1,161제곱센티미터)여야 한다." 교사들의 골칫거리였던 화장실 낙서는 당연히 엄격히 금지되었다. 교사의 의무는 명

---

22) Cubberley, *Rural Life and Education*, 113; 지방 사람들을 계몽하는 1명의 전도사 역할에 대해서는 A. Shaw's account of Superintendent O.J. Kern's work in Illinois, "Common sense country schools" 참조.

23) Committee of Twelve, "Report", I, 820~821.

확히 명시되었고 매일 똑같았다. 항상 질서정연하게 유지할 것, 운동장에서의 교육활동을 통솔할 것, 수업을 잘 준비하고 주 정부 교육과정을 따르며, 교육일지를 적어도 하나 이상 쓸 것, 매일의 시간표를 짜서 교육감에게 승인을 받은 뒤 학기 시작 한 달 내로 교실에 걸어 놓을 것, 출석부를 잘 관리할 것, 복장이 단정할 것 등이 그것이다. 한 교사는 너무 화가 나서 "관료들이 공교육을 탈취했다"며 "주 정부 교육감의 의지에 따라, 점차 우리 교사들의 고매한 직업을 그의 부관인 군 지역 교육감의 명령에 따라 움직이는 노예로 만들려는 장치가 만들어지고 있다"라고 기록했다. 1926년 오리건주의 한 교사는 다음과 같이 말했다. "미국 교육의 역설은 모든 이를 위한 교육을 주창하면서도 교육제도의 통제는 관료 위주로 하길 원한다는 것이다." 마치 교육을 받은 일반 시민에게 교육을 맡길 만큼 그들을 신뢰할 수 없다는 듯이 말이다. 24)

시골학교를 개혁하기 위한 계획을 살펴보면 이와 같은 '역설적 표현'이 분명히 드러난다. 그러나 자세히 살펴보면 시골학교를 개혁하는 과정은 역설이라기보다는 교육에 대한 통제권이 비전문가로부터 전문가들에게 이양되는 과정이라 할 수 있다. 시골학교의 개혁을 주장한 사람들이 민주주의를 외치고 현재 시골 지역에 필요한 사항들을 제시한 것도 사실이지만, 그들은 자신들에게 해답이 있고 자신들이 학교를 관리해야 한다고 생각했다. 그 상황에서 그들에게 필요한 것은 법적 권위였다. "더 강력한 통제력과 통찰력을 가진 지휘관이

---

24) 오레곤 학교 규정. Raymer, "Superintendency in Oregon", 154~155, 138; 수정하기 위한 로버트 긴터(Robert Ginter)로부터의 편지, Portland Telegram, Oct. 23, 1922에서 언급되었다.

없다는 것이 우리 시골마을에서 교육이라는 군대가 가진 가장 큰 취약점이다. 많은 지휘관들을 거느리고 강력한 통제력과 통찰력을 가진 장군의 지휘하에 움직이는 도시의 교육군대와 마주쳤을 때, 도시의 군대는 전술적으로 쉽게 우리를 이길 것이다." 어느 교육 전문가는 군 단위의 교육감 선발과 교육청의 분쟁은 중단되어야 한다고 주장했다. "교육정책, 절차, 재정에 관한 대부분의 문제들은 이들에 대한 지역 교육청의 권한을 철저하게 배제하고 군 지역이나 주 정부 교육당국이 결정하도록 했을 때 더 수월하게 해결될 것이다."[25]

시골의 공립학교에 대한 관리 권한을 그 지역 일반인에게서 빼앗아 전문가들에게 넘겨주려는 움직임은 미국 교육 역사상 보다 광범위한 조직 개혁의 일부분이라 할 수 있다. 광범위한 조직 개혁이라 함은 미국 전역에 걸쳐 학교에 관한 비전문가들의 직접적인 관리 권한이 대폭 축소됨을 의미했다. 도시의 교육 전문가들은 학교라는 조직에 새로운 관료제 양식을 도입하였다. 그들은 '교육을 정치로부터 해방'시킬 것을 요구했다. 1910년부터 1960년까지 교실 하나로 이루어진 다목적 교실 학교의 수는 대략 20만 개에서 2만 개로 줄었다. 그들은 또 시골학교의 현대화가 학생들뿐만 아니라 교사들에게도 이익이 된다고 주장했는데, 실제로 학교 건물은 더 나아졌고, 교육과정은 더 광범위하고 현대적인 방향으로 개편되었으며, 교사와 교육행정가의 자격요건이 높아졌다. 새롭게 제정된 교육과정의 기준에 점차 확장되는 보편적 가치들을 반영하여 교육청 간의 차이, 군 지역 간의 차이, 주 정부 간의 차이를 최대한 줄이기를 원했다.

---

25) Cubberley, *Rural Life and Education*, 306~307, 183.

이를 통해 시골 젊은이들은 더 다양한 직업으로 진출할 수 있었고, 색다른 생활양식을 경험했다.

대부분의 교육 담당자들은 공감하지 않았지만 일부 시골학교 후원자들은 학교를 통합하고 교육활동을 표준화하는 일에 반대하기도 하였다. 시골 사람들도 오래된 학교 건물과 고루한 교육과정에 대해 불만이었으나, 학교를 본인들의 통제하에 두고 싶어 했다. 뉴욕주에서 1921년 실시된 시골학교에 대한 주요한 연구 중 하나를 예로 들면, 시골학교 후원자들의 65%가 본인들 손으로 직접 군 교육감을 선출하기를 희망했으며, 69%가 학교 통합에 반대했다. 그 이후 실시된 연구보고서들에 따르면 오하이오, 위스콘신, 아이다호주의 농민들 역시 학교 통합을 반대했다. 시골학교를 통합하려는 동력은 언제나 시골 밖에서 공급되었다. "시골교육 재정비를 지지하거나 앞장서서 나아가는" 시골 지역 내 단체는 매우 드물었다. 26)

20세기 내내 시골 고등학교의 통합은 논쟁의 큰 중심이 되었다. '플레인빌'(Plainville) 이라는 중서부 시골 지역을 연구한 제임스 웨스트(James West)는 자신의 연구보고서에서 작은 마을의 고등학교는 그들의 선배 격인 다목적 교실 학교처럼 "지역공동체의 삶과 풍습의 새로운 구심점이 되었다"고 기록했다. 그곳 주민들은 사교 모임이나 스포츠 경기에 참여했고, 토론대회, 또는 때에 맞게 작성된 원고를 사 와서 암송하는 수준의 연설대회를 방청하거나, 더 큰 세상으로 나가는 의식인 졸업식에 참석하였다. "지역공동체의 '근대

---

26) Alford, "School district reorganization", 355~357; Joint Committee Rural Schools, *Rural School Survey of New York State*, I, 257, 200ff.; Woodring, "One-room school", 152.

화'의 상징"으로서 마을의 고등학교들은 지역주민들에게 더 큰 사회
로의 진입로라는 자신감을 주었고, 한편으로는 시골사회에 대한 애
착을 가지고 사회적 관계의 틀 속에서 지역주민을 통합하는 기능을
담당했다. 그러므로 학교는 학생들에게 특정 기술이나 지식을 전달
하는 목적뿐 아니라 그 자체로 매우 소중한 기관이었다. 27)

　　주 정부 교육당국이 지역 교육청을 통합하면 교육적 효과가 높은
대규모의 고등학교가 설립될 것이라고 주장했을 때 이를 귀담아 듣
는 이는 많지 않았다. 예를 들어, 캘리포니아주 정부 입법위원회는
1920년부터 작은 고등학교들을 "비효율적이고 근시안적이며 발전
이 없다"고 비판했지만, 많은 시골 지역 교육청들은 주 정부 차원의
교육청 조직관리부(Bureau of School District Organization)에 맞서
굴복하지 않았다. 적절한 예로는 1954년 브렛 하트(Bret Hart) 고등
학교의 재편성에 관한 씁쓸한 분쟁을 들 수 있다. 브렛 하트 고등학
교는 코퍼로폴리스(Copperopolis), 엔젤스 캠프(Angels Camp), 머
피스(Murphys), 에이버리(Avery) 마을 주민들의 삶의 구심점이 되
었던 곳이다. 학교 통합 반대론자들은 '통합의 은밀한 위협' 속에서
사회적 지위를 잃을까 염려하였다. "우리 고장의 자치권을 파괴하
려는 학교 통합 시도에 대해 온 힘을 다해서 싸워야 한다. 철의 장막
뒤로 사라질 위기에 처한 우리 에이버리, 머피스, 그리고 코퍼로폴
리스 주민들은 외친다. '투쟁을 실행하라'." 몇몇 시민들은 학교 통

---

27) West, *Plainville*, 80~81; Selznick, *Leadership in Administration*, 5~22;
　　Gump and Barker, *Big School, Small School*, ch. xii; Burnett, "Cere-
　　mony, rites, and economy in the student system of an American high
　　school".

합이 더 경제적이고 효율적인 학교를 만들 것이라고 주장했지만 그
들은 곧 '신참내기' 내지 '변절자'라고 비난받았다. 미 대륙 반대편
메인주에서는 화이트(E. B. White)가 시골 고등학교가 사라지는
데 대해 안타깝게 생각했다. "주 정부 교육부는 300명 이하의 학생
을 가진 고등학교에서 제공할 수 있는 축복을 억압하고 있다. 주 정
부의 강한 압력에 따라 시골 지역의 학교 행정구역(*school administra-
tion district*)을 정리했는데, 이는 대개 머리글자를 따서 'SAD'라고
불렸다. 글자 그대로 슬픈(*sad*) 일이었다. 우리 마을 고등학교의 폐
교는 마을사람 대부분의 마음에 큰 상처가 되었다. 학교는 마을사람
들에게 문화생활의 상징이었고, 그들의 영원하면서도 지속적이고
진정한 충성심이 자리한 곳이었기 때문이다."[28]

　20세기 중반 시골 고등학교의 통제권에 관한 논쟁은 그 이전에 있
었던 도시와 그 위성도시에서의 성장 과정과 매우 흡사했다. 1960
년 선도적인 자유주의 교육자 마이런 리버만(Myron Lieberman)은
지역주민 통제를 미국 교육에서 나타나는 '둔감한 지방 근성과 희박
해진 전체주의'의 주된 원인이라고 비난할 수 있었지만, 오늘날의
많은 개혁가들은 학교에 대한 '지역통제권'을 축소하기보다는 강화
해야 한다고 주장한다.[29]

　로버트 알퍼드(Robert Alford)는 "시골의 소도시와 주 정부 그리
고 미국 전체 간의 관계에 대한 체계적 분석을 하지 못한 이유는, 이

---

28) Alford, "School district reorganization", 362: E. B. White, "Letter from
　　the East", 36.
29) Lieberman, *Future of Public Education*, 34~36; Levin, ed., *Community
　　Control of Schools*.

문제와 관련된 가치관의 대립을 부정하거나 이 문제를 자유주의적인 미사여구로 표현하면서 그 속의 갈등을 약화하려 하는 몇몇 학자들의 성향 때문이다"고 분석하였다. 그러므로 이 문제에 대해 어떤 학자들은 의사소통의 실패로 보기도 하고, "'진정한' 지역통제는 '힘 있는' 지역의 통제"라고 정의 내리기도 했으며, '교육 전문가를 중시하는 가치와 지역사회를 중시하는 가치의 경계선'을 흐리게 하기도 했다. 강한 반발에 부딪쳐 당황한 사람들은 주 정부의 표준을 따르는 것을 못마땅하게 생각한 지역주민들 외에도 더 있었다. 아서 비디치(Arthur J. Vidich)와 조셉 벤스맨(Joseph Bensman)은 《대중사회 속의 작은 마을》(Small Town in Mass Society)에서, 시골과 작은 마을 주민들은 자신들의 존재를 '규제하고 결정하는' 대규모 사회 기관과의 밀접한 상호관계를 은폐하기 위해 종종 정교한 방식으로 자신을 기만하는 기제를 만들어 내곤 했다고 지적했다. "공적으로 제정된 지역사회의 삶에 대한 규정과 지역공동체가 선포한 그 지역의 정신은 실제로 그 마을의 운영조직과 주민들의 개인적인 삶과는 큰 관련이 없어 보인다."[30]

가치관과 권한의 대결 국면에서 분명한 것은 교육 전문가의 자율성과 주민통제 또는 지역통제가 자주 충돌했으며, 심지어 가장 외딴 시골마을조차 복잡한 도시의 세계와 교차했다는 점이다. 이와 같은 교류를 통해 학생들이 현대사회에 참여할 수 있도록 하는 훈련 과정이 제공되어 젊은이들이 성장할 수 있는 기회를 가진 반면, 사람들

---

30) Alford, "School district reorganization", 353; Vidich and Bensman, *Small Town*, xviii.

의 다양한 생활방식이 감소하는 현상도 발생했다. 학교 현장에서는 교육 전문가의 권한을 강화하거나 지역주민의 통제를 유지하기 위한 '각종 방안들'이 시행되었는데, 어떤 것은 그 지역주민의 신념과 행동규범을 인정하고 강화하는 형태를 띠었으며, 그 지역사회 외부에서 온 표준화된 규범이 기존의 규범을 대체하기도 했다. 거대한 관료주의 흐름 속에서 공통적으로 느끼는 무기력함에 대항하여, 많은 지역주민들은 횡포와 편협함의 가능성은 망각한 채 지역주민 중심의 통제방식을 요구하였다. 반면 어떤 이들은 대중사회에서 자신의 의지로 결정할 수 있다는 공동체 정신이 얼마나 연약한지 인식하지 못한 채 계속 근대화를 추구했다. 이제 우리는 시골이라는 작은 사회모형을 통해서 본 이 가치관과 권한의 대결이 소도시와 대도시로 퍼져 가는 흔적을 따라가 보기로 한다.

제 2 장

시골학교 체제에서 도시학교 체제로

19세기의 관료화

19세기 대부분 도시의 교육제도는 조직이 이완 결합된(*loosely-struc-tured*) 시골학교에서 시작했다. 시골학교 운영방식의 이러한 유산으로 인해, 당시에 도시 지역에서 나타나던 인구구성의 변화와 경제적·사회적 전환 상황에 맞추어 학교를 현재화하고자 했던 개혁가들은 좌절을 겪었다. 미국 도시에 유일한 최선의 교육제도가 존재할 것이라고 확신한 교육계 인사들은 그 최선의 교육제도를 찾아서 그 제도대로 학교를 운영하고자 노력했다. 그들은 신기술의 효율성과 규칙, 그리고 그 기술이 작동하는 조직의 형태에 감동받았으며, 제조공장에서 볼 수 있는 분업 현황, 철도의 정확성, 근대화된 기업의 명령과 조정계통 등에 감탄했다. 그리고 이런 특징들을 학교제도에 이식하여 학교교육을 보다 체계적으로 발전시키고자 하였다. 교육계 지도자들은 학교가 원칙도 없이 통제되기보다는 위계에 따라 권한과 기능이 세심하게 분배되는 방식으로 운영되기를 희망했다. 다시 말해, 정보와 명령을 원활하게 전달하면서도, 학교 발전을 위한 계획 수립에 필요한 자료를 제공할 수 있는 의사소통 네트워크를 구축하고자 노력하였다. 또한 학교교육에 관한 각종 쟁점에 대한 판결도 비공식적이고 인정에 치우친 규칙보다는 비정적(impersonal) 규칙에 따라야 한다고 보았다. 업무 절차도 특정 범주에 맞추어 모두 표준화하고자 하였으며 교육감에서부터 학생에 이르기까지 각자의 역할에 적합한 채용기준과 직무에 대한 성과기준을 확인할 수 있는 목표를 설정하고자 하였다. 교육개혁가들은 효율성, 합리성, 연속성, 정확성, 공정성의 가치들이 중시되는, 보다 관료제적인 학교체제를 만들고자 노력하였다. 1)

왜 도시학교의 교육개혁이 주로 이런 행정적 합리화의 형태에 치우쳤을까? 《모든 가능성 속에서》(In All Likelihood)의 저자인 존 하이엄(John Higham)은 이 변화의 주된 이유가 19세기에 산업화와 도시화가 함께 일어난 데 있다고 보았다. 도시에는 보다 안정적이면서도 조직화된 환경이 필요했다. 미국의 도시에서는 정치, 보건, 구호, 공교육과 같은 서비스를 체계화하는 일이 우선적으로 진행되었다. 이는 도시가 갑자기 성장함에 따라 사회구성원으로부터 다양한 필요가 발생하여 이를 충족시킬 필요가 있었으며, 계층 간의 부조화로 인한 불안감도 해소해야 했기 때문이다. 그리고 새로운 기술발전에 대한 적응도 필요했기 때문에 도시의 기능이 복잡 다양하게 발전하게 된 것이다. 2)

---

1) Katz, *Class, Bureaucracy, and Schools*, chs. I-iii; Tyack, "Bureaucracy and the common school"; Dalby and Werthman, eds., *Bureaucracy in Historical Perspective*.

도시에 소재한 학교의 교육 전문가들은 개인의 구원과 도덕성의 부흥과 같은 복음주의자들의 주장을 전적으로 거부하지는 않았다. 1840년대와 1850년대 학교 개혁 당시에는 복음주의자들의 세력이 컸기 때문이다. 하지만 학교교육 전문가들은 도시의 학교제도를 완성하면서 사회적 목표와 경제적 목표를 통합하는 데 그들의 관심을 돌리기 시작했다. 마이클 카츠3)가 관찰한 바에 따르면, 학교교육에서 교육적 기능 자체가 중시되기보다는 사회, 경제적 목표 달성을 위한 기능적 차원이 강조되었다. 윌리엄 해리스(William T. Harris)와 같은 공교육 전문가들은 관료제를 갖춘 학교교육이 도시의 사회적, 경제적 필수 요소라고 주장하기 시작했다. 초등학교에서 대학에 이르기까지 무상 보통교육을 실시하지 않고서는 현대 산업사회가 존재할 수 없다는 것이다. 학교교육은 중요하다. 왜냐면 학교교육을 통해 사람들을 도시 산업 질서에 길들이고 적응시키면서 '관리형 인재'(directive intelligence)나 전문가들을 사회에 계속 공급할 수 있기 때문이다. 실제로 어떤 학자들은 학교교육을 통해 근대화된 시

---

2) Higham, *From Boundlessness to Consolidation*, 26~27.

3) 〔옮긴이주〕마이클 카츠(Michael Katz)는 급진적 수정주의 교육사학자로, 미국의 공교육제도가 노동자 계층의 요구를 받아들이면서 사회를 멀리 내다 볼 줄 아는 인본주의 이상을 실현하기 위해 만들어진 것이 아님을 드러내고자 했다. 그는 커벌리의 교육사에서 제시한 미국 공교육제도의 기원을 거부하면서, 미국 공교육제도 수립을 위한 운동은 엘리트 계층이 자신들의 지위를 보호하기 위해 주도했을 뿐이라고 주장하였다. 그는 공교육제도의 발전에서 관료제가 중요한 역할을 담당하였다고 보았는데, 이는 교육행정기구가 관료제의 성격을 띠면서 사회를 통제하고 지배계층의 가치를 노동자 계층에 주입하는 데 매우 효과적으로 작동하였다는 것이다〔참고: 김재웅(2008), "미국 교육사 연구의 역사에 대한 비판적 고찰", 〈교육원리연구〉, 13권 2호, 15쪽〕.

민에게 내재화되어 있던 산업화 이전의 문화, 가령 가치와 태도, 근로 습관, 시간 개념, 심지어 여가까지도 변화시킬 수 있다고 보았다. 1860년대 미국은 경제 부문에 있어서 영국, 프랑스, 독일에 뒤처져 있다가 1894년에 이르러서야 세계질서를 이끌었고, 앞서 말한 세 나라들의 생산량을 합한 것과 비슷한 수준까지 성장하였다. 같은 기간 동안 학교 역시 그 규모나 복잡성 면에서 성장하여 다른 나라들의 교육 생산성을 능가하였다. 4)

교육행정에서 합리성을 강조하게 된 이유를 사회변화에 따른 학교의 반응으로 본 교육학자들도 있었지만, 대부분의 사람들은 시골 마을이 팽창하여 도시로 발전하는 과정에서 학교의 학생 수가 급증한 문제, 학교조직이 혼란스럽게 운영된 문제와 같이, 학교 내부 문제를 해결하기 위해 관료제가 필요하다고 주장했다. 당시 교사들은 학교에서는 교실을 가득 메운 수천 명의 학생을 대상으로 분반해서 가르치기도 하고, 상급학교에 진학도 시키고, 수업활동을 기록하는 등 매일의 업무에 고군분투했다. 그런 행정적 필요성으로 인해 관료제가 형성되었을 것이다. 그러나 많은 교육 전문가들은, 비록 잘못 유추되거나 이해된 부분이 없지 않았지만, 공장이나 군대, 경찰서, 철도 등에서 아이디어를 빌려와 관료제의 특징을 찾기도 했다. 그러나 보스턴의 존 필브릭(John Philbrick) 교육감과 같은 교육행정가들은 교육자들이 대부분 최선의 학교교육제도를 만들기 위해 서로 배우려고 노력했다고 믿었다. 세계 여러 나라로부터 새로운

---

4) W. T. Harris and Doty, *Theory of Education in the U.S.*, 12~13; Katz, *Class, Bureaucracy, and Schools*; Gutman, "Work, culture, and society", 555; 복지사업의 관료체제화를 보려면, Lubove, *Professional Altruist* 참조.

아이디어를 찾고자 노력한 이 교육학자들은 유럽에서부터 미국 전역에 이르기까지 교육행정의 합리성을 증진할 수 있는 새로운 방안들을 추구하였다.

3장에서 살펴보겠지만, 19세기 정치적 다원주의는 관료주의자들의 계획을 처참히 무너뜨렸다. 도시의 학교체제는 내부 반대자들과 대중의 요구에 의해 공격과 무시를 당했다. 많은 사례들에서 초기 관료주의가 조직 안팎의 정치적 영향에 의해 얼마나 쉽게 비판받을 수 있는지가 드러난다.

1. 시골마을 확장에 따른 조정의 필요성

1820년에서 1860년까지는 미국 역사의 어느 시대보다도 빠른 속도로 도시화가 진행된 시기다. 총인구는 10년마다 약 33%씩 증가하였으며, 인구가 2,500명 이상 되는 지역도 3배나 증가했다. 1830년에는 아무도 모르는 작은 마을이었던 시카고는 1860년에 인구가 10만 9천 명이 넘는 대도시가 되었다. 1847년 한 해 동안 보스턴은 3만 7천 명이 넘는 영국 이민자들을 받아들여 인구가 무려 11만 4천명이 되었다.

〈표 1〉의 통계는 도시가 만들어지기까지 지방의 폭발적인 인구 증가 양상을 보여 준다. 같은 시기 동안 도시에서 거주하는 인구는 69만 3,255명에서 621만 6,518명으로 증가했다. 1839년부터 1869년까지 공장 제조업의 국가 경제성장가치는 2억 4천만 달러에서 16억 3천만 달러로 급상승하였고, 미국 내 철도 길이도 1830년 37킬

<표 1> 1820~1860년대 도시 인구의 증가

인구(명)	도시(단위: 개)	
	1820년	1860년
5,000~10,000	22	136
10,000~25,000	8	58
25,000~50,000	2	19
50,000~100,000	1	7
100,000 이상	1	9

로미터에서 1870년에는 8만 5, 169킬로미터로 증가하였다. 같은 시기, 이와 같은 통계수치 외에 생활방식에서도 커다란 변화가 이루어졌으며, 급격한 인구변화와 기술발전에 효과적으로 대처하기 위한 각종 조치들이 이어졌다. 5)

시골마을의 각 가정에는 식수를 위한 우물뿐만 아니라 옥외 화장실, 화재에 대비한 가죽 물동이와 경보 시스템, 교통수단으로는 말과 수레, 자급할 수 있는 채소밭 등이 있었다. 가정에서 자급하지 못하는 것은 친구, 이웃, 그 지역 상인, 수공업자, 전문기술자 등에게 공급받았다. 당시 식량이나 수공예품을 생산하는 주요 단위는 가정이었다. 그러나 시골마을이 점차 도시로 바뀌면서 복잡해짐에 따라, 또 서부에서 새로운 도시가 계속해서 생성됨에 따라, 거주민들은 지금까지 해오던 자급자족 방식이나 자발적 용역이 더 이상 충분하지 못함을 알게 되었다.

베어드 스틸(Bayrd Still)은 밀워키에서 발생한 이러한 변화를 예

---

5) U. S. Bureau of the Census, *Historical Statistics*, 14, 139, 427; Schultz, *Culture Factory*, 286; Jackson and Schultz, eds. , *Cities*, 99.

로 들면서, 1846년에 도시로 편입된 밀워키에서 30년 동안 일어난 변화를 추적하였다. 그는 자급자족 서비스가 점차 사라지는 대신 "과학의 발전과 부의 증가, 인구의 증가에 따른 문제를 해결할 수 있는 분화된 도시행정체제가 더욱 요청되었다"고 주장했다. 연방 보안관과 치안 담당자, 야간 순찰자들만으로는 1855년 도시를 마비시킨 도둑, 방화범, 강도들의 폭동을 막기에 역부족이었다. 이 사건을 계기로 재계 지도자들은 그해 정규 경찰병력 투입을 요구했다. 마찬가지로 1850년대에 전통적으로 자원 방식으로 충원되던 소방단체가 소방대원 증강을 요청하였으나 이는 받아들여지지 않았다. 당시 밀워키의 새로운 증기펌프에서 화재가 발생하였는데, 비전문가들이 그와 같은 대형화재를 감당하기에는 역부족이라는 판단에 따라, 도시에서는 보다 전문적인 소방관들로 구성된 소방기관이 필요했다. 노동 능력이 있는 남자들은 1년에 이틀 내지 사흘간 건물이나 도로 정비에 노동력을 제공해야 했는데, 이는 공적인 업무로서 시 의회가 그 사업 관련 위원회에 위임할 사항이었다. 범죄나 화재, 도로 정비와 마찬가지로 질병도 도시에 속한 모든 사람들에게 급격하게 번질 수 있다는 이유로 아주 위협적인 요소였다. 건강 문제가 더 이상 개인이나 가족에 국한된 문제가 아닌 공적 문제로 인식되자, 시 당국은 천연두 예방백신을 마련하고, 콜레라 예방을 위해 쓰레기를 방치하는 것을 금지했으며, 하수 시스템을 정비할 것을 명령하였다. 사기업에서는 주식을 팔았고, 가로등이나 우마차길 정비 등의 공적 서비스를 위한 판매권을 보장해 주었다.

도시에 사는 사람들은 점점 서로 돕고 의지하게 됨에 따라, 그들 자신이나 이웃 집단끼리 수행했던 일들을 개인이 아닌 특정 대리회사에게 맡기기 시작했다. 또한 집이 아닌 다른 장소에서 노동이 이루어짐에 따라 노동활동도 때와 장소에 맞게 구성되었고, 교통이나 의사소통과 관련된 새로운 수단이 생겨났으며, 시민들이 따라야 할 도시생활의 규칙이 발달하였다. 그러나 관료제에 의한 기능의 전문화 현상은 점진적으로 이루어졌다. 때로는 이해관계가 서로 다른 집단 간의 갈등이나 정치권력이 분명하지 않은 상황에서는 기능의 전문화가 제대로 이루어지지 않기도 하였다. 6)

보스턴이나 뉴욕 같은 도시의 경찰 권력이 중앙집권적으로 변화한 역사에 대한 이중적인 태도는 당시 학교교육과 관련된 정치적 활동에서도 찾아볼 수 있다. 제임스 리처드슨(James Richardson)은 뉴욕 경찰에 관한 연구에서 19세기 전까지는 미국인들이 경찰을 별로 믿지 않았다고 주장하였다. 그에 따르면 미국인들은 경찰을 '시민의 자유를 위협하는 유사 군대 조직'으로 생각한 것이다. 1845년까지 뉴욕에는 야간 순찰원과 법정에 소속된 사무원이 있었는데, 이들은 정규 경찰이 아니었다. 그해 일을 시작한 유급 경찰들은 그들이 일하는 시 행정구역에서 살도록 지정되었다. 1853년까지 그들은 훈련을 받지도 않았고, 정해진 경찰복장도 없이 일했다. 7)

보스턴 경찰의 경우 1840년대 후반에 그 규모나 중요도 면에서 성장하였는데, 이는 뉴욕 경찰도 마찬가지였다. 보수 성향의 시민들은 소수인종과 종교적 분파의 폭도에 대해 걱정이 많았으며, 사회적 무질서와 범죄의 만연을 두려워했다. 게다가 전통적 사회통제 방식

---

6) Still, *Milwaukee*, 230~253; Wirth, "Urbanism".

7) Richardson, "To control the city", 272~289.

에 대해서도 실망하였다. 사회적 행동양식을 형성하는 비공식적 기제가 붕괴됨에 따라 시에서는 치안 유지를 위해 경찰 공무원을 새로 조직하였다. 제복 차림의 전문적 경찰 공무원 창설은 학교교육의 표준화 운동과 병행하여 이루어졌다. 이 두 현상 모두 가난한 이민자들이 미국사회에 편입되는 현상에 대한 대응과정의 일환이었다. 8)

1830년대에 보스턴을 방문한 한 외국인은 다음과 같이 말하였다. "평범하게 살아가는 보스턴 사람들이 가장 훌륭한 경찰관이다. … 이것은 이른바 여론의 건전한 통제에 의한 것이다." 그는 또 일찍이 보스턴 시민과 방문객에 대한 논평에서 "보스턴은 많은 인구가 밀집해 있지만 시민들이 타인에게 개방적이고 그 관계가 친밀하다"고 지적하였다. 그러나 1840년에 보스턴 인구는 급격하게 증가하였는데, 이들은 인종과 종교, 경제적 계층 면에서 매우 다양하였다. 지역 간 이주의 증가로 이웃 간 결합은 점차 약해졌으며, 존경이나 개인적 면식, 종교와 도덕적 관점의 공유 등으로 연결된 집단은 규모도 작을 뿐만 아니라 자발적으로 이루어진 경우뿐이었다. 9)

보스턴의 교육개혁은 19세기 중반에 일어난 교육개혁의 예로 설명할 수 있다. 보편적 가치를 주입하기 위하여, 다시 말해 새로운 형태의 공공 안정성을 확보하기 위하여 보스턴 사람들은 공교육을 개혁하고자 하였다. 그러나 통일된 교육 시스템을 조직하기 위해 각종 시도를 했음에도 불구하고, 1840년대 보스턴의 공교육은 일관된

---

8) Lane, *Policing the City*.

9) Grund, *Aristocracy in America*, 162; Dwight, *Travels*, IV, 449~452, 466~468; Tyack, *Ticknor*, 13~18, ch. vi.

제도하에 이루어진 것이 아니라 시골학교를 모아 놓은 것에 지나지 않는다는 교육개혁가들의 비판을 면치 못했다. 교원 간의 책임도 모호하고, 교사들은 각자 자신의 분권화된 영역 내에서 자율성을 가졌으며, 교육정책의 목적을 달성하기에는 관련 정보의 유입이 매우 불규칙하면서도 불충분하기까지 했다. 학생들을 문법학교[10]로 진학시키기 위한 과정으로서 1818년 보스턴에 설립된 대부분의 초등학교는 교실 한 칸에 교사 1명으로 이루어져 있었다. 규정에 따르면 보스턴 교육위원회가 초등학교 교육위원들을 임명할 수 있었지만, 사실 초등학교 교육위원 대부분은 독립적이면서도 자체적으로 위원을 선정함으로써 자기 영속적인 특성을 지니고 있었다. 1850년 무렵 190명에 이르는 초등학교 교육위원들은 자기가 담당한 학교를 장학 지도하였다. 이 제도에 찬성하는 사람들의 주장에 따르면, 이런 초등학교 교육위원들은 대부분 교육에 관심은 있으나 전문성은 결여된 사람들이었다. 스탠리 슐츠(Stanley Schultz)에 따르면, 문법학교와 작문학교, 고등학교를 감독한 보스턴 교육위원회 소속 24명의 위원들은 보스턴 사회의 엘리트 대표였다. 이들은 주로 재계 인사나 전문가, 목사, 부유층과 도시행정 전문가와 같은 집단의 대

---

10) 〔옮긴이주〕미국의 문법학교(*grammar school*)는 영국식 모형을 따서 영국 식민시대에 설립된 중등학교로, 1635년 설립된 라틴 문법학교(Latin Grammar School)를 시작으로 1647년부터는 100가구 이상의 마을에는 이와 같은 문법학교를 설립하도록 하였다. 초기에는 대학 진학을 목적으로 고전어를 가르치기 시작했으며, 18세기 중반부터는 실용적인 교과들이 교육과정에 포함되었다. 그러나 그 이후 다른 실용적 학문을 가르치는 기관과의 경쟁에 뒤처져 그 수가 줄어들었다. 현재는 지역적 차이가 있지만 주로 사립학교의 이름으로 사용된다.

표들로 구성되었다. 교육위원회의 각 분과위원들은 해마다 초등학교를 제외한 모든 학교를 방문하였고, 학생 구두시험을 지도한 후에 장단점을 간략하게 간추려 주기도 하였으며, 학생 지도방법이나 수업방법을 관찰하기도 하였다. 예를 들면, 1845년 4명의 분과위원들이 라틴학교가 "일상적으로 양호한 상태에 있다"는 식의 간단한 보고를 하기도 했지만, 흑인 학교 차별방지 분과위원회에 속한 흑인계 지도자들은 계속해서 인종차별과 관련된 문제를 제기하면서 흑인차별 학교에 반대하는 성명을 내기도 하였다. 11)

권위체계도 모호하고 통제방식도 분산되어 있던 이유는 예전부터 작은 시골마을이 점차 확대되어 도시로 성장하였기에 전통적인 통치방식이 여전히 존재했기 때문이다. 그리고 일부 보스턴 사람들은 아직도 이런 방식을 선호하였다. 당시 많은 사람들, 특히 민주당원들은 '중앙집권'이라는 말을 싫어했다. 이 말이 영국의 조지 왕, 프로이센의 독재, 독점과 같은 단어를 연상시켰기 때문이다. 매사추세츠주 교육위원회 위원장이었던 호러스 만의 공식적 권한도 반대파로부터 강한 비판을 받았다. 이를테면 그는 '지방정부의 자율성을 위태롭게 하며 자신의 정치적, 종교적 관점을 공식적인 이념기조로 채택하고자 애쓰는 관료주의의 우두머리'라고 묘사되었다. 교육위원 가운데 많은 비전문가들은 그들의 일에 자부심을 가졌고, 그들의

---

11) Schultz, *Culture Factory*, 134~138; Katz, *Class, Bureaucracy, and Schools*, 59~62; *Reports of the Annual Visiting Committees of the Public Schools of the City of Boston*, 1845, Cladwell and Courtis, *Then and Now in Education*, 165, 185~186, 226~227 재인용(이후 *Boston School Report for 1845*로 약칭함).

권력이나 영향력을 포기하려 하지 않았다. 그리고 학교장들은 자신의 직무에 대한 책임과 동시에, 지방분권화된 제도하에서 실질적인 자율성도 누리고 있었다. 예를 들면, 만약 어느 분과위원이 어느 학교에 대해 문제점을 지적하더라도 다음 해에는 다른 분과위원이 그 학교에 와서 오히려 만족해하는 경우도 있어, 특정 문제를 계속해서 물고 늘어지는 경우는 거의 없었다. 보스턴의 보통 사람들은 학교가 현상 유지되는 데에 별 문제의식이 없었다. 학교 개혁을 희망하는 어느 학자는 이런 태도를 다음과 같이 비꼬았다. "보스턴 시민이 할 수 있는 최대한의 비판이라곤 보스턴 학교교육의 완벽성에 대한 의심을 제기하는 수준 정도이며, 교육위원회 차원에서 학교교육의 문제점을 개선하고자 노력하는 그 어떤 시도들도 미친 짓으로 이해되거나 그 위원회를 그만두는 행위로 간주되었다."[12]

그러나 교육제도의 변화를 원하는 사람들은 학교를 신뢰할 만한 정보도 부족하고, 개혁을 강력하게 이끌 만한 동력도 찾기 힘들었다. 예를 들어, 호러스 만이 보기에 보스턴 학교장들이 활용한 훈육과 수업방식은 아무리 좋게 보아도 시대착오적이었으며 최악의 경우 가학적이기까지 했다. 그는 프로이센의 중앙집권적 학교제도의 특징 가운데 장학, 학년별로 나뉜 학급, 잘 짜인 교육과정, 인본주의적 교수방법 등을 보스턴에서 모방할 필요가 있다고 주장하였다. 1837년부터 그는 학교를 개선하기 위해 교육감이 필요하다고 역설하였다. 그러나 이러한 그의 주장은 교장들 사이에 엄청난 수사학적

---

12) Schultz, *Culture Factory*, 148, 146~147; Ticknor, "Free schools"에서 인용.

논쟁만 불러일으켰다. 이는 마치 옛날 중국의 장수들이 전쟁터에서 서로 마주한 채, 서로의 사기를 올리기 위해 소리를 지르고 악담을 퍼붓기는 하지만 직접 싸우지는 않는 상태와 흡사했다. 13)

호러스 만의 친구이자 교육개혁가 사무엘 그리들리 하우(Samuel Gridley Howe)는 호러스 만이 중단한 논쟁을 다시 불러일으켰다. 이번에는 '정보'라는 새로운 무기를 들고 논쟁에 임하였다. 초등학교 전체를 관할하는 교육위원회와 개별학교 운영위원회 사이의 모호한 권한관계와 분과위원회의 무계획적인 학교평가 때문에 학교에서 전반적으로 어떤 일이 일어나는지 아무도 알 수 없으며, 그와 같은 정보 부재로 인해 학교 발전을 위한 정책을 수립할 수 없다고 그는 주장했다. 1844년 사무엘 하우가 학교위원회에 선출되었을 때, 그는 문법학교에서 학생들의 시험성적을 수집하는 획기적인 일을 하기로 결정했다. 명백하게 그의 관심은 정보 그 자체에 있는 것이 아니라 논쟁에서 그가 '근본적인 개혁'이라고 명명한 자료의 활용방법에 있었다. 그와 분과위원회에 소속된 그의 동료들은 각 문법학교의 최상위 학급을 대상으로 필답시험을 보게 하는 통일된 형식을 고안하였다. 이는 구두시험에 의한 평가결과가 직관적이면서 때로는 피상적이었다면, 필답시험의 결과로 인해 각 학교가 그 시험에서 잘했는지 못했는지가 확연히 드러나 서로 비교하고 판단할 수 있는 '명백한 정보'를 제공할 수 있게 되었음을 의미했다.

시험문제는 필수 교재에서 내기로 하고, 시험문제 인쇄는 비밀이

---

13) *Seventh Annual Report of the Broad of Education* (Boston) ; Schultz, *Culture Factory*, 138~153.

보장되는 방식으로 진행되었다. 사무엘 하우의 시각에 시험결과는 창피한 수준이었다. 5만 7,873여 개의 가능한 답 중에 학생들은 오로지 1만 7,216개의 정답만을 맞혔고, 구두점에서 3만 5,947개의 실수가 있었다. 학생들이 한 큰 실수의 예는 다음과 같다. 노스캐롤라이나와 테네시에 있는 강들이 반대 방향으로 흐르는 이유에 대해, 한 학생은 "신의 뜻에 따라"라고 답한 것이다. 비록 그 시험에 다소 난해하고 꼬인 문제들도 있었지만 사무엘 하우는 그것이 공정하다고 보았다. 그 결과를 통해 보스턴 학생들보다 락스베리(Roxbury)에 소재한 두들리(Dudley) 학교 학생들의 시험성적이 더 좋다는 결과를 보여 줄 수 있었기 때문이다. 학생들은 원리를 중심으로 배우는 것이 아니라 기계적인 암기법으로 학습하였으며, 틀렸다고만 들었지 왜 그렇게 되는지에 대한 설명은 듣지 못했다.[14)]

사무엘 하우는 이와 같은 시험결과를 바탕으로 보스턴의 교육제도는 "잘못된 조직 원리로 이루어져 있으며, 학교 운영도 비효율적이기 때문에 비용 대비 교육성과가 저조하다"고 주장했다. 이러한 오류를 시정하기 위해서는 명령체계에 변화가 필요하였다. 즉, 전문성을 겸비하고 유급으로 학교를 감독하는 역할을 맡을 사람, 후에 '교육감'이라고 불리게 되는 사람이 필요하였다. 교육위원회는 "교육 관련 모든 요구와 관심사, 검토되어야 할 모든 의견과 감정"을 대표하는 직무수행 능력이 있는 기관이었다. 그러나 교육위원회는 "필요하긴 하나 불확실하고 기복이 심하며 경험이 풍부하지 못한 몸통"에 지나지 않았으며, "보스턴에 있는 모든 문법학교의 상황을 한

---

14) *Boston School Report for 1845*, 203, 168, 173.

사람이나 한 분과위원회가 다 알 수 없는"상황이었다. 시 당국은 "지속적이면서도 개인적으로 책임감을 갖고 학교교육에 헌신"할 수 있는 전문적인 지도자를 필요로 하였으며, 주요 역할은 학교와 교육위원회, 교육위원회와 시 당국 사이에서 학교교육 관련 정보와 정책의 매개자가 되는 것이었다. 현재의 제도에서는 "24명으로 구성된 무급의 교육위원회가 책임을 서로 공유하기 때문에 특정 위원이 특정 업무에 대해 관심을 기울이는 경우도 없고, 관심사에 따라서는 서로 분열된 모습을 보이는 상황"이기에 다양한 이해관계가 문제가 될 수 있음을 인정해야 한다고 그는 주장했다. 통일된 효율적인 행정은 무엇보다 교장의 이해관계와 상충될 가능성이 높았다. 교장은 나름대로 지방분권화된 권력을 기반으로 자신만의 특권을 누렸기 때문에 상부의 행정지도는 그들에게 부담으로 작용할 수밖에 없었다. 15)

사무엘 하우의 거리낌 없는 비판과 경험에 근거한 폭로는 많은 사람들을 불쾌하게 만들었지만, 그의 뒤를 이은 보스턴 학교교육 개혁자들은 사무엘 하우의 이념을 실제 교육현장에 적용하였다. 그들은 보스턴의 교육이 이제는 시골학교의 행정방식으로 운영되기에는 너무 많이 성장하였다고 믿었으며, 학교교육에 대한 유일한 최선의 제도를 고안하고 확산시키기 위해서 보스턴시가 주도할 필요가 있음을 직시하였다.

필라델피아의 예는 보스턴보다 더 극명한 자치권 확산과 지방분권화를 보여 주었다. 1860년 필라델피아 교육청은 필라델피아시와

---

15) 같은 책, 194~198; 교사의 면책에 관해서는 *Boston School Report for 1903*, 20 참조.

주변 지역을 통합하여 6만 3,530명의 학생을 수용하였고, 해마다 50만 달러 이상의 예산을 92개 학교에 지원하였다. 학교 정책을 결정하는 실질적 힘은 24개의 지역 교육위원회에 있었다. 이 위원회에서는 학교를 신설하거나 수리하고, 교사를 채용하고, 시민들의 요청에 따라 학교의 학습 내용을 조정하였다. 각각의 위원회 대표자들은 중앙 관리자위원회의 조정에 의해 시 전체 교육을 담당하였는데, 이들 사이의 경쟁에 따라 각 지역의 교육예산 배정이 서로 달라 갈등을 빚기도 하였다. 프랭크퍼드(Frankford), 패스윤크(Passyunk), 켄싱턴(Kensington) 또는 만투아(Mantua)와 같은 지역의 교육 담당자들은 자신이 속한 지역의 발전을 위해 정성을 다했다. 이들의 역량에 따라 그 지역 학교에 난방연료가 충분할 수도 그렇지 않을 수도 있었으며, 학생 수가 많을 수도 적을 수도 있었다. 필라델피아 교육청 관리자위원회는 재정의 분배 상황과 관련된 정보나 실제로 그 재정이 어떻게 사용되었는지에 대한 정보가 불충분하다는 불평을 자주 하였다. 필라델피아 교육청 관리자위원회 위원장이자 재계 지도자이기도 한 에드워드 스틸(Edward Steel)은 필라델피아시에 만연한 정치문화의 특징이라 할 수 있는 지방분권화에 따른 비효율성을 한탄했다. 이런 현상은 1882년 교육감이 처음으로 생기고 20세기에 접어들면서 각 지역의 실질적 권한이 약해지면서 줄어들기 시작했다. 피츠버그에서도 마찬가지로 1900년까지는 도시와 도시 주변의 지역사회가 느슨하게 연결되어 학교행정이 주로 전통적인 지방분권적 방식으로 이루어졌다. 16)

---

16) Nash, *Philadelphia Public Schools*, 18, 20~21, 25, 28~33; Philbrick,

수많은 신생도시의 학교조직은 촌락 수준에서 벗어나 미국 동부 지역에서 선구적으로 실시되던 관리유형을 채택하기 시작했다. 시카고가 그 대표적인 사례에 속한다. 1854년 시카고의 첫 번째 교육감은 보스턴에 있는 보일스턴(Boylston) 학교에서 교장을 역임한 바 있었다. 그는 시카고가 진흙길에 널빤지를 깔아 깨끗한 인도를 만들고, 대도시와 연결되는 6개의 철도로 인해 생긴 문화적 배후지에 상업을 할 수 있는 공간을 형성하고, 시카고강을 준설하는 야심찬 계획을 설립하는 등, 앞으로 멋진 도시가 될 것으로 예상하였다. 반면 시카고의 학교들은 아직 혼란스럽고 정비가 되지 않아 "사회와 동떨어져 있고, 원시적인 형태로 어마어마한 수의 학생과 교사가 우글거리는" 수준이었다. 각 학교는 3명의 이사가 교사를 채용하고 교실을 감독하였으며, 시 의회가 임명한 7명의 '장학사'가 학교를 도시 체제로 통합하기 위해 노력하였으나 대부분 성공적이지 못했다. 1850년 21명의 교사들은 그들의 교실에서 1,919명의 아이들을 가르쳐야 했고(교사 1명당 평균적으로 100여 명), 같은 해에 학교에 다녀야 하는 취학 연령의 학생들이 그 도시에서만 1만 3,500명이 있었다.[17]

도시 개발자들은 대학과 오페라 하우스 등을 갖춘 대도시 계획을 초안하였으나, 시카고와 같이 급성장한 도시의 경우 시민들에게 필요한 서비스를 제공할 계획을 작성하는 데는 큰 어려움을 겪기도 하였다. 1840년대의 공립학교들은 교회나 디어본항(Fort Dearborn)에 있는 폐허가 된 막사, 개인 집이나 가게 등을 빌려서 교육을 실시

City School Systems, 16.
17) Herrick, *Chicago Schools*, 37, 26, 36.

하였다. 이에 1845년 장학사들은 시 의회에서 '밀티모어의 장식용 건물'(*Miltimore's Folly*) [18] 이라고 불리는 새로운 학교를 지어야 한다고 설득하였으나 시카고 시장은 이 도시에 건물은 더 이상 지을 수 없으며 학교를 새로 설립하는 대신 공장이나 보호시설을 학교로 전환하겠다고 하였다. 그러나 이러한 시카고 시장의 판단은 잘못된 것이었다. 학교가 문을 열자 543명의 학생이 들어왔으며, 다음 해에는 843명이 들어왔다. 그 학교의 3명의 교사들은 정형화된 교과서도, 학년 구분도 없이 모든 학생들을 가르쳐야 했다. 3명의 교사는 수많은 학생들이 있는 교실에서 학생들이 하는 낭송도 주의 깊게 들어야 했으며 미술도 가르쳤다. 그러나 학생 수가 너무 많았기에 정식 등록부에 학생들 이름을 올리는 것은 어려운 일이었다. [19]

그리하여 첫 번째 교육감인 존 도어(John Dore)는 크고 개혁적인 이 과업을 그의 최우선 과제로 삼았다. 그는 2년 동안 각 학생들을 관찰하여 학생 수준에 맞게 반 배정을 하고, 출석을 기록하였으며, 정해진 교재를 사용하도록 하였다. 또한 학교 건물 관리자를 고용하고, 자주 이사를 다녀야 할 처지에 있는 부모들에게 자녀들을 매일매일 학교에 보내도록 설득하였다. 도어의 후임자인 윌리엄 웰스(William Wells)는 시골학교를 학년을 갖춘 표준화된 도시학교 체제

---

18) 〔옮긴이주〕 아델만 밀티모어(Alderman Miltimore)의 끈질긴 노력으로 1845년 시카고에 지어진 학교 건물. 당시 3층 건물로서 건축비용은 7,500달러가 들었다고 한다. 이 학교를 '밀티모어의 장식용 건물'이라는 조롱 섞인 말로 부른 데는 학교 건물 신설에 반대하는 인사들의 의견이 반영된 것으로 해석된다(*Chicago State University Library: A Centennial Retrospective* 참고).
19) 같은 책, 28~29, 37~38.

로 전환하고자 노력하였다. 웰스에게는 교사들에게 동기를 부여하고, 일관성 있는 교육과정을 개발하며, 교육에 대한 공공의 관심을 불러일으키는 전문적 능력이 있었지만, 계속해서 증가하는 수천 명의 학생들을 위한 학교공간이 너무 부족하였다. 1860년 한 해 동안 123명의 교사들은 총 1만 4천 명의 학생들을 가르쳐야 했다. [20]

결국 학생 수의 급격한 증가로 인해 분권화된 시골학교의 형태는 관료제 특징을 지닌 학교제도로 변환되었다. "부드러운 잔디와 시골길이 말과 여행자들에게는 편하고 자연스럽지만, 포장도로가 도시의 거리를 견고하게 덮은 것처럼" "인구 밀집지역에 소재해 학생 수가 많은 학교는 보다 체계적으로 조직화될 필요가 있다"고 매사추세츠주 우스터(Worcester)의 교육감인 앨버트 마블(Albert Marble)은 말했다. 그는 또한 "이상적인 교육은 학생들을 작은 규모의 학급에서 오랜 기간 풍부한 경험을 가진 남교사와 여교사가 철저하게 가르치는 것"이라고 말했다. 그 당시 대다수 교육자들은 오래된 생활방식을 고집하고, 마을과 촌락 단위 형태의 교육 개념을 찬미하였던 것이다. 도시 교육체제를 강조한 윌리엄 모우리(William Mowry)는 자신의 자서전에 "소년을 성장시키는 데 농장만큼 좋은 장소는 없으며, 특히 그 농장이 좋은 시골학교가 있는 슬기로운 동네일 경우 더욱 그렇다"라고 적기도 하였다. 그러나 그 당시 시골마을들은 점차 통합되어 서로 다른 가치관을 가진 서로 다른 사람들이 밀집한 도시로 변모해 갔다. 그 과정에서 과거에 중시되었던 신교도 중심의 사회관계나 분권화된 의사결정체제, 다양한 교육학적 방법들이 위협

---

20) 같은 책, 38, 39~50.

받게 되었다. 이처럼 과거의 방식을 고집하는 교육지도자들은 무정부주의자로 간주되기도 하였다. 대신에 최선의 교육제도는 교육과정을 표준화하고, 교육 관련 정보를 통합하고, 교육 전문가의 영향력을 중앙집권화함으로써 완성된다고 하였다. 그들은 결국 유일한 최선의 교육제도를 만들기 위해 노력한 것이다. 21)

2. 유일한 최선의 교육제도 창조

1885년, 존 필브릭은 **미국 내의 도시학교 교육청**에 대해 광범위한 조사를 실시하였다. 그는 도시 지역에서 미국의 학교 관리자들이 새로운 전문지식을 습득하면서 학교 관리자들 사이에 우수한 교육제도를 만들어 내기 위한 경쟁이 촉진될 것으로 예견하면서, 보편성을 갖는 한 가지의 우수한 교육제도를 빠른 시간 내에 확립하고자 하는 의도를 가지고 있었다. 그는 교육 정치가로서 교육감이 해야 할 주요 과업은 복음적인 종교적 신념을 전파하는 것이 아니라 '교육의 체제를 완성하는 것'이라고 믿었다. 이런 견해에 대한 수단으로 그는 언제나 몇 개의 프로젝트를 진행하고 있었다. 예를 들면, 교원양성 기관 설립 및 야간학교와 직업훈련학교 설립, 교사 평가나 교원 자격을 개선하는 방법, 학교 건축을 위한 계획 개선, 보다 합리적인 교육과정 고안과 시험 체계 도입 등이 그것이다. 그는 도시에 거주

---

21) Marble, "City school administration", 166, 165; W. A. Mowry, *Recollections*, 9; Lazerson, *Urban School*, ch. 1; Wohl, "The 'Country Boy' myth".

하는 학생들을 교육할 '유일한 최선의 방식'이 있다는 것을 의심하지 않았다. 프랑스에는 최고의 초등학교가 있을 수 있고, 독일에는 가장 좋은 학교 건물이 있을 수 있고, 프로이센에는 교사들을 가장 훌륭하게 양성할 수 있는 제도가 있을 것이라고 그는 믿었다. "만약 미국이 최고의 학교 책상을 고안한다면, 그것은 분명히 문명화된 전 세계에 널리 퍼질 것이다. ··· 지방이라 하더라도 여러 실험을 거쳐 증명된, 제대로 된 교육 관련 법칙들이 존재한다면 그 법칙들은 조만간 보편화될 것이다." 뉴욕주 교육감인 앤드류 드레이퍼(Andrew S. Draper)는 1889년 교사들에게 "공교육을 전 세계에 확산시키기 위한 모든 지식을 충분히 확보하고, 방법론을 익혀서 그 지식을 사용하는 것은 모든 교사들의 의무라 할 수 있다"라고 언급했다. 필브릭은 교육행정가들이 교육활동에 필요한 기자재가 "이미 너무 완벽하다"고 주장하면서 교육보다 행정을 강조하는 '교육개혁의 아마추어'라고 경멸했다. "현대 문명은 급속하게 통합되고 단일화되는 경향을 보인다. 최고는 어디서나 최고다." 필브릭과 그를 지지하는 교육 전문가들에게는 도시교육을 완성하는 일이 미국의 번영과 생존을 위한 핵심이었다. "우리 도시의 미래는 교육이 점차 만들어 갈 것이고, 우리 지역의 미래는 도시가 점차 만들어 갈 것이다. 많은 인구가 거주하는 도시를 경영하기 위해 만든 행정관리 체제가 어떻게 잘 작동될 수 있을까 하는 문제를 해결하는 데 교육 이외에 그 무엇이 있을까?"[22]

---

22) Philbrick, *City School Systems*, 58~59, 8, 57, 8, 10~11; Draper, "School administration", 27.

19세기 후반의 교육감들은 도시학교들을 체계화하기 위한 시도의 일환으로서 교육행정 조직과 교육에서의 의사결정 과정을 개선하기 위해 노력했다. 교실에서부터 교육청에 이르기까지 그들은 학생, 교사, 교장 및 모든 교직원을 통제할 수 있는 기제를 만들려고 노력했다. 비록 그들이 종종 사회개혁가들이 사용하는 비정치적 언어를 사용했지만, 실제 그들의 목표는 교육통제에 대한 분권화된 경향, 즉 보통 사람들에 의한 통제방식을 대체할 수 있는 새로운 관료제 모형을 확립하는 것이었다. 이 관료제 모형은 상명하복식 의사결정 구조, 하위자의 보고 강조, 그리고 교육 전문가가 상세히 작성한 교육과정 준수 등과 같이 폐쇄적이고 '비정치적'인 시스템을 특징으로 한다. 필브릭은 학교교육의 목적이 "학생에게 숙제를 부과하는 것이며, 만약 학생이 그 숙제를 좋아하면 그것은 잘된 일이고, 만약 학생들이 싫어한다 해도 의무적으로 해야 하는 일이기에 여전히 잘된 일이다"라고 기록했다. 학생들에게 숙제를 주는 것이 의미 있는 일이라는 이 진실은 같은 교육체제 안에서 근무하는 다른 사람들에게도 똑같이 적용될 수 있다. 각 사람들은 세분화된 규칙과 규정에 명시된 대로 특정한 임무에 대한 보고의 책임(*accountable*)을 져야 했기 때문이다. 23)

그 이후에도 줄곧 학교교육의 정확한 목적과 구조에 대해 다양한 의견들이 존재하였으나, 교육제도를 단일화하고자 하는 목표는 미국 교육 전문가들의 오랜 꿈이었다. 많은 미국 사람들은 학생을 관리 감독하면서 잘 짜인 교육과정과 교수방법을 통해 가난한 학생들을

---

23) Philbrick, *City School Systems*, 47.

교육하려는 조셉 랭커스터(Joseph Lancaster)의 계획에 깊은 인상을 받았다. 그들 눈에 랭커스터 체제는 완벽하게 고안되어 순조롭게 작동하는 기계처럼 보였다. 박애주의를 지향한 뉴욕 교육청은 가난한 학생들을 교육하기 위해 랭커스터 계획을 수정하여 적용하기로 결정했다. 뉴욕시의 인구가 증가함에 따라, 교육청 산하에 같은 학교들을 추가로 설립했다. 칼 케이슬(Carl Kaestle)이 관찰했듯이, 랭커스터의 계획을 적용한 학교교육을 통해 학생 차원에서는 학생들이 학습해야 할 일련의 동일한 과정을 확립할 수 있었으며, 조직 차원에서는 교육청 전체의 위계구조를 확립할 수 있었다. 그래서 학생, 반장, 총학생회장, 보조교사, 교사, 교장, 부교육감, 교육감으로 이어지는 승진구조가 확립된 것이다. 랭커스터는 개인이 아닌 직책에 권한이 부여되었다고 주장했다. 따라서 이등병이 병장에게 복종하는 것처럼, 나이가 많거나 덩치가 큰 학생이라 하더라도 나이 어린 반장의 말을 따르도록 기대되었을 것이다. 24)

비록 보스턴 내의 교육지도자들이 일반적 수준에서 랭커스터의 체제를 비판했지만, 그들은 학교를 체계화하는 데 공장 모형을 적용하자는 생각에 매료되었다. 교육청 교육감은 면직공장 관리자처럼 직원을 통솔하고, 기술적으로 최첨단의 기획을 소유해야 하며, 생산물의 균등성과 질을 감시해야 한다. 보스턴 교육청의 첫 번째 교육감, 네이선 비숍(Nathan Bishop)은 "보통교육의 조직체계에서 어떤 목적을 달성하기 위한 수단을 결정할 때도 공장이나 기업과 유사한 판단방식을 사용한다"고 주장했다. 그는 또 다른 비유를 들어,

---

24) Kaestle, "Urban school system: New York", 342, 366~367.

시 교육감에게 교사란 철도회사의 기관사와 같다고 하였다. 25)

이처럼 교육을 기계나 공장에 비유하는 과정에서, 교육에 관한 정치평론가들이 단순히 시민을 지도한다는 편견을 드러내기 위해 최신 유행의 은어를 사용한 것은 아니다. 18세기 신학자들은 하나님을 결함 없는 시계 제조공으로 생각했다. 그래서 사회개혁가들은 현대적 시각에서 보면 부정적 이미지를 연상하게 만드는 '기계'나 '공장' 같은 단어를 별 고민 없이 새로운 조직 유형을 비유할 때 사용한 것이다. 더욱이 교장은 학교조직이 안정적이면서도 예측 가능하고 신뢰할 만한 조직이 되도록 노력했다. 그들은 학교 관리자로서의 그러한 역할이 보다 명확하고 굳건하며 다른 사람들로부터 신망을 받을 수 있도록 노력했다. 그들은 관료주의가 필브릭이 언급한 "교사를 위한 적합한 위계적 상황"을 제공할 것이라고 믿었다. 필브릭은 능력 위주 사회에서의 관료주의의 전형을 주장한 유럽 교육자의 말에 감탄하면서 다음과 같이 인용했다. "관료주의는 행정의 바람직한 기능, 즉 구성원의 장점을 확인하고, 그들의 적성에 따라 조직에 분류, 배치되도록 한다. 간청, 아첨, 음모, 옹호, 호의, 부정을 통한 행정은 이제야 막을 내리게 될 것이다. "26)

분권화된 교육정책이 시시각각 변하는 것에 대해 반감을 가진 사람들에게 능력주의와 같은 개념은 강한 호소력을 지녔다. 학교조직에 관료제가 들어오면서 특정 인종, 종교, 계급에 속한 자들이 특권

---

25) Bishop, Schultz, *Culture Factory*, 151, 103~104; Winship, "What the superintendent is not"에서 인용.

26) Philbrick, *City School Systems*, 115~116; Kaestle, "Urban school system: New York", ch. 5; Katz, *Class, Bureaucracy, and Schools*, 70~71.

을 누리게 되는 경우도 많았지만, 관료제를 찬성한 사람들은 다음과 같은 장점에 더 많은 비중을 두었다. 그것은 강력하면서도 합리적인 교육체제를 통해 신체적 처벌을 없애고, 여성에게 새로운 기회를 제공하고, 빈부에 상관없이 도시의 모든 학생들에게 동등한 교육비를 지출하며, 모든 계급을 위해 똑같이 효율적인 수업체제를 제공할 수 있게 되었다고 믿은 것이다. 칼 케이슬은 "그들은 대중교육에 종종 수반되는 몰개인화(depersonalization)와 소외감에 관해 오늘날 우리가 걱정하는 것보다는 신경을 덜 기울였다"고 말했다. 대신에 그들은 미래에 성공적인 삶을 누리기 위한 필수 덕목으로 시간엄수, 질서유지, 근면성실이 중요하다고 생각하였다. 27)

　19세기 후반 동안 지도자급에 속하는 도시학교의 교사들 간에는 많은 의사소통 통로가 있었다. 그들은 오하이오 밸리(Ohio Valley) 내의 교육감 회의나 미국교원연합회(NEA)의 교육감국과 같은 조직을 통해 모임을 가졌다. 1880년에는 일부 유능한 교육 인사들을 중심으로 미국교원연합회 내부에 고위 교육 전문가로 구성된 국가교육협의회(National Council of Education)를 만들었다. 이들은 국가적 수준의 안정적인 교육정책이 구현되는지를 판단하는 역할을 맡았고, 교육 전문가들은 다른 도시의 학교교육 관련 보고서를 읽고 교육 관련 정기간행물에 자신의 고견을 실었다. 이 간행물들은 주로 미국 북동부지역에서 발행되었으나 미국 전역으로 배포되었다. 28)

27) Schultz, *Culture Factory*, 141~153; Kaestle, "Urban school system: New York", 366~367.
28) Gear, "Rise of superintendency", ch. ix; Wesley, *NEA*; Schmid, "Organizational structure of NEA"; Kaestle, "Urban school system: New

학교조직의 새로운 양식은 공식적 · 비공식적 의사소통 네트워크를 통해 빠르게 퍼져 나갔다. 웨스턴시는 다른 지역의 학교 개혁 경험을 바탕으로 학교 개혁의 초기 단계를 일찍 건너뛸 수 있었다. 리처드 웨이드(Richard Wade)는 오하이오강과 미시시피강둑을 따라 형성된 세인트루이스나 신시내티와 같은 도시들이 비록 "오래된 제약과 전통으로부터 해방"되었을지라도 "산맥 너머에 있는 대도시들"의 교육체제를 모방했다고 언급했다. 루이빌은 "오류로 인한 큰 비용 지출이나 교육과 관련한 무익한 실험적 시도"에 대한 요구를 제거하기 위해 동부지역의 교육청 사례를 연구할 목적으로 새로운 교장을 보냈다. 덴버의 신중한 교육감 아론 고브(Aaron Gove)는 타 지역에서 수년간 성공한 사례들만 채택하여 자신의 교육청을 변화시키는 데 사용하였다. 세계박람회와 국제전시회를 통해 미국 사람들은 타 지역에서 개발된 새로운 교육혁신을 알게 되었다. 29)

윌리엄 해리스는 세인트루이스 교육청 교육감과 미국 교육부 장관을 역임했다. 그는 호러스 만이 죽은 1859년부터 20세기의 전환점이 되는 새로운 교육의 대표자인 존 듀이가 태어나기 전까지의 수십 년 동안 미국 교육계에서 뛰어난 능력을 지닌 지도자였다. 1871년 세인트루이스 교육청 교육감으로 있던 해리스는 교육청을 표준화하기 위한 운동을 벌이면서 다음과 같은 전제 조건을 간결하게 제시했다. "교육청의 첫 번째 필수요소는 질서다. 각 학생들은 교육청

York", chs. iv~v.
29) Wade, *Urban Frontier*, 314, 317; *St. Louis School Report for 1857*, 324 ~329, 354~369.

이 정한 보편적 기준을 따라 행동해야 한다는 점을 제일 먼저 배워야 한다." 해리스는 현대 산업사회에서 찾아볼 수 있는 "기차 시각 엄수라든지 공장에서 출근 시간 엄수" 외에도 도시생활에서 매우 중시되는 정확성과 규칙을 강조했다. 결론은 학교가 관료주의에서 강조하는 시간 엄수와 정확성을 기초로 운영되어야 한다는 것이었다. "학생은 반드시 지정된 시간에 수업 준비가 되어 있어야 하며, 종이 울리면 일어나야 하고, 복도에 그려진 선을 따라 이동해야 한다. 요컨대, 학교에서 전개되는 모든 활동은 정확성에 맞추어 이루어져야 한다."[30]

도시생활에 필요한 이와 같은 덕목을 교실에서 가르치기 위해 도시학교 교사들은 시골학교 체제를 통합하여 도시학교 체제로 변화시켜 달라고 요구했다. 그들은 도시의 구역을 학교에 출석할 수 있는 지역 중심으로 나누어 달라고 요청했다. 그리고 초등학교와 문법학교는 학생들의 학력수준에 따라 학급을 분명하게 나누어야 한다고 보았으며, 학교시설과 교구가 적절하게 제공되어야 한다고 주장했다. 그밖에 그들은 학년에 적합한 과제를 중심으로 교원 양성훈련과 자격부여가 이루어져야 하고, 교육과정은 순서에 맞게 이루어져야 하며, 같은 도시에 소재한 학교에서는 같은 내용을 배워야 한다고 보았다. 학생들의 진급이나 진학을 위한 기초자료(종종 교사평가를 위한 자료로도 활용)로서 학생들의 학업성취도 평가시험이 개발되어야 하며, 유치원, 직업학교, 야간학교뿐만 아니라, 교실에서 일상적으로 어울리지 못하는 정상이 아닌 학생들을 위하여 대안학교

---

30) *St. Louis School Report for 1871*, 31~32.

와 같은 기관도 필요하다고 보았다. 교육청 최고의 자리에 위치한 교육감은 적어도 이론상으로는 교육청 전체 시스템을 고안한 건축가이자 감독자이고, 전체 학교들의 의사소통의 중심이자 모든 명령의 중심지로 인식되었다. 31)

　교육 관료주의의 핵심은 객관적이면서도 효율적인 계층화, 즉 학생들의 '학년 나누기'였다. 1838년 헨리 바너드(Henry Barnard)는 향후 20년 동안 50개 이상의 도시에서 "공립학교 학년제: 도시와 큰 마을을 중심으로"라는 강연을 실시하였다. 그는 다양한 연령의 학생들이 함께 있는 교실에서 이루어지는 수업은 비효율적일 뿐만 아니라 비인간적이라고 주장했다. 각 교과목과 관련된 교수방법, 교수 스타일, 책상과 의자, 교과목의 내용 등은 학생들의 성숙도에 따라 달라져야 하며, 이것은 학생들이 학년에 따라 나누어져 있을 때에만 가능하다고 보았다. 교실이 한 개만 있는 학교, 특히 학생 수가 증가한 도시 지역 학교에서는 한 반에 진도가 서로 다른 200명 이상의 학생들이 있었다. 이런 학교에서는 교사들이 해야 할 일이 너무 많아 가르치는 일은 거의 할 수가 없었다. "학급 학생 수와 개별 학생의 수업활동을 감안한다면 교실에서 이루어지는 실습은 매우 간단한 것 위주로 진행됐다. 그마저도 항상 시간에 쫓기어 실용적 가치도 거의 없었다. 실습은 대부분 교재에 나타난 단어들의 무의미한 반복에 지나지 않았다. 교사가 말하는 의미 있는 수업활동은 단지 각 단원의 내용을 읽어 주는 것뿐이었다. "32)

31) Philbrick, *City School Systems*.
32) Barnard, "Gradation of public schools", 456, 457~458.

매사추세츠주의 호러스 만부터 오하이오주의 캘빈 스토(Calvin Stowe), 미시건주의 존 피어스(John Pierce)에 이르기까지 보통교육 개혁운동을 이끈 교육 전문가들은 이질적 학생들로 구성된 무학년제 대신에 프로이센의 모형을 기초로 한 학년제가 도입되어야 하며, 이를 위한 체계적인 계획이 필요함을 지역사회에 역설했다. 하지만 그 주장은 응용력이 뛰어난 존 필브릭에게 전파되어 도시학교에 근무하는 교사들에게 구체적인 모형으로 제시되었다. 필브릭은 교육활동이 필연적으로 학교 건축양식을 반영한다는 사실을 알았다. 그래서 그는 보스턴 교육위원회에게 학생들의 적절한 학년 구분을 위한 새로운 종류의 건물, 즉 "달걀판 형태의 학교"로 부르던 것을 요구했다.

1848년에 필브릭은 신설된 퀸시 학교(Quincy School)의 교장이 되었다. 학교 건물은 4층으로 되어 있었으며, 대규모 강당이 한 개 있었고, 700명의 학생을 12개 학급으로 나누어 각 교실에 56명의 학생들을 수용할 수 있었다. 모든 교사들은 자신이 가르치는 한 학년을 위한 독립된 교실을 갖게 되었고, 각 학생은 자신만의 책상을 가질 수 있었다. 필브릭은 학생들의 능력에 따라 반이 나뉘어야 하고, "같은 학급 안에 있는 모든 학생들은 동일한 내용을 배워야 한다고 보았다. 그리고 교장 혹은 교육감은 전체를 대상으로 일반적인 장학활동과 통제를 하고, 남자 교감 1명과 여자 교감 10명을 두어 그들이 각 교실을 맡아서 통제하는 것이 필요하다고 보았다". 33)

---

33) Philbrick, "Report of the superintendent"(1856), 263; Bunker, *Reorganization*, 19~24; Schultz, *Culture Factory*, 125~131.

요컨대 19세기 중반 미국 교육의 특징은 학년제뿐만 아니라 수업이 주로 여교사를 통해 이루어졌다는 점이다. 이런 체제는 단기간에 형성되었다. 1870년 미국 교육부 장관이 45개 도시의 교육청을 대상으로 한 조사를 살펴보면, 이미 초등학교는 8학년제가 표준이 되어 있었다. 물론 교육청에 따라 초등학교 학년 가운데 저학년과 고학년의 범주는 다소 차이가 있었다. 19세기에 진행된 학년별 학교 현황을 보면, "1860년대까지는 도시들과 큰 마을에 소재한 대부분의 교육청들이 학년제를 실시했다. 1870년에 이르러서는 학교구조와 관련하여 전에는 아무런 체계도 갖추지 않은 상태에서, 이제는 학년제라는 체계가 확립되었다"고 하였다. "교육과 관련된 사무들이 분화된 것"은 "진보라고 하는 보편적인 법칙에 필연적으로 순종한 결과다. 교사들은 특정 업무에 자신의 시간과 역량을 집중하면서 반복적으로 그 일을 담당하였기에 좀더 수월하면서도 효율적으로 그 업무들을 수행할 수 있게 되었다".34)

학생들을 학년에 따라 나누는 일은 시작에 불과했다. 유일한 최선의 교육제도가 작동하기 위해서 교사들은 또한 일정한 교육과정과 평가기준을 설계해야만 했다. 상위 학년으로 진급하거나 성적을 매기기 위해서는 시험이 필요했고, 그 시험은 또한 교육과정에 따라 실시되어야 했기 때문에 이 모든 일련의 교육활동이 신중하게 이루어져야 했다. "하나의 도시를 대상으로 훌륭한 교육 프로그램이 존재한다면, 그 교육 프로그램은 다른 도시에서도 훌륭하게 적용될 수

---

34) Shearer, *Grading of Schools*, 21; Bunker, *Reorganization*, 35; Goodlad and Anderson, *Nongraded Elementary School*, 44~49.

있다"고 필브릭은 믿었다. 35)

1856년부터 1864년까지 시카고 교육청 교육감을 지낸 윌리엄 하비 웰스(William Harvey Wells)는 학년제 실시와 교육과정 연계를 위해 노력했다. 그는 거의 혼자서 1만 4천 명의 학생들을 10개 학년으로 나누고 123명의 교사를 저학년과 고학년으로 나누어 배치했으며, 교사들이 철자법, 산수, 읽기 과목들을 시간표에 맞추어 똑같이 가르치도록 했다. 1862년, 웰스는《교사를 위한 학년별 교수방법론》이라는 책을 출판했는데, 그는 이 책에서 각 학년 수준에 맞는 과목의 내용과 방법에 대한 세부사항을 밝혔다. 아이들은 5세에 알파벳을 시작했고, 다음 학년에서는 100까지 세는 것과 간단한 덧셈을 배웠고, 그 다음 학년에서는 로마숫자의 수수께끼, 바빌론의 공원, 십자군 및 트로이전쟁 등을 배우도록 했다. 영어 시간에는 주로 철자법과 문법을 배우도록 했다. 그의 책은 공식적 교육과정으로 오랫동안 북서부의 도시에서 널리 채택되었다. 36)

1890년 대도시에 소재한 82개 초등학교에서 8년간의 학생들의 수업시간이 발표되었다. 학생 1인당 총 수업시간은 평균 7천 시간으로 나타났다. 이는 1년 수업일수를 200일로 보았을 때 학생들이 매일 4시간 30분 정도 수업을 들었다는 것을 의미한다. 총 수업시간 중 평균적으로 철자법에 516시간, 읽기에 1,188시간, 지리학에 500시간, 산수에 1,190시간, 문법 혹은 '언어 수업'에 300시간, 역사에 150시간, 생리학(66개 도시)에 169시간, '도덕과 예절'(27개 도

---

35) Philbrick, *City School Systems*, 67, 59; Cremin, "Curriculum-Making".
36) Herrick, *Chicago Schools*, 42~43.

1890년대 초 뉴욕 에섹스 마켓 학교(Essex Market School)의 한 교실

시, 주로 구술로 수업을 진행)에 167시간, 자연과학(39개 도시)에는 176시간을 할애하는 것으로 나타났다. 나머지는 음악과 체육 시간에 할당되었는데, 63개 도시에서는 대부분 '휴식'(recess)으로 되어 있는 체육시간이 2천 시간이었다. 37)

19세기 동안 성악, 체육, 미술, 생리학과 같은 새로운 교과목과, '실물교육' 중심의 과학수업법과 같은 새로운 교수방법이 교육과정에 추가되었지만, 그래도 교과서가 교육과정에서 가장 권위 있는 정보 출처 역할을 하였다. 곧 설명하겠지만, 교과서가 가장 중요한 역할을 담당한 이유는 교사들마다 수업이 서로 달랐기 때문이다. 그리

---

37) W. T. Harris, "Elementary education", 32~34.

고 더 설득력 있는 이유는, 교사와 학생들 모두 동의하듯이, 교과서를 중심으로 시험문제를 출제해야 했기 때문이다. 38)

1870년대 오리건주 포틀랜드 내의 모든 초등학교에서 실시된 필기시험은 학생과 교사 모두에게 위험 요소가 되었다. 포틀랜드 교육청의 첫 번째 교육감 사무엘 킹(Samuel King)은 1874년에 단일 교육과정을 개발한 후, 학생들이 "숙제를 통해 철저하게 연습한" 교육과정 내용을 잘 배웠는지 확인하기 위해 연말에 시험을 보도록 했다. "우리의 공립학교가 발전하기 위해서는 완벽한 학교 관리 시스템이 필수조건"이라고 믿은 미국 동부 출신의 킹 교육감은 시험제도에 대해 최고의 찬사를 나타냈다. "시험제도는 체계, 순서, 배치, 신속성 등을 특징으로 하며, 학생들이 특정 목표를 설정하고 그 목표를 달성하기 위해 노력을 기울일 수 있도록 자극하는 데 도움이 된다. 뉴잉글랜드의 풍토 다음으로, 이런 시험제도가 산업에 필요하고, 신속성을 증진하며, 학생들이 제때에 옳은 일을 하도록 격려한다."39)

킹 교육감은 첫 번째 시행된 시험결과가 예상보다 낮아 낙담했을 수도 있다. 총 21개 학급 가운데 1명도 시험을 통과하지 못한 학급이 7개였고, 6개 학급에서는 학생의 절반만이 상급 학년으로 진학하였다. 킹 교육감은 그와 같은 시험제도 실시가 성공적이었다고 평가했으나, 그가 가졌던 인내심은 거의 사라지고 말았다. 다음에 실시된 시험에서는 학생들의 성적이 조금 더 올라, 시험을 본 학생의

---

38) Philbrick, *City School Systems*, 65; Finkelstein, "Governing the Young".
39) *Portland School Report for 1874*, 4; *Portland School Report for 1877*, 16.

13~75%가 상급 학년으로 진학하였다. 물론 몇 학급의 경우에는 전체의 3/4도 안 되는 학생들만 열심히 시험을 보았기 때문이다. 킹 교육감은 시험결과를 신문에 실었는데, 점수 옆에 학생의 이름과 학교명을 적었다. 학부모들은 이 결과를 통해 자신의 자녀들이 얼마나 열심히 공부했고, 교사들은 어느 정도 전문성을 갖췄으며 이를 어느 정도 발휘했는지를 판단할 수 있었다. 그러나 이와 같은 정책에 격분하면서도 불안감을 느낀 교사들과 학부모들은 연합해서 1877년 킹 교육감을 사퇴시켰다. 40)

새로운 포틀랜드 교육감 토마스 크로퍼드(Thomas Crawford)는 시험성적 공개 정책을 즉시 폐지했다. 그는 1878년 그의 보고서에 "시험결과를 공개함으로 인해 자유로운 분위기에서 가르치고 공부하는 교사와 학생 모두에게 막대한 손해를 끼쳤고, 그 결과 교사들은 서로 경쟁자가 되고 말았다"고 썼다. 어떤 교사들은 자신의 명성을 보호하기 위해 다음과 같은 정직하지 못한 일도 하였다. 예를 들면 시험 직전에 학생들을 자퇴시킨다든지, 문제행동을 벌인 학생에 대한 처벌을 연기하도록 교육감에게 요청하여 결과적으로 진학률이 떨어지지 않도록 한 것이다. 크로퍼드 교육감은 그와 같은 시험성적 공개 정책은 시험결과를 보고하는 기준을 임의로 정하면서 억지를 부리기도 하고, "적개심을 강렬히 표출하며" "아주 불쾌한 논쟁을 벌이는 결과를 낳았다고" 주장했다. 하지만 크로퍼드는 폴 굿맨41) 은

---

40) *Portland School Report for 1874*, 8~9; Powers and Corning, "Education in Portland", 45, 327.

41) [옮긴이주] 폴 굿맨(Paul Goodman)은 미국의 사회학자, 시인, 작가, 무정부주의자로서 1960년대 학생운동에 좌익 파시스트 활동가로 영향을 준 인

아니었다. 그는 조화를 원하는 훌륭한 관료주의자였다. 그는 시험제도를 엄정하게 적용함으로써 생길 수 있는 부작용을 최소화하기 위해 시험제도를 정교히 다듬어 유지했다. 이로써 시험제도 자체가 갖는 관료주의의 특징을 보존토록 한 것이다. 17년(1896~1913년) 동안 포틀랜드 교육감을 맡은 프랭크 리글러(Frank Rigler)는 전임자로부터 이어받은 교육과정과 교수방법을 공고히 하는 데 전력을 다했다. 리글러 교육감은 교사들마다 학습과정을 달리 이해하는 것을 방지하기 위해 매주 토요일마다 모여 교과서를 처음부터 끝까지 한 페이지씩 읽어 가며 그 내용과 관련된 예상 가능한 질문과 답을 논의함으로써 공통점을 찾으려 했다. 리글러 교육감이 사무실에 앉아 있더라도 포틀랜드 교육청 내 모든 학교에서 같은 내용을 교육할 수 있게 된 것은 바로 포틀랜드 교육청만의 공통지식이 있었기 때문이다. 42)

시험제도는 도시마다 차이가 있었다. 어떤 도시에서는 그 시에 속한 모든 학교가 동일한 필기시험을 보았으며, 또 다른 도시 중에는 필기시험과 구술시험을 혼합하여 실시하는 곳도 있었다. 물론 예전처럼 시골마을에서와 같이 구술시험만 보는 도시도 있었다. 교육감이나 교육위원회가 시험제도를 관장하는 경우도 있긴 했지만, 일반적으로 시험제도가 운영되는 과정에 있어 가장 중요한 인물은 학

물이다. 이 글에서는 크로퍼드 교육감이 관료주의에 입각한 시험성적 공개 및 그 공개에 따른 교사들 간의 경쟁을 반대했다고 해서 무정부주의자와 같은 견해가 아님을 비유하기 위해 예로 들었다.

42) *Portland School Report for 1878*, 16~18; *Portland School Report for 1882*, 37~39; Dillon, "Portland public schools", 26~27.

교장이었다. 이들은 시험 혹은 학생들의 진급을 위한 추천을 개별 교사들에게 좀처럼 위임하지 않았다. 동일한 시험이 주 정부 차원에서 시행된 경우도 있었다. 예를 들면, 일리노이주에서는 주 교육감의 관장하에 교육학과 교수인 찰스 드가모(Charles DeGarmo)가 만든 시험을 지역 내 모든 학교에서 실시하도록 했다. 많은 교사들은 그와 같은 표준화된 시험을 반대했다. 교육감과 미국교원연합회 회장을 역임한 에머슨 화이트(Emerson E. White)는 "시험성적으로 학교와 교사를 비교할 수 없다. 수년간의 시험결과를 바탕으로 한 학교 간, 교사 간 비교는 대개 부당하면서도 유해하기까지 하다"고 비판했다. 그러나 거의 모든 학교 지도자들은 필브릭이 주장한 바와 같이 시험제도가 학생들이 "자신이 어느 정도 확실한 양의 긍정적 지식을 습득하였는지"를 확인하는 데 필수적이라는 의견에 동의했다. 학교를 공장에 비유하면, 교실은 생산라인의 일부가 되고, 시험제도는 원자재에 어느 정도의 부가가치가 생겼는지를 판단하는 기제가 된다는 것이다. 다시 말해 1년간의 교육활동을 통해 학생들이 어느 정도의 지식을 습득했는지를 확인하는 수단이 시험제도라는 것이다.[43]

"유용한 지식"의 습득은 도시에서 이루어지는 보통교육의 목적 중 일부분이다. 최근에 많은 학자들이 공교육의 "잠재적 교육과정"에 대한 연구를 진행하였다. 잠재적 교육과정이라 함은 교육과정 지침이나 명시적 학교 목표에는 나타나지 않지만, 체계적인 학습과 보상

---

43) White, Button, "Supervision in the public schools", 33; Philbrick, *City School Systems*, 47에서 인용.

94

을 통해 내재화된 학생들에 대한 기대 행동과 역할 특성을 말한다. 예를 들어, 숙제를 잘하면 별표나 스티커를 주는 것과 같은 외재적 보상을 통해 경쟁을 배우고, 화장실에 갈 때에는 복도를 따라가야 한다는 규칙을 지킴으로써 권위에 대해 순종하는 법을 배우고, 3학년의 일원이라는 의식을 통해 관료제 개념에 적응하는 것 등이 잠재적 교육과정에 해당한다고 볼 수 있다. 19세기 후반 도시에 소재한 학교의 교사들 대부분은 학교가 학생들에게 각종 관료주의 규범에 순종하는 법을 명확하고 강력하게 가르쳐야 한다고 보았다. 1874년 윌리엄 해리스와 두에인 도티(Duane Doty)가 쓴 《미국교육론》(The Theory of Education in the United States of America) 이라는 소책자에는 77명의 대학 총장, 시 교육청 교육감, 주 교육감의 서명이 포함되어 있다. 이 책은 저자들의 단순한 철학이 아니라 교육지도자들의 일치된 의견으로 대표되었다. 해리스와 도티는 "군대에서 요청되는 정확함이 학급의 행동에서도 요구된다"고 기록했다. 또한 "미래의 산업사회에서 성공적인 삶을 영위하기 위해 가장 필요한 습관으로 ① 정확성, ② 규칙성, ③ 주의력, ④ 정숙을 강조"했다. 도시의 학교교육 연구자들은 이 진술에 대해 우호적이면서도 때로는 비판적인 태도로 그 진술이 지닌 의미를 강화했다. 44)

교사가 가장 좋아하는 주제는 시간엄수였다. 이를 통해 학생들의 행동을 정확하게 통제할 수 있고, 신뢰할 수 있으며, 예측 가능하기 때문이었다. 20세기에 들어와서 학교장은 출석과 지각에 관한 통계

---

44) W. T. Harris and Doty, *Theory of Education in the U.S.*, 14; 불분명한 교육과정에 대해, Fantini and Weinstein, *The Disadvantaged*; Dreeben, *On What Is Learned in School* 참조.

를 소수점 둘째, 셋째 자리까지 보고하였다. 어느 열성적인 교육감은 "학생 수는 50명이고, 매일 50명이 출석하며 지각하는 학생이 1명도 없는 학교를 아침저녁으로 바라보는 것은 멋진 일이다"라고까지 했다. 명백히 시간엄수는 순종, 정확, 정숙과 같이 교육과정에서 가장 기본이 되는 요소 중 하나였다. [45]

앞에서 말한 습관들이 교실에서 어떻게 형성되는가를 확인하기 위해 19세기 중후반에 이루어진 학교 탐방 기록을 살펴보기로 한다. 스코틀랜드 출신 작가인 데이비드 맥래(David MacRae)는 1860년에 뉴욕시에 소재한 제50행정구역 학교(Ward School No. 50)를 다음과 같이 묘사했다. 아침 조회에 5세에서 12세 사이의 학생들이 500에서 600명이나 모여 있었다. 맥래에게 그러한 모습은 인상적이었다. "그들의 용모는 매우 단정하였다. 복장도 깨끗하면서도 정갈하게 차려 입었는데 이는 미국 학교의 특징 중 하나였다. 복장이 불량하거나 손발을 씻지 않고 머리도 빗지 않고 등교하였다면 즉시 집으로 보내졌을 것이다." 교장이 교실에 와서 실물 수업(*object lesson*)을 진행하는 동안 학생들은 아주 조용히 앉아서 들어야 했다. "너희들이 어떤 물체를 보았을 때 무엇을 해야 하는가?"라고 교장이 물었다. "우리는 사물의 본질과 사물의 각 부분, 그리고 용례, 색깔 및 형태 등을 생각해야 합니다"라고 한목소리로 학생들은 대답했다. 그녀는 그때 학생들에게 점토로 만든 담뱃대 하나를 보여 주었다. 그러자 학생들은 담뱃대와 담배의 해악에 대해 아는 것을 말했다.

---

45) *Portland School Report for 1876*, 8~9; Powers and Corning, "Education in Portland", 51; *Portland School Report for 1881*, 29; *Portland School Report for 1882*, 27~28; Winship, "What the superintendent is not".

교장은 작은 벨을 울려 수업의 끝을 알렸다. 학생들은 일제히 "마치 군인들과 같은 절도 있는 자세로 일어나 여러 교실로 일사분란하게 이동했다". 교장의 말로는 질서를 잘 지키는 학생이야말로 자긍심을 가질 만하며 그렇지 않은 학생들은 부끄럽다는 생각이 들도록 함으로써, 학생들이 질서정연하게 움직이게 되었다고 했다. 교장과 맥래가 함께 어느 교실을 방문했을 때 맥래는 학생들이 경쟁적으로 수업에 임한다는 점을 발견했다. 교사가 산수 문제를 하나 내자 학생들은 "마치 흥분한 사냥개가 공을 쫓는 것처럼 빠른 속도로 그 산수 문제를 푸는 데 몰입했다". 읽기 시간에는 교사들이 각 단어를 말할 때 과장됐다 싶을 정도로 또박또박하게 발음하도록 가르쳤는데, 이렇게 함으로써 학생들은 말실수를 피할 수 있게 되었다. 학생들에게 단정치 못한 외모가 허용되지 않은 것처럼 단정하지 못한 말도 사용하지 못하도록 했다. 46)

1867년 볼티모어 교육청의 교육위원회가 임명한 소위원회는 필라델피아, 뉴욕, 브루클린, 보스턴 교육청의 학교를 방문하였다. 데이비드 맥래가 그랬듯이, 그 위원회 위원들은 뉴욕시에 소재한 학교의 교실 모습에 큰 인상을 받았다. 어느 학교는 같은 건물에 남학생반 507명, 여학생반 461명, 그리고 초등학생반 1,309명이 있었다. 그 학생들은 작은 교실에서 이루어지는 수업을 번갈아 가면서 듣다가 대규모 수업이 진행될 때에는 교실을 여러 개로 나누기 위해 세운 칸막이를 치우고 만든 넓은 공간을 강의실로 활용했다. 고학년 남학생과 여학생은 같은 공간에서 수업을 받았다. "작은 교실로 이

---

46) MacRae, *Americans at Home*, 601~603.

동하거나 보다 큰 강의실로 이동할 때는 피아노가 놓인 자리가 기준
이 되었다. 큰 교실 두 군데에 피아노가 각각 한 대씩 있었기 때문이
다. 모든 이동은 군인의 행진처럼 어떤 때는 평상 걸음으로 이동하
고 또 어떤 경우에는 더 빠른 걸음으로 이동했다. 유연한 체조와 같
은 운동에서는 보조교사들의 지시를 정확하게 따라야 했다. 고상하
게 잘 차려입은 학생들이 통제에 따라 일사분란하게 움직이는 모습
은 매우 흥미로운 장면이었다." 방문 위원들은 학생들이 "동시에 답
변하는 소리"에 기뻐했고, "마치 어떤 메커니즘 과정에 의해 단단히
고정된 것처럼 자신의 자리에 똑바로 서 있는 천여 명의 학생들을
바라보는 것" 자체가 기뻤다. 볼티모어에서 온 방문객들은 보스턴
에 있는 에머슨 학교(Emerson School)가 운영되는 방식을 체험하고
그 질서정연함에 감탄했다. "모든 학생들은 교사의 한 마디 한 마디
에 주의를 집중하는 듯했다. 교사들이 뭐라고 하면 학생들은 즉시
그 말에 따랐다. 수업 중 학생들의 말과 움직임은 동시에, 그리고
동일하게 이루어졌다."47)

1868년, 익명의 기고자는 뉴욕시의 "대표적인 2개 학교"가 뉴욕
시 교육위원회에서 가장 인기 있는 교육이론이 적용된 학교라고 적
었다. 그 기사에 대한 비판 의견도 많았지만, 14지역의 공립학교 모
습은 공립학교 체제를 지지하는 사람들이 그리는 바람직한 학교 모
습과 흡사했다. 그 학교에서는 수백 명의 학생들이 조용히 앉아서
앞을 똑바로 바라보고 수업에 임했는데, 이 모습은 마치 "기계로 심

---

47) Baltimore School Board Committee, Finkelstein, "Governing the Young",
373~375, 378에서 인용.

뉴욕의 어느 학교 조회(1880)

은 옥수수밭의 정돈된 모습"을 보는 듯했다. 조회시간에 교장이 나
타나자 신호에 따라 "마치 회전축이 있는 것처럼 학생들이 교장을
향해 머리만 돌렸다". 교장에게 인사를 한 다음에는 다시 원위치로
고개를 돌리고 그 다음 신호를 기다렸다. 수업은 정해진 순서에 맞
게 진행되었다. 산수 시간에 교사가 문제를 냈다. "학생들은 슬레이
트(slate) 48)에 산수 문제를 풀어 나갔다. 문제를 다 풀고 나면 학생
들은 그 슬레이트를 가슴에 대고 있었다. 교사가 어느 학생에게 문
제 푼 방법을 설명해 보라고 시키면, 그 학생은 벌떡 일어나 빠르게
설명한 다음 다시 재빨리 자리에 앉았다. 나머지 학생들은 모두 조
용히 앉아 있었다." 제 14지역에 소재한 공립학교 운영에 대해 비판

---

48) 〔옮긴이주〕 슬레이트는 기록 매체로 사용되는 평평한 물체를 가리킨다. 슬
레이트는 본래 점판암을 뜻하는데, 실제로 19세기에는 점판암으로 만들어진
기록판을 사용하였다. 이는 종이보다 단단하면서 그 당시 종이보다 가격이
쌌기 때문이다.

적 시각을 가진 사람들은 "한꺼번에 다 모아서 하는 학교 수업으로 인해 제대로 출석을 부를 수 없다는 점"이 그와 같은 학교교육의 결함이라고 지적했다. 100명, 아니 50명의 학생이라도 제대로 관리하기 위해서는 교사들이 그 학생들을 가능한 한 최소 단위로 나누어야 했다. 49)

교사들은 "다양한 사회적 계층" 출신의 학생들이 모여 있는 학교에서 어떻게 그와 같은 질서를 유지할 수 있었을까? 매 분마다 학생들이 해야 할 과제를 주어 바쁘게 만든다든지, 칭찬이나 편의를 봐주는 것을 이용하여 경쟁하도록 한다든지, "유급시킨다고 겁을 준다든지" 해서 질서가 유지되도록 했다. 공간이 부족하여 400명의 학생 가운데 몇 명은 조회가 열리는 교실에 들어갈 수 없었다. 만약 어떤 학생이 아무도 없는 곳에 혼자 들어가게 된다면 그것은 그 학생에게 부끄러운 일이 될 수도 있었다. 콜린 그리어(Colin Greer)가 지적했듯이 도시학교 교육에서도 희소성의 경제가 예견되었다. 많은 도시에서 그 도시 학생들이 다닐 수 있는 학교가 부족했으며, 학교에 들어간다 해도 엄격한 행동 규칙과 성적에 대한 규정 등으로 인해, 실패하는 학생과 성공하는 학생으로 나뉘게 되었다. 50)

19세기 학교의 교실 행동을 연구한 바버라 조안 핀켈스타인 (Barbara Joan Finkelstein)에 따르면, 당시의 교사들은 훈육을 너무 강조하여 "지식의 획득은 곧 지적 능력뿐만 아니라 의지의 승리로

---

49) "July, 1868, two representative schools", Finkelstein, "Governing the young", 381~384에서 인용.

50) 같은 책; Greer, *Great School Legend*, 36~37.

본다"는 말을 굳게 믿을 정도였다. 교사들은 모든 수업 상황에서 학생들의 성적이 오르지 않는 이유가 교수자의 무능력 때문일 수도 있다는 생각을 거의 일관되게 하지 않았다. 대신 학생들의 기질, 즉 인성적으로나 도덕적으로 반항하는 기질 때문이라고 생각했다. 이러한 경향은 1850년대에서 1870년대에 이르기까지 지방과 도시의 모든 학교에서 찾아볼 수 있었다. 교사들이 학생들에게 상을 줄지 벌을 줄지 판단하는 모든 상황에서 학생들이 지닌 지적 능력과 그들이 하는 행동의 사회적 특성을 거의 구분하지 않는다는 증거들이 실재한다. 많은 교사들은 자신의 수업을 제대로 받지 않는 학생들에게 체벌이나 수치심을 제공하는 것이 타당한 조치라고 생각하는 듯하다. 성적이 낮은 것은 곧 도덕적으로 해이해졌다는 신호로 보았기 때문이다. 창의적인 학생들은 아마도 지루함의 고통에서 몸부림쳤을 것이다. 자발성은 이러한 시스템 속에서 부적절한 형태로 간주되었다. 자신이 자라 온 가족이나 지역의 문화적 풍토와 전혀 다른 표준화된 교육과정이 핵심인 학교에서 어려움을 겪는 학생들도 있었을 것이다. 그러나 수업은 엄격하게 운영되었고, 교실의 크기도 정해진 상태에서 교사가 학생들을 다소 허술하면서도 편향적인 '과학적 이론(science)'을 기초로 만든 기존의 범주로 구별하는 일은 쉽지 않았다. 학생이 교사가 정해 놓은 학습과 품행의 표준에 따른다면, 다시 말해서 학생이 시험에 합격하기만 하면 그 학생은 성공한 학생이 되었다. 51)

  학생들은 정교한 학년제 시스템, 잘 짜인 교육과정, 시험, 그리

---

51) Finkelstein, "Governing the young", 134~135.

19세기 말의 산수 수업시간

고 행동규범을 통해 순종, 규칙성, 정확성을 배웠다. 학생은 규율을 지킨다는 의미로 '출발선에 발끝을 대고 정렬하기'(*toe the line*) 라는 표현을 배웠다. 오늘날에는 이미 그 표현상의 의미를 잃어버린 듯하다. 1890년대 수백 개의 도시학교 교실을 방문한 조셉 라이스(Joseph Rice) 는 어느 한 학교에서 그 말의 의미를 알게 되었다. 학생들은 암송 시간에 자신이 암기하는 문장을 발표할 때 바닥의 선에 맞추어 선 다음 차렷 자세로 움직이지 않고 서 있어야 했다. 그러면 학생들이 신은 신발 끝이 마룻바닥 널빤지 가장자리에 닿았다. 교사들은 학생들의 발표 내용만큼이나 발과 무릎 상태에도 주의를 집중했다. 어느 여교사는 "여러분이 무릎과 발을 아무렇게나 하고 어떻게 공부를 할 수 있을까요?"라고 되물을 정도였다. 52)

도시학교 교육체제의 절정은 고등학교였다. 19세기 공립 고등학교는 대부분 도시에 소재했다. 시골마을에는 중등학교를 지원할 만한 재원도, 열망도, 인력도 부족했기 때문이다. 시골마을에는 문법학교와 연결하여 교실이 한두 개뿐인, 이름만 "고등학교"가 있는 경우도 있었다. 이는 교육을 강조하는 과장된 선전문구상으로만 존재한 고등학교라 할 수 있다. 시골 또는 지방에서는 사립학교가 일반적이었다. 그래서 1880년대까지 중등학교는 공립보다 사립에 다니는 학생들이 더 많았다. 사실 '공립' 중등학교와 '사립' 중등학교를 구분하기는 쉽지 않았다. 주 정부나 지방정부가 모든 중등학교에 장학기금, 또는 다른 형태로 재정을 지원했기 때문이다.

하지만 도시에서는 고등학교가 출현하면서 분산되어 있던 하위급 학교들을 통합하여 교육적 피라미드가 형성되었다. 여전히 그 지역의 일반행정을 담당하는 기초자치단체 위원회가 있다 할지라도 고등학교에 대한 통제 권한은 주로 교육청의 교육위원회와 교육감에게 있었다. 그리고 고등학교 입학에 필요한 사항으로 인해 문법학교를 일정 정도 통제할 수도 있었다. 고등학교 진학 경쟁률이 높아지면 하위 학교에서도 경쟁이 유발되는데, 이는 매우 이로운 측면이라고 떠벌리는 교사도 있었다. 시카고의 어느 신문에서는 매년 실시되는 시험이 "올림픽 경기" 같다고 할 정도였다. 53)

---

52) Rice, *Public School System*, 98.

고등학교가 생겨서 학교교육의 위계가 확립되기는 했지만 그 기능 면이나 고등학교에 다닐 수 있는 학생이 제한적이었다는 면에서 그 위계가 갖는 의미는 미약했다. 1900년 이전에는 단지 소수의 학생이 공립 중등학교에 다녔고 졸업생은 그보다 더 적었다. 고등학교와 관련된 통계를 해석할 때는 주의해야 하는데, 그 이유는 당시 주정부 관리나 지방정부 관리의 응답률이 낮았으며, 그때만 해도 "중등학교"를 구분할 기준이 모호했기 때문이다. 고등학교에 다니는 학생 수에 대한 통계는 미국 통계연보 보고서를 통해 대충 감을 잡을 수 있다. 1870년에 약 1만 6천 명이 공립과 사립 중등학교를 졸업한 것으로 추정되는데, 이는 17세 인구의 2%에 해당된다. 그 이후 1890년에는 17세 인구의 3.5%에 해당하는 4만 3,731명이 중등학교를 졸업했으며, 1900년대에는 17세 인구의 6.4%에 해당하는 9만 4,883명이 졸업했다. 1890년대 공립 고등학교에 재학 중인 학생 20만 2,926명은 전체 인구의 1%에 해당했고, 그 가운데 10%만 졸업했다. 1894년 시카고의 고등학교 4학년 학생은 18만 5천 명이었는데, 이 중에서 단지 732명만 졸업했다. 54)

　　교사들은 고등학교를 "보통 사람을 위한 대학"으로 부르기를 좋아했지만, 학교 건물은 부유한 계층 학생들을 끌어들이기 위해 고딕 양식으로 화려하게 장식된 경우가 많았다. 후원자들은 가시적인 거대건축 지향을 지닌 자들이었다. 필브릭 같은 사람들은 어느 도시의

---

53) Krug, *High School*, I, 3~6; Herrick, *Chicago Schools*, 41.
54) U. S. Bureau of the Census, *Historical Statistics*, 207; Krug, *High School*, 13~14; Herrick, *Chicago Schools*, 82.

고등학교는 "고상한 대저택"으로, 또 다른 도시의 고등학교는 "궁전과 같은 대저택"으로 묘사했다. 그러나 그들은 가난한 사람들에게 세금을 걷어 부유한 사람들을 위한 우아한 학교에 쓴다는 비난이나 '수공업을 깔보는 사람을 배출하는 고등학교'라는 자수성가한 사람들의 비판에 민감했다. 그들이 미사여구에서 방어적 말투를 쓴 것을 보면 사람들의 비판이 어느 정도는 유효함을 보여 준다고 볼 수도 있다.

학교교육이 대부분 중산층 이상의 사람들에게 제공된다는 사실 외에 고등학교에 다니는 학생들의 사회적 특징에 대한 정보는 매우 희박하다. 마이클 카츠에 따르면 1860년 서머빌 고등학교(Somerville High School)에 다닌 학생들은 총 111가정의 자녀들이었는데, 이 중 57%는 아주 부유한 가정의 자녀들인 반면, 공장 노동자, 일용직, 또는 아일랜드 출신 자녀들은 아무도 없었다. 당시 그 도시에는 1,500명의 아일랜드 이민자가 살았다고 한다. 셀윈 트로엔(Selwyn Troen)에 따르면 1880년 세인트루이스에서는 13세에서 15세 사이의 사무직 노동자 자녀 중 64.1%, 전문직 자녀 중 80%가 학교에 다닌 것에 비해, 미숙련공의 자녀는 단지 31.7%가 학교에 다녔다. 그러나 시간과 장소에 따라 다른 경향을 보이는 경우도 있었다. 펜실베이니아주 에리(Erie)에 소재한 고등학교 교장은 1889년 자신의 학교 학생 347명 가운데 200명이 부모의 재산 정도가 500달러도 채 안 되고, 54명의 학생은 부모의 재산이 전혀 없을 정도라고 보고하였다. 55)

---

55) Katz, *Irony of Early School Reform*, 39; Troen, "Popular education", 31;

개별 학생이 어떤 계층이든지 간에 1900년 이전의 고등학교 교사들은 고등학교를 부모가 자신의 자녀가 우수해서 일을 하지 않고 계속 공부할 수 있도록 허용하는 학생들을 위한 기관이라고 생각했다. 1893년 미국교원연합회의 10인 위원회는 고등학교의 기능을 다음과 같이 선언했다. "고등학교는 우리나라의 전체 학생 가운데 교육을 18세까지 연장함으로 인해 이익을 보는 동시에 그와 같은 교육을 지원할 수 있는 부모를 가진 소수의 학생들이 자신의 삶을 준비하기 위한 교육기관이다." 그 위원회는 고등학교 졸업생 중 소수의 학생들만이 대학에 진학할지라도 고등학교 교육은 학문 중심 교과를 학생들이 열심히 배워서 누구라도 자신의 미래의 삶을 영위할 수 있도록 준비하는 기관이었기에, 정신 훈련을 강화했다. 그리고 학생들의 미래의 삶에 대한 본분을 준비한다는 말의 의미는 중등교육을 통해 직업준비를 한다는 말과는 거리가 멀었다.

당시 학생들과 부모들은 고등학교가 좋은 직업을 갖기 위한 필수 단계라고 생각하지 않았다고 유추할 수 있는 정보로는 고등학교에 다니는 학생이 소수였다는 점과 남학생보다 여학생이 더 많았다는 점을 들 수 있다. 고등학교 여학생 수는 계속해서 늘어나 1890년대에는 고교 입학생 가운데 여학생이 57.6%를 차지했고, 졸업생 중 여학생은 64.8%나 되었다. 필브릭은 "남학생들은 꿈이 커서 학교 대신 직장을 바로 구하는 경향이 있다"고 보았다. 확실히 여학생 가운데 소수는 고등학교에서 일반 교사직 제의를 받았다. 반면 1885년까지 21개 도시에서 고등학교 일반 교사직으로 일하는 남자는 거

Krug, *High School*, 12~13; Philbrick, *City School Systems*, 23, 26~27.

의 없었다. 당시에는 직장에서 고교 졸업생을 거의 요구하지도 않았고, 신규직은 대부분 초등교육 정도만 받은 사람들도 넘쳐났기에 일반 사람들은 고등학교에 다니는 것이 쓸모없다고 여겼다. 이런 이유로 공교육에 대한 대중의 신념을 고등학교를 지지하느냐 또는 하지 않느냐에 따라 판단할 수는 없다. 사업가뿐만 아니라 노동자들은 보통 중등교육에 반대했다. 물론 20세기에 들어와서는 고등학교가 대중 교육기관이 되었기에 이런 풍토는 전체적으로 변화했다. 56)

3. 남자 교사 숭배 경향

19세기 교사들은 다른 노동 부문과 마찬가지로 현재의 기준과 비교해 보면 훨씬 낮은 최소한의 공식 학력을 가졌다. 전국의 전형적인 교사들은 문법학교를 나온 정도였다. 학년제를 실시하는 도시의 학교나 마을 규모가 큰 학교에서는 최고의 교사를 원했지만, 그 학교 교사의 1/4 정도만이 교원양성학교를 졸업했다. 교사 교육은 주로 고등학교에서 이루어졌기 때문에 도시학교의 교사들은 기껏해야 고등학교 졸업장을 가진 자들이었다. 그래서 많은 교육감들은 교사들도 발표하는 학생들처럼 선에 발을 맞추어야 한다고, 즉 복종의 미덕을 가져야 한다고 생각했다. 교사들의 학력이 낮은 것이 오히려 교육감들에게는 이익이 된 것이다. 윌리엄 페인(William Payne)은

---

56) Committee of Ten, *Report*, 41; Philbrick, *City School Systems*, 31; Krug, *High School*, 11~12.

"그와 같은 교사들은 학년제 학교에서 가르치는 일에 대해 변함없는 헌신을 하게 될 것이다. 왜냐하면 교사들은 주로 자신이 배웠던 방식으로 가르칠 것이고, 학교에 다닐 때 자신이 지도받은 방식으로 학생들을 지도할 것이기 때문이다'라고 하였다. 페인은 관리하는 사람과 관리 받는 사람에 대한 원칙을 분명히 갖고 있었다. "조직은 권위에 대한 복종을 기초로 한다. 만약 어느 조직에서 계획이 필요하면 그 계획을 수립하는 사람이 있고, 그 계획에 따라야 하는 사람들이 있다. 사람의 신체 부분들이 지능이라고 하는 최상층부의 지시에 따라 움직이는 것처럼, 인간사회도 대부분 소수 지도자의 통제에 따라야만 한다."

이와 같이 시스템을 한 사람이 통제해야 한다는 말은 조직의 구성원들 모두가 적재적소에서 자신이 맡은 일을 계속할 수 있도록 충분한 권위가 지도자에게 부여되어야 한다는 의미이다. 페인은 이전 시대의 남성 교육자(schoolmen)와 마찬가지로 "최고의 지성"으로 비유되는 학교장은 남성이 맡아야 한다고 생각했다. 예를 들어, 헨리 바너드는 박봉과 격무에 시달리는 여교사들에게 "열정과 사랑, 희망과 인내로 학생들을 가르쳐야 한다"고 수사에 지나지 않은 말을 자주 했다. 반면에 그는 학년제가 실시되는 학교 교장을 선출할 때에는 "수업시간표를 짜고, 학교의 질서를 유지하고, 훈육을 잘하고, 윤리적 교훈이 개별학생들에게 잘 전달되도록 하며, 각 교실을 관리 감독하여 학교의 모든 부서를 조화롭게 운영하고 발전시킬 수 있는 그의 능력을 강조했다". 57)

---

57) Payne, *School Supervision*, 42~43, 13~14, 17; Barnard, "Gradation of

학교조직의 위계구조와 일반 사회의 남성우월주의는 서로 밀접한 관련을 맺고 있다. 그 시스템은 복종을 요구한다. 여기서 복종은 남성에 대한 여성의 복종을 의미한다. 특히 여교사를 채용할 때 대체로 남자 교장의 권위가 강화된다. 1878년 〈하퍼스〉(*Harpers*) 라는 잡지에 익명의 작가는 "종종 교육감은 여교사를 더 선호했는데 그 이유는 여교사들이 정해진 규칙을 더 잘 따르고, 무모하게 자기 자랑을 늘어놓지 않는 경향이 있기 때문이었다"고 밝혔다. "지칠 줄 모르고 혹사당하는 수업에서 교사들이 '파업'이라도 한다면 어떻게 해야 할 것인가?"라고 상상하는 일은 꿈에 지나지 않을 것으로 보였다. 덴버 교육청 교육감은 "교사가 상사에게 조언할 때에는 마치 상냥한 딸이 아버지와 이야기하듯 하라. … 명령은 상사로부터 나와야 한다"고 말할 정도였다. 1841년 보스턴 교육위원회는 여교사들을 추천했다. 왜냐하면 그들은 야망이 없고 검소하며 딸 같은 이미지를 가졌기 때문이다. "여교사들은 남교사보다 미래에 대한 명성이나 보수에 대한 계획에 관심이 적다. 부모의 법적 통제로부터 해방되는 나이대의 남성들이 장래에 대해 관심을 기울이는 것만큼 여성들은 진취적이지 않다." 결혼한 교사에 대한 일반적 편견에 반대하는 이유는 그들이 미혼 교사들보다 말을 잘 듣지 않을 것으로 가정하기 때문이다. 뉴욕주의 어느 의원은 학생들에게는 남교사보다 여교사가 더 낫다고 주장했는데, 그 이유는 여교사가 지닌 "바로 그 연약함" 때문이라는 것이다. 학생들은 주로 정서상태보다 지적상태가

public schools", 461, 459; W. T. Harris, "Elementary education", 6~8; Elsbree, *American Teacher*, ch. xxiii; Krug, *High School*, 3~6; Herrick, *Chicago Schools*, 41.

덜 발달되어 있기 때문에, 여교사들은 자신이 가진 "남다른 능력"으로 학생들의 감성에 더 다가갈 수 있다고 믿었다. "권위에 대해 친절하고 상냥하게 복종하는 특성"의 대가로 사회에서는 여성에게 특정 역할을 기대하였다. 여성은 호기심을 갖기보다는 온순한 태도를 갖고, 강한 지성보다는 감정을 더 인지하고, 야망을 갖는 것보다는 복종에 만족해하고, 진취적이기보다는 소심한 상태로 있어야 한다는 것이다. 이와 같은 역할기대는 최선의 교육제도에서 상사의 명령에 복종해야 한다는 원칙에 모두 부합되는 것이라 할 수 있다. 58)

미국교원연합회 대회나 그 기관의 공식보고서에 의하면, 교육관계자들이 교사에 대해 토론하는 경우 그들은 주로 관리자의 시각에서 문제를 바라보았음을 알 수 있다. 예를 들면, 어떻게 하면 무능한 교사들의 전문성을 향상시킬 것인가? 아니면 해고할 것인가? 교사들은 어떻게 채용해야 하고, 교사들에게 어느 정도의 책임을 부과할 것인가? 모두가 교사를 대상으로 한 질문들이다. 어느 교육감은 교사가 전문서적을 읽는 것은 게으른 일이라고 말했는데, 그 이유는 교사들이 바람직한 교수법을 배울 수 있는 것은 교육감을 통해서라고 생각했기 때문이다. 59)

여성 고용은 관료제가 진전되는 속도와 밀접한 관련이 있는 것으로 나타났다. 초창기에 학년제 학교를 지지한 사람들은 노동이 분업

---

58) "School mistress"; Gove, "Limitations of the superintendents' authority", 154; Elsbree, *American Teacher*, 201, 203.

59) Button, "Supervision in the public schools", 32; Warfield, "How to test the quality of a teacher's work"; Anderson, "Qualification and supply of teachers", 423~430; *Portland School Report for 1881*, 31~37.

화하고 남자 교장이 임명됨으로써, 여교사가 교직을 효율적으로 수행할 수 있게 되었을 뿐만 아니라 나이가 많은 학생들을 제대로 관리할 수 있게 되었다고도 주장했다(지도자나 엄격한 교사로서 남성이 우월하다는 생각은 증거에 입각한 것이 아니라 실체 없는 남성성에 기초한 듯하다). 1911년, 로터스 코프먼(Lotus D. Coffman)은 교사의 사회적 배경변인을 연구하면서 다음과 같은 결론을 내렸다. "교직사회에 여성이 급격하게 증가한 이유는 다음과 같다. 우선, 공립학교의 관리방식 변화에 따른 현상으로 볼 수 있다. 둘째, 학교 업무가 분화되면서 나타난 결과로 볼 수 있다. 셋째, 교직에 필요한 지적 능력이나 다재다능함에 대한 요구가 줄었기 때문이다. 넷째, 여성이 남성보다 교직을 선호했기 때문이다. 타운과 도시의 거의 모든 공립학교를 관찰한 결과, 교직의 대부분을 여성이 선점했으며, 남성은 주로 '관리'나 행정업무를 담당하였다."[60]

교사 관련 통계에 따르면, 미국 내의 여교사는 1870년에 59%, 1900년에 70%, 1920년에 86%로 최고치에 이르렀다. 도시 내에서의 여교사 수는 압도적이었다. 1885년 14개의 대표적 도시에서 십중팔구 여교사가 남교사보다 많았다. 1905년, 미국교원연합회에서 실시한 캐럴 라이트(Carroll Wright)의 조사 결과, 467개 도시의 초등학교 교사 가운데 남성 비율은 단지 2%밖에 되지 않았다. 반면에 초등학교 교장 가운데 남성은 38%나 되었다. 보수도 더 많고 명성

---

60) Coffman, *Social Composition of the Teaching Population*, 82, 28. Harmon Zeigler의 *The Political Life of American Teachers*에서는 "규율을 지키는 데 있어 남교사들이 여교사들보다 더 큰 문제가 된다. 실제로, 권한의 붕괴는 남교사 채용과 관련됨을 의심했다"(24).

도 높은 고등학교에서는 남교사의 비율이 38%였으며, 남자 교장의 비율은 94%에 달했다. 61)

고소득을 올릴 수 있거나 남들이 들어가기를 희망하는 직장에는 남성이 여성보다 훨씬 많았을 뿐만 아니라, 같은 일을 하는 경우에도 남성이 여성보다 더 많은 보수를 받았다. 정말로 대부분의 교장들은 여교사의 보수가 낮은 것이 학교에 여교사가 많은 이유라고 노골적으로 말했다. 교직은 많은 여성들이 갖기 희망하는 몇 안 되는 직업이고, 일반적으로 여교사는 남교사보다 일을 덜 하기 때문에 교육위원회에서는 여교사를 채용하여 비용을 감소시키고자 한다는 것이다.

〈표 2〉는 도시학교에서 남교사와 여교사가 받는 주급의 비교표이며, 〈표 3〉은 1905년 미국교원연합회에서 조사한 467개 도시에서의 남성과 여성의 평균 연봉을 보여 준다.

임금에 있어서의 남녀차별은 공식적으로 발표된 임금체계보다 개별적 협상을 통해 임금수준을 정할 때 일반적으로 더 큰 것으로 나타났다. 1861~1862년을 예로 들면, 세인트루이스에서 남자 교장은 800달러, 여자 교장은 400달러를 받았다. 그리고 1904년 뉴욕에서 고등학교 남교사가 받는 최고 연봉은 2,400달러인 반면, 여교사의 최고 연봉은 1,900달러였다. 62)

남성이 여성보다 더 많은 임금을 받은 이유는 많은 교육 관계자들

---

61) Elsbree, *American Teacher*, 554; Philbrick, *City School Systems*, 127; *Report of the Committee on Salaries*, 52.

62) Elsbee, *American Teacher*, 431~435, 278; *Report of the Committee on Salaries*, 23, 54, 74.

〈표 2〉 도시학교의 교사 주급표(연도별)

단위: 달러

년도	남성	여성
1870	35	12
1880	31	12
1890	33	13
1900	32	14
1910	36	17
1920	61	36

〈표 3〉 도시학교의 교사 연봉(직급별)

단위: 달러

직급	남성	여성
초등학교 교사	1,161	650
초등학교 교장	1,542	970
고등학교 교사	1,303	903

이 교직이 여성화됨으로 인해 학교가 얻게 되는 장점에 대해 회의하기 시작했고, 남교사를 교직으로 유인하고 학교 관리자로 계속 남아 있도록 추가적인 보상을 했기 때문이다. 미국 교육부 장관은 변화하는 세태를 보고서로 폭로했다. 1873년 교육부 장관은 몇몇 교육자들이 "학교 관리자"로 여성을 더 선호한다는 점을 지적했다. "랄프 왈도 에머슨63)의 딸은 콩코드(Concord) 교육위원회 위원으로 훌륭

---

63) 〔옮긴이주〕 랄프 왈도 에머슨(Ralph Waldo Emerson, 1803~1882)은 미국의 유명한 시인이자 사상가로서, 편협한 종교적 독단이나 형식주의를 배척하고, 개인 스스로를 신뢰하며 인간성을 존중하는 개인주의적 사상을 주장하며, 자연과 신과 인간은 궁극적으로는 하나로 귀결된다는 범신론적인 초월주의 사상을 발전시켰다. 그는 세속을 싫어하고 구애되지 않은 자연 속에서 사색을 쌓아 '문학적 철인'이라고 추앙받기도 하였으며, 그의 이상주의

한 일을 수행했다." 또한 "유연하면서도 추진력 있는 서부" 여성들이
주 정부 교육감이나 군 지역 교육감으로 일한고도 하였다. 그는 이
와 같은 실험을 판단하기에는 아직 이르다는 신중한 태도를 보였다.
1887년에 교육부 장관은 메이컨(Macon), 조지아(Georgia), 포터
킷(Pawtucket), 로드아일랜드(Rhode Island) 교육청 교육감들의 초
등학교 교장으로 남자가 더 필요하다는 견해를 받아들여 어정쩡한
태도를 취하였다. 그들은 남자 교장의 경영능력이 더 뛰어나며 학교
를 더 엄격하게 운영한다고 생각했다. 그리고 고학년의 경우에는 남
자 교장 대신 여자 교장을 임명해도 해가 되지 않는다고 보고하였
다. 1892년 교육부 장관은 여성들이 이미 보조교사를 독점한 상태
에서 교장과 교감직에 여성이 늘어나는 것을 우려했다. 그에게는 남
자 교장 수를 유지해야 하는 어려운 문제가 새롭게 생긴 것이다. 예
전에는 교감이 교장의 학교에서 훈련을 받아 교장직이 비면 그들 가
운데 한 사람을 쉽게 선택할 수 있었는데, 이제는 새로운 교장을 임
명하거나 교직 경험도 없는 대학졸업자를 임명해야 했다. 남성우월
주의가 위협받는 상황에 직면한 필라델피아 교육청에서는 남자만
들어갈 수 있는 '교육대학'(School of Pedagogy)을 만들었으며, 문
법학교의 상위 2개 학년은 남교사만 가르칠 수 있는 규정을 채택하
기도 했다. 교육부 장관은 시카고 교육청 교육위원회 위원장이 주창
한 "학교에서 남성성의 강력한 회복을 위한 지지선언"을 승인하였
다. 유명한 심리학자 스탠리 홀(G. Stanley Hall)과 엄숙한 공무원
존 필브릭 같은 권위자들도 여교사가 많은 학교에서 남학생들이 갖

는 젊은 미국 사상계에 큰 영향을 끼쳤다.

게 될지 모르는 부정적 효과에 대해 점점 더 많이 근심하였다.[64]

용감한 양성평등운동가 메리 에비게일 닷지(Mary Abigail Dodge)
는 남성 숭배에 매우 분개해하면서 이런 움직임을 "교사의 타락"이
라 말했다. 전직 교사이자 프리랜서 작가로 활동한 그녀는 양성평등
주의 시각을 가미하여 1880년에 19세기 버전의 《내려만 가도록 지
정된 계단 올라가기》[65]를 펴냈다. 여기 한 여교사가 있다. 그녀는
복종을 강요받고, 같은 일을 해도 남교사보다 적은 임금을 받으며,
종종 자신이 여성이라는 이유로 승진이 되지 않는 경험을 한다. 또
한 교육감과 교육위원회 위원들은 여성이 지적으로나 사회적으로
열등하다고 괴롭히며, 심지어 남학생들에게 좋지 않은 영향을 준다
는 말까지 듣는다. "교육감은 학교에서 가치 있는 일은 모두 자신들
이 맡고, 쓸모없고 자질구레한 일들은 여교사들에게 주어 그들을 방
해하고 괴롭히고 낙담시킨다." 남성들은 돈과 신용을 얻는 반면에
여성은 쥐꼬리만 한 돈을 위해 중요한 일들을 모두 맡아서 한다. "교
육감이 하는 일을 묘사할 때 보잘것없다는 의미로 '아무것도 적혀 있

---

64) U. S. Commissioner for Education, *Report of 1873*, cxxxii~cxxxiv;
   Report for 1887, 225; *Report for 1892*, II, 669~671. 이 보고서들을 통해
   학년에 대한 교육적 상황을 알 수 있다; Philbrick, *City School Systems*,
   127~130; Strachan, *Equal Pay*.
65) 〔옮긴이주〕《내려만 가도록 지정된 계단 올라가기》(*Up the Down Stair-
   case*)는 1965년 벨 코프먼(Bel Kaufman)의 소설로, 뉴욕시의 고등학교에
   초임 발령을 받은 여자 영어 교사가 겪는 교직의 어려움을 밝힌 희극풍의
   작품이다. 제목은 고등학교의 지나친 관료화를 풍자한 표현으로, 학교는 교
   내 계단 가운데 학생들이 올라만 갈 수 있는 계단과 내려만 갈 수 있는 계단
   을 지정했다. 이유는 학생들의 혼잡을 피하기 위해서인데, 만약 학생이 내
   려가도록 되어 있는 계단으로 올라가면 벌을 주도록 한 규정을 풍자해서 제
   목을 정한 것으로 보인다.

지 않은 서류 형식'(*form of blank*)이라는 표현보다 좋은 것은 없다."
학교 관리자를 위해 항상 바보 같은 보고서를 작성하고, 의미도 없
는 통계를 수집하는 일 때문에 교사들은 학생들을 지도할 시간이 없
다. 이와 같이 사소한 학교체제를 관리하고자 하는 사람들은 말 그
대로 무능한 보통 사람들이다. "모든 일을 잘 처리하는 여교사에게
보모처럼 행동하는 남성은 없다. 세상에 남자가 할 수 있는 일이 별
도로 있다고 생각하는 남성들은 여성의 앞치마 끈을 당겨 가며 그들
이 하는 일을 방해하는 데 시간을 보내려 하지 않을 것이다."[66]

아직도 그 남자들은 자신들이 여성보다 우월하다고 열변을 토한
다. 메리 에비게일 닷지는 다음과 같이 콧방귀를 뀌었다. "남성이
여성보다 더 성실하고 헌신적이며 생산성이 높은 이유를 알아내려
고 노력하는 대신, 우리 여성들은 남성들이 정말 그런지 확인도 하
지 않는다고 가정해 보자." 그녀의 대답은 놀랍지 않았다. "우리가
아는 무수한 남교사에 대해 곰곰이 생각해 보면, 정의가 줄 수 있는
가장 큰 은혜는 침묵이라는 덕목인 것 같다. 반면 여교사는 교양 있
고 여성적이며, 신뢰할 만하고 위엄도 있으며, 생각이 깊고 지치지
않는다. 또한 학교장들이 자신의 우월성에 대한 찬사를 늘어놓을 때
그것을 들어 준다. 이런 모습을 가장 적절하게 표현한 것은 다음의
시 구절이다. '나는 짓궂은 아이들을 데리고 간다 / 그리고 고개를
절레절레 흔든다.'" 사실 "여교사가 학교 내에서 유리한 이유는 여
교사가 짓궂은 아이들을 온순하게 지도하기 때문이 아니라 남교사
보다 비용이 적게 들기 때문이다".[67]

---

66) Hamilton(Dodge), *Common School System*, 96, 99, 123, 302~303.

남성이 "교단의 여성화"를 걱정한 이유 중 일부는 학교교육이 학생들에게 미치는 영향에 대한 염려에서 기인하지만, 기본적으로 19세기 말 여성의 주장이 강화되어 가는 경향을 염려했기 때문이라고 볼 수 있다. 이 주제는 5장에서 다시 다루기로 한다. 그러나 여기서는 학교장이 만든 관료제의 중요한 특징을 설명하기 위해 여교사의 권력에 관해 이야기하겠다. 지금까지 확인한 바와 같이, 학교 밖의 사회에서 특징적으로 나타났듯이 여성을 조직의 하위에 배치하는 것도, 남성 관리자의 권위를 강화할 목적으로 성차별주의를 활용하는 것도 가능했다. 이와 동시에 관료제를 이론이나 형식 면에서 성차별적 요소가 없는 중립적 특성이 내재하는 것처럼 간주할 수도 있었다. 왜냐하면 관료제는 수많은 노동자에 관한 의사결정을 중앙으로 집중할 수 있을 뿐더러 외관상으로는 능력과 공정성을 중시하기 때문이다. 따라서 여성의 권력이 증대되고 그 권력을 활용하는 법을 배우게 됨에 따라 관료제는 급격하게 변화했다.

권력은 다양한 방식으로 나타났다. 예를 들어, 서부에서는 여성이 교내 결정사항에 대한 투표권을 일찍 행사하였고 학교 사무를 볼 수 있는 권리도 가졌다. 1901년에 콜로라도주와 아이다호주에서 수업 담당 주 교육감에 여성을 임명한 것이나, 서부 평원지역의 주들에서 군 지역 교육감을 여성이 다수 맡게 된 것은 우연이 아니었다. 도시학교에서 남녀교사 간 임금 차이가 없어진 것은 여성단체가 노력한 결과였다. 샌프란시스코의 케이트 케네디(Kate Kennedy)는 여성참정권론자이자, 교사이자, 노동조합 회원이었다. 1870년 그

---

67) 같은 책, 309, 310~311, 315.

녀는 입법권 쟁취를 위해 운동을 벌였고, 그 결과 남성과 같은 임금을 받게 되었다. 시카고의 마가렛 헤일리(Margaret Haley)와 뉴욕의 그레이스 스트라찬(Grace Strachan)은 여교사들에게 아무런 권리도 없던 때 운동을 승리로 이끈 전략가였다. 여성들은 1920년에 투표권을 부여받은 이후 10년이 지나서야 10개 주에서 같은 업무에 대해 남성과 같은 임금을 지급받게 되었다. 제2차 세계대전 이후 군대에서도 차별금지가 급격하게 생겨난 것과 같이, 도시에 소재한 학교에서 볼 수 있는 관료제는 여성이 의사결정에 영향을 줄 수 있는 권한을 갖게 되자 남교사와 여교사 간의 임금 차별을 없애는 데 빠르게 대응할 수 있게 되었다. 여교사에게 동일한 임금을 제공하는 것이 학교에서 성차별을 없애는 것이라면, 이는 군대에서 인종차별을 금지하는 것과 같았다. 이 두 경우 모두 조직이 어떻게 변화하는가를 보여 주는 사례라 할 수 있다. 관료제는 특정한 사회 부조리를 수정할 수도 있고, 보다 큰 사회가 가진 불평등을 영속화할 수도 있음을 보여 주었다. 사실 능력과 성과에 따라 보상을 제공한다는 규범 ― 실제 현실에서는 부적절하게 구현될 수 있지만 ― 은 이론적으로 성, 인종, 종교, 계급 차원에서 특정 집단에게 유리하게 작동된다면 부적절하면서도 해로울 수 있다. [68]

---

68) U. S. Commissioner of Education, *Report for 1901*, II, 2407; DeFord, *They Were San Franciscans*, 136~145; Dolson, "San Francisco public schools", 245~246; Reid, "Professionalization of public school teachers"; Strachan, *Equal Pay*; Elsbree, *American Teacher*, 451.

4. 자발적 출석과 강제적 출석

1898년, 미국 교육부 장관이자 당대의 교육지도자였던 윌리엄 해리스는 1870년부터 미국의 교육자들이 이룬 성취를 회상하면서 자긍심을 가졌다. 28년 동안 공립학교의 학생 수가 700만 명 미만에서 1,500만 명으로 증가했다. 이는 5~18세 재학률이 1870년 61%에서 1898년에는 71%로 증가한 데 따른 수치다. 교육비도 그 기간 동안 6,300만 달러에서 1억 9,900만 달러로 급증했다(총 인구 대비 일인당 1.64달러에서 2.67달러로 상승했다). 1898년에 미국의 학생이라면 적어도 5년은 학교교육을 받을 수 있다고 기대되었다. 학교에 다니는 학생 가운데 95%가 초등학생이었고, 4%가 중등학교에 다녔으며, 1%의 학생이 대학에 다니는 것으로 보고되었다.[69]

5년간 학교교육을 받는 것이 오늘에 비하면 그리 길지 않아 보이지만, 19세기의 상황에서는 견실한 업적거리가 될 만했다. 거의 모든 학생들이 출석할 수 있도록 한 성과가 특별히 더 의미 있었던 이유는 당시의 학교교육은 정부의 강제에 의해 이루어진 것이 아니라 그것이 가치 있는 일이라는 사회적 합의의 결과라는 점 때문이다. 앞으로 살펴보겠지만 의무교육법은 19세기 동안 우발적이고도 비효율적으로 적용되었다. 앨버트 피시로(Albert Fishlow)와 그의 동료들은 1840년대와 1850년대의 보통교육이 부활되기 이전에도 미국인의 문해력은 높은 수준이었고, 학교 출석률도 높았다고 주장했

---

[69] W. T. Harris, "Elementary education", 3~4, 54. 1873년 대공황은 학생 등록과 교육비 지출에 그렇게 많은 영향을 미치지 못했다; Tyack, "Education and social unrest, 1873~1878".

다. 이는 아마도 독일 다음이라고 추정한다. 그는 첫 번째 의무교육법이 시행되기 12년 전인 1840년에 성인 백인 남성 문해율이 90% 정도에 다다랐다고 추정했다. 미국인들이 학교교육을 공적으로 통제하고 재정을 지원해야 한다는 생각을 보편적으로 받아들이기 전, 그들은 명백히 공교육을 믿었다. 19세기 후반 동안 무상교육은 광범위하게 퍼져 갔다. 공교육 지출은 1850년에 학교교육을 위한 전체 지출의 47%였다가 1900년에는 79%로 증가하며 팽창해 나갔다. 이러한 공적 재원의 3분의 2 이상이 지방세에서 나왔다. 미국인들이 자녀 교육을 위해 자신들의 돈을 기꺼이 지불하려고 했다는 사실이 피시로의 연구에서 드러났다. 그는 자신의 연구에서 학교교육의 기회비용(과거 10세부터 15세까지 학생들의 수입이라는 관점에서)이 1860년 2,480만 달러에서 1900년에 2억 1,390만 달러로 뛰었다고 밝혔다. 그는 도시에서 노동에 대한 요구가 1년 내내 지속되는 것과 달리 시골 지역 학기는 청소년 노동의 계절적 필요가 맞물리기 때문에 도시 가족에 비해 시골에서는 포기하는 노동과 수입에 대한 부담이 적다는 점도 지적했다. 70)

해리스가 알았듯이, 주 정부와 지역 교육청에서 제공하는 출석률 관련 통계는 잘 맞을 때는 실제와 근접했지만 종종 심하게 틀리기도 했다. 다행히도 셀윈 트로엔은 실제로 어떤 백인 아동이 1880년에 세인트루이스에서 공립학교에 출석했는지를 알아내기 위해 손으로 직접 써서 돌려받은 조사결과와 학교 보고서를 기초로 주의 깊은 연

---

70) Fishlow, "Levels of nineteenth century investment in education", 418~419, 423, 427, 435.

구를 수행했다. 8세부터 11세까지의 4년 동안 아동 10명 중 9명이 학교에 다닌 반면, 매우 적은 아동들이 일을 했다. 대조적으로 14세부터는 아동들의 절반 이하가 학교에 출석했으며, 많은 수가 곧바로 직장에 투입되었다. 아동이 학교를 떠나는 나이가 어리면 어릴수록 비숙련 직업을 얻을 가능성이 높게 나타났다. 12세부터 직장을 가진 아동의 88%가 비숙련이거나 반숙련 노동자였던 반면, 16세에 직장을 얻은 청소년들은 47%만이 비숙련 또는 반숙련 노동자였으며, 21%는 사무직에 종사했다. 10세 이후에는 남학생들보다 여학생들이 학교에 더 남아 있었는데, 여학생들이 직업을 얻는 경우는 더 드물었다. 트로엔에 의하면 이러한 사실들은 여학생이 학교교육을 더 받는 것은 경제적으로 별 의미가 없고, 마음껏 놀 수 있는 유아기와 결혼생활의 책임감을 느껴야 할 시기 사이의 틈을 메우는 역할을 학교교육이 담당했다는 것을 의미한다. 13~16세 인구 중 미숙련 노동자 자녀의 31.7%가 학교에 출석한 반면, 전문직 종사자의 자녀는 80%가 학교에 다녔다. 트로엔이 조사한 바에 따르면, "8세, 12세 아동의 경우에는 아버지의 직업이 외과의사든 뱃사공이든 간에 학교에 다니는 학생 비율에 차이가 거의 없었다. 그러나 몇 년이 지나면 학생의 출석률이 부모의 직업에 따라 차이가 나타났다". 세인트루이스에서 중퇴 연령과 출석 연수는 1860년부터 1908년까지 별 차이가 없었다. 71)

세인트루이스 학생들이 학교에 머무는 시간과 학생의 계급 간의 상관관계를 보여 주는 일은 어렵지 않다. 그리고 학교가 그와 같은

---

71) Troen, "Popular education", 27~31.

사회의 계급구조를 반영한다는 것을 증명하기도 쉽다. 그러나 학교교육이 1880년에 수행한 역할이 1970년의 그것과 매우 다르다는 사실을 상기하는 것 또한 중요하다. 트로엔이 언급하였듯이 1880년의 관점에서 볼 때, 8~11세 백인 아동 10명 중 9명을 가르친다는 것은 가장 중요한 성취였다. 시민과 교육자들 모두 학교교육을 조금이라도 받게 되면 학생들이 직면할 미래의 삶에 필요한 것을 준비하는 데 큰 도움이 될 것이라고 생각했다. 또한 교육을 받은 젊은이들은 10대 중반에 직장을 얻는 데 지장이 없을 뿐만 아니라 이것이 바람직하기도 하다는 공통의 믿음을 공유하였다. 사실 연구 대상 가운데 사업가 자녀들 중 5분의 1 정도가 13~16세에 고용되었다. 전문직과 재계 상위직에 있는 사람들 가운데 대학교육을 받은 이가 증가했음에도 불구하고, 1880년에는 더 높은 학력을 필수조건으로 하는 직장이 거의 없었다. [72]

교육시설을 제공하고, 학생들을 학교에 의무적으로 보내야 한다고 정부가 압력을 가하지 않아도 미국인들은 자신의 자녀를 학교에 보내고자 했다. 그리고 학교에 가는 대신 상실할 기회비용을 기꺼이 감수하면서, 대부분의 미국인들은 공교육이 가치 있는 일이라는 믿음을 보여 주었다. 정부가 강제출석을 부과한 집단, 즉 현대적 의미로 '대상(target) 집단'은 공교육의 가치에 합의하지 않은 비정상적인 소수집단이었다. 학교에 자발적으로 출석하는 경우와 강제적으로 출석하는 경우 모두 강제의무 출석과 관련된 이야기는 대개 사회구조의 하층부에 위치한 "부적응" 집단과 관련된 경우가 더 많았다. 그

---

72) 같은 책, 31~37; W. Miller, ed., *Men in Business*.

리고 강제출석 정책은 사회 상층부 사람들이 하층부 사람들을 어떻게 인식하는지도 잘 보여 주었다.

보통교육의 이념적 논리는 곧바로 무단결석을 한 학생들이야말로 가장 훈련이 필요한 학생들이기 때문에 그들을 학교에 강제로 출석시켜야 한다는 결론을 이끌어 낸다. 1830년대 보스턴의 조셉 터커먼(Joseph Tuckerman)부터 1890년대 뉴욕의 제이컵 리스(Jacob Riis)에 이르기까지, 개혁가들은 길거리를 떠돌면서 "부모에 대한 불순종, 변명, 거짓말, 외설, 불경, 음란, 방종, 좀도둑질, 절도, 강도, 강탈, 살인"을 배우는 것을 사회가 방치하는 것을 질책했다. 만약 가정의 질서와 전통 마을의 규제가 붕괴된다면 학교는 반드시 그 도덕적 공백을 채워야 한다. 보스턴에서 강제출석을 지지했던 한 사람은 다음과 같이 기록하였다. "아주 많은 경우, 부모들은 그 자녀의 부적절한 보호자다." 그러한 어른들에게 양육된 어린이들은 "그들의 부모들보다 더욱 질 나쁜 사회구성원이 될 것이다. 그들은 우리의 공립학교에 들어가는 대신 감옥과 교정시설, 그리고 극빈자 수용소로 가게 될 것이다". 유일한 해결책은 "엄격한 규제와 유능한 경찰에 의한 철저한 선도"를 통해 무단결석자들이 학교에 가도록 강제하는 것이다. 캘리포니아주 교육감은 시민들이 "급격히 증가하는 비생산적인 무리들로부터 자신을 보호하고 … 야생 짐승들처럼 사회를 해치는 부랑자들로부터 자신을 보호하기 위해" 의무교육을 반드시 지지해야 한다고 기록했다. 주 정부는 그러한 아이들이 글을 읽는 법뿐만 아니라 "일하는 법"도 배울 수 있도록 "노동학교, 학교 실습선(school ships), 산업기술학교"들을 세워야 했다. 73)

보통교육 옹호론자들의 학교교육에 대한 태도가 설득하는 분위기에서 강제적으로 시행하는 분위기로 바뀜에 따라 학교교육에 대한 개념 또한 미묘하게 변화했다. 호러스 만이나 헨리 바너드에 따르면 공교육은 대부분 예방적인 양육 성격이 강했다. 공교육은 이상적 가정과 맥락을 같이하면서, 보다 복잡한 사회 진출을 위한 준비 방식으로서 그 이상적 가정을 보충하는 역할을 한다는 것이다. 의무출석을 옹호하는 많은 사람들의 주장과 부랑아들을 잡아들이는 경찰과 무단결석을 관리하는 관리자들의 행동을 살펴보면, 그 속에 학교교육은 예방적 차원이 아니라 감금방식으로 이루어져야 한다는 인식이 있었다. 그리하여 학교 개혁을 최종적으로 제도화하고 청소년을 감금하는 기관을 제도화하는 중간단계로서 학교의 강제출석을 의무화해야 한다고 보았다.

도시의 무단결석자들은 대부분 가난했으며 이민해 온 비 청교도들이었다. 보스턴을 예로 들면, 1849년 1,066명의 무단결석자 중 963명이 이민자 출신이었다. 한 지붕 아래 모든 사회 집단들을 통합한다는 공교육의 이념에도 불구하고 그들을 분리된 학급이나 분리된 기관에 넣으려고 노력했다. 심지어 보스턴에서 1852년 의무출석법 이전에 교육위원회는 대부분 아일랜드에서 이민 온 아동들을 위한 '중학교'를 설립함으로써 사실상의 분리 시스템을 만들어 냈다. 가난한 데다가 문법학교의 입학 기준을 충족하지 못하는 아동들을 위함이었다. 도시의 흑인들이 자신이 사는 곳에서 가까운 학교에 다

---

73) *San Francisco School Report for 1873*, Dolson, "San Francisco public schools", 173, 120~123, 345~353; Schultz, *Culture Factory*, ch. x~ xi; *San Francisco School Report for 1854*, 31~32; San Francisco Schools Circular no. 52, 1884에서 인용.

니지 못하고 흑인 학생들만 다니는 학교에 배정되는 것을 불평하는 동안, 특정 계급의 백인 학생들은 자신의 주변에 있는 일반학교가 아닌 "특별한 수업이 진행되는 학교" 또는 중간단계 학교를 설립했다는 초등학교 교육위원회의 발표도 있었다. 1861년 필브릭은 특별한 산업학교를 설립하여 범죄와 빈곤에 시달리는 많은 학생들이 공교육체제가 주는 이익을 얻도록 해야 한다고 주장했다. 이에 대해 스탠리 슐츠는 "필브릭은 가난한 학생에게 산업상의 선행이나 기독교적 사랑을 주는 것보다 공교육의 성격을 고결하게 만들기 위해 이들을 미국 출신의 학생들로부터 떼어 놓는 것에 더 관심이 있다"고 보았다. 74)

많은 교사와 학교행정가들은 학교에 다니기 싫어하는 학생들이 들어와서 억지로 출석을 강요당하는 것을 원하지 않았다. 물론 경찰이나 도심 상인들은 거리를 떠돌며 폭력을 일삼는 아이들이 없어졌으면 하고 바랐을지도 모른다. 1870년 매사추세츠주 교육감은 아이들이 학교에 들어와 학교를 붕괴시키는 것을 불평했다. "이런 학생들은 학습에 아무런 취미도 없고, 훈육과 그에 따른 학교 질서에 익숙지도 않으며, 자신이 선택해서가 아니라 강제로 학교에 와서, 법이 정한 기관 이외에는 학교교육을 더 받고자 하는 의지도 없다. 한마디로 이 학생들은 다른 학생들과 어울릴 만한 어떠한 자격도 없다. "75)

---

74) *Report to the Primary School Committee*, June 15, 1846, *on the Petition of Sundry Colored Persons*, 5; Schultz, *Culture Factory*, 278~279, 299; Katz, *School Reform*, 135.

75) Massachusetts superintendent, Ensign, *Compulsory School Attendance*,

시카고가 강제출석에 대한 법안을 1889년에 시행하기 위해 몇 가지 노력을 기울이고 있을 때, 홀랜드(Howland) 교육감은 이전의 무단결석자 3,528명을 일컬어 "학교 개혁을 위해 당면한 과제"라고 말했다. 의무교육 관련 교육위원회는 "구제할 수 없을 것 같은 학생들이 수업에 방해가 되어 교사나 교장들은 그런 학생들이 결석했으면 하고 바랄 정도였다"고 보고하였다. 이 위원회에서는 이 학생들이 불결했고 "보통의 교실에 적합하지 않았다"면서 그 학생들을 특수학급이나 특수학교에 분리해서 교육해야 한다고 주장했다. 1894년 의무교육위원회는 그와 같은 7세 이상의 학생들을 가르친다는 것은 실제로 가망이 거의 없다고 보고하였다. "빈민과 범죄에 관한 역사를 신중하게 연구한 결과를 보면, 7세 이전에 학생들에게 그러한 경향이 생겨나는 것을 알 수 있다. 만약 유년기를 소홀히 보낸다면 아이는 제멋대로이고 억제되지 않은 상태로 자랄 것이며, 결국에는 감옥이나 빈민구제소에 있게 될 것이다." 1893년 미성년 노동방지법을 시행한 일리노이주의 교육부 장관 플로렌스 켈리(Florence Kelly)는 교장들이 11세 학생들을 "구제불능"이라는 이유로 학교에서 추방한 사실에서 일반적으로 학교 직원들이 그 법의 취지를 업신여기고 있음을 발견했다.[76]

학교행정가와 교사들이 그와 같은 문제아를 가르치는 것을 좋아하지 않은 것 외에도, 대부분의 의무교육법이 제대로 시행되지 못한

63에서 인용.

76) Abbott and Breckinridge, *Truancy and Non-Attendance in Chicago*, 60~62; Herrick, *Chicago Schools*, 60~62, 64; Dolson, "San Francisco public schools", 177~180; Perrin, *Compulsory Education*, ch. iii.

더 간단한 이유가 있었다. 그것은 바로 대다수 도시에 입학을 원하는 학생들을 모두 수용할 만한 학교가 없었다는 점이다. 1886년 시카고에서는 의무교육법에 따라 모든 학생들이 학교에 다녀야 했지만 그 가운데 오직 1/3만이 학교를 다닐 수 있었다. 샌프란시스코의 학부모들은 이미 교실이 초만원을 이룬 상태임에도 불구하고 자신의 자녀를 학교에 넣어 달라고 교육위원회에 졸라 댔다. 1881년 뉴욕에서는 교실이 부족해서 9,189명의 학생들이 입학할 수 없었으며, 필라델피아에서는 2만 명의 아이들이 교실이 부족하여 학교를 다니지 못한 것으로 추정되었다. 이러한 상황에서 의무교육법은 웃기는 광대극이었다. 77)

1885년 필브릭은 38개 주 가운데 오직 16개 주만 의무교육법을 통과했고, 이것들도 대부분 사문화(dead letters) 되었다고 보고했다. 미성년자의 노동력을 더 확보하기 위한 경쟁을 막을 수 있다는 이유로 노동조합에서는 의무교육법을 지지하였다. 자선기관들도 "아동을 구해야 한다"는 열망으로 이 법을 지지했으며, 당리당략의 문제로 강제출석의 문제를 바라보는 정치가들도 이 법을 지지했다. 예를 들면 1874년 상원에서 공화당이 이 법에 찬성했으나, 민주당은 이 법에 반대했다. 포레스트 엔사인(Forest Ensign)에 따르면 학교관계자들은 "공장과 일터에서 훈련도 제대로 받지 못하고 문화적으로도 결핍된 아동을 질서정연한 학교에서 교육하는 것을 원하지 않았기 때문에 의무교육법의 취지를 적극적으로 밀고 나가지는 않았다". 그럼에도 불구하고 공교육의 기본적인 기능과 "아동의 복지는 공공

---

77) Herrick, *Chicago Schools*, 58; Philbrick, *City School Systems*, 154~155.

재"라는 생각이 점차 확산되면서 필브릭은 1885년에 다음과 같은 결론을 내리게 된다. "공교육이 그 사명을 완수해야만 모든 학생을 위한 교육이라는 기초가 진정 확립될 수 있다." 1900년 해리스는 31개 주에서 8~14세의 아동은 학교에 다녀야 한다는 의무교육법을 통과했다고 보고하였다. 물론 이 의무교육법을 따르지 않는 지역사회도 존재했다. 또한 법을 어겼다고 해서 기소되는 경우도 희박했다. 그럼에도 이 법은 학부모들이 의무교육법을 준수해야 한다는 원칙을 확립하는 데 유용하다고 해리스는 생각했다. 20세기 교육자들은 예방적 차원에서 학교에 머물도록 한 이 정책이 갖는 다양한 시사점에 직면하였다. 새로운 종류의 학생들이 도시학교로 유입됨으로 인해, 공교육을 재편하기 위한 최선의 방안으로 학교와 교육과정을 개혁하는 일이 학교교육 담당자들에게는 그리 놀랄 만한 일로 다가오지는 않았다. 78)

5. 학교교육의 기능

데이비드 로스먼(David Rothman)이 밝힌 바와 같이, 19세기는 정신병자들을 보호시설에, 가난한 이들을 극빈자 수용소에, 범죄자들을 감옥에 넣어 분리한 제도정비의 시대였다. 가족과 같은 친숙한

---

78) Ensign, *Compulsory School Attendance*, 173; Philbrick, *City School Systems*, 185~187; Berkowitz, "Educational rights of children"; W. T. Harris, "Elementary education", 21~24; Drost, *Snedden*, 67, 72~74, 77.

사회 형태의 붕괴에 대한 두려움과 무질서 및 타락에 대한 두려움은 개혁가들로 하여금 비정상적 사람들의 삶에 질서를 제공하고 그들에게 본보기를 보임으로써, 사회 자체를 치유할 수 있는 각종 기관들을 만들도록 촉진했다. 79)

어떠한 면에서 공립학교도 비슷한 패턴을 따랐고 어느 정도 비교 가능한 기능을 수행하였다. 어떤 범주의 청소년들은 그들 삶의 일정 기간 동안 사회로부터 떨어져 학교에 격리되었다. 극빈자 수용소의 수감자들처럼 그들은 "질서, 규율, 근면과 절제"를 배우고, 그들의 상급자들에게 복종하고 그들을 존경해야 했다. 보호시설, 소년원, 수용소와 마찬가지로 학생들은 중앙 통제하에 대규모 집단으로 분리되었고 정확하게 정해진 일정과 군대식 일과를 따랐다. 다른 기관들처럼 학교도 나태하거나 무지한 가정의 문제를 보완하고 중화할 수 있다고 기대되었다. 80)

그러나 19세기 도시학교가 규칙적이면서도 엄격하게 운영되었지만 많은 학생들에게 학교는 감옥 같은 완전 통제기관도 아니고 막다른 골목 같지도 않았다. 학교는 학생들을 수용하긴 했지만, 대부분 아동들의 생애의 짧은 기간 동안이었고, 저녁에는 집에 돌아갈 수도 있었다. 학교는 교육과정과 도시에서 지켜야 할 규율을 "부과"했으나, 많은 학생들은 학교에 다니지 않았으면 얻지 못했을 기회도 얻게 되었다. 예를 들면 신문을 읽고, 계산을 하고, 역사와 지리에 대해 알고, 표준 영어를 구사하는 법을 학교에서 알게 되었다. 이러한

---

79) Rothman, *Discovery of the Asylum*, 64~66, 285.
80) 같은 책, 188, 235.

새로운 기술을 익힌 학생들은 문맹자였더라면 가능하지 않았을 다양한 방안들을 창안하였다. 또한 직업세계가 젊은이에게 주로 요구하는 원칙, 즉 시간을 엄수하고, 권위에 복종하며, 일처리가 정확해야 함을 익힐 수 있도록 학교의 조직구조가 운영되었다.

돌이켜 보면, 19세기 도시 학교교육은 산업을 인간화하기보다는 인간성을 산업화했다고 주장할 수도 있다. 허버트 구트먼(Herbert Gutman)에 따르면, 토박이 기능공이나 이주 소작농들이 가졌던 산업화 이전의 문화 패턴은 공장 소유주들의 요구와 종종 날카롭게 충돌했다. 공장주들은 명확하게 짜인 일일 계획과 주간 계획에 맞추어 공정이 이루어지길 희망했으며, 세분화된 과제가 꾸준하게 진행되길, 또 질서를 엄격히 지키고, 서로 교환 가능한 부분은 유연하게 맞물리기를 원하였다. 우리가 보아 왔듯이 도시학교들은 학생들을 현대적 노동자로 변화시키기 위해 학교구조와 교육과정을 조정했다. 해리스는 "도시가 발달하고 대규모 산업이 발전하는 시대에는 세밀함, 정확함, 그리고 상사나 지시적 권력에 대한 맹종이 타인의 안전을 위해 필요할 뿐만 아니라 긍정적 생산 결과를 낳는 데도 필요하다"고 보았다. "도시학교는 이러한 기능을 너무나 잘 수행해서 어떤 이들에게는 불쾌하게도 기계를 연상시킨다"라고 그는 언급했다. 노동자가 교육을 받을수록 더 나은 피고용인이 된다고 교육자들이 주장할 때, 그 노동자가 업무 관련 지시사항을 읽을 수 있고, 술을 적게 마시고, 파업에 참여하지 않을 것이라는 의미로 그런 주장을 하는 것은 아니다. 오히려 교육받은 노동자는 새로운 생산방식에 알맞게 사회화될 수 있음을 의미한다고 보아야 한다. 예를 들면, 위계를 따르고, 정에 치우치지 않고, 조직이 원하는 요구에 맞는 역할을 하고, 성과를 위해 외재적 보상을 추구하는 것을 말한다. 어떤 이들은 산업화 상황이 노동자를 소외시킨다고 인식하였지만, 해리스는 그 시대의 산업화, 관료화라는 메커니즘의 확립은 노동자들이 수세기 동안 짐이 되어 온 일상적 노역으로부터 해방될 수 있는 장기적 진화의 한 국면이라고 믿었다. 81)

학교가 노동자를 현대화하는 기능을 수행했다고 단언하는 것은 교실이 공장에 들어가기 위한 대기실이었다는 걸 암시하지는 않는다. 근대화 이전의 많은 노동자들은 결국 산업현장으로 곧장 나갔고 그곳에서 새로운 업무 원칙을 배웠다. 이것은 교육자들이 노동자들에게 그들의 업무를 가르치기 위한 계급 편향된 시스템을 창출하려 시도했다고 주장하려는 것은 아니다. 이와는 반대로 19세기 대부분의 학교 지도자들은 계급의식은 잘못된 것이고 공교육은 계급, 민족, 종교, 또는 정치와 같은 모든 종류의 집단을 분리하고자 하는 시도에 대항해야 한다고 주장했다.

기존 질서에 대한 위협과 더불어 집단 갈등에 대한 우려 때문에 공교육의 목적을 설명할 때에도 이와 관련된 사항이 자주 언급되었다. 확실히 많은 교육지도자들은 아동 개개인의 복지와 도덕을 학교교육의 목적으로 삼고 학술활동을 벌였으나 19세기 후반에 들어서는 사회적·정치적 통합에 학교교육 기능의 초점을 맞추었다. 군중과 폭력, 정치의 부패와 급진적 사상, 예전부터 내려오던 전통이 붕

---

81) W. T. Harris, "Elementary education", 4~6, 11, 16; Gutman, "Work, culture, and society"; Curti, *Social Ideas of American Educators*, 318~321; Herriott and Hodgkins, *The Environment of Schooling*, 26~27, 84~88.

괴롭으로 인해 생겨난 악습과 부도덕, 하나의 미국인으로 동화되기를 거부한 이주민들, 노동자와 자본가 사이의 갈등, 그리고 너무나 명백한 범죄, 가난, 질병과 같이 사회 전 분야에서 나타난 문제점들은 국가적 수준의 권위에 심각한 위협 요인이 되었다. 무질서한 사회에서 학교는 질서, 규칙, 복종의 모델 그 자체가 되어야 한다고 교육 전문가들은 주장했다. 이 모형은 보수적 성격의 공화국 모형의 전형이라 할 수 있다. 이러한 지도자들에게 공교육은 사회를 통제하는 가장 인본주의적인 형태였고, 사회를 재건하기 위한 가장 안전한 방법이었다. 82)

1882년, "우리가 공교육을 군중을 분해하는 수단으로 정의한다면, 우리는 그것의 가장 중요한 목적 중 하나를 지적하는 것"이라고 한 교육자는 단언했다. 19세기 미국 도시들에서 종교적, 인종적, 민족적, 계급적 갈등으로 인해 군중들의 폭동이 계속해서 발생했다. 예를 들면, 매사추세츠주 찰스타운(Charlestown) 수도원 화재, 1834년의 반 아일랜드 폭동, 무지한 정당 활동가들이 이주민들의 투표를 금지하려고 시도한 1855년 루이빌에서의 "피의 월요일", 군중들이 흑인들을 무참하게 죽이고 건물을 태우고 약탈한 1863년 뉴욕의 드래프트 폭동(Draft Riot), 볼티모어에서 샌프란시스코까지 도시 곳곳으로 파업이 퍼진 결과, 다수가 사망하고 수백 명이 부상하였으며 기차와 건물들이 불타고 파괴된 1877년의 폭력적인 철도 파업, 만여 명의 군중과 연방군대가 서로 대항한 1894년 시카고의

---

82) W. T. Harris and Doty, *Theory of Education in the U.S.*, 12; Eaton, *Relation of Education to Labor*, 117, 121; M. P. Mannand Peabody, *Moral Culture*, 107~108.

풀먼 파업(Pullman strike), 그리고 그 외의 많은 폭동들이 계속해서 일어났다. 83)

  호러스 만은 이런 폭도들을 "이빨을 드러냄으로써 탐식하는 권리를 드러내는 야수"라 부르기도 했는데, 교육지도자들은 이와 같은 폭도가 존재하므로 더 효율적인 학교교육이 필요하다고 주장했다. 1877년 파업 이후 미국 교육부 장관은 무지하고 악덕하고 범죄를 일삼는 집단이 계속해서 증가한다면 우리 공동체 사회에 극악무도한 범죄가 더 늘어날 것이라고 경고하면서, "자본가 계급은 폭도나 부랑자로 인해 지불해야 하는 사회적 비용과 보통교육에 들어가는 비용을 비교해 보아야 한다"고 역설했다. 미국교원연합회 회장은 그해 한 시민이 "우리를 프랑스 공산당의 공포에서 구한 것은 바로 공교육에 의해 창출되고 배양되어 성장한 거대한 대다수 노동자들의 이성의 힘이었다"고 말하는 것을 들었다고 보고했다. 1894년 산업적 혼란과 대중적 흥분 상황에 직면하여, 미국교원연합회는 연례회의에서 "우리는 열성적으로, 또한 한목소리로 법의 우월성과 사회정치적 질서의 보존을 주창하는 것이 우리의 최고의 의무라고 생각한다"고 결의하였다. 매사추세츠 주지사 에드워드 에버렛(Edward Everett)은 올바른 학교교육을 통해 믿음직한 군대를 만들 필요가 있음을 강조하였다. 그가 이렇게 말한 이유는 폭동을 진압하기 위해 소집된 군인들이 군법을 어기고 폭동을 일으킨 군중과 같은 편이 되는 경우를 자주 목격했기 때문이다. 84)

---

83) Educator, Lazerson, *Urban School*, 30; Wade, "Violence in the cities"에서 인용.

교육 전문가들은 미 공화국, 특히 도시의 통치구조를 일종의 실험으로 간주하였다. 그 실험은 곧 공교육에 의존하는 자치정부 안에서의 실험이었다. 1842년 독립기념일 기념사에서 호러스 만은 사람들이 자유를 누리기만 하는 무능함 때문에 도시의 통치구조는 항상 실패해 왔다고 단언했다. 남북전쟁 이후 정치는 많은 교육자들에게 이러한 호러스 만의 경고를 재확인해 주는 듯했다. 1880년 포틀랜드 교육청이 밝힌 공교육의 근본 원리는 "시민정부의 자치정부는 여전히 실험 단계"라며, 이민자의 맹렬한 물결 속에서 오직 공교육만이 모든 아동들에게 우리 언어와 사고 관습과 정부의 원칙과 삶의 목표를 가르칠 수 있다고 강조하였다. 누군가는 개개인의 아동들을 교육하는 데 있어 부모의 직감을 믿을지 모른다. 그러나 국가는 동질성을 요구하였다. "정치체제의 보존권"은 모든 다른 권리보다 우위에 놓여 있었다. 85)

학교 관리자에게 이민자들은 험난한 도전거리였다. 이주민들을 정치적으로 사회화하는 데 어려움이 있을 뿐 아니라, 그들은 부도덕, 범죄, 가난을 제거하려는 학교 목표에 저항하는 듯했다. 1889년 보스턴 교육위원회의 한 위원은 이민자 거주지역의 학교에서 체벌 사용을 정당화하면서 다음과 같이 단언하였다. "이러한 아동들

---

84) H. Mann, *Life and Works*, IV, 345; U.S. Commissioner of Education, *Report for 1877*, viii; National Education Association, *Addresses and Proceedings for 1877*, 6; Everett, *Orations and Speeches*, II, 318; Curti, *Social Ideas of American Educators*, 215.

85) H. Mann, *Life and Works*, IV, 354~355, 364~365; *Portland School Report for 1880*, 34~35, (Portland) *Oregonian*, Feb. 25, 1880.

다수가 부도덕한 범죄자 가정 출신이다. 사악한 피가 그들의 피에 대대로 흐른다. … 그들은 법의 구속과 복종을 증오한다. 그들은 우리와 같은 출신 사람들에게 내재된 감정에 대해 전혀 알지 못한다." 또한 코네티컷 교육위원회 위원장은 "무지하고 부랑생활을 하는 범죄 청소년들이 최근 우리 몇몇 도시들에서 경각심을 일으킬 정도로 증가하였는데, 이는 대부분 이민자 증가로 인한 현상이다"라고 하였다. "그들의 타락은 때때로 반항적이고, 도의적 권고에 대한 그들의 저항은 완고하다." 명백히 이러한 아동들을 그들의 타락한 가정과 이웃으로부터 떼어 놓고 근면, 절제, 복종을 교육하기 위해서는 체계적인 노력이 필요하다는 것이다. 86)

19세기 후반의 교육 전문가들은 점점 더 경영학과 사회과학에서 사용되는 용어를 쓰기 시작했고, 종교적 성격을 담은 표현은 덜 사용했다. 그들은 학교가 대기업의 구조를 따라야 한다고 주장하였다. 그 적절한 사례가 바로 1890년 미국교원연합회가 국가위원회에 제출한 보고서에 나타난다. "도시에서의 학교 장학"에 대한 이 보고서는 "구조가 분화되고 기능이 전문화되는 것은 모든 성장과 진보의 법칙이다"라는 허버트 스펜서(Herbert Spencer)의 말을 인용함으로써 시작된다. 보고서에 따르면, 대기업의 경우와 같이 조직이 결합하면 힘이 생긴다. 그러나 노동의 분화는 "현 세기의 놀라운 산업화 진보를 생산해 낸다. 전문가는 현대 문명의 가장 특징적인 산물이다". 학교의 진화 안에서 저자는 이에 부합하는 기능의 전문화 원칙

---

86) Boston school committee member, Lazerson, *Urban School*, 33; Northrup, *Report*, 35; Ensign, *Compulsory School Attendance*, 204에서 인용.

을 간파했다. 가족 내 교육에서 "1인 교사 학교와 가족의 대표, 그리고 그 가족 모형"을 결합한 학교로 발전하기까지, 그리고 이어서 대학 같은 전문화된 학교가 발달하고, 더 나아가 거대한 국가체계로 연결되기까지, 학교 진화와 관련된 이야기는 결국 분화된 체제의 결합에 관한 것이었다. 87)

그러나 도시학교는 노동의 분화와 전문가 지도 면에서 다른 거대 조직의 진보에 비해 뒤떨어졌다. "도시의 학교행정은 본질적으로 도시가 촌락이었을 때와 마찬가지로 조직되었다." 교육위원회는 본래 "입법적, 행정적, 사법적"인 모든 기능을 수행했고 그러한 기능들을 이양하기를 거부했다. 결과적으로, "교육위원회는 여러 가지 목적을 수행했지만 그중 어떤 것도 잘 해내지 못하였다"고 브루클린 교육청의 윌리엄 맥스웰(William H. Maxwell) 교육감은 말한다. 대부분의 위원회가 "이러한 면에서 그들의 무능력에 대해 인식하지 못하였지만", 이를 해결하는 방식은 명확했다. 교육행정은 "선출된 교육감에게 일임하면 된다. 교육감은 학교를 경영할 수 있는 능력이 무엇인지 알 뿐만 아니라, 합리적인 교육 시스템을 고안, 조직하고 감독하여 성공적으로 이끌 수 있는 능력이 무엇인지도 알기 때문이다". 맥스웰 교육감은 학교 관리자에 대한 주민통제의 결과를 설명했다. "책임감 없이 일하는 것과 책임감을 갖고 일하는 것은 다르다. 교육감과 교장과 같은 학교 관리자의 기능은 기껏해야 자문의 역할뿐이다. 그들의 최고의 노력은 권위의 고삐를 잡은 자들에 의해

---

87) Committee on City School Systems, "School superintendence in cities", 309.

수포로 돌아갈 것이다. ” 맥스웰 교육감이 이야기하듯이 이러한 배
치하에서는 “아무리 강력하고 현명한 교육감이라 하더라도 선행을
하는 데 지쳐 진보의 선두를 이끄는 대신 지속적으로 우리의 공교육
을 위협하는 위험들을 피하는 일에만 만족할지 모른다. 그러한 체제
에서는 학교발전을 중시했다는 불명예스런 표본으로 전락한 가장
강력하고 현명한 교육감도 용서받을 수 있을 것이다”.[88]

　19세기 후반, 학교 관계자들이 도시사회의 위기에 직면함에 따라
그들에게 더 많은 힘을 실어 줄 구조적 변화를 주장하였다. 더욱 효
율적이고 비정치적이며 합리적인 관료주의는 가난, 불완전한 이상
주의, 범죄, 사회적 분열과 계급 갈등에 대한 해답일 것이다. 이전
에 팽배했던 이념들의 잔영이 여전히 존재했으며, 19세기가 저물어
감에도 실질적 발전은 여전히 불명확했다. 중앙집권주의를 주도적
으로 주장한 니콜라스 머레이 버틀러(Nicolas Murray Butler) 가 시
카고 무역 관계자들의 찬사를 받으며 한 말은 다음과 같다. “학교의
민주화”에 대해 말할 때 “맹장염 치료의 민주화에 대해 논의하는 것”
을 생각해야 한다고 자신 있게 주장할 수 있는 시기는 바로 학교를
위로부터 개혁하고자 하는 운동이 성공하는 중간단계까지 가서야
가능하다. “근본적 혼란은 바로 이것이다. 민주주의는 통치의 원리
이다. 학교는 행정에 속한다. 그리고 민주적 행정도 군주적 행정과
똑같이 여러 사무를 잘 수행하도록 되어 있다.” 공교육을 운영하는
것은 시민을 위한 것이지 시민에 의한 것은 아니다. 그러나 19세기
동안 도시에 살면서도 과거 시골마을에서의 주민통제 정신을 주장

---

88) 같은 책, 310~312.

하는 사람들 때문에 학교행정가들의 계획들이 좌절되는 경우가 종
종 있었다. [89)

89) Chicago Merchant's Club, *Public Schools and Their Administration*, 40.

제3장

정치적 다원주의

19세기 패턴

19세기의 학교행정가들은 근대화된 재계 지도층의 도움을 받아 순
조롭고 합리적이며 문제없는 교육정책을 마련하고자 노력하였으나
대부분의 도시에서 강한 반대에 부딪혔다. 때로는 도시 교육체제가
공고해지면서 학교체제가 무자비하고 억압적인 기계와 같이 작동한
다는 비판에 대응해야 했다. 또한 공교육에 대한 국민적 합의 자체
에 문제를 제기하는 경우도 있었다. 다양한 인종으로 구성된 대부분
의 도시에서 그와 같은 논란은 교육 당사자들의 정치적 행동으로 인
해 부패했다. 종종 각 계급의 이익을 강하게 주장하는 과정에서 생
긴 적대감이 논쟁의 핵심이 되는 경우도 있었지만, 가장 중요한 이
슈는 계급 문제보다 인종, 종교, 민족성, 이웃 간의 충성심과 당파
성향 등을 포함한 전면적인 문화적 범주에서 드러났다. 이 모든 염
려들은 공통된 계급적 관심사를 흐려 놓기는 했지만 정치적 활동을
자극하기에 충분했다.

유일한 최선의 교육제도를 찾고자 한 학교 개혁자들에게 가장 큰 실질적 난관은 비전문가들에게 있었다. 비전문가들은 자신들이 바로 공립학교의 일부분이라고 강력히 주장했다. 그들은 일반행정 위원회나 교육위원회에 속해 있으면서 교사들이 가져야 할 권력을 대신 가졌다. 일반인으로 구성된 위원회와 전문성을 갖춘 교사 사이의 모순적이고 명확하지 않은 책임 분배는 결국 학교위원회와 교육감들 간의 불화로 이어졌다. 교육 통치와 관련하여 누가 권력을 가져야 하는가에 대한 새로운 인식이 생겨났다. 어떤 시민들은 크게 울리는 "학교의 수업 종"을 관료가 만든 포악한 기계로 본 반면, 학교행정가들은 시멘트도 없이 콘크리트를 만들라고 하는 것 같은 느낌을 받는다고 하였다. 자신들에게 권위는 없고 오직 책임만 주어졌다는 의미였다. 많은 교사들은 그들의 전문 분야에 관련한 중요한 결정을 내리기에 앞서 비전문가의 쓸데없는 참견에 시달려야 했다. 이런 상황에서 최악의 경우 새로운 학교제도의 출현은 뇌물 받기 좋아하는 사람들에게 오히려 반가운 소식이었다. 1896년 클리블랜드 교육청의 존스(L. H. Jones) 교육감은 "파렴치한 정치인들이야말로 현대의 공교육현장에서 우리가 싸워야 할 가장 큰 적"이라고 불평했다. 교육감들은 많은 경우 자신들이 교사를 심사할 수는 있지만 채용할 수 없고, 교과서를 저술할 수는 있지만 구입할 수 없고, 학교 건물양식에 관한 자료를 수집할 수는 있지만 실제로 건물을 지을 때에는 발언권이 없다는 것을 깨달았다. 존스는 덧붙여 많은 지역에서 "교육감들은 그저 이름만 있는 허수아비일 뿐"이라고 말했다. 1)

---

1) Jones, "Politician and public school", 810, 812; Gilland, *Powers and*

우리는 각 지역의 마을들이 점점 커지면서 전통적인 지배 방식과 현대화를 지향하는 움직임 사이의 팽팽한 긴장감이 있음을 확인할 수 있었다. 19세기 동안 발생한 다양한 관심사들은 학교운영위원회와 관련된 정치적 활동 속에서 서로 충돌했다. 도시학교와 관련된 교육정치를 범주화하거나 평가하기가 쉽지 않다. 왜냐하면 여러 가지 경멸적인 이름을 붙여서 서로 다른 세계관의 개념을 흐려 놓기 때문이었다. 많은 교육 관료들이 보기에 인종이나 종교, 정당과 관련한 다양한 집단들은 학교 책임자가 학교를 보편적이고 효율적인 체제로 운영하고자 하면 불필요한 혼란만 불러일으켰다. 반대로 교육위원회 내의 비전문가들이 보기에, 사회의 다양한 집단들은 그 집단에 맞는 생활방식에 의미를 두기도 하고 정치적 동원력도 얻을 수 있는 계기가 되었다. 교육 전문가들은 교육위원회가 교사를 추천하면 이를 "밀어주기" 식으로 취급하며 경멸하면서, 교육 전문가가 통제할 수 있는 능력 위주의 위계구조를 확립하기를 희망했다. 반면 교육위원회의 비전문가들은 교직이 그 지역 여학생들에게 적합한 직업이며, 교사를 임명하는 권한을 교육위원회가 갖는 것은 당연하다고 생각했다. 이런 권한이 없다면 왜 이 남성들이 교육위원회 활동으로 시간을 낭비하겠는가? 한 사람의 참여적 민주주의가 또 다른 사람에게는 대혼란이었던 것이다. 이민자 지역의 학생들에게 폴란드어를 가르치는 것은 학교 관료의 시각에서 보면 특정 집단을 위한 편협한 일로서, 지혜롭지 않은 처사였을 수도 있다. 그러나 조국을

Duties of the City-School Superintendent, ch. vi; Reller, *City Superintendent of Schools*, ch. viii; Cronin, *Control of Urban Schools*, chs. Iii ~v; Yeagar, "School boards", 974.

잊지 않은 그 부모들은 이런 정책을 강하게 지지했다. 교육 통제와 관련된 정치적 논쟁 속에는 실질적 이해관계와 상징적 이해관계가 혼합되어 있었다. 교육 관련 사안에서 발생하는 직적접인 경제적 이윤과, 그리 눈에 띄지는 않지만 민족적, 종교적 차이를 둘러싼 아주 중요한 쟁점들이 존재했다. 각기 다른 민족들은 학교를 통해 경제적 혜택뿐만 아니라 그들의 가치와 문화양식을 인정받길 원했다. 마치 일요일에 술집 영업을 금지한다는 결정에 관하여, 그 근본부터 악을 뿌리 뽑기 원하던 개신교 금주주의자들과 유일한 휴일을 친구들과 술을 마시며 보내고 싶어 한 독일과 아일랜드계 이민자들 사이의 갈등처럼, 학교는 문화적 십자군의 표적이 되어 갔다. 2)

1. 비판세력과 반대세력

19세기 공교육의 대변인 역할을 한 호러스 만과 그의 후계자들에게 공교육 지지자들은 빛의 자녀요, 반대자들은 어둠의 자식들이었다. 학교는 사회의 범죄, 가난 그리고 부도덕을 치료하는 만병통치약이었기 때문에 학교체제에 반대하는 것은 곧 악과 동맹을 맺는 것으로 보았다. 이런 전통은 영향력 있는 교육사학자들의 연구를 통해 계속 이어졌다. 19세기 중반 공교육에 대한 찬성과 반대의견을 1919년에

---

2) 보스턴과 뉴욕에서 경찰들에게 영향을 미친 쟁점들의 유사성에 대한 논의들은 Richardson, *New York Police*, Lane, *Policing the City* 참조. 정치에서 문화적 쟁점의 힘에 대한 다른 연구들은 Gusfield, *Symbolic Crusade*, 그리고 Kleppner, *Cross of Culture* 참조.

정리한 내용은 다음과 같다.

찬성	반대
"공화당을 지지하는 시민들"	전통적인 귀족주의 계급에 속한 자들
박애주의자와 인도주의자	작은 비전을 지닌 정치가들
큰 비전을 지닌 저명인사	무심하고 편협하며 인색한 자들
똑똑한 도시 노동자들	비영어권 사회계층들
"뉴잉글랜드 사람들"	

위에서 나타난 공교육에 대한 찬반 구분은 커벌리 교수가 진지한 역사적 연구의 형태로 제시한 도덕적 판단 근거라 할 수 있다. 그러나 공교육의 확립을 미덕으로 은폐하려는 전통으로 인해 교육자들은 공교육에 대한 자신의 이념과 교육적 실천을 비판하는 사람들을 '민주주의의 적' 또는 근시안적인 이기주의자로 매도하였다. 그 결과, 오늘날까지 공교육 구축에 대해 반대한 긴 역사에 관한 포괄적인 기록이 전무하다. [3]

그러나 다양한 반대세력들이 있었고 그중 다수가 잊혔다. 현재 미국 공교육이 당면한 권위의 위기 속에는 학교의 지적 역량이 부족하다고 지적하는 사람들, 공산주의가 스며들어 있다고 비판하는 사람들, 도시 관료제의 경직성을 비난하는 사람들, 학교에 인종차별과 성차별이 만연하다고 주장하는 사람들, 공립학교는 평범함에 순응하는 사람들을 만들어 낼 뿐이라고 주장하는 사람들, 교육이 사람

---

3) Cubberley, *Public Education in the United States*, 164~165; 또한 Cremin, *Cubberley* 참조.

들을 기본적인 사회변화에 대해 둔감하고 무지하게 만드는 아편과 같다고 우기는 사람들로 가득하다. 이 모든 주장 중 그 어떤 것 하나 새로운 것은 없다. 그러나 공교육을 지지하는 사람들이 지난 100년 간 전력을 다한 결과, 공교육이 성공적이었다는 합의로 인해 위와 같은 비판들이 가려져 왔을 뿐이다. 4)

도시의 학교교육 관계자들이 새로운 학교체제를 확립하고자 힘겨워할 때, 비판세력은 학교의 관료제화와 그에 따른 결과를 공격했다. 나중에 오하이오주 클리블랜드 교육청 교육감을 역임한 힌스데일(B. A. Hinsdale) 교수는 1878년에 다음과 같은 말로 공교육을 비판했다. "우리 교육자들이 이 세대를 위해 새로운 교육체제를 개발하는 동안 대중들은 재정적 지원을 통해 그들의 영향력을 발휘하였다. 오늘날, 그와 같은 교육체제가 완벽하다고 다들 칭찬 일색이다. 하지만 통찰력 있는 자들이 말하길 학년제 학교는 이전에 강조되었던 지성이나 감성은 제쳐 두고, 중요하지 않은 기계의 부속품이나 강조할 뿐만 아니라, 교육체제 역시 유연성도 없고 오직 권위만 강조하는 방식으로 운영된다." 그가 특별히 문제 삼은 대상은 자신의 작업성과에 대해 무감각한 교육행정가들이었다. 이들은 훈련된 무능력으로 인해 오래되어 굳어 버린 관습 같이 자신의 작업성과에 대해 무감각한 교육행정가들이었다. 그들은 사소한 일로 부하들을 못살게 군다. "오만하고 독재적인 그 어떤 자가 나쁜 짓을 하기에는 대도시의 공립학교 교장 자리만 한 곳이 없다." 학생들에게 "'순무 모

---

4) 반대의견의 추출에 대해서는 Gross and Gross, eds., *Radical School Reform*; Carnoy, ed., *Schooling in a Corporate Society* 참조.

양'이라는 뜻을 가진 '내피폼'(*napiform*)이라는 쓸데없는 단어를 외우도록 강요하는 것과 같이 실용적이지도 않은 것"을 강조했다. "결국 학생들이 학교에서 배우는 것은 규칙밖에 없었다."5)

교육감들과 마치 기계처럼 운영되는 도시학교에 대한 비판은 여러 곳에서 제기되었다. 매사추세츠주 퀸시(Quincy)의 교육위원회 일원으로 학교 개혁을 위한 새로운 시도를 했던 찰스 프랜시스 애덤스 2세(Charles Francis Adams, Jr.)는 전형적인 일반 학교행정가들은 그저 "교관"에 지나지 않으며, 공교육제도는 주 정부 교도소를 모형으로 면직공장과 철도회사를 결합한 것에 지나지 않는다고 비난했다. 하버드대학 총장이었던 찰스 W. 엘리엇(Charles W. Eliot)은 공교육을 비난하면서 "군대식 방법이나 기계적 방법을 받아들일 수밖에 없는 제도"이기 때문에 교육이 경직되면서도 반복적으로 이루어져 "교사의 기능"을 떨어뜨린다고 보았다. 그는 "… 많은 사람들이 학년제 학교 교사들은 최대 10년 이상 근무해서는 안 된다고 말한다. 학년제가 그들을 무디고 형식적이며 단조롭고 지루하게 만들기 때문이다. 하지만 만약 이 비난이 사실이라고 해도, 이것은 교사들의 책임이 아닌 시스템의 잘못"이라고 개탄하였다. 메리 에비게일 닷지는 학교를 공장에 비유하는 현상을 비판하면서, "학교가 교육감들은 관리자로, 교사들은 노동자로 일하는 공장이 되어서는 안 되는데도 불구하고, 사실 교육감들이 필사적으로 만들기 원하는 학교가 그런 모습이다"고 말했다. 그녀는 이어서 "교사들은 의사가 병원을 경영하듯 학교를 이끌어 가야 한다. 교육감직은 그저 돈을 벌기 위해 생긴,

---

5) Hinsdale, *Our Common Schools*, 32, 28~29, 30~31.

그 어디에도 쓸모없는 현대사회의 발명품일 뿐이다"라고 말했다. 6)

독일에서 교육학을 공부한 소아과 의사인 조셉 메이어 라이스의 가장 큰 고민거리는 경직된 공교육이 학생들에게 미치는 영향이었다. 〈포럼〉(The Forum)이라는 잡지에 연재할 글을 준비하기 위해 그는 1892년 36개의 도시학교를 방문했다. 그리고 그가 본 것들은 그에게 깊은 회의감과 분노를 안겨 주었다. 생기와 따듯함으로 빛나야 할 교실에서 그가 본 것은 축축하고 싸늘한 기계 같은 학교의 모습뿐이었다. 학생들을 이해하고, 배움의 흥미를 돋우고, 행복하게 해줘야 하는 교사의 제일 중요한 역할을 뒤로하고, 교사들은 그들의 직업을 잃을까 노심초사하며 아이들의 이름도 모른 채 주어진 일상을 따라가기에 바빴다. 7)

그는 여러 도시들을 거듭 방문하면서 비슷한 현상들을 목격했다. 세인트루이스에서는 주어진 교육 프로그램이 잘 시행되는지 확인하기 위해서 마치 군대에서 감시하듯 교육감이 교사와 학생 모두에게 시험 문제를 내며 수업을 감시하고 있었다. "이곳 교육감들의 통치력은 최고에 다다랐다. 그들의 지배는 지극히 독단적이고 제멋대로지만 그들의 말은 곧 법이었다. 그러나 교육감들은 자신의 역할을 한다는 이름하에 학생들의 자유를 박탈하며 어린 시절을 노예 시절로 바꿔 가고 있었다." 학교에서 가장 중요한 규칙은 "세부사항을 준수하는" 것이었다. 학생들은 정면을 응시하고 똑바로 앉도록 강요

---

6) Adams, "Scientific common school education"; C. W. Eliot, "Undesirable and desirable uniformity", 82, 86; Hamilton〔Dodge〕, *Common School System*, 91.

7) Rice, *Public School System*, 23.

당했다. 심지어 학생들은 옆 사람에게 유인물을 전달하면서도 눈은 앞을 바라보았고, 무언가를 전달하거나 종이를 건네받을 때는 자신의 옆쪽을 손으로 더듬거리기 일쑤였다. 대답을 하려고 일어나고 서는 학생들의 모습은 마치 기계처럼 오르락내리락할 뿐이었다. "이 모습은 마치 양 옆에 앉은 두 학생이 보이지 않는 시소에 앉은 것처럼 한 학생이 앉으면 자신의 의지와는 상관없이 다른 학생은 그대로 일어나는 듯 보였다." 학생들의 대답은 모두 교과서에 나온 사실 그대로를 통째로 외운 것뿐이었다. 결국 이 학생들이 시험에서 보게 되는 내용도 이것뿐이었다. 라이스는 한 생리학 교실에 참석하여 "알코올이, 몸과, 마음, 그리고 영혼의, 성장을, 방해하고, 심장을, 약하게, 하며, 기억력을, 쇠약하게 한다"고 또박또박 외치는 10살짜리 학생을 목격하기도 했다. 8)

기계적 반복 학습으로 인해 학생들에게 치명적 영향을 미친다는 이유로 반대파 지식인들이 이 유일한 최선의 교육제도를 비판하는 사이, 미국 전역에 퍼진 보수파들은 당시 새로운 유행 정도로 여겨지던 고등학교와 음악 및 미술 수업에 들어갈 비용 때문에 초조해하고 있었다. 그들은 구식 학교교육에 만족하면서 새로운 교육제도는 그저 교육 전문가에게만 좋은 일이라고 말했다. 1880년 오리건주 포틀랜드의 보수적이고 무뚝뚝한 신문 편집장 하비 스콧(Harvey Scott)은 비용도 많이 들고 복잡하며 번거로운 이 새로운 공교육 시스템에 공격을 가하기 시작했다. "지난 10년간 거의 모든 도시에서 이를 지지하는 이들로 인해 관리되고 운영되는 공립학교 제도화가

---

8) 같은 책, 95, 31~33, 60.

확산되었다. 명목상 각 도시의 납세자에 의해 관리되는 듯하지만, 사실은 공교육제도 내의 전문가라고 하는 몇몇 개인에 의해 돌아가는 것이다." 이어서 그는 "지금 진정 필요한 것은 단순하지만 효과적이었던 과거의 학교제도로 돌아가는 것"이라고 말했다. 스콧은 시민들이 공교육이 축소되기를 강력히 바란다고 확신했다. 9)

스콧은 포틀랜드 지역의 기업인을 대상으로 "새롭게 유행"하는 학년제 공립학교와 고등학교에서 그가 보기에는 필요 없는 과목을 가르치는 현상에 대한 의견을 듣기 위해 신문기자들을 내보냈다. 대부분의 기업인들은 보통교육의 필요성을 인정했으나 많은 이들은 겉만 번지르르한 교육과정에 많은 비용을 들이는 것에 문제를 제기했다. "영어교육 하나만을 잘 받은 아이가 고등학교에서 이것저것 조금씩 배우고 졸업한 평범한 아이보다 더 성공할 확률이 높다"고 말하는 이도 있었다. 또 다른 이는 "이 사회가 필요로 하는 사람은 고등교육을 받은 자들이 아니다"라고 말했다. 어떤 이들은 단순하고 비용이 적게 드는 구식 지역학교들을 그리워했다. 그 학교에서는 지역주민의 통제하에 읽기, 쓰기, 셈하기와 같은 기본 과목만 가르쳤다. 또 어떤 사람은 "포틀랜드의 학교들은 납세자나 행정가가 아니라, 그 학교 졸업자에 의해 통제되어야 한다"고 믿는다고 응답했다. 자수성가한 그 사람은 올바른 가치는 저비용으로 심어 주어야 한다고 말했다. 10)

스콧은 교육행정 전문가들에게 자기비판을 기대하긴 어렵다고 말

---

9) (Portland) *Oregonian*, Feb. 9, Feb. 23, 1880.
10) 같은 출처, Feb. 21, 1880.

했다. 토마스 크로퍼드(Thomas Crawford) 같은 행정가나 수업 담당 주 정부 교육감들은 스콧의 비판으로 인한 충격과 자기합리화의 내용이 담긴 편지를 언론사로 보냈다. 〈오리거니언〉(*Oregonian*) 지 1880년 2월 26일 자에 실린 "C로부터 온 편지"는 관료제에 반대하는 사람들의 감정의 깊이가 어느 정도인지 가늠케 했다. "보통교육체제를 지지하는 우리들은 비실현적이고 파괴적인 현실 속에서 이러지도 저러지도 못하는 궁지에 빠져 있다. 보통학교가 영속될 수 있는 유일한 방법은 부풀리고 현학적인 모습으로 스스로를 과대포장해 놓은 교수진의 성향을 버리는 것이다. 대중의 권리에 대응하는 공격의 확고한 발판에 섰던 이들은 더 나아가 이 피상적이면서도 세금을 과중하게 착취하는 시스템을 낳게 되었다."11)

학교 관료제를 비판하는 대부분의 세력들은 공교육을 통해 지배적인 문화를 전달하는 목적에는 의문을 제기하지 않았다. 그러나 다른 반대론자들은 학교 교사들이 파괴하고자 했던 문화적 차이를 자신들은 소중히 여긴다는 이유로 공교육을 반대했다. 이 현상은 19세기 미국 공교육이 개신교적 성향을 가지는 것을 탐탁지 않게 생각한 가톨릭 신자들에게 더 현저하게 나타났다. 보스턴의 한 신부는 그 지역의 어느 주요 인사가 "이민 온 사람들을 발전시키는 유일한 길은 그들의 자녀들을 개신교도로 만드는 일"이라며 논쟁하는 것을 본 적이 있다고 말했다. 뉴욕의 존 휴스(John Hughes) 주교는 "성스러운 믿음을 가진 우리 자녀들을 공립학교의 위험과 영향력에서 끊어 내기 위해" 싸웠다. 그는 루터를 착한 사람으로 칭송하고 가톨릭 신자를 부정직

---

11) 같은 출처, Feb. 26, Mar. 1, 1880.

한 사람들로 가르친 교과서를 맹렬히 공격했다. 학교가 가톨릭계 학생들에게 가르친 것은 "가톨릭 신자들은 도덕적으로나 지적으로나 멍청하게 태어난 부류임에 틀림없다"는 것이다. 12)

당시 교육에는 가톨릭계에 반대하는 성향뿐만 아니라 외국인, 특히 아일랜드인을 경멸하는 오만한 태도도 공존했다. 휴스 주교는 이민 제도로 인해 미국이 술주정뱅이와 부패한 패디(Paddies) 13) 로 가득한 "아일랜드의 하수구"가 될 것이라고 주장한 어느 교과서의 내용을 인용했다. 미국이 오염된 사람들로 가득하다는 생각은 《월간 푸트남》(Putnam's Monthly)에서 공립학교의 기능을 설명하면서 사용한 비유에 잘 나타나 있다. "학교는 우리 사회의 생명의 시냇물을 효과적으로 깨끗이 정화하는 데 꼭 필요한 여과기라는 사실에 독자들은 동의할 것이다."14)

휴스 주교는 대부분 가톨릭이었던 가난한 아이들을 학교에 강제로 다니도록 사용한 방법에 대해 강도 높게 비난했다. 가부장적인 뉴욕시 공립학교의 전신인 무상교육협회(Free School Society)는 학교가 모든 계층의 사람들에게 환영받는다고 주장했지만, 휴스 주교는 보통교육위원회가 "추위와 가난으로 고통받는 학부모들에게 도움을 주지는 못할망정 학교에 보내지 않으면 공적 지원을 탈취하는"

---

12) Boston priest, Schultz, *Culture Factory*, 306; Hughes, Kaestle, "Urban school system: New York", 311, 314, 315; Tyack, "Onward Christian soldiers"에서 인용.

13) 〔옮긴이주〕아일랜드인을 낮추어 부르는 말.

14) Hughes과 *Putnam's Monthly*는 Kaestle, "Urban school system: New York", 315~316, 294에서 인용.

법을 제정하도록 설득한 것뿐이라고 말했다. 그들은 "부드러운 말"로 가난한 이들을 모집하기 위해 많은 여성들을 내보냈으며, 고용주들에게는 피고용인의 자녀가 학교에 다니도록 종용하기도 했다. 이 모든 과정에서 "그들은 자신들이 가난한 이들의 신뢰를 받는 척했다"며 휴스 주교는 분노했다.[15]

그런 차별과 압력 때문에 가톨릭들이 점점 더 공교육 확산에 반대하고 나섰으며 교육 부문에서 독자적인 지배력을 갖고자 했다. 지도층에 있는 교육자들은 이러한 현상을 이해하지 못했다. 많은 가톨릭들이 미국에 이민 오기 전, 즉 미국인의 대부분이 개신교도였던 시절에 개신교도들은 학교에 관한 당파적 싸움에 휴전을 선포하고 학교에서 "비종교적"이라고 동의한 복음주의적 내용을 가르치기로 했다. 예를 들면, 호러스 만이 말한 대로, 킹 제임스 성경을 주석 없이 읽음으로써 성경을 "있는 그대로 이해하도록" 하는 것이다. 물론 가톨릭들에게 이것은 "비종교적"일 수 없는 것이었고, 개신교도인 교사와 교과서의 영향 역시 가톨릭을 위태롭게 하였다. 많은 개신교 목회자, 교육자, 정치가들은 다수가 종교 교육을 좌지우지할 권리가 있다며, 소수 그룹인 가톨릭은 무조건 따라야 한다는 대담한 주장을 했다.[16]

가톨릭들은 이등 시민의 처우를 받는 것도, 종교적 권리를 침해받는 것도 인정할 수 없었다. 여러 도시들에서 그들은 학교교육에

---

15) Hughes, Katz, *Class, Bureaucracy, and Schools*, 13; Lannie, *Public Money and Parochial Education*에서 인용.
16) Billington, *Protestant Crusade*, ch. vi; Tyack, "Kingdom of God and the common school".

반대하며 자녀들을 자퇴시켰다. 그들은 그들의 불만을 법정에서 해결해 보려 했지만 종종 만족스럽지 못한 결과를 맛보아야 했다. 법정 고소, 설득, 그리고 학교교육 거부운동, 어느 것 하나 가톨릭의 편을 들어 주는 것은 없었다. 점점 더 가톨릭들은 정치적 힘을 기르거나 자신들의 학교를 세우는 길만이 본인들의 권리를 존중받는 길이라는 것을 깨달았다. 17)

가톨릭계의 권위 확보 노력은 오늘날 흑인들의 인권운동만큼 커다란 충격을 일으켰다. 가톨릭들이 공립학교에서 개신교 성경을 제거하려는 노력을 추진했을 때 개신교도들은 가톨릭들이 미국의 가장 근본적인 뿌리를 공격한다고 생각했다. 가톨릭들이 편향된 교과서를 없애야 한다고 요구했을 때, 시민과 학교 당국자들은 가톨릭들이 교육과정을 지배하려 한다고 생각했다. 정치인들은 가톨릭학교에 대한 대중의 지지를 얻으려는 열망을 담은 예수회의 노력을 보았고, 그랜트(Grant) 대통령은 "미신"의 세력이 또 다른 내전을 촉발하지 않을까 예상했다. 공화당원들은 개신교에 대한 반발을 이용하려 했다. 18)

가톨릭들의 이런 노력은 대체적으로 성공적이었는데, 특히 많은 가톨릭 인구가 있는 도시에서는 더욱 그랬다. 그들은 재빨리 교구 단위 학교(가톨릭학교) 체제를 확장하고 도시 지역에서의 정치세력을 병합했다. 20세기에 들어서는 그 세력이 점차 늘어나 미국 내 주

---

17) Tyack, "Catholic power, Black power, and the schools".

18) Billington, *Protestant Crusade*, ch. vi; Dorchester, *Romanism*, 85, 115 ff. ; Higham, *Strangers in the Land*, 28~29.

류사회에 진입하였다. 권위의 위계를 중시하고, 종교적, 민족적 전통을 자랑스러워하는 강력한 지도자들의 활동에 힘입어 자연적 증가 외에 이민자의 수도 계속 증가하였다. 1790년에 1%에 불과했던 가톨릭 인구가 1907년에는 17%까지 늘어났으며 이로써 개신교 중심의 미국사회는 다원주의 사회로 탈바꿈하였다. 19)

지금과 마찬가지로 그 당시에도 무명의 공교육 반대론자들도 존재하였다. 보스턴에서 올리버 스퍼(Oliver Spurr) 경관에게 체포된 남학생들은 대부분 아일랜드계 학생들이었는데, 자리가 모자라도록 북적대는 학교와 동네 여기저기 붙어 있는 "아일랜드인 사절"이라는 안내판을 보면서 자란 그 아이들이 학교에 왜 가야 하는지 모르는 것이 어찌 보면 당연했다.

1860년 비벌리(Beverly)에 사는 한 어부는 고등학교에 반대하는 표를 던졌다. 그 이유는 중산층 가정의 자녀들을 위한 기관에 세금을 내고 싶지 않아서였다. 신시내티에 사는 한 독일계 학부모는 그들의 언어와 문화를 조롱하라고 가르치는 학교에 자녀들을 보내는 것을 거부했다. 20) 이같이 많은 반대론자들은 문서의 형태가 아니라 납세를 거부하거나 자녀를 학교에 보내지 않는 방법으로 공교육에 저항했다.

공교육 개혁운동에 대하여, 몇몇의 극단적인 하류 계급 대변인들은 교육이 진정 빈곤층의 자녀들을 가난에서 구제해 줄 수 있는지에

19) "Catholic power, Black power and the schools"에서는 흑인인권운동에서 모종의 유사점과 차이점들을 발견하였다.
20) Schultz, *Culture Factory*, 298~300, 291; Katz, *Irony of Early School Reform*, 19~50, 272~279; Shotwell, *Schools of Cincinnati*, 289~297.

대해 의심을 품었다. 1829년 뉴욕에서 토마스 스키드모어(Thomas Skidmore)가 물었다. "부모고 아이들이고 온 가족이 매일 가난에 찌들어 기본적 욕구도 충족하지 못하며 사는 가족이 있다. 작은 것을 누리기 위해서 너무나 큰 고난이 필요한 그들, 초라한 환경에서 비롯된 냉혹하고 불리한 감정이 잔인하게 요동치는 그들이 과연 교육을 받을 형편에 있는가?" 스키드모어는 아니라고 대답하면서, 이와 같은 상황 아래 무상교육은 단지 진정한 평등을 지연시키는 데 대한 변명에 불과하다고 말했다. "모두가 기억해야 한다. 교육을 빙자해 사람들의 소유권을 침해하는 사람들은 자신들을 잘못 이해했든지, 아니면 다른 이들을 이 같은 권리로부터 방해하고 가난이란 속박의 굴레에 더 오래 가둘 목적으로 이 일을 행한다고 생각된다." 즉, 스키드모어에게 교육이란 사회정의의 대용품이었다. 호러스 그릴리(Horace Greeley)도 동의했다. "쓰러져 가는 오두막이나 처량한 다락방에서 매일을 견디는 아이에게 가난과 비참함과 더불어 교사가 전달하는 지식과 씨름하라니, 어떤 진정한 의미와 목적이 담긴 교육이 가능하겠는가?" 하지만 이와 같은 소수의 의견은 그 영향력이 미미했다. 반면에 교육개혁운동가들의 논리는 설득력이 매우 높았고, 미국인들은 교육이 기회의 평등, 다시 말해 부의 축적이 가능한 기회의 평등을 가져다줄 거라는 희망찬 기대에 부풀어 있었다. 오직 소수의 사람들만이 멀 커티(Merle Curti)가 1935년에 언급한 다음의 문제를 인지하였다. "무엇보다도 특권층은 공교육을 통해 자신들의 부를 축적하고 소유권을 확실히 하며, 시민혁명을 막을 수 있을 거라 기대했다. 반면 저소득층 사람들은 공교육을 통해 사회적 계층의 벽을 허물고 상위 계층에 진입하여 평등을 이룰 수 있을 것이라 생각했다." 커티는 학교가 이 두 가지 기능을 모두 할 수 있을 거라고 생각하지 않았다. "이미 특권 계층에 있는 사람들의 위치를 위협하지 않으면서 모든 부자들의 경제력과 특권은 그대로 남겨 둔 채 다른 계급이 그 지위로 이동하는 것이 가능한가?" 이 질문은 1970 년대 공교육 반대론자들에게 다시 중요한 쟁점으로 부각된다. 21)

2. 통제방식

19세기 동안 학교의 통치구조에는 다양한 유형이 존재했다. 이는 교육위원회의 활동범위에 따라 달랐으며, 교육감이 독재자처럼 교육행정을 하는 경우에서부터, 단순히 사무직원의 기능만 담당하는 경우 등 교육감의 행정권한의 다양성에 따라 달라졌다.

몇몇 도시에서는 시 의회의 부속기관 방식으로 교육위원을 임명하는 위원회가 존재했다. 이는 시장이나 시 의회의 업무가 너무 많아 분업을 하지 않을 수 없는 관계로 생겨난 방식인데, 공공사업이나 경찰업무 관련 위원회도 비슷한 방식으로 분화되어 있었다. 재정 관련 통제권을 위임하기 싫어서인지, 아니면 관리와 균형을 위한 노력이었는지는 모르지만 시 의회들은 종종 학교행정에 대해 조금씩 다른 권위를 허락했다. 1891년 말 내슈빌(Nashville)에서는 공공사업부가 건물 관리 및 관리자 임명에 대한 권한을 갖고 있었다. 그래

---

21) Skidmore, *Rights of Man to Property*, 369; Greeley, *Hints toward Reforms*, 219; Curti, *Social Ideas of American Educators*, 199.

서 "교육위원회는 분필과 빗자루, 펜과 비누를 사는 권한은 가졌지만, 가구와 난로, 커튼 등은 공급할 수 없었다". 같은 예로, 밀워키(Milwaukee)에서는 시 의회가 학교 신설 권한을 가졌기에 교육위원회가 과밀 현상을 해결하기 위해 학교를 건축하려 해도 아무런 힘을 발휘할 수 없었다. 버펄로(Buffalo)는 바로크식 조직구조를 가졌다. 시장이 학교 수위를 임명했고, 교육감들이 교사를 임명했다. 시 의회가 새로운 학교 건물 부지를 구입하면 공공사업부에서 학교를 설립했다. 학교를 설립하는 경우 학교 기능과 관련된 세출 예산 편성권을 두고 교육위원회와 시 의회가 벌이는 충돌은 미국 서부 끝에 위치한 로스앤젤레스에서 동부 끝에 위치한 프로비던스(Providence)에 이르기까지 똑같았다. 22)

오늘날과 같이 당시에도 주민통제를 옹호하는 사람들이 있었지만, 교육청 단위의 교육위원회와 마을 단위의 교육위원회 사이에서 더 심한 충돌과 모호한 상황들이 생겨났다. 버펄로에서는 학교 신설을 위한 세금을 도시 전체가 아니라 일부 구역에 한해 거두게 되었다. 또한 자녀 수가 대개 적었던 부유층은 세금을 적게 낸 반면, 비교적 아이들이 많은 노동자 계층에게 이는 고충거리였다. 1887년 당시 교육감은 "학교 확장과 관련된 모든 계획은 각 지역에서 그 확장이 반드시 필요하다고 생각하여 반대 여론을 잠재울 때까지 기다려야 했다"고 말했다. 1911년까지 피츠버그의 39개 기초자치 수준의 교육위원회들은 개별적으로 세금을 인상하고, 교사를 채용하고,

---

22) Cronin, *Control of Urban Schools*, 3장; Reller, *City Superintendency of Schools*, 150, 156; Gear, "Rise of superintendency", 17~19.

기존 학교 건물도 유지하면서 학교를 신설했다. 사실 교과서를 구입하고, 교사 임금을 지불하고, 고등학교와 흑인 학교를 신설하는 일을 제외한 모든 교육 업무에 대한 책임을 기초자치 수준의 교육위원회가 갖고 있었다. 이들은 3년마다 모여 교육감을 선출했다. 이렇듯 책임 소재가 모호하여 매일매일의 업무, 예를 들면 학교를 어디에 설립할지 또는 누가 돈을 내야 하는지에 대한 의사결정에 혼란과 논란만 가져올 뿐이었다. 이는 미래를 위한 장기적인 계획 따위는 불가능하게 만들었다. 또 시 교육위원회 소속 학교 담당자들이 개개의 기초자치 지역을 대표하는 디트로이트 같은 도시에서는 자금 경쟁으로 인해 자원이 불공평하게 분배되기도 했다. 23)

1885년 필브릭은 대부분의 시 교육위원회의 규모가 크다고 보고했다. 교육위원들은 시 전체가 아닌 각 지역구 투표로 선출되었다. 그들의 임기는 주로 2~3년이었다. 그는 "기회만 주어지면 정치적 목적을 위해 교육적 이익을 희생하는 데 한 치의 주저함이 없는 파렴치한 정치인들은 어디에나 있다"고 말했다. 많은 도시에서는 이런 부패를 줄이기 위해 여러 가지 방법을 모색했다. 뉴욕의 경우 시장이 교육위원들을 추천하였으며, 필라델피아에서는 판사들이 교육위원을 임명했다. 그리고 시카고에서는 시 의회가 교육위원을 선출하기도 했다. 다른 지방에서는 시민들이 "정치를 비롯한 모든 부정부패의 영향"들을 제거하는 방법으로 여성에게 선거권을 부여하고 교육을 받지 않은 사람들에게는 선거권을 박탈할 것을 논의하기

23) Buffalo superintendent, Reller, *City Superintendency of Schools*, 151, 152, 156에서 인용.

도 했다. 필브릭은 "올바른 교육위원 임명에 관련한 문제는 여전히 해결되지 않았음을 인정해야 하고, 이 문제는 우리의 교육 정치가들이 씨름해야 하는 가장 중요한 문제"라고 결론지었다. 24)

새롭게 형성된 서부와 남부지역 도시의 정치문화는 기존 북동부 도시의 정치문화와는 종종 다른 경향을 보였다. 몇몇 도시에서는 교육위원회 위원들과 교육감들 사이에 비교적 평화로운 관계가 유지되었다. 덴버에서 아론 고브(Aaron Gove) 교육감은 30년 동안 교육감직을 역임했다. 필브릭은 그 어떤 도시도 이러한 이상적인 모습에 다다르지는 못했다면서, "이 지역 교육위원들은 초창기부터 학교의 이익을 향한 그들의 성품과 능력, 성실한 헌신 면에서 더할 나위 없는 훌륭함을 보여 왔다"고 말했다. 교육위원회로 인해 교육자들로부터 찬사를 받은 또 다른 서부의 중간 규모 도시는 제임스 그린우드(James M. Greenwood) 교육감이 평생 재직한 미주리주의 캔자스시티였다. 그린우드 교육감은 "일찍이 교육위원회의 구성에 주목했다. 수준 높은 시민들을 임명하는 동시에 정치적 영향력의 기회를 미연에 방지하기 위해 그는 초당파 위원들로 교육위원회를 구성하고 장기적인 재직 기간을 보증했다". 캔자스시티 교육위원회 위원장은 모든 교육위원들이 일반 대중에게 영향받지 않고 모든 업무를 사무적이고 능률적으로 처리했으며 만장일치제를 사용하여 의사결정을 하였다고 증언했다. 앨라배마주 버밍햄에서는 존 필립스(John H. Phillips)가 1883년부터 1921년까지 38년 동안 교육감으로 재직했다. 그곳에서는 "지도층 시민들로 구성된" 위원회가 가장 이상적

---

24) Philbrick, *City School Systems*, 15~16.

인 자격을 갖춘 5명의 시민을 교육위원으로 임명했다. 25)

급격히 확대된 마을에서 비전문가로 구성된 교육위원회의 실태를
앞서 검토하였듯이, 교육위원회는 전통적으로 학교를 방문하고, 대
부분의 행정상의 세부항목을 관리하며, 모든 재정 관련 결정을 내리
는 일을 담당했다. 이러한 교육위원회의 직무를 교육감과 같은 교육
전문가들에게 위임하고자 하는 의도는 여러 변수에 의해 좌우되었
다. 이에 해당하는 변수로는 교육감에 대한 그들의 신뢰도 내지는
경외심을 꼽을 수 있다. 그리고 개인적 이익이나 정치적 영향력을
추구하는 데 어느 정도 관심이 있는지, 특정 지역이나 집단의 이익
을 도모하기 위한 욕구가 어느 정도인지, 조직의 전문성과 특수성
구축을 위한 책임감은 얼마나 있는지, 업무에 자신의 시간과 열정을
얼마나 쏟는지, 그리고 주민 대표로서 자신의 본분과 의무에 대해
어떻게 생각하는지가 중요한 변수로 작용하였다.

19세기 말 교육감이 지녔던 실질적 권위의 범위는 천차만별이었
다. 교육감의 직무를 정의할 때 주로 포함되는 사항은 교사에 대한
관리와 교육과정의 준비 등이었으나 필브릭은 종종 교육감들이 더
많은 실질적 힘을 얻기 위해 기존의 직무 범위를 확대하는 것을 목
격했다. 예를 들어 보스턴과 세인트루이스의 교육감들은 둘 다 "학
교 경영과 수업"을 관리하기로 되어 있었지만 세인트루이스 교육감
이 보스턴 교육감보다 더 큰 권한을 행사했다. 사실 많은 도시에서
그랬듯 세인트루이스 교육감은 보스턴 교육감보다 각 학교 운영위

---

25) 같은 책, 15; Reller, *City Superintendency of Schools*, 162~163; Dabney
는 버밍엄위원회 상황을 *Universal Education in the South*, II, 402~404에
서 서술했다.

원회와 지역 교육위원회에 더 많은 권한을 행사할 수 있었고 더 많은 의무를 가졌다. 세인트루이스의 윌리엄 해리스 교육감은 교사를 채용하거나 전근시키고, 학생을 전학시킬 수 있는 실질적 권한을 가졌다. 반면, 보스턴에서는 이 권한을 교육위원회의 분과위원회가 가졌다. 26)

아론 고브 교육감이 덴버 교육위원회의 교육위원 6명에게 준 비공식적 영향력은 해리스 교육감의 영향력과 비교할 만했다. 덴버 교육위원회는 행정 사무와 관련해서는 분과위원회의 결정을 따르는 전통을 갖고 있었다. 그리하여 고브 교육감은 기존의 책임을 위임하는 방법 대신 교육위원회와 분과위원회에게 친근하고 신뢰할 만한 조언자의 모습으로 영향력을 행사했다. 그는 자신의 영역을 교육과정과 학교 관리에 제한하지 않고 "모든 일의 경영자"로서 조직의 모든 사무에 참여하는 것이 본인의 의무라고 믿었다. 직원들에게 그는 절대적인 권위자였으나 교육위원회에 관해서는 다소 명확하지 않은 권위에 만족했다. 적어도 그가 새롭게 통합된 교육위원회와 손을 잡고 교육감의 직무와 영향력의 영역이 명확하게 명시되어야 한다고 믿게 된 1904년까지는 그랬다. 27)

교육행정사의 또 다른 독보적 존재는 브루클린 교육청의 윌리엄 맥스웰 교육감이었다. 독재자 스타일의 경영방식으로 인해 교사들 사이에서 그는 거의 독보적 존재였다. 맥스웰 교육감은 그가 가질

---

26) Philbrick, *City School Systems*, 54; W. T. Harris, "City school supervision".

27) Gear, "Rise of superintendency", 160~162.

수 있는 모든 권력을 취하는 법을 알았다. 브루클린에 있는 동안 그는 휴 매클로플린(Hugh McLaughlin)이라는 정치인과 친분을 맺었고, 그가 하고자 했던 계획에 도움이 필요할 때는 언제든지 "윌러비(Willoughby) 가에 있는 그 정치가를 찾아갔다. 행여나 깊은 생각이나 고민에 빠진 정치인을 발견할 때면 바로 그 상황을 이용했다. 맥스웰은 그런 지도자들의 약점과 변덕스러움을 잘 간파한 뒤 그가 원하는 결과를 얻기 위해 그들의 허영심을 이용했다". 맥스웰 교육감은 훗날 통합된 뉴욕 교육청 교육감이 되었을 때 "뉴욕시에서 학교운영에 간섭할 수 있는 권리"에 관한 강령에 의해, 그리고 각 지역(borough) 지도자들이 중앙집권화에 대해 완고하게 반발했기 때문에 많은 제약을 받기도 하였다. 그러나 맥스웰 교육감은 또 다시 교육위원에 대한 임명권을 갖고 영향력을 행사하고, 비효율적으로 비대한 교육위원회의 권력 공백을 이용하여 관료로서의 권력을 확립하는 방법을 배우게 되었다. 28)

몇몇 교육감들은 맥스웰 교육감보다 위와 같은 면에서 숙련도가 떨어지면서도 강압적 방식으로 교육청을 운영하고자 했고, 이들은 성난 교육위원회와 자주 충돌하였다. 1869년 젤몬 리처드(Zalmon Richards)는 워싱턴 D. C.의 교육감이 되어 공립학교의 "행정, 교육과정, 교과서, 학습, 규율과 학생지도와 관련된 모든 문제들을 담당하였다". 〈워싱턴 이브닝 스타〉(Washington Evening Star)지는 즉각적으로 우려하는 목소리를 냈다. 이 같은 권력의 "싹쓸이"는 지

---

28) Abelow, *Maxwell*, 28; Palmer, *New York Public Schools*, 274; Berrol, "Immigrants at school", chs. i, iii.

금껏 교육위원회가 지녔던 "모든 권위의 박탈을 의미하며 이로 인해 현재 교육위원회에서 찾아볼 수 있는 전문성을 갖춘 위원들의 경험을 무시하는 행동"이라고 지적했다. "시카고에서 학교 출석부를 도입"하고, 본인이 제작한 "사운드 차트"29)를 사용하고, "교육위원회에 의해 만장일치로 기각된 교사 연간심사를 통한 승진제도를 통과시키는 등의 문제"로 1년도 채 못 되어 교육위원회와 교육감 사이의 권력 충돌이 발생하였다. 심지어 "학생들의 비웃음을 초래하는 잦은 말실수" 등의 잡다한 잘못을 들어 교육위원회는 리처드 교육감을 비난했다. 교육위원회의 분과위원회는 보고서를 통해 올바른 교육감은 온화하고 협조적이며 "더 많은 일을 맡으려 하기보다는 일을 줄여야 한다"며 리처드 교육감을 공격했다. 이것이 바로 필브릭이 조롱한 교육감의 역할에 대한 정의 중 하나였다. 그는 전형적인 교육감의 "가장 큰 야망은 체제에 의해 정해진 일상 업무들을 소화하되, 어떠한 충돌이나 마찰은 최소화하는 것이다. 또한 그는 '제가 당신의 가르침에 복종하기 위해 왔습니다. 무엇을 해야 할지 알려주시면 민첩하게 기쁜 마음으로 수행하겠습니다'라고 교육위원회에게 말하는 사람이다. 모두가 그러한 확신을 즐거워하며, 붙임성 있고 부지런한 교육감에 매우 만족해한다"고 묘사했다.30)

교육위원회와의 충돌 외에도 교육감들은, 특히 남자 교장들이 자치권을 즐기던 상황에서, 종종 학교 내부에서 발생하는 불순종과 파

---

29) 〔옮긴이주〕 언어 학습에서 문자 및 소리 등을 그림과 함께 적어 놓은 교구를 의미한다.

30) Reller, *City Superintendency of Schools*, 164~167; Philbrick, *City School Systems*, 59.

괴 행위에 대해서도 맞서야 했다. 교육위원회와 마찬가지로 교장들은 자신의 기득권 침해에 불만을 드러냈다. 보스턴의 시버(Seaver) 교육감은 그의 전임자 필브릭이 감당한 통합 학습과목 시행에 관련한 문제점을 다음과 같이 밝혔다. "학교장들은 주로 소극적인 형식으로 반대하는 데 능숙했다. 아마도 지난 세대의 보스턴 학교장 중에 그런 행태를 능가할 자는 없을 것이다. 그들은 각자 그 지역에서 최고지도자였고 지역 교육위원회의 지지에 힘입어 그 어떤 세력도 침범할 수 없었다." 시버 교육감은 그 시절의 교장 중 1명에게 자연과학 수업을 참관할 수 있는지 물었던 한 방문자의 이야기를 꺼냈다. 그 교장은 참관할 수 없다고 했다. 교육과정에 있는 수업을 볼 수 없는 이유를 추궁하자 그 교장은 "우리가 교육감들에게 참관을 허락한 것은 그저 장식용이지, 학교에서 진짜로 무언가를 하려는 의도는 아니다"라고 말했다. 31)

몇몇 정치적 상황들은 교육감들의 문제를 악화시키기도 했다. 샌프란시스코에서는 2년에 한 번씩 주로 정당과 관련 있는 교장들 중에서 교육감이 선출되었다. 공화당을 지지하는 교장들이 건물 수리에 돈을 너무 많이 쓴다고 민주당 성향의 교육감을 비판하거나, 공화당 위주의 교육위원회가 민주당 교장들이 경영하는 학교들은 규율이 제대로 서 있지 않다고 타박하는 모습이 연간보고서에 있는 그대로 기록되었는데, 이런 정치적 소란은 교육감의 비공식적인 권위를 훼손했다. 사실 교육감에게 공식적 권위는 없었다. 조셉 라이스는 필라델피아시 교육청의 교육위원회가 결정한 어떤 제안을 원칙

---

31) *Boston School Report for 1903*, 20~21.

에 위배되는 안이라고 여길 정도로 강력한 힘을 지닌 지역 교육위원회가 있다고 보고하기도 했다. 1883년 첫 교육감으로 부임한 제임스 맥앨리스터(James McAllister)에게 이처럼 힘이 없는 시 교육청 교육위원회의 지지는 그다지 큰 힘이 되지 못했다. 그다지 환영받지 못할 것을 알고 있었던 맥앨리스터 교육감은 몇 학교들은 아예 방문하지도 않았고 필라델피아에 존재하리라고는 생각지 못한 30여 개 지역 교육위원회를 아군으로 삼을 따름이었다. 그럼에도 불구하고 그는 새로운 교육과정을 작성하고 이를 바탕으로 한 연간 성취도 평가 등을 이용해 교육과정을 통제하는 일에는 비교적 성공했다. 32)

정치적 거물에 맞섰던 클리블랜드의 존스 교육감과 같은 학교 관리자들의 확고한 반대에도 불구하고, 교육 관료들과 도시의 정치 거물들의 세력 합병 사이에는 구조적 차원에서 공통점이 있었다. 비록 각 조직의 구성이나 분위기 면에서 확연한 차이가 있었지만, 학교 관료들과 정치 거물들은 모두 도시학교에서 이루어지는 교육 관련 사안을 결정하는 권한을 분리하는 데 찬성하면서 "누가 책임자인가?"라는 질문의 답을 모색하였다. 눈치 빠른 정치가들은 복잡한 명령 계통을 만들어 냈다. 대니얼 모이니핸(Daniel Moynihan)은 아일랜드인들이 태머니(Tammany)에 "군(county) 단위 지도자부터 이장이나 반장과 같이 가장 낮은 서열에 이르기까지 방대한 정당 지위의 계층구조를 확립했다"고 지적했다. 이어 "각 지위마다 거기에 걸맞은 책임과 의무가 규정되었다. 그 결과는 거대한 정당 관료제였다"

---

32) Rice, *Public School System*, 149~150; Dolson, "San Francisco public schools", chs. iii~v; Nash, *Philadelphia Public Schools*, ch. ii.

고 밝혔다. 유동적이고 돌발적이며 가시적인 대항세력이 존재하는 일반 행정부의 선출직 관리와 달리 정치 거물들은 비교적 장기적으로 안정적인 모습을 보였다. 예를 들면 휴 매클로플린의 경우 1862년부터 1903년까지 브루클린 민주당을 관장하면서 당비를 내는 사람들에게만 책무를 졌다. 33)

비록 WASP34) 개혁자들이 종종 공교육체제와 정치 거물을 양극으로 표현했지만, 공교육 종사자나 정치인들은 각각 기강이 잡힌 관료 계층구조를 확립했고, 안정적이고 중앙집권적인 의사결정을 내리기 위해 노력했으며, 각자 다른 방법으로 이민자들이 정치적·경제적으로 도시에 정착할 수 있도록 도왔다. 학교 관료들은 이민자들을 교화하기 위해 영어를 가르치고, 공화당 시민이 될 수 있도록 교화하면서, 장래에 도시에서 직장을 구하는 데 필요한 기술과 습성을 가르쳤다. 반면에 정치인들은 유권자들의 소중한 표에 보답하는 마음으로 외국인들이 도시에 새롭게 정착할 수 있도록 도왔다. 거물 정치인들은 홍수가 나면 대피소를 마련하고, 추수감사절에는 식사를 제공하며, 추운 겨울 동안에 석탄을 제공함으로써 빈민들에게 직접적인 구제활동을 벌였다. 또한 도시 행정기관이 가진 관료적 특성이나 법률에 대해 잘 모르는 가족들을 위해 각종 정보나 도움을 제공하기도 했다. 35)

---

33) Glazer and Moynihan, *Beyond the Melting Pot*, 226.
34) 〔옮긴이주〕 WASP란 'White Anglo-Saxon Protestant'의 약자로, 앵글로색슨계 백인 신교도, 즉 미국사회의 주류를 이루는 지배계급을 지칭하는 말이다. 최근에는 이 용어가 평균적, 배타적, 그리고 비창조적이라는 의미를 가진 경멸적인 말로 쓰이는 경우도 있다.

정계 인사들이 학교행정을 장악한 도시에서는 정치가들과 학교행정가들이 학교구성원들과 학교체제를 사이에 두고 타협하기도 했다. 정계 인사들은 때로는 학교 내에서 이루어지는 각종 계약과 교직원 채용에 있어 자칫 배제되기 쉬운 집단들을 고려함으로써, 그들의 사회적 이동 가능성을 높여 주기도 했다. 도시생활도 낯설고 미국적인 방식도 낯선 사람들 사이에서 민족적 갈등이 심각한 수준에 이르렀을 때 정계 인사들은 심지어 가장 큰 사회적 마찰까지도 매끄럽게 해결하는 면모도 보였다. 예를 들면 트위드(Tweed)가 의장으로 있었던 지역위원회는 가톨릭이 우세한 지역에서는 교사들이 개신교 종교의식을 생략할 수 있도록 허용했다. 정치 거물들은 특정 유권자들의 종교나 풍속을 모욕함으로 표를 잃을 수도 있다는 위험성에 예민하게 반응했다. 이런 이유에서 다원적 성향의 지지자들과 평화적인 관계를 유지하는 데 힘썼다. 이민자 부모들이 학교에서 그들의 자녀가 모국어를 배우길 원하면 그렇게 하도록 했고, 교과서에 이민자에 대한 상스러운 표현이 있다면 그 책은 학교에서 폐기하도록 지시했다. 36)

하지만 정치계 인사들 역시 일종의 사업을 하는 사람들이었다. 자신들에게 집중된 권한을 행사하여 교직원을 모집하고, 계약을 성사시키며, 교육활동을 제공했다. 이 과정에서 종종 부정이득을 취

---

35) Vare, *My Forty Years in Politics*, 118~119; Dorsett, *Pendergast Machine*, 41; Mckitrick, "Corruption", 505~508; Merton, *Social Theory*, 71~82.

36) Mandelbaum, *Boss Tweed's New York*, 69; Cornwell, "Bosses, machines, and ethnic groups", 28~34.

하기도 하고, 자신을 지지한 자들에게 관직을 제공하며, 편파적 결정을 내려 WASP 학교 개혁가들이 경험한 파멸의 원인을 똑같이 겪기도 했다. 이렇게 빈번했던 타락과 부패를 단지 반이민자 또는 반가톨릭을 위한 용어로 해석해 버릴 수는 없었다. 이러한 부정이득은 학교를 건립하고, 교과서를 제공하며, 교사의 임금을 지불해야 하는 기금에서 나온 것이었다. 시 교육청 및 지역 교육청의 교육위원회가 학교부지와 건물 시공·수리 및 모든 장비에 관한 계약자를 선정하고, 교과서 및 모든 필수품들을 구입하며, 무수한 교사들, 건물 관리자들, 사무직을 비롯하여 보수가 지급되는 모든 자리들을 임명했다. 이러한 공교육환경에서 부패가 발생할 가능성은 충분히 높았다. 아델 쇼(Adele Shaw)는 이와 같이 부정이득에 허덕이면서 재원이 부족했던 필라델피아 학교들의 건물 천장이 내려앉아 학생들 머리 위로 휘어진 모습을 보며 "교사들은 학생들 머리 위로 천장이 떨어질까 내내 정신이 곤두서 있었다"고 했다. 교사들은 얼마 되지도 않는 자신들의 임금을 쪼개어 학교에 필요한 물품들을 스스로 구입했고 교장은 학교 전화기를 쓸 때에도 동전을 이용해야 했다. 부정부패로 인해 디트로이트시 학생들을 위한 교육 경비를 통째로 도둑질당한 데 화가 난 헤이즌 핑그리(Hazen Pingree) 시장은 1894년 8월 15일 교육위원회에 참석하여 "여기 모인 위원들 가운데 상당수가 오늘 저녁 교도소로 향하시게 될 겁니다"라고 선포했다. 그런데도 위원들이 스스로 사임하기를 거부하자 핑그리 시장은 그들이 경찰의 손에 연행되도록 했다. 37)

---

37) A. Shaw, "Public schools of boss-ridden city", 4464; Holli, *Reform in*

부정이득의 또 다른 예는 교과서 구매와 관련된 스캔들이었다. 교과서를 사용하는 수많은 학교를 대상으로 대규모 출판사들이 서로 경쟁하는 가운데 일어난 이 스캔들로 인해 나라 전체가 들썩거렸다. 교사들의 증언에 따르면, "대부분의 소도시 교육감들은 자신이 선호하는 특정 출판사의 손끝에 좌지우지되고 있다"는 것이었다. 부정부패를 엄단했던 업턴 싱클레어(Upton Sinclair)와 링컨 스테펀스(Lincoln Steffens)는 교과서 개발자, 학교 교육위원 그리고 학교 관리자 사이에 일어난 뇌물수수와 공모활동을 고발했다. 교재 판매자들은 자신들의 교재를 선호하도록 미인들을 미끼로 삼아 공범으로 이용했으며, 학교 관련자들에게 공갈과 협박을 부끄러움 없이 하곤 했다. 38)

그러나 사회와 학생들을 대상으로 이루어진 이 사기극을 비롯해서 학교 관련 사업들에서 정치 거물들이 취한 부정이득이 모두 비밀리에 이뤄진 것은 아니다. 대형 회사들과 납세자들은 합법적인 방법으로 공립학교의 재원을 떼어먹기도 했다. 시카고 학교들은 학교부지에 들어온 유명한 입주자들에게 월세를 받는 일조차 매번 실패하였다. 예를 들어 1895년 〈시카고 트리뷴〉(Chicago Tribune)지는 주변 시세가 12만 달러가량인 부지를 99년 동안 3만 달러를 주고 임대하는 계약을 성사시켰다. 이상한 우연의 일치지만 그 당시 교육위원회 위원장과 학교 재정위원회 위원 가운데 1명이 〈트리뷴〉지의 변

Detroit, 27~28; Salmon, *Patronage*.

38) "Confessions of public school teachers"; "Confessions of three school superintendents"; Steffens, *Autobiography*, 451; (Portland) *Oregonian*, Sept. 23, 24, Oct. 28, 1894.

호사였다. 주 정부 세액평가자들이 이와 같은 부정행위를 방관함으로써 도시의 공익시설들이 마땅히 내야 할 세금을 덜 내기도 했다. 법적인 정당성을 확보하든 그렇지 않든 간에 이러한 사회를 대상으로 한 부정부패는 도시의 지배적인 집단의 정계 인사들에 의해 독점적으로 이루어졌다. 39)

19세기 후반기 동안 교육감들은 그들이 가졌던 학교조직의 이상적 기준에 대한 생각과 실질적 교육정치학의 양상 사이에서 갈등했다. 오랫동안 헌신적으로 교육감직에 임했던 사람들조차도 허무하게 파면되었다. 일반적으로 교육감직은 그저 잠시 지나가는 정거장에 불과했다. 로스앤젤레스와 샌프란시스코 교육청 교육감의 평균 임기는 2년, 오마하, 버펄로, 로체스터와 밀워키는 3년, 신시내티와 인디애나폴리스는 5년이었다. 그러나 고브 교육감이나 필브릭 교육감의 경우와 같이 전임자가 관료제의 토대를 만든 경우에는 임기에 임기를 더하여 오랜 시간 교육감직을 수행하기도 했다. 40)

그렇다면 과연 미래는 다를 것인가? 세기말 즈음에 교육 전문가들이 작성한 논평을 보면 두려움과 희망으로 가득 차 있다. 그들은 무엇이 잘못인지 정확히 알고 있었다. "문제로 가득한 교실이 넘쳐나고, 조직 내부의, 그리고 선거와 관련된 정치활동에 후원자들의 영향력이 커져 간다." 또한 교육위원회가 거대화되어 그 간섭도 늘어나고, 교육 전문가의 리더십은 불안정하고 때로는 무능력했다.

---

39) Herrick, *Chicago Schools*, 77~79, 101; Reid, "Professionalization of public school teachers", ch. iii.

40) Reller, *City Superintendency of Schools*, ch. vii.

게다가 학교가 해결할 문제로 계급 간의 갈등뿐만 아니라 빈곤과 범
죄, 그 밖에 여러 문제들이 존재했다. 해결책을 모색할 때면 그들은
여느 때처럼 막연히 더 나은 기관이 되면 된다고 생각했다. 1900년
아론 고브 교육감은 "도시 교육감의 발자취"라는 글에서 한 치의 망
설임도 없이 "지금 우리가 직면한 가장 큰 문제점은 도시의 공교육
관심사들을 어떻게 최선의 방법으로 관리해 나가느냐에 있다"고 밝
혔다. 이어서 그는 말했다. "지난 2년 동안 미국사회가 추진한 공교
육의 방향에 대한 관심과 염려에 대해 의문점은 없었다. 대도시에서
부터 소도시에 이르기까지 공기업과 유사한 방식으로 운영되는 것
에 대한 불안감과 초조함은 현저했다." 이 '유사 공기업'(quasi-public
corporation)을 거론하면서 고브 교육감은 결국 뉴욕, 시카고, 디트
로이트 공립학교의 미래에 대해 얘기한 것이다. 시골학교들은 이제
제법 체제를 갖춘 도시학교로 전환되고 있었다. 교육청의 교육위원
회와 교육감을 중심으로 한 교육 전문가의 학교 운영이 답이 될 수
있었다. 이런 계획은 어쩌면 새로운 교육체제를 탐색하고자 하는 시
도를 방해했던 '각종 문제투성이 집단들'의 영향력을 약화하는 데 도
움을 줄 수도 있었다. 41)

---

41) 같은 책, 173; Gove, "Trail of the city superintendent", 219; Gove,
"Duties of city superintendents"; Gove, "Limitations of the super-
intendents' authority"; Gove, "Contributions to the history of American
teaching"; Johnson, "Captain of education".

3. 판에 박힌 일상의 삶이면서도 불안정한 삶: 교사 정치와 학교 정치

교사들은 종종 교육감과 교육위원회가 벌이는 권력 투쟁의 중간에 낀 자신을 발견했다. 그 결과 그들은 판에 박힌 일상의 삶을 살면서도 불안했다. 내가 단정한바, 적어도 교육감들과 교육위원회는 한 가지 사실에는 동의하였다. 교실에서는 군대식의 규율에 따라 교사와 학생 모두 질서를 지켜야 한다는 것이다. 도시학교를 관찰한 한 사람의 증언을 빌리자면 "교육감들은 필기도구를 들고 교실과 교실을 넘나들며 교실 뒤쪽에서 마치 독을 품은 스핑크스의 모습으로 교사들을 감시했다. 그 모습을 보고 겁에 질린 교사들은 매번 실수를 거듭하며 아무것도 제대로 하지 못하는 모습을 보일 수밖에 없었다. 그리고 실수투성이였던 그 교사는 최후의 심판대라 할 수 있는 블랙리스트에 이름을 올리게 되는 것이었다". 하지만 이와는 또 다르게 교사가 그들 스스로를 정치적으로 보수파라 칭하며 교육감을 설득하여 만족시키는 경우도 있었다. 많은 경우 과연 누가 학교를 경영하고, 교사를 채용, 관리, 해고하는지 불분명했다. 교사가 더 많은 권력을 추구하고, 공무원 제도를 개혁하기 희망하며, 교사의 전문성을 강조한 이유 중 일부는 교사들이 자신의 운명을 통제하고자 하는 바람에서 나왔다. 42)

교사 채용, 관리 및 해고에 적합한 책임자에 관해 교사들이 어떤

---

42) Gilbert, *School and Its Life*, 85, 83; Gilbert, "Freedom of the teacher", 165~167.

의견을 가졌는지를 밝힌 문서는 찾기 힘들다. 1896년 〈월간 애틀랜틱〉(*Atlantic Monthly*)에는 익명의 교사들이 "학교를 정치에서 구출하는 방법"을 찾고자 하는 글을 연재하였다. 존스 교육감이 인용한 내용은 다음과 같다.

> "우리 학교 교사들은 거의 다 '정치 성향'에 따라 학교 내에서의 위치가 결정되었다."
>
> "그리고 그렇게 얻어진 자리는 부패할 대로 부패한 정치인의 값싼 원칙과 신념의 잣대 아래 더 견고해졌다."
>
> "이 도시의 공립학교들은 정치적 당파 성향이 강한 학교들이었다. 특정 정치인들과 한 배에 타지 못한 교사들이 해고당하는 것은 시간문제일 뿐이었다."

존스 교육감은 이어서 "과연 교사들과 교육감이 이런 상황을 그저 순수하게 받아들이는 것이 놀라운 일인지, 아니면 당파성을 지닌 정치인과 교육위원회 위원들이 보여 주는 피도 눈물도 없는 이기심이 더 놀라운 일인지 판단하기 어렵다"고 할 정도였다. 그 당시 다른 교육자들이 그러했듯이 존스 교육감 역시 이 모든 상황을 해결할 방법은 공무원 채용제도 개혁과 능력주의 사회의 확립에 있다고 믿었다. 학교위원회는 교사를 채용할 때 오직 교육감의 추천서와 교사 개인의 능력을 바탕으로 해야 한다는 것이다. 필브릭은 "올바른 공무원 채용제도의 원칙은 결국 올바른 교육제도의 원칙과 동일하다. 그렇기에 공무원 채용제도 개혁의 성취는 또 다른 개혁의 밑거름이 될 것이다. 엽관제(獵官制)와 교사들의 재임을 위해 매년 실시하는 선

거는 그야말로 쌍둥이처럼 붙어 다니는 만행이었다. 그리고 전자의
폐지로 인해 후자가 드러나게 될 것"이라고 밝혔다. 필브릭은 "교사
들이 꿈꾸는 낙원은 특정인을 편애하지 않고(물론 그것을 위한 노력
은 충분히 칭찬받고 보상받을 만한 것이기는 하지만) 그의 실력에 합당
한 지위를 인정받는 제도가 확립되는 것"이라고 믿었다. 43)

　샌프란시스코에서 교장과 교육감을 역임한 교육 전문가의 선구자
인 존 스웨트(John Swett)는 교육위원회의 교사 채용제도에 맞서 수
십 년을 싸웠다. 교육위원회는 신임 교사들을 채용할 때 12명의 위
원이 똑같이 채용하도록 했다. 예를 들면 36명의 교사를 채용하는
경우, 각 위원이 3명씩 선출하게 했다. 채용 담당자들은 지원한 교
사들에게 제멋대로 질문한 후 마음에 내키면 채용하고 그렇지 않으
면 탈락시켰다. 스웨트 교육감은 어느 훌륭한 교사가 "노보그로드
(Novogrod)에서 킬리만자로까지 가는 최선의 경로를 몰랐다는 이
유로 재임에 실패한 사례도 있었다"고 회고했다. 그 어떤 경우에도
교육위원회가 교사를 채용하면서 교육감의 의견을 구하거나 추천을
요구하는 일은 없었다. 1870년 이전의 교육위원회는 다모클레스의
칼44)이 심지어 가장 능력 있는 교사들의 재임까지도 좌지우지하도

---

43) Jones, "Politician and public school", 814~815, 813; Philbrick, *City School Systems*, 116.
44) 〔옮긴이주〕 다모클레스(Damocles)는 기원전 4세기 전반 시칠리아 시라쿠
　　사의 참주(僭主) 디오니시오스 1세의 측근이었던 인물이다. 어느 날 디오
　　니시오스는 다모클레스를 호화로운 연회에 초대하여 한 올의 말총에 매달린
　　칼 아래에 앉혔다. 참주의 권좌가 '언제 떨어져 내릴지 모르는 칼 밑에 있는
　　것처럼 항상 위기와 불안 속에 유지된다'는 것을 가르쳐 주기 위해서였다.
　　이 일화는 로마의 명연설가 키케로에 의해 인용되어 유명해졌고, 위기일발

교실에 걸린 다모클레스(Damocles)의 칼 — 교사의 시각에서

의 상황을 강조할 때 '다모클레스의 칼'(*Sword of Damocles*)이라는 말을 속
담처럼 사용하기 시작했다.

록 매년 모든 교사직을 채용했다. 스웨트 교육감이 교사 채용을 위한 비공개 위원회를 두고 이르길, "불안과 근심 속에 떨며 자신들의 운명을 기다리던 교사들에게 불공평한 위원회의 포악함은 새벽까지 이어졌다". 1870년 샌프란시스코의 개혁가들은 "능력과 좋은 행실이 팽배한 시기"에 교사 임용에 관한 새로운 정책을 구축하는 데 성공했다. 엄격한 재임 자격의 보증은 아니어도 연간 선거제도에 있어서는 확연한 발전이었다. 하지만 19세기 내내 샌프란시스코 교사들은 교사 채용을 담당한 특정 위원과의 연줄을 빌려 학교 내 위치를 확립하였다. 1880년 한 교육감의 보고에 따르면 "가장 실력을 갖추지 못한 교사들이 외부 세력의 힘에 가장 많이 의지했다". 그러나 교육위원회는 교사 임용과 관련하여 더 많은 권한을 행사하기 위해 '시찰교사'(inspecting teacher)라는 새로운 교직을 만들어 그들까지 임용하는 데 관여했다. 시찰교사는 학교에서 교사들을 시찰하면서 '교사 등급위원회'에 무능한 교사의 해임을 요청하는 일을 담당하였다. 스웨트 교육감은 "아일랜드 시민들에게 밀고자가 결코 존경받을 수 없는 것처럼, 시찰교사 역시 스파이나 사형집행자 외에 다른 사람으로 인식되는 것은 불가능했다"고 말했다. [45]

필라델피아의 몇몇 지역에서는 교사들을 일관되게 관리할 수 있는 효율적인 질서나 제도가 존재하지 않았다. 부정부패를 들추어내던 저널리스트 아델 마리 쇼는 "그 도시에 있는 교사들은 정확히 세 종류의 권력을 인식하고 있다. 첫 번째는 그들을 임명하는 지방 교

---

45) Swett, *Public School System of California*, 78; *San Francisco School Report for 1880*, 423; *San Francisco School Report for 1892*, 130~132.

육위원회, 두 번째는 그 임명을 확정짓는 시 교육청 교육위원회, 그리고 마지막은 교육과정을 지도 관리하고 교육 방침에 대한 길잡이를 제시해 주는 교육감이다"고 말했다. 또한 관할권이 겹치는 553명의 상사가 존재했는데, 42개 지역 교육위원회 위원 504명, 시 교육청 교육위원회 위원 42명, 그리고 교육감과 부하 직원 6명이 그들이다. "교사들 스스로를 구원할 수 있는 최고의 방법은 표면적으로는 이 세 집단을 다 섬기는 자세를 취하되, 가장 영향력 있는 한 사람을 고르는 일에 달려 있다." 일반적으로 가장 영향력 있는 기관은 지역 교육위원회라고 여겨졌다. 왜냐하면 대부분 지역의 행정 책임자들은 "교육감에 대해 잘 모를 뿐만 아니라 그들의 능력에 대한 신뢰도 없었다. 또한 시 교육청 교육위원회는 실질적 권한이 없었다". "지역 교육위원회는 그야말로 특정한 이유를 상실한 채 권력에 목매는 오래된 시골학교 위원회의 모습을 하고 있었다." 대부분의 지역 교육위원회는 정치인들의 디딤돌 역할을 하는 동시에 관직으로 나아가는 관문으로 널리 사용되었으며, 지난 수십 년 동안 교사들이 위원들에게 "자릿값"을 지불하는 것이 통상적인 일이 되어 버렸다. 한 신임 교사는 개혁위원회의 여성 위원에게 50달러를 가져갔다가 거절당한 당혹감을 말하며 "누군가에게는 돈을 바치는 것이 관례라고 들었다"고 회고했다. 46)

임용의 마지막 승인은 주로 지역 교육위원회 위원장들에 의해 내려졌다. 그들은 각자 고유의 학교 내 정보 네트워크를 갖고 있었는데, 대개 수위와 같은 교직원이 주요 스파이 역할을 담당했다. 아델

---

46) A. Shaw, "Public schools of boss-ridden city", 4461~4462.

쇼는 한 학교에서 수위가 교장에게 "이리 와보라"며 단호하게 불렀던 일을 얘기하며 "방문자가 없었다면 아마 그 수위는 교장의 이름을 불렀을 것이다"고 말했다. 또 다른 학교에서는 수위가 보조교사에게 "조직표"를 어떻게 얻어 낼 수 있는지 묻자 교사가 "잘 모르겠다"라고 대답하니 "넌 여기서 일하기는 글렀다"라고 말하는 경우도 있었다. 47)

 1904년 12월 부정부패로 인해 몇몇 교원 채용 담당위원들이 기소된 후 필라델피아의 교육행정가들과 교사들이 교사 채용 시스템에 문제를 제기하였다. 이 시스템에 의해 교육자로서의 그들의 삶이 결정되었기에 두렵기는 했다. 그해 2월 아델 쇼는 "필라델피아 공립학교의 행정을 비판한 교육행정가들과 교사들은 그 겨울이 매우 춥고 배고픈 시베리아처럼 느껴졌다"고 말했다. 50명의 교장과 몇몇 고등학교 교사들은(이들은 초등학교 교사들보다 더 독립적이고 높은 위치에 있었다) 현 제도의 무질서와 안타까운 교실 상황을 언론에 고발하며 심각하고 완전한 재정비가 시급하다고 밝혔다. 교장들의 이와 같은 활동은 교원단체의 교육행정가위원회에게 큰 힘을 불어넣어, 학교를 통치하는 새로운 유형의 관리방식이 필요하다고 주장하게 만들었다. 교원단체 회장은 "필라델피아 교육 시스템의 부패는 우리의 도시가 급성장했음에도, 예전의 시골학교 운영방식에서 벗어나지 못했음을 여실히 보여 주었다"고 언급했다. 교원단체 대표자위원회는 이 문제를 조사하기 위한 특별위원회가 필요하다는 데는 동의하였지만, 교원단체 전체 회원에게 개혁안을 제출할지를 묻는 투

---

47) 같은 책, 4462~4463.

표 실시에는 반대하였다. 이로써 우리는 교사의 리더들이 어떤 마음이었는지 조금이나마 엿볼 수 있었지만 더 정확한 사항은 알 수가 없다. 600명이 넘는 피츠버그의 교원단체 회원들은 학교 통제를 중앙집권화하고 그 권한을 교육 전문가에게 넘겨주어야 한다는 교육개혁운동에 적극 가담했다. 48)

　1896년 뉴욕을 뜨겁게 달군 지역 교육위원회 폐지운동에 교사들은 적극적이고 공공연하게 그들의 반대의견을 표출했다. 모든 교원단체들은 교사 채용 및 관리에 대한 권한을 지역 교육위원회로부터 박탈하고, 교육감을 중심으로 한 시 교육청 교육위원회로 그 권한을 넘기는 내용의 주 입법안에 대해 반대하였다. 10만 명이 넘는 교사들이 탄원서에 서명하였으며, 대규모 집회 등을 열고 윌리엄 스트롱(William Strong) 시장에게 반대성명을 보내기도 했다. 또한 4천 명이 넘는 교사들이 뉴욕 교원단체 회장인 매튜 엘가스(Mattew Elgas)의 중앙집권화 반대 연설을 듣기 위해 모여들기도 했다. 엘가스 회장은 기존의 방대한 시스템을 인도적이고 민주적으로 변화시킨 것이 분권화된 권위라고 보았다. 그는 "이런 중앙집권화가 우리가 사랑하는 학교들에 재앙을 가져다줄 것이다"고 믿었으며, "교육감이라는 개인과 그 직책에 모든 노동력과 권한과 책임을 집중시켜, 교육감을 교육계의 거장으로 만들어 주는 일은 위험한 일"이라고 밝혔다. 그리고 교사의 채용과 관리, 승진 추천과 복직, 종교의식에 관련한 특수 의견이나 지역과 중앙 교육위원회 간의 교육과정 조율,

---

48) Nash, *Philadelphia Public Schools*, 58~61; Shaw, "Public schools of boss-ridden city", 4460; Issel, "Modernization in Philadelphia school reform", 379; Issel, "Teachers and educational reform", 229~323.

공교육에 대한 지역 내 관심사에 맞는 의무와 권력을 지역 교육위원회가 유지하는 것이 훨씬 현명하다고 주장했다. 또 다른 교육가는 "아일랜드 위원회가 아일랜드인을 대표하고, 독일 위원회가 독일 사람들을 대표하며, 유대인 위원회가 유대인을 대표하는", 위원회의 대의제 성향을 칭송했다.[49]

중앙집권화에 찬성하는 사람들은 교사들이 혹시나 정치인들의 기분을 상하게 하여 자신의 직업을 잃을까 하는 두려움과, 더 효율적이면서도 새로운 관리 시스템으로 인해 자신들이 더 많은 일을 하게 될 수도 있다는 노파심 때문에 지역 교육위원회 시스템을 옹호하는 것이라고 주장했다. 현직에 있는 사람들은 권력구조의 미세한 변화에 저항하는 것이 자연스러운 일이기에 이들의 이런 추측과 생각은 아주 근거가 없는 것은 아니었다. 어쨌거나 교사들은 교육위원회에 빚진 마음으로 교직에 임했고, 그러면서 그들과 어떻게 마찰 없이 일할 수 있는지 배웠다. 그러나 공적인 집회나 시장에게 보낸 사적인 편지 속에서 발견되는 교사들의 증언에는 그 어떤 것도 강압적이거나 거짓된 것은 없었다. 교사들은 반복적으로 지역 교육위원회가 지역사회 자녀들의 이익 도모에 깊은 관심을 가진, 존경받을 만하고

---

49) Hammack, "Centralization of New York City's public school system", ch. iii. 뉴욕 공립도서관에 있는 스트롱(Strong) 시장의 서류들. 사서함 6147에는 위원회의 힘을 제거하기 위해 스트롱 시장을 지지하거나 반대하는 법안의 편지들이 들어 있다; 사서함 6063에는 공개연설과 홍보들이 들어 있다. 내용에 따라서 편지, 또는 연설, 날짜, 사서함 번호의 저자를 인용할 것이다. Matthew J. Elgas, "Arguments against 'The Compromise School Bill'", April 18, 1896, Box 6063; Jacob W. Mach to Mayor Strong, April 16, 1896, Box 6147.

성실하며 정직한 사람들이라고 밝혔다. 도시 내 4개 지역에서 가르친 경험이 있는 한 여교사가 말했다. "교육위원들은 그야말로 신사다. 그들은 잠자는 시간까지 아끼고, 없는 시간을 쪼개어 학교를 위해 헌신했다. 공립학교의 현실을 잘 아는 사람으로서 이렇게 헌신적인 교육위원회를 폐지한다는 잘못된 정책에 동의한다는 것은 있을 수 없는 일이다." 남성 보조교사회의 대변인인 한 교장은 말했다. "그들은 학생들에게 관심을 쏟는다. 이것이 바로 학생들을 위해 그들이 반드시 필요하다는 증거다." 그는 학생들로 가득했던 제10지구 학교를 예로 들었다. 그 학교 학생들은 대부분 러시아나 폴란드에서 이민 온 가정 자녀들로, 생활이 어렵고 궁핍했다. 교육위원들은 "서로 앞다투어 거의 매일같이 학생들을 방문하려고 학교를 찾았다"고 했다. 그 결과 지역사회 부모들이 교육위원들과 잘 알게 되었고 학생들도 그들을 친구처럼 대하여 화목한 관계를 이루었다는 것이다. 지역마다 그 지역주민을 대표하는 지역위원회가 있었다. 그가 있었던 부유한 모닝사이드 하이츠(Morningside Heights) 지역에도 위원회는 똑같이 적극적인 관심을 보였다. "그들은 정말 자주 방문했는데, 어느 추운 겨울 아침 그들은 건물 난방을 확인하고자 학교를 찾기도 했다. 이러한 방문의 목적이 오직 그 지역의 안녕과 번영을 위함이라는 것은 심지어 어린아이도 알고 있던 사실이다."50)

중앙집권적인 학교체제가 필요함을 공표하기 위해 교육개혁가들은 도시의 학교교육이 얼마나 비효율적이고, 부패와 당파정치로 인

50) Letter of E. Slight to Mayor Strong, April 10, 1896, Box 6147; "School trustees and the children", statement of W. T. Nicholson to Mayor Strong, no date, Box 6063.

해 위태로운지를 보고했다. 또한 더 나은 계급 출신 교사들이 채용되기 전에는 학교 형편도 좋아지지 않을 것이라는, 반가톨릭과 반이민주의를 향한 적대감을 바탕으로 한 의견을 약간 각색해서 제출하였다.

한 지역 교육위원회 반대론자는 새로운 계획이 "학교를 정치에서 끌어낼 수 있을 것이고, 이는 '학교를 평범한 사람들의 손에서 앗아갈 것'이라는 반대 주장보다 훨씬 중요하다"고 말했다. 뉴욕의 '평범한 사람'은 주로 이민자들이었기에 각종 문제를 올바로 처리하기에 부족한 점이 많았다. 이러한 지역주민에 대응할 가장 효과적인 방법은 "이러한 가정의 자녀들이, 심지어 이들을 찾아 아주 먼 곳까지 가야 한다고 해도, 온전히 미국식 가르침과 영향력 아래에 있도록 하는 것이었다". 뉴욕주 의회 토론 중에 한 상원의원은 학교는 빈민가의 아이들을 "교양 있고 세련되며 똑똑한 사람들의 영향 아래 두어야 한다"고 주장하며 "그럼으로써 아이들은 그들이 태어나고 자라난 그곳에서 구원될 수 있다"고 말했다. 반 이상의 교사들이 소박한 가톨릭 배경의 이민 1세 또는 2세라는 현실을 생각해 볼 때 상원의원의 그런 주장은 사람들에게 먹힐 리가 없었다. 51) 계급사회의 속물근성은 나빠질 대로 나빠졌으며, 여기에 종교적이고 민족적인 완고

---

51) 〔옮긴이주〕 1908년 뉴욕의 학교에 재학 중인 학생들의 민족성을 조사한 이민위원회(Immigration Commission) 연구에 따르면 학생들의 아버지 중 71%가 외국 출신이었고, 교사의 아비지 중에서는 47.2%가 외국 출신이었다. 그리고 교사의 7.9%가 외국 출신이었다. 이민 자녀를 둔 7,029명의 교사 가운데, 2,297명이 아일랜드계 부모였고, 1,194명이 독일계 부모였다. 10여 년 전에는 이민 1세대 또는 2세대 교사는 50%가 채 되지 않았다(U. S. Immigration commission, *Children of Immigrants*, IV, 610, 615).

함에 의해 속물근성이 문제시되자 교육개혁가들이 주장한 우수성
이론은 변화의 문을 열기에 충분했다.[52]

교사들은 중앙집권화 지지자들의 겸손에 매우 분개하며 개혁가들
이 그들의 '전문가'를 교육감으로 임명하고 '엄정한' 여성들을 장학
사로 임명할 경우 자신들에게 일어날 일을 두려워했다. 보편적으로
그들이 적개심을 보인 이유는 교장들과 교사들에게 배포된 〈학교
개혁〉(SCHOOL REFORM) 이라는 전단지에 나타났다. 그들은 장학
사들이 임의로 만든 요구사항들과 교사의 입장과 관점을 이해하지
못하는 상황, 예를 들면 '같은 복장을 착용해야만 한다'는 규정을 강
요받는 것 등을 우려했다. 교사들이 보기에 중앙집권화에 찬성하는
사람들은 학교를 단순히 기업과 같은 방식으로 관리하는 시스템을
만들려 했는데, 이와 같은 권력 재편은 민주주의에 반하는 이론들을
토대로 한다는 것이 교사들의 의견이었다. "이것이 교육계에 관료
주의가 구축되는 것을 사람들이 의아하게 여기는 이유였다."[53]

적어도 1885년에 이르러서는 비교적 안정적인 교사 정년 시스템
을 구축하여, 뉴욕의 교사들은 매년 재임되어야 하는 두려움에서 벗
어났다. 그러나 지방 교육위원회의 세력은 축소되었기에, 교육감과
시 교육위원회에 권한이 집중되는 현상에는 장점보다는 위험 요소
가 더 많다고 보았다. 아마도 뉴욕 외에 다수의 다른 지역 교사들도

---

52) W. Phinley to Mayor Strong, April 17, 1896, Box 6063; 서명과 날짜가
적혀 있지 않은 진술서, p. 4, Box 6063(Hammack, "Centralization of
New York City's public school system", 124, 교육위원회 위원장 맥케이
(MacKay) 에 의해 쓰인 것으로 추정).
53) Handbill, "'SCHOOL REFORM'", Box 6063.

정치계 인사들만큼이나 위협적인 '교육계의 거물'을 두려워했을 것이다. 교사 채용, 유지와 관리에 적용되는 새로운 기준이 얄팍한 WASP의 동정심을 지닌 사람에 의해 만들어진다면, 그 두려움이 줄어들기는커녕 교사들의 현재 지위가 한층 더 불확실할 것으로 추측되었다. 54)

4. 문화적 갈등: 종교와 민족성

도시의 교육과 관련된 정치적 현상에서 다원주의 정책이 갖는 문제점은 경제적 요인보다는 문화적 논쟁에서 비롯되었다. 교육정책에 영향력을 행사하기 원했던 많은 시민들은 직업, 계약 또는 유리한 세액산정보다는 다른 이들에게 자신이 추구하는 가치를 주입하거나, 학교에서 자신들의 문화(하위문화)가 자유롭게 인정받을 수 있을지에 대한 관심이 더 컸다.

시골마을이 대부분이었던 미국 초창기에는 개신교 태생들이 지배적인 집단이었다. 그러나 도시가 발전함에 따라 그 세력과 영향력이 점차 줄어들었는데, 이들이 자신들의 생활방식을 강조하면서 극대화된 상징적 문제들이 몇 가지 있었다. 그 가운데 하나가 금주와 관련된 것이었다. 공립학교에서 음주의 폐해에 대해 가르치는 법안을 주 정부들은 앞다투어 통과시켰다. 1901년에 이르러서는 미국 내

---

54) Philbrick, *City School Systems*, 117; Haley, "Why teachers should organize".

모든 주 정부가 저마다 '금주'에 관한 규정을 갖고 있었다. 상징성을 지닌 또 다른 문제는 공립학교 내에서 종교의 지위와 관련된 문제였다. 개신교도들은 자신들의 권위는 점차 감소하는 반면, 죄악과 무질서가 팽배해짐에 따라 점차 다원화되어 가는 사회에 자신들의 윤리와 도덕을 주입하기 위해 노력했다. 이런 국면에서 WASP를 긴장시킨 사람들이 바로 특정 지역에 밀집한 구교(가톨릭계), 유대교 이민자들, 그리고 대부분의 도시에 거주하는 '정치인'들이었다. 그들이 공교육 내에서의 종교활동을 공격한 집단들이었기 때문이다. 미국교원연합회 집회에서 지도자들은 가톨릭계가 속임수를 써서 학생들에게 제대로 된 종교수업을 못 하도록 음모를 꾸미고 있다고 비난에 비난을 거듭했다. 가톨릭계 교사들의 종교수업에서 "미국의 문명은 가르치지 않고 외국의 요소를 부가했다는 것이다". '전능자의 눈'(all-seeing eye) 이 없는 도덕 교육은 개신교 중산층의 생활방식을 주입하려는 중심 목적을 완수할 수 없었다. 복음주의 목사 조사이어 스트롱(Josiah Strong)은 1885년 〈우리 조국〉(Our Country)이라는 잡지를 통해 '어중이떠중이'가 이끄는 도시에서 찾아볼 수 있는 많은 저주 가운데 하나는 종교를 상실한 학교의 모습이라고 주장했다. 55)

1888년 보스턴 교육위원회가 가톨릭에 반대하는 내용이 담긴 교과서를 폐지하고 편협한 언사로 고발된 교사를 징계하기로 결정한 것에 대해 보스턴의 몇몇 개신교도들은 격분했다. 그 개신교도들은

---

55) Mayo, "Object lessons", 7, 9; Jay, "Public and parochial schools", 172; E. E. White, "Religion in the school", 287; Strong, *Our Country*, 55; Tyack, "Onward christian soldiers"; Gusfield, *Symbolic Crusade*, 13~24, ch. vii.

스스로를 지배력을 지닌 다수파라고 여기고 자신들의 의견이 곧 여론이라고 생각하는 것에 익숙했기에, 이 상황에 대처하는 자신들의 모습을 "정치적 이유"가 아니라 모두의 이익을 위한 개혁의 십자군이라고 생각했다. 그들 중 1명이 말하길 "교육위원회에 여성을 포함시킨 것은 학교와 정치를 분리하기 위한 불가피한 조치였다". 극단적인 개신교파는 가톨릭 교육위원뿐만 아니라 교과서 사건에서 가톨릭계에 찬성한 모든 위원들을 몰아내겠다고 맹세했다. 10배로 늘어난 여성 유권자들에 힘입어 다수의 여성 개신교파는 "종교적 신념이 위태로워졌을 때 가만히 있을 여자는 없다"라는 도전에 대한 반응으로 블록투표56)를 결성했다. 반가톨릭 페미니스트들의 승리를 감지한 도시의 공화당은 개신교 여성들이 승인한 교육위원회 후보자들만 추천했고, 그들은 모두 교육위원으로 당선되었다. 57)

공교육과 관련된 정치적 쟁점 가운데 종교 문제 외에도 이중언어 상용 및 이중문화 공존과 관련된 문제는 많은 사람들의 관심을 불러일으켰다. 이 문제와 관련해서도 미국 토착민들과 이민자들 간의 대립이 심각했다. 많은 이민자들에게는 자녀에게 모국어를 가르침으로써 그들의 문화적 가치를 내재화하는 것만큼 중요한 일은 없었다. 그들은 결국 세금을 내면서까지 교육과정에 관한 결정권을 얻어 내었다. 외국인 반대 정서가 거의 히스테리 수준으로 확대된 시기에 아메리카당(Know-Nothings), 58) '미국보호연합'(American Protec-

---

56) 〔옮긴이주〕대표자에게 대표하는 인원수만큼의 표를 인정해 주는 투표방식.
57) Merk, "Boston's historic public school crisis", 182~183.
58) 〔옮긴이주〕아메리카당은 1840년대와 1850년대 동안 미국 토착민들 중심의 정치적 운동을 통해 만들어진 당이다. 당시 독일계 가톨릭과 아일랜드계 가

tive Association), '제1차 세계대전의 반이민자 감정' 등의 운동에 의해 설득된 토착민들은 학교에서 이민 자녀들에게 오직 영어만 가르쳐서 온전한 미국화를 이루기를 요구했다. 59)

정치적으로 닳고 닳은 신시내티의 독일인들은 유일하게 그들의 언어 수업을 초등학교 과정에 포함시킨 집단이다. 1840년, 독일인들은 언제든 '75인의 자유 토지 보유자'들이 청원할 때면 교육위원회가 독일어를 필수 과목으로 가르치도록 하는 법안을 통과시키도록 오하이오 입법부를 설득했고, 그 결과 학교에서 이중언어를 사용하게 되었다. 학생들은 기본 교육과정에서 읽기, 문법, 철자를 영어와 독일어로 배웠고 산수와 지리학을 비롯한 다른 고등 교과들은 영어로 배웠다. 1841년 '50명의 유력한 독일계 시민들'은 교육위원회에 2개의 부서를 마련하라고 요청했다. "초등 수업에서는 교실에서 사용하는 언어도 교과서도 영어와 독일어를 사용하도록 했으며, 고등 수업에서는 하루는 영어로 수업하고 다음날은 독일어로 수업하는 방식을 사용하도록 했다." '아메리카당'의 적개심에 동요하기도 했지만 독일인들이 교육위원회에 발탁되어 그들의 입지는 더욱 굳

톨릭 이민자들이 증가함에 따라 백인 중심의 사회에서 위기의식을 느껴 이민을 반대하는 운동 등을 벌였으나 큰 성공을 거두지는 못했다. 1843년 뉴욕에서 미국공화당(American Republican Party)으로 시작해서 1845년 전국 정당으로서 토착미국당(Native American Party)으로 이름이 바뀌었다가 1855년 아메리카당(American Party)으로 다시 바뀌었다. "아무것도 모른다"(Know Nothing)는 말은 이 당 조직이 비밀조직의 성격을 띠고 있었기 때문에 당원들이 누가 활동가냐고 물으면 "나는 아무것도 모른다"라고 답변한 데서 연유했다고 한다.

59) Fishman, *Language Loyalty*, 233~326; Kleppner, *Cross of Culture*, 168.

어졌다. 1853년 언어 교육에 특정 규정이 존재하지 않는 지역에 사는 독일계 학생들은 독일계 학교로 전학도 가능하게 되었다. 그해 교육위원회의 루퍼스 킹(Rufus King) 위원장은 "가족과 사회적 유대를 잃을 수 있는 상황에서 자신들을 보호하기 위해 교육위원회에 호소하는 것은 당연한 일이다"라고 말했다. 1899년에 이르러는 신시내티에 독일어를 공부하는 학생들이 1만 7,584명이 되었는데, 그중에서 초등학교 학생들이 1만 4,248명이었다. 첫 4개 학년 동안은 영어와 독일어로 반씩 나누어 가르쳤다. 그렇기에 이런 이중언어 수업은 이민자 부모들이 그들의 문화를 유지하는 동시에, 186명의 독일계 교사들에게 직업을 제공하는 계기도 되었다.[60]

1864년 세인트루이스에서는 독일인들이 교육위원회에 그들의 언어를 초등교육에 포함시키자고 설득하기 시작했다. 독일인은 인구 증가에 따른 경제력 향상으로 인해 정치력도 함께 증가하여, 그들이 공교육을 반대하는 운동이라도 벌이면 공교육제도에 심각한 타격이 될 정도로 영향력이 증대되었다. 처음에는 독일계 학생들만 이중언어 수업에 참여할 것으로 교육위원회는 예상했다. 그러나 1871∼1872년에 앵글로아메리칸계 학생들이 첫 3개 학년 동안 이중언어 수업을 들을 수 있도록 하자, 3년 안에 독일어 수업 참가자 수는 95% 증가한 1만 5,769명에 이르렀다. 독일어는 대체로 전체 교육 과정을 수업할 때 사용하는 언어보다는 그 자체로 독립된 과목이 되었다. 1875년 당시 세인트루이스 교육청의 윌리엄 해리스 교육감은

---

60) Shotwell, *Schools of Cincinnati*, 291∼293, 301; *Cincinnati School Report for 1900*, 64.

초등학교의 독일어 교육을 적극 찬성했다. 그는 "소외되었다고 느꼈을 독일 소수민족을 포함함으로 인해 전체적인 공공제도가 더욱 안정적이고 유용하게 되었다"고 밝혔다. "아마 공교육제도를 통해 지역사회 내의 계층 간 구분을 없애는 것이 가장 중요한 일 중 하나다." 해리스 교육감은 "배타적이고 불쾌한 감정을 가진 토착민"들을 유감으로 생각하기도 했다. 그러나 그는 "독일 가정이 자신의 전통 문화와의 유대의 끈"을 놓지 않고자 하는 염원과, "자신의 자녀들이 살아갈 터전의 언어와 문화에 온전히 동화"되기를 바라는 마음 사이에 갈등이 존재한다고 보지 않았다. 태어난 나라에 대한 기억과 동경, 가족의 전통, 관습과 습관, 윤리적·종교적 의식 등은 개인의 인성을 형성하는 중요한 요소이며, 이런 요소들은 인성이 완전히 파괴되기 전까지는 갑자기 없애거나 변화시킬 수 없다고 해리스 교육감은 주장했다. 그러나 해리스 교육감만큼 거시적 시각이나 관용적 태도를 갖지 못한 대부분의 교육계 지도자들은 1888년 초등학교에서 독일어 수업을 폐지하고 말았다.[61]

그해 미주리주 교육감은 "많은 지역에서 독일 정착민들이 학교를 쥐고 흔들어 학교들은 이제 거의 독일어로 수업을 한다"고 불평했다. 독일계 지도자들의 요구에 따라 1854년과 1877년 사이 중서부 지역의 8개 주에서는 지역 교육위원회 또는 25~50명의 학생들을 대표하는 '자유 권리 보유자'가 학교에서 외국어 교육을 의무화하는 법안을 통과시켰다. 1900년에는 23만 1,700명의 학생들이 초등학

61) *St. Louis School Report for 1875*, 114~115, 111~113; *St. Louis School Report for 1866*, 37; *St. Louis School Report for 178*, 67.

교에서 독일어를 배웠다. 그해 시카고의 초등학교 4개 고학년생과 고등학생 4만 225명 가운데 3만 4,232명에 이르는 학생들이 독일어 수업을 들었는데, 이들 중 절반만이 독일 출신이었다. 62)

독일인은 각 이민자들이 중시한 가치를 상징적으로 인정받기 원한 이민 집단 중 유일하게 높은 지위와 영향력을 행사하였다. 독일인들이 당시 지배적이었던 앵글로 문화에 빠르게 동화됨에 따라 그의 요구사항도 변화되었다. 처음에는 신시내티, 볼티모어 그리고 인디애나폴리스와 같은 도시의 학교에서 이중언어로 수업이 진행될 수 있도록 요구하던 것에서, 초등학교 고학년과 고등학교에서 독일어를 독립된 과목으로 선택할 수 있도록 요청하는 것으로 방향이 전환된 것이다. 1901년 국가동맹 대변인이 영어가 교육에 있어 공식 언어라고 밝히며, "문화적 중요성과 상업적 가치"를 가진 외국어는 (물론 그중 가장 중요한 언어는 독일어다) 가르쳐야 하지만, 단지 학생들과 학교 후원자들이 그 언어를 말한다는 이유만으로 그 언어를 미국의 공립학교에서 가르쳐야 할 이유는 없다고 말함으로써 위와 같은 변화가 더욱 명백해졌다. 이어서 "만약 이런 원칙이 지켜지지 않는 경우 우리는 독일 학교뿐만 아니라 헝가리, 폴란드, 이탈리아 학교도 만들게 될 것"이라고 했다. 63)

독일인이나 친영파 문화적 광신주의자들은 이를 비난하겠지만, 세계 각국에서 이민 온 사람들이 자신의 이익을 위해 그 민족의 힘

---

62) *Chicago School Report for 1900*, 235, 239; Fishman, *Language Loyalty*, 234~235.

63) Fishman, *Language Loyalty*, 236; emphasis added.

을 이용하는 상황이 발생했다. 폴란드, 이탈리아, 체코, 노르웨이, 프랑스, 스페인, 네덜란드 그리고 다른 국가 언어들이 공립 초등학교에 소개되기 시작한 것이다. 물론 외국어로 수업을 진행하는 방식이 아니라 개별 과목 형태로 학생들에게 제공되었다. 1915년 밀워키에서는 3만 368명의 초등학교 학생들이 독일어를 배웠고, 3,102명이 폴란드어를, 811명이 이탈리아어를 배웠다. 폴란드어와 이탈리아어 교육은 이민자가 밀집한 소수 학교에서 집중적으로 이루어졌다. 1865년 샌프란시스코에서는 처음으로 프랑스어, 독일어, 영어로 수업을 진행하는 '국제 학교'(cosmopolitan school)가 설립되었다. 1875년 샌프란시스코 교육청 교육감은 학생들이 그들이 배우고자 하는 언어로 "공부하고 지질학과 산수를 비롯한 과목들을 복습"하라고 권장했다. 물론 이런 조치로 인해 비이민자 학생들이 그 학교를 떠날 가능성도 있음을 인정했다. 1917년에 이르러서는 외국어를 사용하는 시민의 정치적 요구로 인해 샌프란시스코에는 프랑스어로 수업하는 초등학교가 4개 있었으며, 독일어로 수업하는 학교가 6개, 이탈리아어로 수업하는 학교가 2개, 스페인어로 수업하는 학교가 2개 있었다. 64)

학생들에게 외국어로 수업하는 일에 가장 반대한 세력은 미국 토착민들, 그리고 자신의 인종이 배제되었다고 생각한 집단들이었다. 1880년대 후반에 몇몇 시와 주 정부에서는 초등학교에서 외국어 사

---

64) *San Francisco School Report for 1875*, 56~57; Andersson and Boyer, *Bilingual Schooling*, I, 17; *Proceedings of the Board of School Directors, Milwaukee*, May 14, 1915, 434; Dolson, "San Francisco public schools", 108; Claxton 외, *San Francisco Survey*, 560~561.

용을 없애거나 자제하자는 공동의 움직임이 발생했다. 경제성이나 미국화의 필요성 같은 다양한 이유를 들어 루이빌, 세인트루이스, 세인트폴과 그 밖의 도시에서 독일어 수업을 폐지했다. 일리노이주의 에드워드법(Edwards Law, 1889)과 위스콘신주의 베넷 법안(Bennett Bill, 1889)은 이민자들의 종교계 사립학교에서 대부분의 수업을 영어로 진행하도록 규정했다. 학교 내에서 이루어지는 개신교식 종교의식을 영어 외에 다른 언어로 진행하는 것과 관련한 대립은 유일신을 주장하는 사람들, 그리고 교육에는 다양한 형태가 있음을 환영하는 사람들 사이의 상징적 전투 상황이 되고 말았다.65)

다양한 이익집단 간의 정치적 활동, 즉 가톨릭과 개신교 간의 문화적 갈등, 이민자와 토착민 간의 문화적 갈등, 백인과 흑인 간의 문화적 갈등이 한창일 때, 교육자들의 지위는 이례적이었다. 대부분의 교육자들은 WASP의 공통된 가치를 지니고 있으면서 기독교인이라고 공언했고, 민족중심주의에, 과거의 시골 전통이 지닌 지고한 가치를 영웅시하는 경향을 가진 사람들이었다. 정당한 논쟁을 벌일 필요도 없을 정도로 자신이 지닌 가치가 분명한 진리에 기반한다고 당연시했다. 이와 동시에 그들은 호러스 만이 그러하듯이 규범적으로 정치나 종교적 당파성을 싫어한다고 주장하면서 공교육에 동의하였다. 학교 정책에 영향을 주기 위해 각 이익집단들이 서로 다투게 되면 합의는 깨어지고 유일한 최선의 교육제도를 확립하고자 하는 과제에 방해만 될 뿐이었다.

---

65) Pierce, *History of Chicago, 1871~2893*, III, 367~438, 385; Fishman, *Language Loyalty*, 236; Kleppner, *Cross of Culture*, 158~168.

5. 외롭고 불평등한 싸움: 인종 문제

교육자들이 유일한 최선의 교육제도를 추구하면서 정치적 다양성을
인정하려고 노력하는 가운데에서도 도시의 학교교육에서 흑인의 역
사는 특이한 예외 상황이었다. 홍보 담당자들은 공교육제도가 공립
학교라는 하나의 지붕 아래 국민들을 하나로 만들 것이라는 청사진
을 제시했지만 흑인들은 언제나 그 그림에서 소외되어 있었다. 독일
계 미국인들에게는 독일어 수업 같이 비용이 많이 드는 이중언어 수
업 프로그램을 허가해 준 반면, 흑인들에게는 부스러기조차 떨어지
지 않았다. 백인들을 위한 무상교육에서 가난의 흔적을 없애는 노력
을 하는 동안 흑인들을 위한 교육은 종종 마치 자기만족을 위한 자
선행사처럼 이뤄지곤 했다. 학교에서 계급제도를 금지했음에도 불
구하고, 흑인 학생들은 불길한 징조를 나타내는 부류로 여겨졌다.

　19세기를 통틀어 흑인들만큼 교육을 믿은 사람들은 없다. 그들은
공교육이 내세운 민주적 희망과 평등에 관한 약속들을 굳게 믿었다.
"공교육의 가장 중요한 특징은 교육제도를 통해 인간 중심의 가치를
확산시키고 사회화를 가능케 한다는 점이다." 1846년 한 보스턴 흑
인 단체(Boston Negroes)가 제출한 공교육 흑인 차별대우 폐지에
대한 탄원서의 일부다. 실제로 모든 흑인 단체와 흑인 정치가들은
교육에 있어서 기회의 평등이 확립되는 것을 가장 중요한 과제로 인
식했다. 하지만 미국 내에서 공교육체제를 관리하던 많은 백인들은
흑인들을 제외, 격리하거나 학생들을 속이기 일쑤였다. 흑인들은
곧 미국 국민 모두를 하나로 만들겠다던 공교육의 약속에 자신들은
초청되지 않았다는 것을 깨달았다. 흑인들의 삶의 다른 부분에서와

마찬가지로 그들은 민주주의의 원칙과 수정헌법 제14조항과 15조항66)에 포함된, 미국 국민에게는 당연하게 주어져야 할 권리를 누리기 위해 싸워야 한다는 것을 알게 되었다. 67)

각 지역마다 흑인 인구 밀도, 흑인 지도자들이 발휘한 리더십의 성격, 그리고 흑인 사회에 대한 백인들의 차별 정도에 따라서 조금씩 다른 전략이 사용되었다. 어떤 도시에서는 인종을 분리하기는 하지만 교육에서 차별하지 않는 학교(separate but equal school) 68)가 호응을 얻었다. 그 이유는 백인 학생들과 한 학교를 다닐 때 받을 수 있는 조롱이나 교사들의 차별을 피하고 흑인 학생들이 좋은 직장을 가질 수 있도록 준비할 수 있다는 것이었다. 1876년 한 흑인 잡지는 흑인 학교에서 근무하는 백인 교사들이 "본연의 임무와 교직에는 관

---

66) 〔옮긴이주〕 제14조는 남북전쟁 이후 수정된 헌법 조항으로, 해방된 노예들의 권리를 보호하기 위해 만들어졌다. 미국 시민권에 대한 정의를 넓혀 흑인들을 포함하고 그들이 법적으로 보호될 수 있게 만든 조항이며, 제15조는 인종에 관계없이 투표권을 보장한다는 내용이다.

67) *Boston Primary School Report for 1847*, 10; Fishel, "The North and the Negro", chs. iv, v, vii; Weinberg, *Race and Place*.

68) 〔옮긴이주〕 인종에 따라 학교를 분리하지만 평등한 교육을 제공한다는 원칙(separate but equal school)은 인종에 따라 학교를 분리하여 운영하는 상황에서 흑인 학교에게 제공되는 교육이 백인 학교에게 제공되는 교육과 비교하여 법적으로 평등하다고 보았다. 이런 논리는 1954년 브라운 판결이 나오기 전까지 미국의 공교육에 널리 적용되었다. 그러나 1954년 브라운 판결에서 연방대법원은 공립 초중등교육에서 인종에 따라 학생을 분리하도록 하는 주의 법률행위는 공동사회에서 그들의 지위에 관해 소수집단 학생에게 열등감을 조장하기 때문에 연방수정헌법 제14조에서 규정한 평등 요구사항을 만족시키지 못한다고 판결하였다. '분리된 교육시설은 본래부터 불평등하다'는 만장일치 판결로 인해 '분리는 하되 평등하다는 원칙'은 더 이상 설 자리를 잃게 된 것이다(출처: George Johnson 저, 안기성 외 역(1999), 《미국교육법제》, 청암미디어).

심이 없고 단지 돈을 벌기 위해서 학생들을 가르치고 견디고 있을 뿐이다. 우리는 이러한 백인 감독관들에 질려 버렸다"라고 힐난했다. 다른 지역의 흑인 운동가들은 백인과 흑인이 함께 다니는 통합된 학교를 추진했는데, 동격의 흑인 학교라 하더라도 두 인종을 갈라놓는 것 자체가 불평등하다는 이유에서였다. 1872년 프레더릭 더글러스(Frederick Douglass)는 인종차별이 없는 학교에서는 흑인과 백인 학생들이 "서로에 대해 많이 알고, 더 잘 이해할 것이며, 공공의 이익을 위해 협력하게 될 것이다"라고 예측했다. 실제로 정치적 힘이 없었던 흑인들은 압제당하는 소수민족이 할 수 있는 거의 모든 방법, 예를 들면 법적 소송, 보이콧, 연좌농성, 탄원서, 로비활동 등을 동원하였다. 69)

카터 우드슨(Carter G. Woodson)의 오래전 기록에 따르면, 남북전쟁 이전에 자유를 얻은 흑인들은 교육에 아주 열성적이었다. 주로 백인 자선사업가나 종교단체의 도움을 받기는 했지만, 학생들을 위한 학교를 만드는 데 그들의 모든 소득과 전력을 쏟아붓는 등 아낌이 없었다. 1868년 굿윈(M. B. Goodwin)은 본인의 직접경험과 흑인들의 인터뷰를 바탕으로 남북전쟁 전, 워싱턴 D. C.의 흑인들의 교육 기회에 대한 역사적 과정을 작성했는데, 그 가운데 교회를 통해 세워진 다양한 학교들, 중산층 흑인을 위한 사립 신학교들, 그리고 12개 정도의 크고 작은(작게는 몇 명에서 크게는 100명 이상의) 초등학교들에 대한 기록이 남아 있다.

---

69) *Christian Recorder*, Silcox, "Pursuit of Black education", 16; Foner, ed., *Frederick Douglass*, IV, 288~290에서 인용.

조지아주 애틀랜타에 170명의 흑인 학생을 위해 지어진 캐리 스틸(Carrie Steel) 학교(1920년).

이 중 많은 곳에서 흑인과 백인 학생들은 한 교실에서 생활했지만, 흑인들을 위한 공립학교는 없었다. 굿윈은 노예해방 이후의 학교에 다닌 학생 수와 남북전쟁 이전에 학교에 다닌 학생 수가 인구에 비례하여 엇비슷하다는 결론을 내렸다. 이러한 흑인들의 교육에 대한 열망은 하류층에 속한 백인들을 초조하게 만들었다. 1835년 조선소에서 근무하는 노동자들이 흑인 학교 교실을 습격하여 창문과 기물을 부수고 불을 지르는 사건이 일어나기도 했다. 반면에, 보스턴, 뉴욕, 세인트루이스 등의 도시에서는 백인 자선사업가들이 흑인 지도자들과 힘을 합쳐 흑인 학생들을 위한 사립학교를 만들기도 했다. 70)

---

70) Woodson, *Education of the Negro*; Litwack, *North of Slavery*, 113~152;

남북전쟁 이전에는 북부지역의 백인들은 흑인들의 공교육 문제를 그들의 권리가 아닌 자신들의 '선행'으로 취급했는데, 그마저도 대부분 인색한 선행이었다. 1847년 뉴욕주 의회는 합병된 마을 이사회가 흑인 학생들을 위한 공립학교를 짓는 데 필요한 예산을 승인했다. 1849년 당시 뉴욕주에는 대략 1만 1천 명의 흑인 학생들이 있었는데도 불구하고, 시 당국은 겨우 396달러밖에 청구하지 않았다. 이런 '유색인종 학교'는 정상적인 공립학교 체제와는 별도의 분야로 취급되었고, 교육위원회가 아닌 마을 이사회에 의해서 관리되었다. 뉴욕주 교육감은 흑인 학교로 가야 할 자금이 백인 공립학교에 쓰이는 것은 아닌지 의심했다. 캘리포니아주 새크라멘토 지역의 시 의원들은 흑인들에게 공립학교를 허락하자는 제안에 "그렇다면 하와이 원주민이나 중국인, 그리고 우리 지역 원주민에게도 자선을 베풀지 그러냐?"며 반발했다. [71]

그 다음 100년을 위해 공교육 내 인종차별 폐지를 주장한 사람들의 주된 쟁점은 1840년대 보스턴에서 이미 명백하게 나타났다. 19세기 초반 보스턴의 흑인 학생들에게는 공립학교에 입학할 수 있는 자격이 주어졌지만 정작 입학한 학생은 많지 않았다. 그 대신 흑인 학부모들은 자녀들이 백인들의 차별에 노출되지 않는 흑인 학교에서 더 좋은 교육을 받을 수 있다고 주장했으며 실제로 몇몇 백인 자선가의 도움을 받아 자신만의 학교를 세웠다. 그리고 보스턴시 행정

Heller, "Negro education in Indiana"; Goodwin, "Schools for the colored population, district of Columbia", 222, 201.

71) Sacramento City Council, H. H. Bell, "Negroes in California, 1849~1859", 152; *New York Superintendent's Report for 1849*, 12~13에서 인용.

기관은 흑인 학교의 관리와 재정운영권을 점차적으로 넘겨받았다. 이 과정을 지켜본 스탠리 슐츠(Stanley Schultz)에 따르면, 보스턴의 흑인들은 1920년대 말에서부터 1930년대 사이에 마음을 바꾸어 교육 평등은 오직 흑인을 차별하지 않는 통합학교(desegregation school)를 통해서 성취될 수 있다고 생각하기 시작했다. 달변의 노예폐지운동가 데이비드 워커(David Walker)는 백인들이 흑인 아동의 해방을 위해 필요한 진보적인 지식을 감추고, 무지함에서 벗어나지 못하도록 의도적으로 막고 있다는 의혹을 제기했다. 만약 백인 학생들이 흑인 학생들과 한 교실에 있다면(사실 흑인 학생들은 인질 상태로 교실에 있는 상태라면), 교사는 흑인 학생들도 똑같이 가르쳐야 할 것이었다. 워커가 흑인의 투쟁을 선포했을 때, 훗날 학교 보이콧을 주도하는 흑인 지도자가 되는 윌리엄 넬(William Nell)은 학교 시험에서는 우수상을 받았지만 시장이 주최하는 백인 학생들을 위한 만찬에는 초대받지 못했다. 수상자가 아닌 웨이터로 그 만찬에 참석한 넬은 그곳에서 학교 시험관을 만나게 되었다. 그 시험관은 "너도 여기 다른 학생들과 같이 있어야 하는데 …"라고 말했고 넬은 동의했다. 그리고 그는 훗날 백인의 위선적 자선행위의 권력체계를 공격하게 된다.[72)]

인종통합학교(mixed school) 추진으로 인해 보스턴 흑인 사회는 분열되었다. 인종에 따른 분리학교를 폐지해야 한다고 강경하게 주장한 사람들은 인종통합학교 설립을 위해 주 교육위원회와 지역 초등 교육위원회에 탄원서를 제출하였다. 이 운동이 실패하자, 스미스

---

72) Schultz, *Culture Factory*, 171~74; Mabee, "A Negro boycott", 341.

문법학교(Smith Grammar School)를 보이콧하고 '임시학교'를 세웠다. 그로 인하여 1844년 100명이 넘었던 학생수가 1849년에는 53명으로 급감했다. 이 문제는 법정으로까지 가게 되었다. 반면 다른 흑인 시민들은 흑인 학교를 계속 유지하면서 학교 건물과 시설들을 개선할 것과, 학생들의 지적 능력을 믿지 못하고 필요 이상으로 엄하기만 한 백인 교사들을 흑인 교사들로 바꿀 것을 요청하였다. [73]

그러나 교육위원회는 이 모든 청원들을 들어주지 않았다. 백인들로만 구성된 필라델피아, 뉴욕, 프로비던스, 낸터킷(Nantucket), 우스터(Worcester) 지역의 교육위원회는 흑인들이 진정으로 원해서 흑인 학교들이 세워졌고, 노예 폐지를 주장하는 백인들이 보스턴의 흑인들을 선동하여 현재 상황에 더 이상 만족하지 못하게 한 것이라고 말했다. "선드리 흑인 단체(Sundry Colored Persons)의 청원서"에 의하면 흑인만의 학교는 본질적으로 백인 학교와 같을 수 없었다. 그 이유는 "모두가 누릴 수 있는 교육의 권리를 작고 힘없는 계층은 박탈당했고 그들만의 학교 안에만 머물게 되었다. 그 학교에 대한 대중의 관심은 점차 줄어들고, 학교 안에서의 악습은 시작되었으며 이로 인해 교육의 수준이 퇴보했다. 그래서 결국 교사와 학생들은 열등 계층으로 취급될 것이기" 때문이다. 한 백인 초등교육위원은 그 말은 마치 "유색인종이 다른 유색인종을 오염시킨다"는 말과 다를 바 없이 비논리적이라고 말했다. 대신 그 위원회는 흑인들에게 "여러분의 인종, 그 피, 그 색깔을 존중하십시오"라고 호소하

73) Mabee, "A Negro boycott", 347, 352; Schultz, *Culture Factory*, 196~197.

였다. 흑인들 자체는 훌륭하지만, 지울 수 없는 "두 인종 간의 신체적, 정신적, 도덕적 차이로 인해" 흑인 학생들은 백인들과 같이 학교를 다닐 수 없다고 말했다. 흑인과 백인 모두에게 "인종의 합병은 퇴보를 의미한다". 더군다나 백인들은 흑인들을 괴롭히고 모욕할 것이었다. 그리고 "교육받지 못한 사람들 사이에서 인종차별이 가장 두드러지기 때문에" 하층 계급(특히 아일랜드인들) 사람들이 한꺼번에 학교를 떠날 것이 예상되었다. 이러한 현상을 염두에 두고 교육위원회는 확실히 예견되는 편견을 피하려고 하였다. 흑인 학교는 흑인 학생들을 위해서 권력에 의해 임의로 합법화된 대안이었다. 74)

그러나 노예폐지론자 찰스 섬너(Charles Sumner)는 이러한 임의적 합법화가 '법 앞에서의 평등'에 정면으로 대립하는 것이라고 생각하였다. 그는 처음으로 '법 앞에서의 평등'을 로버츠 소송(Roberts case)에 적용한 사람이다. 섬너는 인종통합교육에 대한 논리정연한 주장을 펼치며 자신의 의뢰인인 사라 로버츠(Sarah Roberts)가 본인의 흑인 학교보다 더 가까운 백인 학교에 다닐 모든 법적, 도덕적 권리가 있다고 주장했다. 100년이 넘도록 지속된 '인종에 따른 분리를 인정하지만 동등한'(separate but equal) 원칙의 발단이 된 1850년의 한 사건을 통해 레뮤엘 쇼(Lemuel Shaw) 판사는 교육위원회가 '보편적 감독권' 아래 흑인 학생들을 차별할 권리가 있다고 판결했다. 그러나 보이콧, 탄원, 그리고 법적 분쟁 실패 이후 보스턴의 흑인 운동가들은 마침내 노우낫싱(know nothing) 주75)가 1855년 "학생이

---

74) *Boston Primary School Report for 1847*, I, 23, 13, 7, 14, 5; Schultz, *Culture Factory*, 197~198.

나 지원자의 인종, 색깔, 또는 종교적 의견"에 따른 차별을 금하는 법을 통과시키도록 하는 데 성공하였다. 긴박한 분쟁이 예상되는 가운데, 흑인과 백인 아이들은 평화롭게 어울렸고 눈에 띄게 많은 수의 흑인 학생들이 학교에 등록하였다. 76)

미 북부 도시 흑인 아이들의 교육 권리는 남북전쟁과 노예해방 선언, 그리고 수정헌법 제14조, 15조조차도 지켜 주지 못하였다. '흑인 문제'에 관한 권한은 자치주 정부와 지역 정치의 손에 달려 있었다. 1860년대 후반부터 1870년대 초반의 다소 짧은 기간 동안 흑인 시민들은 극우당원들(Radical Republicans)과 강력한 연대를 형성하여 몇몇 도시에서 교육 평등을 이루어 내기도 하였다. 그러나 흑인들은 19세기 후반 대부분을 홀로 또는 소수의 백인 협력자들과 함께 도덕적 양심에 호소하고 로비, 보이콧, 법적 공방 등을 통해 완고한 다수를 설득시키기 위해 싸웠다. 77)

이 분쟁의 법적인 정황은 왜곡되었고 주 정부별로 상이하기도 했다. 한 예로, 1860년에 캘리포니아주 의회는 주 정부 예산이 통합학교에 쓰이는 것을 허락하지 않았고, 1870년에는 주 교육부가 의무적으로 10명 이상의 유색인종 학부모가 서면으로 신청하면 흑인과 인디언들을 위한 학교를 설립하는 법을 제정했는데, 이 학교들은 반

---

75) 〔옮긴이주〕 노우낫싱주(Know Nothing 州)는 여기서 매사추세츠주를 지칭하며, 이민자, 특히 아일랜드인 등을 배척하는 정치적 운동의 일환이다.

76) Daring, "Prior to Little Rock", 129, 142; Mabee, "A Negro boycott", 355~361.

77) Fishel, "The North and the Negro"; A. O. White, "Jim Crow education".

드시 백인 학교로부터 분리되어야만 했다. 이 법안은 그동안 암묵적이었던 것, 다시 말해 교육적 권리를 찾기 위해서는 흑인 자신들이 그 필요를 증명하고 추구하는 부담을 져야 한다는 점을 명문화한 것이었다. 1874년 캘리포니아 법원은 '분리하지만 동등한' 흑인 학교들이 수정헌법 제14조에 어긋나지 않는다고 판결하였다. 하지만 1875년 샌프란시스코시는 비용이 많이 들고 흑인 사회의 호응이 떨어진다는 이유로 흑인 학교를 폐지했다. 78)

법과 판례가 분리학교를 금했음에도 불구하고, 일리노이의 지역 공무원들은 흑인 학생들을 분리하는 방법을 잘 찾아냈다. 링컨의 노예해방 선언으로부터 한 달 뒤인 1863년 2월, 시카고의 민주당 시의회는 흑인 학생들이 흑인 학교에만 갈 수 있게 하는 '흑인학교법'을 통과시켰다. 흑인 학부모들은 이에 저항하여 학생들을 백인 학교에 보냈는데, 당시 그 학교 교사들은 흑인 학생들의 존재조차 인정하지 않는 자들이었다. 교육위원회가 8분의 1 이하의 흑인들만이 백인 학교에 입학할 수 있도록 하였고, 학부모들은 이것을 학교의 문을 여는 데 사용했다. 흑인인지 아닌지를 구분하는 비논리적인 처사에 심한 모멸감을 느낀 흑인 지도자들은 "교육위원회와 시장 사무실을 습격"하여 법의 철회를 요구했다. 1865년에는 공화당원들이 분리학교를 금지하는 법안을 통과시켰다. 1870년 주 헌법이 공립학교에 모든 학생이 입학할 수 있도록 명령했고, 1874년과 1889년 법령은 교직원들의 인종차별을 금했다. 하지만 과거에 흑인 학생들이

---

78) Stephenson, *Race Distinctions*, 177; Dolson, "San Francisco public schools", 115~120; *San Francisco School Report for 1875*, 58, 133.

충분한 교육을 받을 수 있도록 하는 운동을 벌인 공화당 계열의 주 교육감 뉴턴 베이트먼(Newton Bateman)은 분리학교 폐지 주장은 "대응할 원칙적 가치조차 없는 문제이며" 분리학교는 수정헌법 제 14조에 어긋나지 않는다고 주장하였다. 1874년 흑인들은 26개의 군 지역에서 흑인 학교를 다녔다. 퀸시(Quincy), 카이로(Cairo), 올턴(Alton), 그리고 이스트세인트루이스(East St. Louis) 등의 도시들에서는 교육위원회가 흑인들을 분리하여 교육하였다. 법적으로 분리학교를 폐지하는 것은 오랜 시간이 걸렸고 이 법은 지역사회의 반발을 일으켰다. 그 반발은 올턴에 사는 흑인 스콧 빕(Scott Bibb)이 백인 이웃들의 편견에 맞서는 자신을 매우 결연하고 용감한 흑인으로 여길 정도였다.[79]

분리학교 폐지에 대한 인디애나주 흑인들의 심경은 복잡했다. 인디애나폴리스 흑인 사회는 시가 흑인들에게 공립학교 입학을 허락하기 이전인 1860년대에 흑인 학생들을 위한 사립학교를 짓기 위하여 큰 희생을 감수하였다. 1866년 인디애나폴리스 교육청 교육감은 많은 수의 흑인 학생들이 사립학교에 다니는 것에 대해 감탄하며 이렇게 기록하였다. "이 학교들은 공적 지원을 거의 받지 않고 주로 흑인들에 의해 지원되고 운영되었다. … 일반인들은 이 학교에 별다른 관심을 기울이지 않았으며 교육 재정도 넉넉하지 않았다. 학교 건물도 교육 목적에 맞지 않았고 시설도 부족했다. 책걸상도 매우 불편했고 교과서도 모자랐다. 분반도 이루어지지 않은 상태에서 수업 전

---

79) Homel, "Black education", 11~12, 7; Stephenson, *Race Distinctions*, 179~180; Meierand Rudwick, "Early boycotts of segregated schools: Alton".

문성이 낮은 교사들이 가르쳤다.” 교육감은 “인류애와 공의, 그리고 건실한 공공정책의 이름으로 흑인들도 공교육의 이익을 누릴 수 있어야 한다”고 주장했다. 그 이듬해에 시 당국은 흑인들에게 오래된 학교 건물을 제공하였다. 흑인들은 여기에서 수업료를 받아 학교를 운영하였는데, 남부에서 노예로 있을 때 가질 수 없었던 배움에 대한 배고픔으로 흑인들은 남녀노소를 불문하고 읽기와 쓰기를 배우러 이러한 학교로 모여들었다. 80)

인디애나폴리스의 공립학교는 초기부터 흑인 사회는 흑인 교사들을 고용할 것을 고집했다. 1902년에는 585명의 초등학교 교사들 중 58명이 흑인이었고 그들은 모두 ‘유색 학교’(흑인 학교)로 배치되었다. 1897년에는 흑인 주 의원이 인종에 따른 모든 차별을 폐지하는 의안을 제출했지만, 인디애나폴리스의 교사 30명은 이것을 반대하는 청원서에 서명하였다. 그들은 “만약 이 의안이 법이 된다면 이것은 미 전국의 모든 흑인들에게 치명적인 결과를 가져올 것이다. 이것은 우리뿐만 아니라 남녀를 막론하고 모든 흑인들의 삶의 많은 권리를 빼앗을 것이다. 그리고 이제 이것은 흑인 남성과 여성들이 공립학교에 영예롭게 고용되기 위한 노력의 기회를 박탈할 것이다”라고 주장하였다. 워싱턴 D.C.의 많은 흑인 교사들은 도시 학교들의 통합에 대해서 이 같은 두려움을 가지고 있었다. 81)

이러한 취업에 대한 교사들의 걱정이 근거 없는 것이 아니라는 것

---

80) Thornbrough, “The Negro in Indiana”, 318, 321~323.
81) 같은 책, 333~334, 337~338; Green, *Secret City*, 102, 110, 134~136; Hose, “Schoolhouse”, 259~270.

은 뉴욕시의 경험에서 잘 나타난다. 1873년에 강제적 흑인 분리정책이 중단된 뒤 22년 동안 뉴욕 교육청에 취업된 흑인 교사는 단 1명도 없었다. 이론상으로는 통합된 학교에 흑인과 백인 교사 모두가 일하는 것이 바람직했고, 미 북부의 많은 흑인 지도자들이 모든 종류의 분리 차별에 맞서 싸웠다. 그러나 종종 분리 차별의 철폐는 단순히 흑인 교사들의 해고를 의미했다. 실제로 이민관리국이 1908년에 30개 도시에 대해 흑인 교사 수를 조사했을 때, 한두 곳의 예외 지역을 제외하고는 상당한 수의 흑인 교사가 채용된 도시들은 거의 합법적으로든 임의로든 인종분리학교 제도가 실행되는 지역들이었다. 1천 명 이상의 흑인 학생을 보유한 도시들이 포함된 〈표 4〉를 보면, 1908년에 흑인 교사들은 분리학교 제도가 있는 도시에서 교사로 고용될 확률이 매우 높은 것으로 나타났다. 82)

흑인들이 백인 사회에 진출하는 데는 한계가 있었기 때문에, 그리고 흑인 사회의 빈곤 때문에 흑인 중산층이 취업하는 데에는 많은 어려움이 있었다. 교직은 신망을 얻는 직업에 속했고, 종종 교육수준이 높은 흑인 남성과 여성들이 지원하는 직업이었다. 워싱턴 D. C. 전체 흑인 학교에서는 교직 한 자리를 놓고 10여 명이 지원하곤 했으며, 고등학교 교직에는 흑인 지식계급이 모여들었다. 많은 도시에 흑인 교사를 양성하기 위한 별도의 교원 양성기관이 세워졌고, 북부지역에서는 명문대학을 나온 상당수의 흑인들이 흑인 고등학교에서 교사로 일했다. 초·중등학교 교실에서 이 흑인 교사들은

---

82) Dixon, "Education of the Negro in New York", 62; U. S. Immigration Commission, *Children of Immigrants*, I, 8~13, 129~133.

<표 4> 1908년 샘플 지역 내
흑인 유치원·초등학교 흑인 교사 및 학생 수

도시명	흑인 교사 (명)	흑인 학생 (명)
볼티모어*	285	8,014
세인트루이스*	136	4,057
필라델피아*	99	7,284
뉴올리언스*	73	5,028
캔자스시티*	55	2,351
뉴욕	43	6,542
시카고	16	3,806
신시내티	12	2,085
뉴어크	8	1,193
보스턴	3	1,456
로스앤젤레스	0	1,059
피츠버그	0	2,792

* 표시는 인종분리학교 제도 시행 도시.
출처: U. S. Immigration Commission, *Children of Immigrants*, I, 8~13, 129~133.

적어도 야망이 있는 흑인 학생에게는 성공의 사다리가 존재한다는
살아 있는 증거가 되어 학생들에게는 중요한 롤모델을 제시했다. [83]
  흑인 교사들은 교실 안에서뿐만 아니라 흑인 사회 전반에 긍정적
인 영향력을 미쳤다. 신시내티에서 1850년에서부터 1887년 사이에
실시된 흑인 학교의 역할과 기능에 대한 한 연구에서 데이비드 칼킨
스(David Calkins)는 신시내티의 인종분리학교 제도가 흑인 사회 전
체에 정치적 권력과 더불어 사회적, 경제적 발전을 가져왔다고 평가
했다. 흑인 학교가 생기기 전에는 신시내티의 흑인들은 거의 모두

---

[83] Meier and Rudwick, "Early boycotts of segregated schools: East
Orange"; Parks, *Learning Tree*, ch. viii; Green, *Secret City*, 131;
Terrell, "High school for Negroes in Washington".

비숙련 노동자이거나 허드렛일을 하는 하인으로, 매우 평면적인 직업구조를 가지고 있었다. 목사를 제외하면 지도자의 자리에 설 만한 사람이 거의 없었고 그나마 목사들도 생계는 부업(second job)으로 유지해야 했다. 그러나 교사와 학교행정직에 흑인들이 고용되면서부터 흑인들에게 새로운 취업 기회와 새로운 수준의 수입과 명성을 가져다주는 직업으로의 문이 열리게 된 것이다. 예를 들면, 흑인 학교의 첫 37년 동안 흑인 교사들은 43만 7천 달러를 벌었다. 1866년 개교한 흑인 학교인 게인스 고등학교(Gaines High school)는 교사 교육과 그 이후의 교육에 대한 준비를 제공했으며 신시내티시의 흑인들을 위한 중산층 지도자를 기르는 데 일조하였다. 흑인 교육가들은 많은 자선단체의 구심점을 제공함과 동시에 백인들이 흑인에 대해 가지고 있던 고정관념을 바꾸는 데 도움이 되는 사회적 계층이동을 자극하는 역할을 담당했다. 또한 칼킨스가 관찰한 것처럼 흑인 학교는 야심찬 흑인들에게 정계에 입문하는 수단이 되었다. 모든 선거권을 쟁취하게 된 1870년으로부터 약 20년 전에 이미 흑인들은 그들의 학교 이사회를 선출할 수 있었기 때문이다. 이런 활동을 통해서 흑인들은 참정권 부여와 함께 매우 중요해진 정치적 기술을 익혔고 권력을 행사하게 되었다. 1874년에 흑인 학교를 담당하는 교육위원회가 폐지되면서 그들은 후원과 자신의 영향력을 모두 잃었고, 1887년에 합법적인 인종분리제도가 폐지되었을 때, 아직도 흑인 학생만 받는 '분교'라는 형식으로 남아 있기는 했지만, 공식적인 '흑인 학교'는 사라졌다.[84]

---

84) Calkins, "Black education: Cincinnati, 1850~1887", 5~11.

그러나 대다수 도시의 흑인들은 1874년 이전에 신시내티의 흑인들이 가졌던 식의 정치적 권력을 누리지 못했다. 한 예로, 뉴욕의 흑인 학교들은 1853년 '흑인 무상학교'가 뉴욕주 교육위원회로 양도되기 전까지 백인 자선사업가에 의해서 운영되었다. 1857년 흑인 지도자들은 주 정부 조사위원회에 인종분리학교(흑인 학교)의 비참한 상황에 대해 보고했다. 그들은 인구에 비례하여 학교에 다니는 흑인이 백인보다 25% 더 많았음에도 불구하고, 주 교육위원회가 학교부지와 건물용 예산으로 흑인 학생 1명당 1센트를, 백인 학생 1명당 16달러를 승인해 주었음을 고발했다. 그 결과는 흑인 학교의 학교 건물을 보면 확연히 드러났다. 학교는 "어둡고 쓸쓸하였고", "오염과 부패에 찌든" 환경에 자리하였으며, 어떤 학교의 지하실은 4피트 정도까지 물이 차 있을 정도였다. 반면에 백인 학교들은 "밝고 궁궐 같은 건물에 편안함과 우아함을 갖춘 편의시설"이 있었다. 그들에 의하면 그것은 "백인 학생들은 궁전에서, 흑인 학생들은 헛간에서 교육하는 값비싼 불평등"이었다. 해결책은 인종통합학교를 만들든지, 흑인들을 위한 새로운 학교를 짓는 것뿐이었다. [85]

다른 도시에서와 마찬가지로 뉴욕의 흑인 교사들은 학교가 통합되고 나면 자신들은 해고될 것이라는 것을 알고 있었다. 비록 그들은 백인 교사들보다 100달러 정도 낮은 월급을 받고 감독관의 불공평한 평가에 폄하되어 진퇴양난이었지만 그들에게는 대안이 없었다. 지방 행정체제하에서 흑인들은 선거권이 있음에도 불구하고 도

---

85) Aptheker, ed., *History of the Negro People*, 399~401; Thurston, "Ethiopia unshackled: Education of Negro children in New York", 219 ~220.

시 이곳저곳에 흩어져 살고 있는 데다가 그 수도 적어서 큰 힘을 모으기가 힘들었기 때문에 실질적으로 정치적인 힘은 없었다. 실제로 1866년 지역 교육위원회는 흑인 학교를 얼마나 무시했는지, 10개의 건물을 하나의 중앙 교육위원회에서 관리했는데, 이 같은 현상은 지역 교육위원회가 최고의 권력을 행사하던 피츠버그에서도 찾아볼 수 있었다. 특히 1869년 수정헌법 제 14조 비준 이후, 뉴욕시는 새로운 흑인 학교를 짓고 오래된 건물은 개조하였다. 새로운 교육법 개정으로 인해 흑인 학생들이 백인 학교에 다닐 수 있었던 1873년 이후에는 1863년에 858명이던 '흑인 학교'의 학생 수가 1880년에는 겨우 571명으로 줄어들었다. 흑인 교사들은 은퇴하거나 필라델피아, 브루클린, 워싱턴의 흑인 학교로 전근하거나 해고당했다. 교육위원회가 1880년대에 들어 인종분리학교가 비경제적이라는 이유로 폐지하고자 한 의도가 밝혀진 뒤, 흑인 사회에서는 흑인 교사의 취업 문제와 연관하여 맹렬한 토론이 진행되기도 하였다. 1883년 한 흑인 교장과 그녀의 친구들은 함께 17번가에 있는 자신의 학교에 학생을 모집하려고 무료 점심과 통학 수단 지원을 내걸며 노력했다. 그러나 그런 노력은 실패했고 그로버 클리블랜드(Grover Cleveland) 주지사가 인종분리 차별정책에 대한 반대의견을 피력한 대로, 1884년에 뉴욕주는 마지막 흑인 학교를 폐교하기로 결정하였다. 마지막 순간, 몇몇 흑인들이 주 의회에 항의하여 백인 학생들에게도 학교를 개방한다는 조건으로 2개의 흑인 학교를 살려 냈다. 한 번의 법적공방 실패 이후, 1895년이 돼서야 수지 프레이저(Susie Frazier) 라는 흑인 교사가 도시에서 백인 교사진들과 함께 가르칠 수 있게 되었다. 86)

워싱턴 D. C. 의 공공연한 이중체제는 흑인 도심 공립교육의 지배 구조에 관한 또 다른 형태를 보여 주었다. 1862년, 흑인 공립학교가 처음으로 문을 열자 내무부는 위원 3명으로 이루어진 흑인 공립학교를 위한 교육위원회를 임명했는데, 그 이유는 백인 학교를 감독하던 교육위원회가 의무를 회피했기 때문이다. 비록 첫 번째 위원회는 모두 백인이었지만, 1869년에 와서는 위원 3명 중 2명이 흑인이었다. 그해에 연방 의회에서 흑인 학교 교육위원회의 모든 권한을 백인 학교 교육위원회에 넘기는 의안을 제출하자 흑인 사회는 이에 반발하였는데, 이 같은 법으로 인해 흑인 교육이 "다시 한 번 거부될 수 있는 상황에 놓일 우려가 있고, 아니면 지역 정치가 종신보장해 주는 자리를 지키고 있는 사람들에 의해, 또 게다가 당연한 사회적 편견에 의해 무지하고 무관심하게 운영될 수도 있기" 때문이었다. 그들은 이러한 변화가 흑인 사회를 "힘이 없는 상황에서 정치적인 적개심"에 노출시킬 것이라고 말했다. 앤드류 존슨(Andrew Johnson) 대통령은 그 의안에 거부권을 행사하였다. 1873년 연방 의회는 또 하나의 의안을 통과시켰는데, 이를 통해 흑인 학교 교육위원회 위원을 9명으로 늘리고 워싱턴 D. C. 시장이 임명하도록 했다. 그 결과 모두 흑인 교육위원을 임명했다. 이듬해에는 연방 의회가 두 종류의 학교를 모두 감독하는 공통의 교육위원회를 만들었다. 위원회의 규모와 위원 선정방식이 달라지긴 했지만, 사회 전반에 깔린 '신사협정', 즉 흑인들은 과반수 이하여야 한다는 규칙에 따라 19명 중 5명

---

86) Thurston, "Ethiopia unshackled: Education of Negro children in New York", 220~222; Dixon, "Education of the Negro in New York", 63~65, 67~68.

이 흑인으로 구성되었다. 반면에 1868년에서부터 1900년까지 흑인 학교 교육감은 흑인이었고 백인 교육감과 동등한 권한을 가졌다. 그렇지만 최종 결정권은 교육위원회에서 과반수를 차지하던 백인들이 가지고 있었으므로, 혹자는 교육위원으로 임명된 흑인들을 비굴하게 그 지위를 얻었다고 폄하하기도 했다. 그러나 이러한 제도는 적어도 흑인들에게 긍정적인 영향력과 좋은 직장을 제공했다(1901년에 마지막 백인 교사가 흑인 학교를 그만두었다). 이러한 이중제도를 가지고 있던 다른 지역은 보다시피 1940년이 되서야 통합된 중앙 교육위원회를 설립하게 되었다. 87)

세인트루이스에서는 흑인들의 정치적 세력이 크지 않았음에도 불구하고 교육에 관련한 영향력을 행사할 수 있었다. 1865년 주 헌법에 의하면 세인트루이스시는 흑인에게 교육을 제공해야 할 의무가 있었다. 1866년 세인트루이스의 백인 교육위원회는 흑인 학교 제도에 관한 책임을 넘겨받았다. 중앙 교육위위원회 위원이던 극우당 사람들은 흑인들이 세금을 내는 시민이라는 점과 법과 여론이 교육을 "흑인을 포함한 모두를 위한 공의"로 인정한다는 점을 들어, 흑인 학생들을 위한 학교를 건설할 것을 희망했다. 그러나 민주당은 "흑인 교육을 위한 사치스러운 학교 건물"에 대한 제안을 조롱하면서 만약 극우당에게 "깜둥이와 섞이고 싶다면 그렇게 하라. 단, 백인들에게 손해는 입히지 말아야 한다"고 말했다. 1866년 선거에서 민주당은 모든 적법한 교육 관련 부서의 자리를 포함한 대부분의 공직을 휩쓸

---

87) Goodwin, "Schools for the colored population, district of Columbia", 261; Dabney, *Schools for Negroes, District of Columbia*, 199~205, 216; Green, *Secret City*, 135.

었다. 비록 교육위원회에 소수의 극우당 당원이 남아 있기는 했지만, 그들은 사회적 여론이 흑인을 억압하는 쪽으로 기울어 있음을 깨달았다. 88)

　흑인 사회의 반대자들은 사치를 두려워할 이유가 없었다. 교육위원회는 흑인 학교를 위한 건물을 빌려줄 건물주를 찾기 위해 세 달 동안이나 헛수고를 했다. 수년간 흑인 학생들은 낡아서 버려진, 다 쓰러져 가는 백인 학교 건물의 축축한 지하 교실에서 공부하였다. 이러한 처사에 대해 좌절감을 느끼고, 흑인을 위한 바람직한 교육이 절실하다고 생각한 흑인들은 1868년 자신들의 소유를 털어 흑인 학교를 세웠다. 교사와 목사들로 구성된 흑인교육연맹(Colored Educational Association) 같은 단체의 지속적인 압력을 통해서 마침내 흑인들은 교육위원회가 흑인 교육을 정상화할 것을 설득했다. 흑인들은 당시 교육감에서부터 이사회 위원들까지 그들의 자비심에 호소했는데, 자비심은 평등을 대신하기에는 적절하지 않은 대용품이었다. 89)

　다른 대도시의 단체들과 마찬가지로 세인트루이스의 흑인 시민들 역시 눈에 보이는 상징적인 승리를 원했다. 1875년, 극우당이 발간하는 신문조차 인권운동을 통한 인종분리 차별 철폐운동에 대한 회의를 나타냈는데, 그 이유는 "인종통합은 많은 화를 불러일으킬 것

---

88) Gersman, "Separate but equal: St. Louis", 6; G. L. Mann, "Education for Negroes in Saint Louis", ch. iv; Troen, "Education and the Negro: St, Louis", 2~6.

89) Gersman, "Separate but equal: St. Louis", 6; Troen, "Education and the Negro: St. Louis", 2~6.

이고 흑인 학생들과 학부모의 교만을 만족시키는 것밖에 되지 않기 때문"이었다. 이러한 백인 친구들의 반응을 보면, 흑인들이 곧 분리 차별될 것이 분명하였다. 때문에 그들은 당연하게도 평등의 문제에 집중할 수밖에 없었다. 1874년을 시작으로 흑인들은 흑인 학교에 흑인 교사를 유치하기 위해 노력했다. 1877년에는 백인 교사들이 "그릇되고 불쾌한 생각"을 가지고 있으며 이로 인해 수업에 폐해가 크다고 로비활동을 벌였다. 이와 대조적으로 흑인 교사들은 흑인 사회를 잘 알았고 "학생들이 무엇을 원하고 그것을 어떻게 만족시킬 수 있는지" 잘 이해했으며, 학생들에게 "좋은 관계와 본보기"를 보여줌으로써 흑인 학생들의 시야를 넓히는 역할을 할 것이라고 주장했다. 흑인 가구들은 흑인 교사의 채용 건의를 반기며 안건 채택을 위한 투표에 참여했다. 흑인 교사가 임용된 이후 처음 3년간 흑인 학생의 등록률은 1878년에는 35%, 1879년에는 20%, 그리고 1880년에는 27% 증가했다. [90]

취업과 학교 건물의 보장도 필수적이었지만 흑인들의 자부심은 흑인 학교의 이름을 정하는 일이 지연되어 몇 년간 이름 대신 번호로 불릴 정도로 열정적이었다. 1878년 흑인교육연맹은 교육위원회에 흑인 학교의 이름을 투생 루베르튀르(Toussaint L'Ouverture), 알렉산드르 뒤마(Alexandre Dumas), 그리고 크리스퍼스 애턱스(Crispus Attucks) 같은 저명한 흑인 지도자들의 이름을 따서 짓자고 건의하였다. 반면 교육위원회는 "흑인 인종을 위한 일에 일조한 백인들"의 이름을 따야 한다며 반대하였다. 그로부터 12년이 지난

---

90) Troen, "Education and the Negro: St. Louis", 12~14.

1890년, 교육위원회는 다시 한 번 백인 자선가들의 이름을 쓰자고 제안했지만 실패했고, 2달 후 흑인 단체의 요청을 받아들여 루베르튀르, 뒤마, 애턱스 등을 포함한 명단에 아이라 알드리지, 벤저민 베네커, 필리스 휘틀리[91]를 추가하여 승인하였다. 학교명과 관련하여 오랜 시간 투쟁한 흑인들은 자신들의 역사뿐만 아니라 백인들의 역사에 대해서도 많은 것을 배웠을 것이 틀림없다.[92]

등록 학생 수가 상당함과 그들의 지식수준으로 알 수 있듯이, 세인트루이스를 비롯한 북부지역 흑인들의 교육에 대한 믿음은 19세기 내내 계속되었다. 1890년 세인트루이스에서는 인구 대비 공립학교 학생 수가 흑인은 18.7%, 백인은 12.9%로, 더 많은 흑인들이 공립학교에 다녔다(아마도 사립학교와 가톨릭학교에 다니는 학생 수와 흑인과 백인의 성인 대 어린이 비율이 다른 것이 이 차이를 어느 정도 설명할 수 있을 것이다). 뒤부아(W. E. B. DuBois)에 따르면 1897년 필라델피아 내 흑인 제7구역의 6~13세 흑인 아이들 중 85%가 적어도 그해 학교를 다닌 적이 있는 것으로 나타났다. 10~20세 흑인 청소년들의 문맹률도 고작 4%에 불과했다.[93]

---

91) 〔옮긴이주〕아이라 알드리지(Ira Frederick Aldridge, 1807~1867)는 미국 출신의 배우로 주로 런던에서 활동하였으며, 영국 셰익스피어 기념극장의 브론즈 훈장을 받은 33명의 배우 중 유일한 흑인이었다. 벤저민 베네커 (Benjamin Banneker, 1731~1806)는 수학자이자 천문학자, 시계제조자, 출판업자였으며, 필리스 휘틀리(Phillis Wheatley, 1753~1784)는 미국 흑인 문학을 개척한 미국 최초의 흑인 시인이다.

92) 같은 책, 11; Gersman, "Separate but Equal: St. Louis", 18~19.

93) Gersman, "Separate but equal: St. Louis", 28; DuBois, *Philadelphia Negro*, 89~90.

당시 통계를 보면 뒤처진 남부 시골지방을 제외하고는 전국적으로 엄청난 발전을 보였다. 1870년에는 5~19세 사이의 흑인 아이들 중 고작 9.9%가 학교에 다녔으나, 1900년에 들어서는 31%로 급증하였다. 1870년 정도에 태어나 1940년 현재 생존한 비 백인 남성의 평균 교육기간은 고작 2.8년에 불과했으나, 그 이후인 1890년에 태어난 이들은 평균 5년 동안 학교를 다녔다. 흑인 문맹률은 1870년의 80%에서 1900년에는 44.5%로 감소하였다. 94)

그렇다면 더 좋은 교육의 결과는 무엇이었는가? 흑인들은 단지 우리가 졸업식 연설에서나 흔히 들을 수 있는 '교육 그 자체로의' 가치를 누리는 것에 만족해야만 하는 것인가? 뉴욕 흑인 무상학교의 한 교사는 1830년에 "지식 습득이 즐겁고 기쁘고 고상한 일이라고들 생각하면서 흑인 학부모들이 교육을 지식 습득 자체로만 만족하는 것은 놀라울 따름이다. 하지만 이런 관념적인 시각이 우리 학생들에 대한 우리의 마음을 만족시키기에 충분한가?"라고 의문을 던졌다. 1819년 어느 졸업식에서 한 흑인 청소년이 이에 대해 답했다. "나를 평등하기는커녕 열등하게 여기는 이 나라에서 왜 나는 한 사람의 인간으로서 모든 요건을 갖추기 위하여 그렇게 노력해야 하는가?" 교육의 끝에는 무엇이 있는가? "내가 기계공이 된다면, 백인들은 나를 상사로 여기지 않을 것이다. 내가 상인이 된다면 아무도 나를 사무실에 고용하지 않을 것이다. 백인 판매원들이 나를 상대하려 하지 않을 것이기 때문이다. 결국 고된 노동과 노예와 같은 삶이 나의 운명이 될 가망성이 높다. 내가 이렇게 낙담하는 것에 놀랄 수 있는

---

94) U. S. Bureau of the Census, *Historical Statistics*, 213~214.

가?" 거의 한 세기 후, 뉴욕의 유일한 흑인 교장이던 윌리엄 버클리
(William L. Bulkley) 박사는 한 기자에게 "내 일에서 가장 슬픈 일은
흑인 학생들에게 적합한 고용의 경로가 매우 좁다는 것이다"라고 고
백했다. 흑인은 "어떤 일을 하든지 소년으로 시작해서 소년으로 끝
난다는 것이 노골적인 현실"일 때, 무엇으로 흑인 청소년들을 계속
학교에 다니라고 설득할 수 있었겠는가? 뒤부아는 필라델피아 제7
구역 흑인 노동자의 79%가 단순 노동직이나 하인으로 고용되었다
고 밝혔다. 전해에 비해 숙련 기술자의 수가 감소하였으며 "교육받
은 전문가"로 구분된 61명 중 22명은 성직자였고 17명은 학생이었
다. 레이퍼드 로건(Rayford Logan)이 "흑인의 반란"으로 묘사한 기
간 동안에는 많은 도시들에서 취업 상황이 악화되었다. 세인트루이
스 학교 보고서에 따르면, 1880년과 1890년 사이에 비숙련 노동자
로 분류된 흑인 학부모는 62.5%에서 75.1%로 늘어났고, 숙련 기
술자는 255명에서 171명으로, 기계기술자는 145명에서 94명으로,
그리고 상인은 19명에서 6명으로 감소하였다. 95)

19세기 말 뉴저지주 이스트오렌지(East Orange)에서의 일화를
통해 우리는 권력의 '계급화' 가능성을 확인할 수 있었다. 그와 같은
계급화 가능성은 수많은 법적 소송을 통해 교육위원회와 교육행정
가들에게 제공되기도 했고, 인종차별을 교묘한 과학적 방법을 사용
하여 진행함으로써 교육 담당자들이 그 계급화 가능성을 믿게 되기
도 했다. 1899년 뉴어크(Newark) 외곽 지역의 어느 교육감은 교육

---

95) Andrews, *New York African Free-Schools*, 120, 132; Baker, *Following
the Color Line*, 39; DuBois, *Philadelphia Negro*, 100, 126; Gersman,
"Separate but equal: St. Louis", 16.

위원회에게 "하층에 속한 유색인종 학생들"을 위한 "무학년제 학급"을 실험적으로 운영해 보라고 설득하였다. 흑인 지도자들은 "이 '실험'은 완벽한 인종분리학교 제도를 만들기 위한 뻔뻔한 발상임이 틀림없다"며 분노했다. 분노에 가득 찬 농성과 보이콧에도 불구하고 짐 크로우(Jim Crow)는 이와 같은 학급을 계속 운영하였다. 진보적 성향을 공언한 교육위원의 주장에 따르면, 백인 학부모와 교사들은 흑인들을 "다른 성질을 가진 특별한 존재"로 느끼게 되었다고 한다. 무학년제 학급에 백인 학생이 1명도 없는 이유를 묻자 한 교장은 학교에 하층에 속한 백인 학생은 없다고 대답했다. 그 이후인 1914년 미국 북부지역의 어느 저명한 교육 전문가가 작성한 "주 정부의 이상적 교육법"을 보면, 공교육이 미국을 통합하는 기능을 담당한다고 찬사를 아끼지 않으면서도 "결함이 있고, 태만하고, 또는 … 깜둥이"인 사람들을 위한 분리학교를 세울 수 있다는 주장을 하였다. 이와 같은 주장은 전에 있었던 실험 결과로 인한 것임을 알 수 있다. 전혀 놀랍지 않은 사실은 앨라배마주 교육감이 그 교육 전문가에게 그 이듬해에 남부로 내려와서 주 교육법을 개정해 달라고 요청했다는 것이다. 96)

19세기에 공평한 교육 권리를 향한 미국 흑인들의 투쟁은 외롭고 불평등한 것이었고, 그 결과 자체는 인상적이었지만 사회 전반의 흑인의 지위 변화에 미치는 영향력은 미미했다. 미국 남부의 유지들과 백인 자선사업가 둘 중 어느 부류를 상대하든지, 뒤틀린 법체계 또

---

96) Meier and Rudwick, "Early boycotts of segregated schools: East Orange", 24, 26; Cubberley, *State and Country Educational Reorganization*, 4; J. B. Sears and Henderson, *Cubberley*.

는 제도화된 인종차별 중 어느 것에 맞서 싸우든지 간에, 그들은 반드시 신중해야 한다는 것을 배웠다. 그들은 학생들이 더 나은 교육을 받고 그들의 지위를 개선하기를 바랐다. 이와 관련된 주제들은 전략과 책략, 그리고 통합과 분리에 관한 논쟁의 기초가 되었다. 그리고 도시의 학교교육과 관련된 보다 심각한 갈등 속에서 이러한 주제는 계속 이어졌다.

제 4 장

중앙집권 모형과 기업 방식 모형

1890~1940년 도시학교 통제를 위한 경쟁

책무성(*accountability*)에 대해 논하고, 관료적 형식주의를 타파해야 하며, 교육개혁을 추진하기 위해 연합체를 조직해야 한다고 주장하고, 미국사회의 계급과 권력 문제의 실체를 직시할 필요성에 대해 이야기한 사람들이 있었다. '그들은' 주로 대학 관계자들과 학교 경영자들, 재계 지도자나 전문 엘리트들로 구성된 일련의 사람들이었다. 20세기로 접어들면서 그들은 도시교육을 통제하는 방법을 근본적으로 전환하는 계획을 수립하였는데, 그것은 바로 '성공한 소수의 사람들'로 구성된 소위원회에 정치적 권한을 부여하고 그 위원회가 교육을 통제하는 계획이었다. 그들은 현대적인 기업 이사회가 사용하는 의사결정 방식을 도입하고자 한 것이다. 그들은 학교 관리에 관한 거의 모든 권한을 전문성을 갖춘 교육감과 그 직원들에게 위임함으로써 도시화, 산업화되는 새로운 사회경제적 변화 속에서 학교도 새롭게 변화할 방안을 마련했다. 그들은 시대착오적이고 무능하고 부패할 가능성이 있는 오래된 의사결정 방식과 학교교육과 관련된 정치행태를 거부했다. 이들 중에는 효과적인 정치개혁을 위해서는 "일상적인 투표권에 제한을 두어야" 한다고 주장한 이도 있었고, "모두가 동등해야 한다는 과도한 민주성"을 비웃으면서 학교교육도 사회적 계층화와 보조를 맞출 필요가 있음을 강조한 이도 있었다. 1)

이미 살펴보았듯이 19세기 동안 도시학교 교사들, 그들과 함께한 일반 단체들은 자신들의 전성기라 할 수 있는 1890년에서 1920년 사이의 중앙집권화 운동이 구체적 형태를 갖추는 데 필요한 전략들에 관심을 기울이기 시작했다. 1870년대부터 필브릭과 같은 개혁가들과 귀족 사업가인 찰스 프랜시스 애덤스(Charles Francis Adams)는 소규모의 '비정치적' 교육위원회를 설치해야 한다고 주장했다. 그리고 학교행정에 관한 실제 권한은 전문가들에게 위임해야 한다고도 주장했다. 그러나 1890년대까지도 대부분의 대도시 교육위원회는 그 규모가 큰 편이었으며, 지역사회의 기초자치위원회는 여전히 강력한 권한을 갖고 있었다. 비전문가에 의한 총체적 관리 모형은 산만하고 때로는 자기모순적이어서 갈등의 소지가 많았다. 기초자치단체 체제를 옹호한 사람들은 학교에 대한 일반 사람들의 관심과 학교와 관련된 정치적 활동에 많은 사람들이 참여하는 것이 더 건전할 뿐만 아니라 꼭 필요한 요소라고 주장하였다. 반면 대도시의 중앙집권주의자들은 분권화에 부패와 파벌주의, 그리고 구식 시골 정서의 흔적이 보인다고 비판했다. 새로운 세기가 도래하는 시점에 도시의 학교교육에서 사회적 효율성과 통제의 집중화를 추구한 사

---

1) Draper, "Plans of organization", 1.

람들, 즉 '행정 개혁주의자'로 불리는 이 사람들은 적어도 의사결정 과정과 구조에서 근본적인 변화를 추구했다. 이들이 지닌 사회적 관점은 국제적 성향(cosmopolitan)을 지닌 듯하면서도 가부장적인 성격도 있고, 전문성과 합리적 효율성을 추구한다는 점에서 스스로를 '현대적'이라고 인식하지만 경우에 따라서는 표현상으로 복음주의적 성격도 지닌다. 2)

조셉 크로닌(Joseph Cronin)과 그의 동료들이 제시한 바와 같이, 행정 개혁주의자들은 도시학교의 조직구조를 정밀하게 설계함으로써 이후의 도시학교에서 조직을 중앙집권적인 방식으로 만드는 데 기여했다는 점에서 큰 성공을 거두었다. 1893년에 인구 10만 명 이상의 28개 도시 교육위원회 위원은 603명이었다. 이는 평균적으로 도시마다 21.5명의 교육위원으로 구성된 교육위원회가 존재함을 의미했다. 여기에 대도시에는 수백 명의 기초자치구 위원들도 있었다. 1913년이 되자 도시 교육위원회가 평균 10.2명으로 줄어들어 총 264명만 남았다. 기초자치구 위원회는 모두 사라졌고, 도시 교육위원들은 대선거구제 방식으로 선출되었다. 1923년까지 교육위원회의 규모는 계속해서 줄어들어 평균 7명의 위원들이 하나의 교육위원회를 구성하게 되었다. 도시 교육위원회에 대한 대규모 조사와 함께 특정 도시의 중앙집권화 사례 연구를 통해 알 수 있는 것은 교육위원회가 점차 중앙집권화되면서 그 규모가 줄어들자, 주로 재계 인사나 전문가들로 구성되었다는 점이다. 3)

---

2) Draper, *Crucial Test*, 4~5; Chamberlain, "City school superintendent", 401.

교육위원회의 규모와 그 위원의 사회적 계급 수준만큼 교육위원회가 사용한 의사결정 방식의 변화도 매우 중요했다. 교육위원회가 기업 이사회와 전문경영인이 함께 의사결정을 내리는 모형을 기준으로 삼은 것이다. 교육위원회 내의 행정 소위원회를 축소하거나 폐지하는 대신, 주로 교육감이 교육개혁안을 발의하고 안건을 상정할 수 있게 한 것이 가장 큰 변화였다. [4]

'행정 개혁주의'는 신원이 분명한 관계자들과 연합체가 함께한 운동이었고, 공통의 이데올로기와 강령을 갖고 있었으며, 도시교육과 관련된 실질적인 권력을 확보했다. 그들의 운동과 프로그램은 사무엘 헤이(Samuel P. Hay)가 해석한 일반 자치행정의 '진보주의' 개혁과 매우 유사했다. 뉴욕, 필라델피아, 세인트루이스, 샌프란시스코와 같은 도시들에서 확인된 중앙집권화 현상을 통해 알 수 있는 것은 '중하위층보다는 상위 계층'이 개혁안들을 더 지지했다는 것이다. 공중보건, 도시행정 또는 경찰 및 복지 업무 개혁 같이, 도시에서의 교육개혁은 교육현장에서 찾아볼 수 있는 고통, 타락, 무능함 같은 현상을 폭로하는 방식으로 시작된다. 그리고 뒤를 이어 시민과 전문가를 중심으로 동맹을 형성하여 교육구조 혁신안을 제안하고, '정치적 중립성'과 합리성을 바탕으로 교육구조를 재구조화하려는

3) Cronin, *Control of Urban Schools*, chs. iv~v; Morehart, *Legal Status*, 11; Morrison charts, *Legal Status*, ch. ii; Rollins, School Administration, 24~31; 도움이 될 만한 통계자료는 다음을 참조. Cubberley, *Public School Administration*, ch. viii; D. Mowry, "Milwaukee school system", 141~151; Moehlman, *Public Education in Detroit*, 173~180.

4) Douglass, *Status of the City Superintendent*; Theisen, *City Superintendent*.

움직임이 뒤따르게 된다. 대중적, 정치적 수사로서 '일반 국민'과 '정치가' 간의 경쟁관계를 말하고 있지만, 헤이가 보기에는 교육개혁가들은 "단순히 나쁜 사람을 선한 사람으로 대체하는 것이 아니라 의사결정자의 직업적, 계급적 기원을 변화시키고자 했다". 5)

이 시기 재계에서는 안정적이고 예측 가능하며 합리적인 사회조직을 요구함에 따라 '공적 부문'과 '사적 부문' 사이의 경계가 모호해졌다. 교육개혁가들은 학교를 유사 공기업으로 인식하고 '공적 통제'의 모형으로 기업 이사회를 모방하려고 했다. 반면 자유주의 기업가들은 공장 내에 미국화된 학급, 유치원, 주간 탁아소를 만들었고, 그들의 노동자를 위해 근무조건과 의료복지를 개선했으며, 노동에 대한 충성과 확실성에 도움을 주는 다양한 부가 수당을 제공했다. 공립학교 관리자들은 종종 '영향력 있는 주주'라 할 수 있는 재계 지도자들의 요구에 부응했는데, 그 요구는 특별히 직업교육과 시민의식 함양에 관한 것이었다. 클리블랜드 상공회의소 같이 사회복지에 열심이던 엘리트들은 새로운 학교들을 세우는 프로젝트를 진행했는데, 이는 공공보건을 개선하고 운동장과 방학 중 프로그램을 만들기 위함이었다. '개혁주의' 교육감은 개혁 속에서 자연스럽게 연합하는 기업가들을 발견했다. 그러나 학교를 변화시키기 위해 무엇보다도 필요한 것은 전문가들이 이를 이어받을 수 있도록 권한을 집중하는 일이었다. 6)

---

5) Hays, "Politics of reform", 159, 163; Cremin, *Transformation of the School*; Callahan, *Education and the Cult of Efficiency*; Kimball and McClellan, *Education and the New America*; Wiebe, "Social functions of public education"; Filene, "Obituary for 'the Progressive Movement'".

1. 손을 맞잡은 개혁집단과 그들의 청사진

사실에 직면할 때가 되었다. 찰스 W. 엘리엇(Charles W. Eliot) 총장은 1908년에 하버드 교사 협의회(Harvard Teacher Association)에서 다음과 같이 말했다. 우리 사회는 "분화되고 경계가 점점 모호해지고 있다. 그리고 그 사회적 경계가 개인에 의해 쉽게 사라지고 있지만, 그럼에도 불구하고 각 사회계층마다 나름의 교육적 특성과 요구가 분명히 존재한다". 자유로 인해 불평등이 생겨나고, 모든 학생들에게 미국 대통령이 되도록 교육하는 것은 어리석은 일로 여겨진다. 문명사회에는 우리가 아는 한 결코 변하지 않는 필수불가결한 4개의 계층이 존재한다. 첫째로, 소수의 상층부는 주로 관리자, 지도자, 안내자 역할을 담당하는 계급으로서 지식인, 발명가, 조직전문가, 관리자와 그 보좌관 등으로 이루어진다. 다음은 숙련 노동자로서, 생산 제조에 관한 응용 기술과 함께 그 수가 늘어나고 있다. 세 번째는 "상인들로서 구매, 판매, 유통업에 종사하는 계층"이다. 마지막은 "두터운 토대가 되는 계층으로서 가사, 농업, 광업, 채석업, 산림업에 종사하는 이들"이다. 학교는 하층민 가운데 재능을 가진 아이를 발견함으로써 사회계층 간 이동을 촉진하는 기능을 담당한다. 이와 같은 기능은 인류 발전의 한 동력이라 할 수도 있다. 반면에 학교는 각 계급이 추구하는 몇 가지 목적을 달성하기 위해 그 계급에게만 적합한 교육을 제공함으로써 사회를 재구조화하

---

6) Spring, *Education and the Corporate State*; Randall, "Progressivism"; Korman, *Industrialization*.

는 기능도 담당한다. 7)

　엘리엇 총장이 언급한 소수 '상위 계층' 안의 몇몇 핵심 집단들은 기업 방식에 따라 학교를 중앙집권적으로 통제하며, 도시의 학교교육을 사회적 효율성을 바탕으로 운영하고자 하는 운동에 가담했다. 교육개혁을 가장 소리 높여 부르짖은 사람들은 주로 대학 총장, 교육행정학과 교수, 개혁주의 성향의 일부 도시 교육감, 재계 인사, 변호사, 공교육협회와 시민단체와 같은 개혁집단의 엘리트들이었다. 엘리엇 총장은 "몇 안 되는 청렴하고 활동적인 사람들이 때때로 미국 입법부에서 훌륭한 법안을 만들어 내기도 한다"는 사실에 고무되었다. "1명의 지도자 아래 활동하던 세 사람은 매사추세츠주 의회에서 5인으로 구성된 보스턴 교육위원회 설립 법안을 통과시켰다. 그 지도자의 이름은 제임스 스토로우(James J. Storrow)다. 나는 그 그룹이 모두 하버드 출신이었다는 사실에 기쁘다." 엘리엇 총장에 따르면, 세인트루이스에서는 몇몇 시민들이 미주리주 의회에 가서 이전의 교육위원회를 폐지하고 개혁적인 법률을 제정하도록 했다. 클리블랜드 교육감을 잠깐 역임하고 뉴욕주 교육감이 된 앤드류 드레이퍼에 따르면, 변호사 3명과 기업가 1명이 오하이오주 의회에 압력을 넣어 그 도시의 교육에 대한 권한을 집중하는 법안을 통과시켰다. 8)

　드레이퍼는 "대도시의 행정을 담당할 강인하면서도 정직하고 경

---

7) C. W. Eliot, "Educational reform", 217, 219, 220.
8) C. W. Eliot, "School board reform", 3; Draper, "Plans of organization", 304~305; C. W. Eliot, "Educational reform", 222.

험이 풍부한 사람을 찾는 일이 점점 더 절박해질수록, 전폭적인 지지를 받으면서 그들을 확보하는 일은 점점 더 어려워진다는 점은 분명하다"고 보았다. 그러므로 국가를 위한 가장 좋은 생각은 도시를 통치하는 방식이 변해야 한다는 것이었다. 현재의 교육위원회와 교육 담당자들로는 도시의 교육개혁을 기대할 수 없다는 것이다. 그가 주장하기로는 "학교의 개혁은 외부로부터 시작되어야 한다. 그러면 학교의 반대가 있을지라도 더 성공할 가능성이 높다. 교육위원회는 더 많은 특권을 추구하고 교사들은 개혁안을 더 두려워하는 성향을 보인다. … 도시의 지도자 격인 지식인들은 계획안을 고안해 내야 하고, 대중은 그 계획에 따라야만 한다".[9]

"도시의 지도자 격인 지식인들", 다시 말해 도시의 각종 사회조직, 경제조직의 지도자들은 국가 전역에 걸쳐서 중앙집권화 운동에 앞장섰다. 대규모 조직들을 완벽하게 운영해 본 경험이 있는 그들은 전국적 수준의 단체에 속해 있으면서 특정한 사상적 기준(지역적이라기보다는 국제적 성격의)도 갖고 있었다. 자신의 직업에서 성공을 거둔 경험을 바탕으로 그들은 자신의 계급과 사적 기관에 유효한 것은 공공정책에도 유의미하다고 가정했다. 세기 변환기에 기업가와 전문가들은 세분화된 교육과 전문기술의 가치를 중시했다. 자수성가한 사람, 즉 "그 사람의 손을 통하면 어떤 것도 변화시킬 수 있고 무엇이든지 다 잘하는 사람"을 영웅시하던 경향은 사라졌다. 전문가들은 점차 대학으로 눈을 돌려 진리와 품위, 권위와 전문지식의

---

9) Draper, "Plans of organization", 299~300; Draper, "Common schools in the larger cities".

표준을 획득하는 데 노력을 기울였다. 교육 전문가들은 대기업이 혁신적인 의사결정을 통해 기업의 조직구조를 새롭게 발전시킨 것을 보고 감명을 받았다. 그들은 도시의 학교교육을 개선하는 일은 교육 권한을 교육위원회에 속한 '소수의 훌륭한 미국인의 손'에 넘겨주어야 실현 가능하다고 확신했다. 그 소수의 미국인들은 이미 자신의 사업체에서 성공한 자로서 그들의 훌륭한 역량이 증명되었기 때문이다. 학교는 그와 같은 개혁적 전문가들에게 맡겨야, 기업경영을 통해 획득한 조직운영의 장단점을 알고 그 과정에서 발생하는 각종 문제를 해결할 수 있는 방안들을 시행할 수 있다고 교육 전문가들은 생각했다. 10)

1912년 '개혁주의 전문가'로 대표되는 매사추세츠주 교육감 데이비드 슈네덴(David Snedden)과 컬럼비아대학 사범대 교육행정학과 교수인 사무엘 듀턴(Samuel Dutton)은 교육에서의 중앙집권화 현상을 분석하여 다음과 같은 결론을 내렸다. "현재의 조건하에서 우리의 도시를 구할 수 있는 길은 시민의 권리를 보호하고, 무지하고 무책임한 정치가로부터 도시행정을 분리하여 그 권한을 솔직하면서도 능력 있는 전문가의 손에 넘겨주는 법을 만들 수 있느냐 없느냐에 달려 있다." 드레이퍼와 같이 두 전문가들은 대도시의 유권자들을 멸시했다. 주 법이 보장한 정책으로는 잘못된 사람들로 인해 시민의 권리를 보호할 수 있는 권한이 약화되거나 무력화될 가능성이 있다고 염려했기 때문이다. 민주적 절차를 불신하던 집단에는 이와 같은

---

10) C. W. Eliot, "Educational reform", 218; Handlin, *Dewey's Challenge to Education*; C. W. Eliot, "School board reform", 3.

교육 전문가뿐만 아니라 다수의 귀족 출신 개혁가들과 보수적 성향의 사회과학자들이 속해 있었다. 이들은 교육행정뿐만 아니라 도시의 일반행정도 정치로부터 분리되어야 한다고 주장한 사람들이었다. 11)

멜빈 홀리(Melvin Holli)는 사회구조 개혁을 주장한 엘리트들의 기본적 가정과 그들이 주장한 각종 방안들의 특징을 연구했다. "도시행정의 지배구조를 개선하기 위한 첫 번째 움직임은 … 일단 교양 있는 상층 계급이 미국사회를 주도해야 한다는 믿음을 기본으로 한 다음, 하층 계급보다는 도시행정 전문가에 의해 행정이 이루어지게 하는 것이었다." 원래 귀족들이 도시를 운영해야 하지만, 대신에 교육받은 행정 전문가에게 도시행정을 맡기는 일이 더 수월하면서도 안정적이고 효율적이라고 본 것이다. 이 방식은 기업의 구조를 모델로 한다. 전 뉴욕 시장 아브람 휴잇(Abram Hewitt)은 1901년에 이렇게 주장했다. "무지한 사람에게 통제권을 주어서는 안 된다. 도시행정은 교육받은 전문가 중에서 선발된 사람이 맡아야 한다. 그들을 선발하는 방식도 보통선거를 통한 방식보다는 일정한 원칙에 따라야 한다." 학교 개혁에 활동적이었던 컬럼비아대학의 프랭크 굿나우(Frank Goodenow) 교수는 "뉴욕시가 1857년부터 쇠퇴하기 시작했는데, 그 이유는 외국에서 태어난 무지한 무산계급이 중산층을 대체했기" 때문이라고 주장했다. 굿나우 교수와 다른 학자들은 '보편적인 참정권은 필연적으로 비효율과 정부 혼란을 가져온다'고 생각하는 사람들이 많은 북미 도시 지역도 남부지역에서 흑인의 참정권

---

11) Dutton and Snedden, *Administration of Public Education*, 122~123.

을 박탈한 방법을 채택해야 한다고 주장하기도 했다. 1891년에 미국교원연합회의 주 정부 교육제도 위원회는 '막돼먹고 무식하고 버릇 나쁜 계급의 선거권을 제한하는' 안을 승인하였다. 이렇게 해야 모든 학생들이 강제적으로 받아야 하는 공교육이 시민의식으로 나아가는 통로가 될 수 있다고 생각한 것이다. 1909년에 엘우드 커벌리는 WASP 교육 전문가들이 가진 관점의 공통적인 특징들을 설명했다. 유럽 남동부에서 온 "새 이민자들은 문맹률이 높고, 온순하고, 독창성도 떨어지고, 앵글로색슨족이 말하는 정의감, 자유, 법, 질서, 공적 품위, 정부와 같은 개념이 거의 없는 사람들이다". 그러나 제임스 브라이스(James Bryce)는 사회구조를 개혁한다고 주장하는 사람들이 이민자의 선거권을 박탈해야 한다는 주장을 공개적으로 하지 않은 이유를 다음과 같이 들었다. "그런 사람들이 시민으로서 준수해야 할 의무를 다하는 데 적합하다고 생각하는 사람은 없었다. 그리고 일정 기간 동안 학생의 신분을 유지하는 것이 위험할 것이라고 생각하는 사람도 없었다. 그러나 이들을 참정권에서 배제하여 증오를 자아내는 데 앞장설 정당도 없었다."12)

비록 귀족 출신 개혁주의자들과 엘리트 이론가들은 도시 행정을 정교하게 전문화하는 개혁운동에 일정 부분 성공하였지만, 도시에 거주하는 대다수 시민들에게 좀더 나은 서비스를 제공하고자 했던 경제학적 입장의 사회구조 개혁주의자들의 노력이 실패함으로써, 귀족 출신 개혁주의자들과 엘리트 이론가들이 이룬 성공적인 개혁

---

12) Holli, *Reform in Detroit*, 162; Hewitt, Goodenow, National Education Association Committee, and Bryce, 같은 책에서 인용, 178~179, 172~175; Cubberley, *Changing Conceptions of Education*, 15.

방안들이 오래가지 못하게 되었다. 그러나 교육계에서는 규정을 개정하여 소수의 유력 인사들을 중심으로 교육위원회를 구성하여 교육 전문가의 지시에 따라 '교육의 정치적 중립성'을 확보하는 과정은 도시행정의 그 어떤 부문보다 안정적인 패턴을 유지하게 되었다. 이와 같은 노력이 성공을 거둘 수 있었던 이유 중 하나는 대다수 교육 개혁가들이 학교 내부의 사회적 개혁뿐만 아니라 학교의 지배구조와 관련된 개혁에 헌신적인 노력을 기울였기 때문이다. 교육을 개혁하는 방식이 경제적이어야 하는 것이 중요했지만 학교가 기업 방식 모형을 따르는 데는 비용이 상당히 들었다. 13)

도시학교의 권한을 집중하기 위해 노력한 사람들이 구성한 네트워크의 가장 큰 장점은 오피니언 리더가 많이 읽는 대중매체와 잡지에 쉽게 기고할 수 있었을 뿐만 아니라 때에 따라서는 이 매체들을 통제할 수도 있었다는 점이다. 예를 들어 뉴욕의 기초자치 수준의 지역 교육위원회를 폐지하기 위한 논쟁에서 개혁가들은 〈하퍼스 위클리〉(Harper's Weekly), 〈전망〉(The Outlook), 〈비평〉(The Critic) 같은 정기 간행물에 기고할 뿐만 아니라 뉴욕 주요 신문들의 기사와 논설을 좌지우지하는 영향력을 가졌다. 그럼으로써 그들은 자신들이 주장하는 개혁안이 자명해 보이고, 개혁안에 반대하는 주장은 이기적이고도 오류투성이라는 식으로 규정할 수 있었다. 기초자치 수준의 풀뿌리 교육정치 속에는 부패 성향이나 그 지역의 습성이 배어 있다는 글과 함께, 학생의 특성에 따라 차별화된 교육과정을 운영하

---

13) Holli, *Reform in Detroit*, 178~181; D. F. White, "Education in the Turn-of-the-Century school".

기 위해서는 교육 전문가에게 전권을 부여하는 것이 합법적이라는 글이 실렸다. 중상층과 상류층에 유리하도록 교육위원 선출방법을 바꾼 이유는 좀더 나은 공직자를 선발하기 위한 수단이기 때문이라고 해석되기도 했다. '정치적 중립성을 지키는 학교'라는 슬로건은 반대론자들의 선거권을 효과적으로 박탈하는 데 사용될 수도 있었다. 교육개혁안에 반대하는 세력을 억제하기 위한 수단으로 '전문가'의 의견을 인용하기도 했다. 라이스와 아델 마리 쇼(Adele Marie Shaw), 그리고 다른 유명 잡지의 필자들과 같이 교육의 각종 문제를 폭로한 사람들은 대부분의 교육 문제가 학교 운영상의 부패 또는 전문가 부재에 기인한다고 보았다. 결국 교육 문제 해결을 위해서 주로 중앙집권을 강조하는 의견이 널리 인정받게 되었다. 14)

　대학 총장과 교육행정학과 교수들은 도시의 학교를 재구조화하기 위해 '전문가'들의 유용한 합의를 창출하는 데 기여했다. 하버드대학 찰스 W. 엘리엇 총장, 컬럼비아대학 니콜라스 머레이 버틀러(Nicholas Murray Butler) 총장, 시카고대학 윌리엄 레이니 하퍼(William Rainey Harper) 총장, 일리노이대학 앤드류 슬론 드레이퍼 총장은 교육개혁운동에서 국가적 수준의 명성을 얻은 사람들이다. 그들은 교육개혁 관련 단체들 앞에서 연설을 하고, 전국 단위의 정기간행물에 기고했으며, 많은 도시에서 정치적 전략을 주도하기도 하였다. 컬럼비아대학에서 교수로 재직 중일 때 버틀러 교수는 다른 엘리트들과 연합해서 그의 표현으로 '학교 전쟁'을 1896년에 일으켰

---

14) Hammack, "Centralization of New York city's public school system", 30 ~31.

는데, 이는 뉴욕시 지역 교육위원회를 폐지하기 위한 일이었다. 하퍼 총장은 시카고 교육위원회 의장이 된 후 1899년에 한 보고서를 발표했는데, 그것은 교육 중앙집권화 운동의 개론서가 되기도 했다. 보고서 집필에 도움을 준 사람들 명단에는 그 당시 가장 저명한 대학 총장들이 포함되어 있었다. 엘리엇 총장, 버틀러 총장, 드레이퍼 총장 외에도 스탠퍼드대학 데이비드 스타 조던(David Starr Jordan) 총장, 존스홉킨스대학 대니얼 길먼(Daniel Gilman) 총장, 코넬대학 J. G. 셔먼(J. G. Shurman) 총장이 있었다. 당시에는 총장이 도시 교육청 교육감이 되는 일이나, 반대로 도시 교육감이 대학 총장이 되는 일이 흔했다. 앤드류 드레이퍼는 클리블랜드 교육감을 그만두고 일리노이대학 총장이 되었다. 브라운대학 E. 벤저민 앤드류(E. Benjamin Andrew) 총장은 임기를 마친 후 시카고 교육감이 되기도 했다. 조시아 피카드(Josiah Pickard) 시카고 교육감은 임기를 마치고 아이오와대학 총장이 되었다. 존스홉킨스대학 길먼 총장은 뉴욕시 교육감의 유력한 후보였다. 버틀러 컬럼비아대학 총장은 길먼 총장이 '2∼3년간' 교육감직을 수행한다면 뉴욕의 교육제도를 완전히 개혁할 수 있을 것이라고 공언하기도 했다. 하퍼 총장, 길먼 총장, 그리고 하버드대학 애벗 로렌스 로웰(Abbot Lawrence Lowell) 총장은 각각 시카고, 볼티모어, 보스턴 교육위원회 위원이기도 했다. 엘리엇 총장, 버틀러 총장, 조던 총장 모두 미국교원연합회 회장을 역임하였으며, 드레이퍼 총장과 길먼 총장은 미국교원연합회 분과장을 맡았다. 엘리엇 총장은 브루클린의 교육감이 "모든 교육학 전공 교수들보다 교육 발전에 더 많은 기여를 했다고" 말할 정도였다. 15)

앞에서 언급한 대학 총장들은 대도시의 이상적인 교육감의 위상을 대학 내 자신들의 역학관계와 같은 방식으로 이해하였다. 버틀러 컬럼비아대학 총장은 뉴욕시의 게이너(Gaynor) 시장에게 교육위원회 위원에게는 보수를 제공해서는 안 되는 이유를 설명하면서, 컬럼비아대학 이사회를 예로 들었다. 또한 총장이나 교육감과 같이 보수를 받는 전문가는 지배권한이 있는 위원회의 보편적 감독만을 따라야 한다고 주장했다. 윌리엄 모우리(William Mowry) 교사는 교육위원회가 교육감을 감독하는 방식은 하버드대학 법인이 엘리엇 총장에게 하는 방식과 같아야 한다고 말했다. 시 교육감은 교육의 수장, 다시 말해 교육에 대한 지휘관으로서 자신의 정치적 수완을 펼칠 수 있는 범위 내에서 영향력을 행사해야 한다고 보았다. 1903년 교육위원회 보고서에서 영국의 알프레드 모슬리(Alfred Mosely) 연구원은 "미국의 교육방식에 따라 성장한 사람의 유형은 영국의 교육방식을 통해 발달한 사람의 유형과 완전히 달라 보였다"라고 적었다. 모슬리 연구원이 보기에, 버틀러 총장은 학자이면서도 철도회사 사장이나 회장에게 필요할 것 같은 독창성과 조직 장악력을 지니고 있는 것 같았다. 엘리엇 총장도 마찬가지로 대학교를 경영할 뿐만 아니라 '공공의 영역에도 진출하여' 자신의 역량을 발휘했고, 대기업과 노동계의 조정을 추구한 시민연합16)과 같은 조직을 움직

---

15) Butler, "Editorial", 201; Wesley, *NEA*, App. A; Maxwell, "Professor Hinsdale", 186~188.
16) [옮긴이주] 시카고 지역의 시민연합(Civic Federation)은 1893년 설립되었다. 처음에는 구제기관의 성격을 띠다가 점차 시카고시의 사회적, 정치적 문제, 예를 들면 정치부패 문제, 노사관계, 비효율적 공공행정과 같은 문제

이는 인사였다. 시카고의 기업가 하퍼는 "먹고살기 위해 돈을 좀 벌어 둔 후에" 시카고대학 총장이 되었다. 그런 교육자들은 막대한 부와 권력을 지닌 사람들과 함께하는 것이 편했으며, 그들과 협력해서 도시학교의 새로운 관리자들에게 더 많은 권한을 제공하는 방식으로 학교교육 구조를 변화시키는 일을 손쉽게 처리하였다. 17)

대학 총장들은 도시에서 교육감직을 수행하는 것이 어려운 일임을 인정하면서도 대학이 새로운 교육관리자, 곧 교육감의 역량을 키워 줄 기회라는 점도 인정하였다. 시카고대학 평의회에서 하퍼 총장은 윌리엄 맥스웰을 소개하면서 다음과 같이 선언하였다. "나는 다음 사항을 확신합니다. 미국 대통령 직무 다음으로 중요하고 어려운 것이 우리의 대도시에 소재한 학교를 경영하는 교육감의 일입니다." 벤틀러 총장은 시카고 상인회(Merchants' Club of Chicago)에서 "교육감은 박학다식함이 요구되는 직업이며, 너무 중대한 일이라 아무나 시카고 교육감이 될 수는 없다"고 말했다. 1898년 교육감이라는 '새로운 직업'에 대한 찬사에서 웨스턴리저브대학(Western Reserve University) 찰스 F. 트윙(Charles F. Thwing) 총장은 대학 총장이 교육감이 되는 추세에 대해 "현재 미국 교육의 대세는 민주적 통제에서 군주적 통제로 가버렸다"며, "왕은 대학에서 훈련받아야 했다"18)고 썼다.

개선을 위한 노력을 기울이는 단체로 발전하였다.

17) Butler and Gaynor, "Should New York have a paid board of education?" 204~210; W. Mowry, "Powers and duties of school superintendents", 49~50; Mosely Educational Commission, *Reports*.

18) Harper, McCaul, "Dewey's Chicago", 265에서 인용; Chicago Merchant's

교육감이 '박학다식함이 요구되는 직업'이 되는 데 기여한 또 다른 집단은 교육행정학과 교수들로서, 이들은 중앙집권화를 위해 손을 맞잡은 개혁운동가들 중 또 하나의 핵심 집단이었다. 교육행정학 전 공 교수들은 대학 총장들이 함께 어울린 재계 인사들에게 접근할 수 있는 권한이 미약했지만 대부분이 기업인을 존경했으며, 재계 지도 자들도 교육행정학 교수를 자신의 편에 두고자 하는 경우가 종종 있 었다. 20세기에 접어들면서 진보주의 개혁가들이 강조한 '전문가'로 인정받기 위한 가장 좋은 수단은 특화된 대학 교육을 받는 것이었 다. 교육학과 교수들이 직면한 핵심 문제는 이런 전문적 식견을 확 립할 수 있는 기초지식을 정리하는 일이었다. 예를 들면 커벌리 교 수가 스탠퍼드대학에서 가르치기 시작한 1898년, 그는 이 교육학 분야를 어떻게 정의해야 할지 의아했다. 이건 사소한 문제가 아니었 다. 조던 총장은 커벌리 교수에게 3년 안에 교육학과를 훌륭한 학과 로 만들지 못하면 폐지할 것이라고 통보했다. 커벌리 교수는 망연자 실케 하는 걸림돌에 직면하였다. 그는 교육학 관련 서적들을 조사한 결과 이 분야에 대한 연구가 거의 이루어지지 않았음을 알게 되었 다. 교육학과 관련해서는 심리학 분야에서 조금씩 발표된 몇 가지 연구물이 있었고, 전문적인 민속학을 다루는 경험 많은 교육연구자 들이 쓴 몇 권의 책과, 유럽의 교육이론가들이 쓴 몇 편의 논문에 윌 리엄 해리스와 같은 미국인들의 연구에 의해 몇 가지가 보충된 정도 로써, 과학적인 전문지식을 제공할 수 있는 기초학문이 되기에는 많

Club, *Public Schools and Their Administration*, 45; Thwing, "New pro-
fession", 33.

이 부족한 상태였다. 따라서 커벌리 교수는 자신이 가르쳐야 할 교육학 관련 내용을 발견해야만 했고, 그 내용이 학문적 가치가 있음을 동료 교수들에게 확신시킬 필요도 있었다. 그래야만 그 내용을 배운 학생들이 자신들이 낸 수업료가 아깝지 않다고 생각하고 계속해서 그 학과 수업을 듣게 된다는 것이었다. 커벌리 교수는 교육학을 성공적으로 발전시켰다. 이는 컬럼비아대학 사범대 연구센터나 시카고대학 연구센터의 다른 교수들도 마찬가지였다. 19)

또 다른 교육행정학 교수들도 교육위원회는 소수의 사회 저명인사들로 구성되어야 하며, 학교조직도 기업조직과 유사한 방식으로 운영되어야 한다는 엘리트주의자들의 생각에 동의함으로써, 대학이 발행하는 일종의 보증수표를 엘리트주의자들이 받게 된 것이다. 그들은 학교를 경영하는 방법으로서 학교 시스템의 투입과 산출을 측정할 수 있는 '과학적인' 방법을 발전시키려 했으며, 학교에서 새로운 산업과 사회적 조건에 맞는 교육과정의 구조와 내용을 합리적으로 설명할 수 있는 방법을 고안하는 데 노력을 기울였다. 20)

대학 교수들과 총장들은 학교 현장의 교사들에게 없는 장점이 있었다. 그들은 교육위원회의 압력에 굴하지 않았으며, 그 직함이 유효한 한, 자신들의 의견을 개진할 수 있었다. 예를 들어 보스턴의

---

19) J. B. Sears and Henderson, *Cubberley*, 63~73; Callahan, *Education and Cult of Efficiency*, ch. viii.

20) 새로운 경향을 보여 주는 가장 명확한 지표는 이와 관련된 주제로 작성된 학위논문 수십 편이 컬럼비아대학교 사범대학(Teachers College)에서 나왔다는 점이다. 이 논문들의 지도교수는 조지 스트레이어(George Strayer) 교수였다. 이 장에서는 그 논문들을 다수 인용하였다.

시버 교육감은 미국교원연합회 위원회에 소속되어 있으면서 교육위
원회 소위원회에 의해 학교가 운영되는 방식에 대해 비판적인 목소
리를 내기도 했지만, 보스턴 교육청 내에서는 교육위원회가 만든 각
종 조례와 겹치는 영역에서 갈등을 해결해야 하는 위치에 있었다(사
실 교육감이 눈이 많이 내린 날에 휴교 조치를 내리는 권한도 의심할 정도
였다). 뉴욕시 교육위원회는 그 유명한 윌리엄 맥스웰 교육감이 미
국교원연합회 모임에 참석하는 것을 금지했다. 1900년 트루먼 드위
스(Truman DeWeese) 기자는 "교육자와 학교운영위원회 간의 관계
로 인해 교육자가 짚어 내는 명백한 오류나 제도의 오용 문제에 대
해 허심탄회한 논의를 하지 못하는 분위기가 존재한다"고 지적하였
다. 이처럼 각 도시에서 교육 문제에 대해 말할 수 없게 만드는 분위
기나 학교 관계자의 저항의 결과로, 개혁을 주도한 일반 사람들은
자신들에게 조언해 줄 수 있는 인사로 대학 교수를 활용하는 것이
유익하다는 점을 알게 되었다. 일반적으로 교수들은 자신이 제공할
조언을 미리 알고 있기 때문에 수월하게 답변할 수 있었고, 그 덕에
그들의 의견은 거의 정설로 받아들여졌으며, 이러한 경향은 1920년
대까지 지속되었다. 교육위원회가 계속해서 변화함에 따라 대학에
서 교육받은 전문가들이 더욱 필요하게 되었으며, 그 결과 교육행정
학에서 가르쳐야 할 강좌가 더 늘어났다. 21)

1913년까지 새롭게 등장한 교육행정학과 교수들은 중앙집권주의
자들과 탄탄한 유대를 형성하였다. 포틀랜드시 교육위원회 위원이

---

21) Deweese, "Better school administration", 61; Herney, "Movement to
reform Boston school committee", 7; Berrol, "Mazwell"; J. B. Sears,
School Survey.

자 상공회의소 구성원이기도 했던 리처드 몬탁(Richard Montague)
이 도시학교에 관한 설문을 실시하면서 누구에게 조언을 구해야 할
지를 12명의 교육 전문가에 물었을 때, 다음의 인사들이 주로 추천
되었다(별표가 붙은 인사는 12명의 교육 전문가 집단에 포함되어 있음을
의미하며, 숫자는 추천받은 횟수를 뜻한다).

*스탠퍼드대학 엘우드 P. 커벌리(Ellwood P. Cubberley)	8
*위스콘신대학 에드워드 C. 엘리엇(Edward C. Elliott)	8
*하버드대학 폴 H. 하누스(Paul H. Hanus)	7
*컬럼비아 사범대학 조지 D. 스트레이어(George D. Strayer)	7
*시카고대학 찰스 H. 주드(Charles H. Judd)	4
*컬럼비아 사범대학 에드워드 손다이크(Edward Thorndike)	3
매사추세츠주 스프링필드 교육감	
제임스 H. 반 시클(James H. Van Sickle)	3
*예일대학 E. C. 무어(E. C. Moore)	3

그 외에도 13명의 교육 전문가들이 추천되었는데, 그중에는 러셀
세이지 재단(Russell Sage Foundation)의 레너드 에어즈(Leonard
Ayres), 매사추세츠주 교육감인 데이비드 슈네덴도 포함되었다. 여
기 열거한 대학교수들은 총장과 마찬가지로 전국적 유명인사였기에
전국 순회연설을 하면서 컨설팅을 제공했다. 이 교수들은 자신들끼
리 소그룹을 만들어 의견을 교환했을 뿐만 아니라 교육개혁에 관계
된 고위인사들과도 교류하였다. 그들이 만든 소그룹으로는 클리블
랜드 회의가 있었는데, 주드, 커벌리, 엘리엇, 하누스, 스트레이어
교수가 주축 멤버였다. 22)

1907년 필라델피아 교육의 정치적 성격을 풍자한 만화.

　몇 개 도시에서 일어난 교육 부문의 중앙집권화 관련 사례연구에
서 밝혔듯이, 그 교육개혁에서 정치적으로 가장 영향력 있는 집단은
선도적인 재계 인사와 교육 전문가들이었다. 종종 그들의 부인과 딸
들도 이 운동에 적극 참여하였는데, 예를 들면 뉴욕, 필라델피아,
그 밖의 도시의 공교육협회(Public Education Association), 대학동
창회연합(Association of Collegiate Alumnae), 여성 보조 시민단체
등을 통해 교육 중앙집권화 운동에 참여하였다. 1898년에는 지역
교육청 대표단들이 동부지역 공교육협회 주관 학술대회를 열기 위
한 준비 모임이 성사되었다. 이 학술대회의 목적은 매년 서로 다른
도시의 교육인사들이 모여 교육개혁과 관련된 각종 방안들을 공유
하고 교육계에서 유명한 교수들로부터 학교를 발전시킨 사례들을
배우기 위함이었다. 뉴욕 공교육협회는 초창기에 니콜라스 버틀러

22) 선두적인 교육자와의 몬터규(Montague) 서신은 오레곤역사협회에 위탁보
　　관되었다; Drost, *Snedden*, 145; Hanus, *Adventuring in Education*.

(Nicholas Murray Butler) 컬럼비아대학 총장의 조언에 주로 의존했다. 1896년 뉴욕 공교육협회 회장은 "버틀러 총장이 없는 공교육협회 회의는 햄릿(Hamlet) 없이 연극 〈햄릿〉을 상연하는 것과 같다"고 할 정도였다. 23)

한편 버틀러 총장과 그의 동료들은 기초자치 수준의 지역 교육위원회에 대항하여 벌이는 '학교 전쟁'에 공교육협회가 유용한 역할을 하였음을 알게 되었다. 협회 여성회원들이 올버니(Albany)에서 주지사 부인과 차도 마시고 의원들을 붙들고 이야기를 늘어놓는 등 로비활동을 효과적으로 벌였기 때문이다. 여성회원들은 또한 남편들의 의무감을 자극했다. 코넬리우스 스티븐슨(Cornelius Stevenson) 부인은 시민단체의 교육부서와 필라델피아 공교육협회 합동회의에서 필라델피아의 느긋한 남성들을 꾸짖었다. "그들은 실제로 공공서비스를 자랑삼아 비난한다. 그리고 다수의 의사에 따라 통치되어야 할 이 나라에서, 교육수준이 높은 부모 밑에서 좋은 교육을 받은 아이들이 도시의 각종 문제 해결을 위해 적극적으로 참여하는 것을 부정적으로 인식하도록 양육한다." 뉴욕 공교육협회 회원들은 교육위원회에 유력 인사가 활동하기를 희망했고, 그들의 자녀들이 다닐 가능성은 거의 없는 '14번가 아래' 지역이라는 독특한 환경에 처한 공립학교가 학생들을 재사회화하는 데 가장 적합한 장소가 되길 희망했다. 공교육협회 시찰위원회(Visiting Committee)는 "만약 뉴욕시 교육청이 이와 같은 환경에 적응하지 못하거나 상황을 통제하지

---

23) Scott, "Conference", 396; PEA president, S. Cohen, *Progressives and Urban School Reform*, 27에서 인용.

못한다면 교육제도는 없는 것과 마찬가지"라고 발표하였다. 허버트 웰치(Herbert Welch)는 필라델피아의 사회지도층들에게 그들의 모델은 사무엘 채프먼 암스트롱(Samuel Chapman Armstrong)이 되어야 한다고 말했다. 그는 암스트롱을 가리켜 "흑인들과 인디언들의 훌륭한 교사였고, 아놀드(Arnold)가 귀족 교육계의 천재이듯, 일반 대중 교육의 천재는 암스트롱이다"라고 주장했다. 24)

학교조직에 관해 사회지도층에 속한 교육개혁가들은 이따금 자선 학교 시절을 기억하는 가부장적 정서와 냉정한 현대적 개념을 결부시키기도 했다. 전국 수준의 기업가 모임에 속한 회원들은 교육개혁의 구조와 전략에 대한 의견들을 교환하곤 했다. 예를 들어, 세인트루이스의 개혁가들은 뉴욕시가 개발한 교육계획안을 차용하기도 했고, 보스턴과 세인트루이스의 기업가들은 시카고 상인들에게 자신들의 학교제도를 개혁한 방법을 알려 주기도 했다. 상공회의소뿐만 아니라 부유층이 지원하는 각종 교육개혁단체와 시정연구기관 같은 조직을 통해 도시의 교육개혁 관련 소식들이 전국적으로 확산되었다. 25)

교육개혁에 중요한 단계 중 하나는 교육위원회에 사회지도층 인사가 더 많이 참여하여 그들의 대표성이 더 강화되고 자신들에게 더 큰 권력을 주는 방향으로 도시의 교육정치 현황을 재구조화하는 일

---

24) *Addresses Delivered at a Joint Meeting*, 29, 15~16; S. Cohen, *Progressives and Urban School Reform*, 4.
25) 시카고 상인회의 연설들은 공교육과 교육행정에 있어 보스턴, 뉴욕, 시카고, 세인트루이스 등에서 경영인들을 이끌고 가기 위한 교육적 이념의 바람직한 방향을 제시한다.

이었다. 이와 같은 목적을 달성하기 위해서 그들은 도시 전역에서 '정당 배경이 없는' 소수의 교육위원을 선출하는 방식을 고안해 냈다. 비슷한 소득수준을 지녔거나 유사한 인종과 문화를 지닌 사람들로 도시가 나누어짐에 따라, 지역 단위로 교육위원을 선출하는 경우에는 도시 엘리트가 교육위원에 당선될 가능성이 상대적으로 낮았다. 그러나 거주지역이나 정당 지지와 상관없이 '무당파' 후보를 도시 전체를 대상으로 한 교육위원으로 선출한다면, 재계 인사나 교육 전문가들은 대중매체와 각종 교육개혁단체를 이용하여 자신의 이름을 알릴 수 있기에 투표에 유리할 것이라고 예상하였다. 재계나 교육계 인사들이 시장을 신뢰하는 도시에서는 교육위원 선출방식을 선거가 아닌 시장 임명으로 바꾸어야 한다고 주장하는 교육개혁가들도 일부 존재하였다. 실제로 필라델피아, 피츠버그, 세인트루이스 같은 도시에서는 기초자치 수준의 교육위원회 제도를 폐지한 이후 교육위원회에서 엘리트들이 차지하는 비중이 급격히 증가하였다. 2절 "권력 갈등과 가치관 갈등"에서 우리는 필라델피아와 세인트루이스에서의 변화를 분석할 것이다. 피츠버그에서 교육위원 선출방식을 선거에서 시장 임명으로 전환하자, 1911년에 선출된 15명의 교육위원에는 도시행정 전반에 관심 있는 기업인 10명, 상류층과 연관 있다고 보이는 의사 1명, 상류층의 공공복지를 위해 적극적으로 활동한 경험이 있는 3명의 여성이 포함되었다. 26)

교육 전문가들은 관례적으로 '성공한 시민들이' 최고의 교육위원회를 만들 수 있다는 점, 그리고 기초자치 수준의 교육위원회는 부

---

26) Hays, "Politics of reform", 165.

패할 수밖에 없고 비효율적이라는 점에 동의했다. 커벌리 교수는 다음과 같이 기록했다. "기초자치 교육위원회는 폭력적 성향순으로 3위, 경고 받은 횟수순으로 4위, 사회주의적 성향순으로 9위, 고상한 척하는 것으로는 5위에 속한다." "그리고 기초자치 교육위원회의 이와 같은 성격은 교육위원의 구성 면에서도 명백하게 나타난다." 1892년에 미국 교육부 장관이었던 윌리엄 해리스는 교육행정에 관한 저술에서 가장 기본적 지식이 되어야 할 사항에 대해 다음과 같이 주장했다. "교육위원회 위원 유형에는 다음 3가지가 있다. 첫째는 주로 상업이나 금융업, 또는 제조업에 종사하면서 특정 집단을 대변할 필요도 없고 개인적 이해관계도 특별히 없는 전문가 집단의 교육위원들이다. 둘째는 개혁이나 변화의 요소를 대표할 수 있는 사람으로, 주로 정직하고 선의를 가지고 있지만 경우에 따라서는 특정 성향을 드러내는 교육위원들이다. 셋째는 자신의 이익을 추구하는 교육위원이다." 첫 번째 부류의 교육위원들과 교육감은 밀접한 연대감을 형성하였다. 두 번째 교육위원에 대해서는 그들이 "좀더 폭넓은 견해를 가질 수 있도록" 교육감이 지도해야 할 필요성이 있었다. 이미 확립된 질서를 해치는 위협적 요소를 모두 제거한 다음, 그들이 제시하는 주장의 일부를 교육감이 채택해야 하는 경우도 있었다. 27)

초창기 교육행정 교재에는 성공한 사람이 청렴하다는 생각이 보편적으로 기술되어 있다. 성공한 인사를 중심으로 구성된 교육위원

---

27) Cubberley, *Public School Administration*, 93~94; W. T. Harris, "City school supervision", 168~169; Moore, "The modern city superintendent".

회는 각종 사업을 효율적으로 처리할 수 있고, 교육감의 전문성을 존중하며, 도시에서 필요한 것이 무엇인지를 특정 이해집단이나 특정 지역의 시각이 아닌 전체적 시각에서 바라볼 수 있다고 개혁주의 행정가들은 주장했다. 학교에서 필요한 다양한 교육 프로그램들에 관해서는 "모든 학생들의 이익을 대변하는" 교육감의 손에 맡겨야 한다고 보았다.[28]

재계 인사가 시민 전체의 이익을 필연적으로 대표하지는 않는다고 주장하는 교육자는 그리 흔하지 않았다. 조지 카운츠(George Counts) 교수는 기업가가 시민의 이익을 대변한다는 주장에 회의적인 입장을 취하며 이를 반대한 사람들 중 가장 영향력 있는 인사였다. 엘리트 집단이 청렴하다는 인식은 그가 보기에는 위선적 사기였다. 지배집단의 구성원들은 자신의 계급적 이익을 사회 전체의 이익과 동일시하기 때문에 자신들을 곧 사회의 대표자로 여길 가능성이 높다는 것이다.[29]

중앙집권화 운동 후 도시 교육위원회 회원들에 대한 통계를 살펴보면 사업가와 전문가들이 도시 교육위원회에 대해 실제적인 지배권을 행사하고 있음을 알 수 있다. 스콧 니어링(Scott Nearing)은 1916년에 도시 교육위원회 위원의 3/5 이상이 상인, 제조업자, 은행가, 브로커, 부동산업자, 의사, 변호사임을 밝혔다. 조지 스트러블(George Struble)과 조지 카운츠 교수는 후속연구에서 노동자와

---

28) Cubberley, "Organization of public education", 97; Chancellor, *Our Schools*, 12~13.
29) Counts, *Social Composition*, 96.

여성은 소수에 불과하다는 점을 밝혀냈다. 30)

교육위원회 위원으로 '성공한' 사람을 앉힌다고 해서 교육 문제가 완전히 해결되는 것은 아니었다. 소선거구제가 아닌 대선거구제를 통해 소수의 위원들로 구성된 교육위원회가 있는 대도시에서는 엘리트 집단이 교육위원회의 대다수를 차지하였다. 이런 현상은 덴버와 포틀랜드시에서 주로 발생했는데, 심지어 보스턴, 뉴욕 같은 도시에서도 중앙집권화 개혁의 중심이라 할 수 있는 도시 교육위원회에서 재계 인사나 전문가들이 주로 위원으로 활동하였다. 그러나 '사심이 없고' '성공한' 교육위원회라 하더라도, 시대에 뒤떨어진 의사결정 방식으로 인해 가장 효율적인 기업인이 효과적으로 의사결정을 할 수 없게 만드는 경우도 있었다. 예전 시골학교로부터 물려받은 비전문적 관리 풍토하에서 교육위원회는 무수한 행정 잡무를 처리하는 수준으로 전락했다. 31)

보스턴의 사례가 여기에 해당했다. 1874년에 개혁가들은 교육위원회 위원들은 자신이 속한 지역의 교육 관련 사안을 강하게 주장하고, 소위원회가 내릴 만한 세부적인 사항들까지 결정하고자 했으며, '너무 많은 말들만' 만들어 낸다고 불평했다. 그리고 25년이 지난 후에도 보스턴 교육개혁가들은 여전히 비슷한 문제를 비난하였다. 미술이나 음악 같은 특정 과목의 담당 장학사는 보스턴 교육감

30) Nearing, "Who's who", 89~90; Struble, "School board personnel", 48~49, 137~138; Counts, *Social Composition*. 앞서 언급한 데이터 적용 시 주의사항에 대해서는 Charters, "Social class analysis" 참조.

31) *Boston School Report for 1874*, 25; Butler and Gaynor, "Should New York have a paid board of education?", 205~206.

이 아니라 교육위원회의 소위원회에 보고하도록 되어 있었다. S. A. 웨트모어(S. A. Wetmore)는 1894년부터 1897년까지 보스턴 사전 개혁위원회에 있던 사람으로 "교육감과 장학사들은 단지 명목상 대표에 불과하다"고 말했다. "초등학교 저학년이나 라틴학교, 공작학교의 교육과정을 구성해 달라는 요청을 받았을 때 나는 답답함을 느꼈다. 왜냐하면 내가 그런 일을 할 전문성도 갖추지 않았을 뿐만 아니라, 학교에서 어떤 교과서를 사용해야 할지를 결정할 권한을 그렇게 원하지도 않았기 때문이다. 사실 교과서를 선택하는 일이란 단지 교과서 출판사를 선택하는 일에 불과했다." 교육위원회가 교과서를 선정할 때에는 종교, 정치 성향, 인종, 상업적 성향, 학자들 간의 파벌 등을 고려해야만 했다. 교과서 선정과 관련하여 심한 갈등을 겪은 후, 어느 교육위원은 "만약 우리가 프라이(Frye)가 쓴 지리학을 택하지 못한다면, 그들은 멧칼프(Metcalf)의 문법책을 선정하지 못할 것이다"고 할 정도였다. 1905년 교육위원회 위원을 5명으로 줄이는 법안이 통과하는 데 중요한 역할을 담당한 제임스 스토로우는 대규모 교육위원회를 다음과 같이 비판했다. 교육위원회에서 오랫동안 일한 24명의 교육위원들은 교육감이 수행해야 할 의무를 29개나 되는 폐쇄적인 소위원회를 통해 자기들끼리 결정한 반면, 공개적인 회의에서는 불필요한 논쟁거리만 주로 다루었다는 것이다. "의장석을 중심으로 말발굽 형태로 교육위원들의 책상이 배열되어 있었다. 회의 진행은 매우 형식적이었으며, 위원들은 자신의 요구사항을 과장해서 주장했으며, 형식적인 논쟁과 모욕적인 언사가 오갔다. 미리 준비해 온 연설도 그 목적이 교육위원회에 있는 것이 아니라 청중이나 언론을 대상으로 했다."[32]

스콧 니어링은 필라델피아 교육위원회가 오래된 소위원회 체계 아래서 어떻게 운영되었는지를 연구하였다. 교육감은 무능한 반면, 교육위원회의 실제 업무는 10개의 소위원회에 위임되었는데, 예를 들면 교과서와 기자재, 교사 채용과 건물들과 같은 문제들을 각각의 소위원회가 담당하였다. 교육위원회가 승인한 1,386개의 방안 가운데 63개를 제외한 모든 방안이 소위원회에서 제안된 것이었다(그들의 추천은 보통 논의 없이 수용되었다). "이 나라의 대기업들은 소규모 이사회를 통해 운영된다. 사업을 효과적으로 수행하는 데 이 방식밖에 없음을 우리는 알 수 있다"라고 니어링은 주장했다. 33)

많은 개혁주의자들은 학교의 운영방법을 철도회사나 은행, 철강회사, 시어스 로벅(Sears Roebuck), 국가현금보유국(National Cash Register)의 운영방법에서 찾고자 했다. 중앙집권주의자들은 도시의 학교교육에서 이루어져야 하는 의사결정 방식은 기업체에서 사용하는 통제 모형이 적합하다고 보았다. "기존에 많은 사람들의 참여를 바탕으로 관리되던 다양한 이해관계를 이제는 기업에서처럼 하나의 권위 있는 기관이 통제하는 방식으로 권한을 집중할 때"라고 필라델피아 교육위원회의 엘리트 교육위원 하비 허버트(Harvey H. Hubbert)는 주장했다. 상업과 제조업뿐만 아니라 종교단체나 시민

---

32) *Boston School Report for 1874*, 27; W. Mowry, "Powers and duties of school superintendents", 41~42; Wetmore, ; "Boston school adminis-tration", 107; Chicago Merchants' Club, *Public Schools and Their Administration*, 26.

33) Nearing, "Workings of a large board of education", 44~46; Gilland, *Powers and Duties of the City-School Superintendent*, ch. vi.

단체 등도 하나의 집행기구 아래 거대한 조직으로 결합하고 있으며, 기업 합병의 원리를 교육에 적용하는 일은 자연스러운 일이라고 그는 주장했다. [34]

본격적인 통폐합의 시대가 열렸다. 100만 달러 이상인 회사의 가치는 1897년 1억 7천만 달러에서 1900년에는 50억 달러로 증가하였으며, 1904년에는 200억 달러 이상으로 급등했다. 중앙집권화 운동을 지지한 사람들은 학교제도에 있어서도 기업 방식의 이사회를 구성하고자 했다. 전문가 위주의 기업 모형이라 할 수 있는 중앙집권적 행정관리 방식은 다른 조직에도 적용 가능하다고 믿게 되었다. 예를 들면 대학, 교회, 정부의 도시행정가, 복지 서비스, 공립학교, 자선단체 등과 같이 공익에 영향을 주는 조직들이 이에 속했다. 대부분의 재계 지도자들은 허버트 스펜서(Herbert Spencer)가 주창한 최소정부론과 자유방임주의에 관심을 집중했다. 툴민 스미스(Toulmin Smith)는 그와 같은 주장에 근거하여 '중앙집권화'를 다음과 같이 정의하였다. 중앙집권화는 소수의 사람들로 구성된 통치체계며, 그 소수의 사람들은 이해관계와 가장 거리가 멀고, 그와 같은 이해관계를 알 수 있는 기회가 가장 적은 사람들이면서 행정을 하면서도 최소의 이해관계를 얻지만, 그 이해관계를 관리하고 통제할 수 있는 사람들이라는 것이다. 뉴욕시의 스테판 올린(Stephen Olin) 변호사는 교육을 기초자치구 수준의 교육위원회가 통제하는 방식은 '원시적'인 방식이며, 각 지역마다 자원봉사 형식으로 그 지역을 순찰할 경찰관과 소방관이 있던 구시대의 유물에 해당한다고 주장했

---

34) Hubbert, "Centralization", 968.

다. "멀버리 벤드(Mulberry Bend)는 그 지역의 치안을 통제하지 않았고, 머레이 힐(Murray Hill)은 과세 표준을 정하지도 않았다. 헬스 키친(Hell's Kitchen) 역시 그 지역의 보건 담당 사무관을 두지도 않았다." 이제 규모나 비용 면에서 거대화한 공립학교 체제를 현대적이면서도 합리적인 방식으로 조직할 계획이 필요한 시대가 된 것이다. 35)

많은 교육자들에게 학교의 지배구조를 기업 모형으로 바꾸는 일은 현대적이면서도 합리적인 계획일 뿐만 아니라 그들이 겪던 심각한 교육 문제들을 해결할 수 있는 길이기도 했다. 그들은 교육감도 사회 저명인사나 기업가들과 비교할 만한 높은 지위를 갖기를 희망했다. 교사들은 자신의 정년을 위협하며, 학교교육을 발전시키고자 하는 교사들의 열의를 감소시키는 각종 '정치적 활동'에 신물이 나 있었다. 그래서 교육위원회는 '정치적 행동을 하지 않기로' 다짐했다. 그들은 학교행정이 과학적으로 운영되기를 희망했다. 그래서 학교에 적용할 수 있는 효율적 경영원리를 찾고자 했다. 개혁주의 행정가들은 기업 모형에서 얻을 수 있는 시사점을 탐색함과 동시에 민주적 성격을 강조하는 사람들이 제기할 수 있는 반대에 대비하기도 하였다. 과거에는 학교교육을 주로 느슨하게 운영되는 공장에 비유했다면, 이제는 기업체 지배구조와 학교 지배구조를 병렬적으로 놓고 유사점들을 강조하게 되었다. 36)

---

35) Toulmin Smith, *Local Self-Government*, 12; Olin, "Public school reform in New York", 5~6; Forcey, *Crossroads of Liberalism*, ch. xiv.
36) Cubberley, *Public School Administration*.

교육행정가들은 교육감의 역할을 재계 지도자의 역할과 상세히 비교하였다. 1916년 학교와 관련된 덴버의 연구에서 시카고대학의 프랭클린 보빗(Franklin Bobbitt) 교수는 '우수한 관리의 원칙'을 두 축을 중심으로 요약했다. 한 축에는 1,200명의 근로자를 고용한 회사를, 다른 한 축에는 같은 규모의 학교를 두고 설명한 것이다. 이 두 조직을 상세히 비교하면서, 그는 학부모를 포함한 시민을 주주로, 학교장은 관리자로 보았다. 학교장은 조직을 기능별로 나누고 그 기능에 맞는 교직원을 선발한다. 그러는 동안 "교육감과 교육청 직원들은 교육위원회가 승인한 각종 규정과 계획에 맞추어 그들의 직무를 수행한다". 보빗 교수는 연구보고서 결론에서 교육행정은 종합적인 개요 면에서 기업경영과 차이점이 존재하지만 두 영역이 상반된다고 볼 수는 없다고 주장했다. 기업조직, 공공조직, 정부조직, 교육조직과 같은 모든 종류의 조직에게 '바람직한 관리행태'는 동일하게 적용 가능하다고 본 것이었다. 교육부 장관인 필랜더 클랙스턴(Philander P. Claxton)은 샌프란시스코 소재의 학교를 대상으로 한 연구조사에서 보빗 교수가 사용한 도표를 그대로 사용하였다. 교육자인 윌리엄 티센(William Theisen)은 1917년에 자신이 상세히 연구한 8개 회사의 중앙집권적 조직 유형을 교육행정가들이 모방할 필요가 있다고 주장했다. 37)

　　학교를 통제하는 방식에 기업 모형을 사용하고자 하는 움직임은 급속히 확산되었다. 새로운 통제방식의 핵심 요소는 바로 교육위원

---

37) Bobbitt, *Denver Survey*, 116 ; Claxton 외, *San Francisco Survey*, 83~88 ; Theisen, *City Superintendent*, 99~100 ; Mack, "Relation of a Board", 980, 984 ; Committee of Fifteen, "Report", 307.

회가 중요한 의사결정을 내릴 때 교육감이 비중 있는 역할을 담당해야 한다는 것이었다. 1901년에 매사추세츠의 어느 교사는 그 주의 233개 마을과 도시를 대상으로 한 사례연구에서 다음과 같은 연구 결과를 발표했다. 예전에 교육위원회가 주로 담당하던 업무가 교육감에게 점차 넘어가게 되었다. 물론 당시는 교육감이 강력한 특권을 확보하지 못한 시기였다. 몇몇을 제외하고 교육감들은 교육과정을 계획하고, 교사 회의를 소집하여 지휘하였으며, 학생들을 진급시키고, 교사들의 업무를 살피고 지시할 수 있는 권한을 갖고 있었다. 92개 지역 교육청 교육감들에게 교과서를 선정할 수 있는 전권이 있었으며, 95곳의 지역 교육청 교육감들에게는 교사 추천 권한이 주어졌다. 그러나 교사에 대한 임명과 해임은 아직 교육위원회의 권한에 속했다. 이와 관련하여 교육감이 자문할 수 있는 권한이 점차 증대했으며, 60개 지역에서는 교육위원회와 교육감이 교사 임명과 해임에 대한 공동 책임을 지고 있었다. 1923년에 실시된 교육감의 의무에 대한 연구를 보면, 교육감이 교직원 고용, 새로운 교육정책 결정, 직원 해고, 교과서 선정, 교육과정 범위 결정 등과 같은 중대한 결정에서 교육위원회를 주도하고자 하는 시도가 증가했음을 알 수 있다. 38)

이상적인 교육위원은 재계 인사들에게서 쉽게 찾을 수 있는 신사적이면서도 사업 중심의 마인드를 가진 자라 할 수 있었다. 교육위원회 회의에서는 과장되지 않은 간결한 언사가 오갔으며, 교육감이

---

38) Prince, "School supervision", 155; Douglass, *Status of the City Superintendent*, 124; Morrison, *Legal Status*, 102; Mendenhall, *City School Board Member*, 2~4, 50~52.

우선시하는 안건에 맞추어 회의가 진행되었다. 개혁가들이 보고했 듯이, 교육위원회의 비대한 과거 방식과 규모가 작은 방식의 가장 큰 차이점은 교육위원들이 더 이상 청중들을 대상으로 말하지 않았 으며, 특정 유권자들을 대변하여 일하지도 않았다는 점이다. 미주 리주 캔자스시티에서 14년간 교육위원회 의장을 맡은 한 사업가는 재임 기간 동안 연설을 하지 않은 자신의 모습을 자랑스러워했다. 보스턴 교육감이 보기에 1905년에 교육위원회 수가 5명으로 줄어들 면서 달라진 점은 "교육위원회의 업무가 좌담식 어조로 진행되었다 는 것이다. 과거 대규모 교육위원회 시절에 있었던 정치적 목적을 띤 연설은 이제 사라졌다. 교육위원회가 하는 심의활동은 기업 이사 회가 하는 심의활동과 본질적으로 별다른 차이가 없었다". 세인트 루이스 교육청의 벤 블레윗(Ben Blewitt) 교육감은 시카고시 의회에 보고하기를, 교육에 관한 대부분의 발의권이 자신에게 있는 상황에 서 교육위원회가 자신들의 일을 처리하는 데는 20분도 채 걸리지 않 는다고 하였다. 교육행정에 기업 모형을 적용해야 한다고 주장한 학 자들은 가치갈등, 논쟁, 특정 집단의 이해관계 표출은 학교교육과 관련된 지배구조가 올바르게 작동하는 데 불필요할 뿐만 아니라 '비 효율적'이라고 반복해서 주장했다. 39)

교육감과 같은 교육 전문가가 교육과 관련된 대부분의 정책을 발 의하고 학교 운영과 관련된 자유 재량권을 갖고 있다면, 교육위원회 는 왜 필요한 것일까? 하버드대학 행정학과 교수이면서 보스턴 교육

---

39) Yeager, "school boards", 978~979; Cubberley, *Public school Administra-tion*, 12; Chicago City Council, *Recommendations*, 22; Rollins, *School Administration*, 33, 37.

위원회의 낡은 행태에 좌절감을 경험한 교육위원이기도 한 애벗 로 렌스 로웰 교수는 교육감의 전문성을 인정하면서도, 경우에 따라서 는 그와 같은 전문가들도 '사안을 제대로 바라볼 수 있는 시각'을 잃 을 수도 있다고 생각했다. 그는 대학이나 병원도 사안에 따라서는 외부인이나 비전문가들이 제기하는 문제를 충분히 고려해 볼 만한 경우가 있음을 지적했다. 도시의 학교도 마찬가지다. 로웰 교수는 "불만사항이 갑자기 몰아치기도 하고 … 때로는 민주주의를 혼란스 럽게 하는 일"도 생기기 때문에 교육위원회를 두어 교육 전문가와 일반 대중 사이에서 일종의 완충기관 역할을 하도록 하는 것이 도움 이 된다고 보았다. 교육위원회를 교육 전문가에게 제재를 가할 수도 있고 교육 전문가를 책임질 수도 있는 기구로 본 것이다. 효율성 연 구 전문가인 레너드 에어즈는 교육 전문가가 교육과 관련된 일을 과 도하게 진행하는 것을 교육위원회가 억제할 수도 있고, 교육위원을 각 지역사회 대표들로 구성함으로써 교육감의 업무활동을 합법화하 는 데 기여한다고 보았다.[40]

월리스 세이어(Wallace Sayre)는 다른 대규모 조직과 같이 학교를 관료제화하면 각 조직의 요소들 간의 관계를 지속적으로 안정시키 면서 각 요소의 자율권을 최대한 보장하는 경향을 보인다고 주장했 다. 19세기 동안 기초자치구 교육위원회를 중심으로 한 학교의 지배 구조와 관련된 각종 정치현상은 교육 전문가의 자율성을 위축시켰 다. 그러나 1890년에서 1920년 사이에, 개혁주의 행정가들과 그 지

---

40) Lowell, "Professional and non-professional", 1001~1002; Ayres, *Clevel and Education Survey*, 125.

지세력들은 외부의 '힘의 장(場)'으로부터 학교를 보호하자는 이데올로기를 발전시켰다. 그들은 학교행정과 관련하여 일련의 유용한 신화를 만들어 냈는데, 세이어는 이를 '일종의 교리체계'로 부르기도 했다. 그와 같은 신화는 다음과 같은 내용들이었다. 교육은 '독특한 통치구조 기능'을 갖고 있어서 교육자만이 "그 독특한 교육적 기능을 제대로 수행할 수 있다". 시민들은 "다양한 협회나 조직들(학부모 단체는 제외)이 제기하는 교육 문제에 영향을 받아서는 안 되며, 정당인의 영향에서도 벗어나야 한다". "정당과 정치인들은 믿을 만한 조직이 아니다." 따라서 민주주의를 영속화하는 가장 중요한 기관 중 하나인 공립학교는 민주적 행정부의 중앙기관이라 할 수 있는 정당을 신뢰해서는 안 된다는 원칙을 가진 사람들에 의해 운영되어야 했다. [41]

학교가 외부 지배를 받는 구조와 내부의 전문 관료에 의한 통제를 기본으로 한 기업 모형을 주장하는 가운데, 중앙집권주의자는 '정치적' 의사결정 형식을 다른 방식으로 대체하였다. 그들은 상대적으로 폐쇄적인 정치체제를 지향했는데, 선출된 관리에 의한 의사결정 방식보다는 하향식 권위행사와 행정과 관련된 각종 규칙과 시스템에 의한 의사결정 방식을 선호했다. 그들은 기초자치구 교육위원회에서 이루어진 주고받기식 협상을 통한 의사결정이나, 교육위원회에 다양한 소위원회를 설치하고 비전문가들을 적극 활용하는 방식을 없애려고 노력했다. 또한 수많은 대도시에서 다양한 집단들이 벌이는 정치활동을 통해 나타난 '문화'와 같은 추상적 가치에서부터 구체

---

41) Sayre, "Additional observations", 74~75.

적이고 현실적인 가치들 간의 경쟁구도를 배제하고자 노력했다. 그 대신 그들은 통제권을 중앙으로 집중하고 대규모 지역을 기능별로 나누어 '합리적이고 현대화된' 관료제가 예측불허의 일반 대중의 요구를 완화할 수 있도록 했다. 사무엘 헤이즈(Samuel Hays)가 주장한 바와 같이, "의사결정의 통합과 체계화는 전문화와 밀접한 관련이 있다. 교육, 보건, 복지, 일반 행정업무 등에 대한 전문가의 관심 범위가 편파적이라기보다는 보편화되었으며, 특정 지역 문제보다는 도시 전체를 고려하는 수준으로 확대되었다. 교육 전문가들은 기업형 의사결정 모형을 선호했는데, 그 이유는 이 모형이 다룰 수 있는 영역도 넓을 뿐만 아니라 강제성도 어느 정도 내포하였기 때문이다".[42]

1920년 이후에도 기업 모형이나 세이어가 말한 '유용한 신화'를 바탕으로 한 교육의 지배구조와 관련된 이론에 반대하는 독불장군이 있었다. 그들은 교육의 지배구조와 관련하여 변화된 정치적 현실을 수용하려고 들지 않았다. 이제는 도시의 중앙집권적 관료제가 매우 익숙하고 외관상으로 필연적이라는 생각이 만연해짐에 따라 많은 미국인들은 그 치열했던 권력 투쟁을 포함하여 전통적 가치관과 새로운 가치관의 갈등 상황을 잊는 듯했다.

---

42) Hays, "Political parites", 170; 폐쇄체제로서 학교의 정책에 관한 직관적인 논의에 대해 보려면 Iannaccone, *Politics in Education* 참조.

2. 권력 갈등과 가치관 갈등: 중앙집권화에 대한 사례 연구

학교 개혁을 주장한 사람들이 주로 교육 관련직을 겸직하였기에 학교 개혁 원리에는 상당한 정도로 합의가 이루어졌다. 그러나 중앙집권화를 위한 전략과 결과는 도시마다 다르게 나타났다. 다음에서는 4개 도시를 대상으로 서로 다른 시기에 발생하고 서로 다른 결과를 초래한 중앙집권화 과정을 분석하고자 한다. 4개의 사례는 다음과 같다. 첫째, 1896년 뉴욕에서 일어난 기초자치 수준의 교육위원회 폐지, 둘째, 1905년 필라델피아에서 일어난 중앙집권화 개혁, 셋째, 1897년 세인트루이스의 헌장 개정, 넷째, 1920년대 샌프란시스코에서 일어난 기업 모형을 통한 학교 지배구조 변화가 그것이다. 네 도시의 사례를 살펴보면 지역적 차이가 있지만 공통의 주제를 발견할 수 있다. 4개 사례에서 학교 개혁을 주장한 사람들은 고등교육을 받은 도시 엘리트였으며, 그들은 효율적이고 합리적이며 '정치중립적인' 학교 관료제를 만들기 위해 조직적이고 체계를 갖춘 개혁이 필요하다고 믿었다. 중앙집권화에 반대하는 사람들은 학교체제 안에서 정치적 이해관계나 직업적 이해관계가 있었거나, 개혁주의자들을 속물근성이 있는 침입자로 보는 사람들이라고 인식되었다. 특히 뉴욕과 샌프란시스코의 중앙집권주의자들은 자신이 가진 영향력과 각종 전략을 동원하여 큰 비중을 차지하던 교사집단의 영향력을 배제하고자 노력했다. 4개 도시에 거주하던 아일랜드계 이민자 같은 하류층 또는 중산계층 인종집단들은 개혁주의자가 주장하는 방안들이 상류층만을 위한 것이라고 반대하였다. 43)

개혁을 성공적으로 이루기 위한 정치적 전략과 전술의 사용은 그 지역의 정치 상황에 따라 달라진다. 뉴욕, 필라델피아 및 세인트루이스에서는 개혁주의자들의 자신들의 개혁안을 입법화하기 위한 전략으로 주 정부 관리들에게 접근한 반면, 샌프란시스코에서는 법 개정을 위해 투표권이 있는 시민들에게 호소하는 전략을 사용했다. 그러한 이유로 샌프란시스코를 제외한 다른 도시에서는 주 정부와 도시 간의 복잡한 정치적 상호작용이 발생했다. 뉴욕시에서 발의된 법안이 겉으로는 무당파적인 성격을 띤 것 같지만, 이 법안을 지지하는 사람들은 태머니파[44]의 승리라고 선언하였다. 필라델피아에서는 귀족적 성격의 개혁주의자들이 공화당의 거물인 윌리엄 베어(William Vare)와 잠정적으로 연합하여 펜실베이니아 공화당 입법부를 통해 그들의 법안이 원활하게 통과될 수 있도록 노력하였다. 공화당이 다수를 차지하던 세인트루이스에서는 개혁가들이 법 개정을 위해 민주당이 유력하던 미주리주 정부에 의존하는 전략을 활용했다. 샌프란시스코에서는 중앙집권에 반대하는 사람들이 개혁주의자의 주장은 반가톨릭적이며 반민주적이라고 비난하였다. 개혁주의자가 사용한 전략과 그 결과는 도시마다 서로 달랐지만, 개혁주의자들의 핵심 이념과 전략은 유사하여 전국적 차원에서 진행되었던 '개혁주의' 운동과 맥락을 같이하였다. 미국사회의 교육 이외 부문에서 진행된 조직의 변화가 이제 도시의 학교교육을 재구조화하

---

43) 기타 정부 기관이 평행하게 적용하는 기업모델에 대해 Weinstein, *Corporate Ideal* 참조.

44) 〔옮긴이주〕태머니파는 뉴욕시 태머니 홀(Tammany Hall)을 본거지로 하는 민주당의 단체로, 종종 뉴욕 시정상의 부패나 보스 정치의 비유로 사용된다.

는 과정에서 유사하게 나타난 것이다. 45)

1896년에 기초자치 수준의 교육위원회가 가진 권력이 소멸한 현상은 뉴욕의 학교제도를 중앙집권화하는 개혁과정의 일부분에 지나지 않았다. 기초 단위 교육위원회 폐지와 관련된 갈등상황은 1880년대의 개혁운동에서 시작하여 1917년에 더 나은 뉴욕 교육을 위해 7인의 시 단위 교육위원회로 통합되는 것으로 막을 내렸다. 그러나 1896년의 중앙집권화 관련 논쟁은 매우 중요한 의미를 지닌다. 일반 시민이 학교를 통제해야 한다는 신념을 풀뿌리 민주주의라고도 할 수 있는데, 그 사건을 계기로 그러한 분권화된 권력이 사라지게 되었기 때문이다. 46)

데이비드 해먹(David Hammack)은 1896년의 이 '학교 전쟁' 동안 누가 중앙집권에 찬성하고 누가 반대하는지 철저하게 연구했다. 기초자치 단위의 교육위원회를 폐지하자는 법안을 지지하는 연합세력에는 세 집단이 주를 이루었다. 그에 따르면 이 세 집단은 재계나 전문직에서 강력하게 근대화를 주장한 사람들, 무소속의 시 공무원 중에서 효율성을 강조한 사람들, 그리고 뉴욕시의 다양한 인종들 가운데 개신교의 가치를 지지하는 도덕적 개혁주의자들이었다. 이들 일부는 서로 중복되기도 했다. 학교를 근대화할 수 있는 각종 계획을 만들기 위해 좋은 정부를 위한 클럽(Good Government Clubs), 공교육협회(Public Education Association), 1893년 길로이(Gilroy) 뉴

---

45) 일반적인 도시개혁 계획에 대해 Banfield and Wilson, *City Politics*, ch. xi 참조.

46) S. Cohen, *Progressives and Urban School Reform*, ch. i.

욕 시장이 임명한 교육위원회(Education Commission)와 같은 유명한 단체가 지역 교육위원회 폐지를 위해 적극적인 활동을 벌였다. 1896년에 니콜라스 버틀러(Nicholas Butler)와 스티븐 올린(Steven Olin)은 중앙집권화 법안에 대한 입법부의 지지를 얻기 위해 '100인 위원회'(Committee of 100)를 조직했다. 버틀러와 그의 동료인 정치 전략가가 입법부를 통해 법안을 조정하며 일하는 동안 100인 위원회는 중앙집권화 운동에 재정 지원을 하면서 공식적으로 자신의 의견을 피력함으로써 이 운동의 필요성을 알리는 데 주력했다. 47)

실제는 104명으로 구성된 100인 위원회에는 재계와 전문직에 종사하는 사람들을 비롯하여 '사회' 전반에 걸친 지도자들이 포함되어 있었다. 92명은 1896년 '사회적 명성이 있는 인사 목록'에 포함된 사람들이었다. 그들은 주요 명문대학을 졸업하였으며, 대부분이 사회 자선단체에 엘리트로 속해 있었다. 49명의 변호사는 주로 기업을 위해 일했으며, 18명의 은행가와 소수의 유통 및 제조업 대표가 위원회에 포함되어 있었다. 그밖에 의사, 교수, 대학행정가, 편집인, 그리고 클래런스 스테드먼(Clarence Steadman)과 같은 '지체 높은 문화를 위한 직업적인 대변인'들과 같이, 사회에서 성공했다는 평판을 얻은 엘리트들이 위원회에 포함되어 있었다. 이들은 자신이 종사하는 영역에서 장기적이고 광범위한 계획을 수립하는 데 전문적 식견을 갖고 있었으며, 공공부문에 신중하게 투자하면 공공부문의 안정성과 예측가능성을 높일 수 있다는 인식을 바탕으로 경찰, 도로,

---

47) Hammack, "Centralization of New York city's public school system", 27; Olin, "Public school reform in New York".

항만, 대중교통, 교육과 같은 공공 서비스 분야에 적극적인 관심을 갖고 있었다. 48)

100인 위원회 회원들은 지역 정치에서 비당파성을 강조했다. 58명은 도시클럽에 속해 있었는데, 그들은 지방자치의 '비당파성'을 행정사무 개혁을 평가하는 원리 가운데 가장 중요한 기준으로 삼았다. 일반적으로 그들은 소수지만 막강한 경제력을 지닌 계층을 대변하는 민주당이나 공화당이 도시를 통제하는 데 염증을 느꼈다. 대신 그들은 자신이 지닌 법률적, 조직적 지식과 기술을 활용하여 언론에서는 태머니파의 각종 선전에 반대하고, 자신이 가진 공평무사한 전문지식과 효율성 원리가 사회 전반에 확산되는 것을 추구하였다. 49)

버틀러는 뉴욕의 현직 교육감 존 재스퍼(John Jasper)를 전문적 훈련을 받지 않은 '보통 사람'이라고 공격하거나, 올버니의 주지사 모턴(Morton)의 아내에게 청탁하기 위해 공교육협회에 속한 사교계 여성을 보내어 고상한 척하는 힘을 이용하고자 하면서, 특유의 설득력으로 대중의 마음을 움직였다. 그러나 언론에서는 중앙집권운동이야말로 일반 시민들이 태머니파 조직에 반대한다는 의미라고 그는 강조했다. 중앙집권을 주장하는 사람들은 "귀족 출신에 공교육 현실을 모르는 이상주의자"일 뿐이라는 비판에 대해, 버틀러 측의 한 사람은 화를 내면서 "그렇게 계급 간 반목을 조장하는 자야말로 공공의 적이자 바보, 아니면 선동자"라고 반박했다. 각각의 교육

---

48) Hammack, "Centralization of New York City's public school system", 51~71.
49) 같은 글, 71~78.

체제를 직접 알아야 할 필요가 있다는 논리는 어리석다는 것이었다. "만약 10번 지역구에서 유용하다고 판단된 교수법 원리가 20번 지역 구에서는 확연히 다르거나, 3번 지역구 학생들의 마음의 문을 연 방식이 6번 지역구 학생들의 경우와 다르지 않고서는 각 지역구별로 교육 시스템의 하위영역을 계속해서 설정해야 할 필요가 없다."50)

　그러나 사석에서는 많은 개혁주의자들도 계급이나 정당, 종교에 따라 시스템이 분리되어야 함을 피력하기도 했다. 1896년 스트롱 (Strong) 시장이 지역 교육위원회를 폐지하는 안의 승인 여부를 고려하는 자리에서, 폐지안 지지자들은 태머니파 민주당과 가톨릭계의 세력이 축소되어야 함을 이유로 법안 승인을 촉구했다. 지역 교육위원회 폐지를 주장하는 어느 한 사람은 "외국의 각종 영향력과 언어, 사상이 지역사회에 만연한 상황에서 지역사회가 학교를 통제해야 한다는 생각은 현명하지 않다"고 주장했다. "왜냐하면 이미 그 지역에서 영향력을 행사하는 사람들은 의심할 바 없이 이민자이기 때문이다. 어떤 지역의 경우에는 이민자들이 밀집해서 거주하기 때문에 그곳에서는 영어를 한마디도 들을 수 없으며, 그들의 생활양식 역시 모든 미국인들에게 반감을 주는 것으로 가득 차 있다." 그는 지역 교육위원회 체제가 부촌(uptown)에서는 제대로 작동할 수 있지만 뉴욕 동부지역에서는 "주민들이 학교교육의 효율성을 판단할 수도 없는 자들이어서" 교육위원회 체제 운영이 불가능하다고 스트롱 시장에게 건의하기도 했다. 슬럼에서는 "일상생활 대부분에서 정치

---

50) Butler, "Editorial"; letter from Jacob W. Mack to Mayor Strong, April 16, 1896, Box 6147.

적 활동을 통해 바람직한 것이 무엇인가가 결정되는 상황이 자연스러운 세상의 이치이기 때문에 그런 방식을 걷어차 버리는 것이 무의미하다"는 것이다. 따라서 이민 온 저소득층은 자신들의 교육 관련 업무를 관리하기에 역부족이기 때문에 중앙집권자들의 지도력에 의존해야 한다는 것이다. 그가 보기에는 교사나 학교 관리자들도 별반 나을 것이 없었다. 교육 담당자들은 자신들이 무엇을 어떻게 해야 할지 알려 줄 전문가가 필요했다. 51)

버틀러와 그를 지지하는 사람들은 비참한 학교 현실을 폭로하여 대중들이 학교 개혁의 필요성을 절감하도록 했다. 추문 폭로 사진가 (파파라치) 제이컵 리스는 스트롱 시장에게 다음과 같은 글을 보냈다. "4만 8천 명의 아이들이 학교에 오지 못하고 거리를 배회하다가 부랑자로 감옥에 가는 모습을 보면 강제의무교육법을 웃음거리로 만드는 관리방식이 고쳐지지 않고 이어지고 있습니다. … 정직하고 공공 정신을 가진 시민의 한 사람으로서 시장님이 지역 교육위원회를 폐지하는 법안을 꼭 통과시켜 주시기를 기원합니다." 법사위에서 상정된 법안에 대해 논의하는 과정에서 어느 상원의원은 조셉 M. 라이스 박사가 뉴욕 교육청을 기소한 내용을 인용했다. 이 기소 내용을 인용한 이유는 "뉴욕에서 이루어지는 수업이 다른 도시에 비해 현저히 뒤처져 있으며, 교실에서 사용한 교수법이 너무 '비인간적'이고, 전반적인 교육 시스템이 너무 낡았을 뿐만 아니라 실질적으로 유해한 측면도 있었다는 것을 보여 주기 위해서였다". 비록 라

---

51) Letter from Edward D. Page to Mayor Strong, April 11, 1896, Box 6147.

이스 박사가 지적한 내용이 중앙집권주의자에게 공격의 빌미를 제공하기는 했지만, 라이스 박사는 뉴욕 교육에 관한 권한을 교육감한 사람에게 부여하는 데는 반대했다. 오히려 뉴욕시를 20개 지역으로 나누고 그 지역에 교육 권한을 부여해야 한다고 주장했다. 52)

지역 교육위원회 제도에 찬성하고 중앙집권화를 반대한 사람들은 중앙집권주의자들만큼 유명하지도 않고 조직화되지도 않았으며 재정적 지원을 받는 것도 아니었다. 전형적인 풍자만화에서 버틀러는 개혁안 반대자들을 "현존하는 체제에서 자신의 명성, 권력 또는 후원을 이끌어 내고자 하는 개별 세력"으로 묘사했다. 간단히 구분하자면 그런 비판세력을 태머니파의 대리인이나 순진한 얼간이 정도로 본 것이다. 해먹은 중앙집권화에 반대하는 세력을 다음 네 가지로 구분했다. "첫째, 할렘과 브롱크스 지역 출신의 재계 및 지역사회 지도자, 둘째, 공화당 및 민주당원 일부, 셋째, 개신교, 가톨릭, 유대교 지역사회의 대변인, 넷째, 교사에서 교육 최고위직에 이르기까지 공교육활동을 담당하는 거의 모든 사람들이다." 중앙집권주의자들이 자신의 주장을 라이스의 "슬럼과의 전쟁"이라는 표현으로 결집하는 동안, 중앙집권을 반대하는 세력은 주로 중산층에서 나왔다는 것이 해먹의 주장이었다. 기존 지역 교육위원회 체제를 옹호하던 사람들은 학교를 운영하기 위해 '400명'의 엘리트들이 기울인 노력을 비난했다. 기존 체제 옹호론자들이 지닌 사회적 관점과 사업의 규모도 그 지역에 국한된 것이었고, 종종 특정 종교단체나 인종단체

---

52) Letter of Riis to Mayor Strong, April 17, 1896, Box 6063: senator, Hammack, "Centralization of New York City's school system", 85.

와 연계되어 있었다. 그러나 그들은 다원주의적 사회상을 두려워하지는 않았다. 도시생활에서 볼 수 있는 사회적 다양성을 인정하고 각 집단만의 정치적 목소리를 내는 것을 인정했다는 면에서 이들이 개혁주의자보다 오히려 더 범세계적인 감각을 가졌다고 볼 수도 있었다. 교육수준도 높고 국가적 수준의 일에 관심을 가진 개혁주의 엘리트들은 효율적인 학교교육을 통해 모든 학생들을 똑같이 만들려 한다는 점에서 그 범세계적 감각이 오히려 뒤처진다고 볼 수도 있었기 때문이다. 중앙집권 반대론자들이 보기에 정치정당은 개인이 발전하는 수단이 될 뿐만 아니라 이질적인 집단이 공존하는 도시사회에서 서로 다른 가치관과 권력관계가 서로 조화를 이룰 수 있도록 돕는 역할도 담당하였다. 학교의 지배구조가 분권화되면 정당체제와 마찬가지로 도시행정에서의 시민 참여를 증대할 뿐만 아니라 다양한 집단을 결집하는 역할을 한다고 해먹은 지적했다. 아무도 다양한 종교집단이나 출신국과 관계된 집단을 위해 학교체제를 분리해야 한다고 요청하지 않았다. 단지 그들이 원하는 것은 각 집단의 문화적 전통에 대한 정체성을 인정해 주고 학교에서 차지하는 그들 집단의 비율에 합당한 대표성을 인정해 달라는 것이었다. [53)]

도시에서 이루어지는 학교교육의 질이 낮다는 개혁주의자들의 주장에 교사들은 물론이고 일반인들도 분개했다. 어느 기자는 시장에게 다음과 같은 편지를 보냈다. "내가 뉴욕에 올 당시에는 라이스 교수가 말한 뉴욕의 비참한 학교 상황을 전해 듣고 그 말이 사실인 줄

---

53) Butler, Hammack, "Centralization of New York City's school system", 91, 92, 95에서 인용.

알았다. 교사들도 그의 지적에 대해 별다른 반대를 하지 않았기 때문에 나는 라이스 박사의 말이 옳은 줄 알았다." 그러나 그녀가 여러 학교를 방문하고 나서 느낀 점은 완전히 정반대였다. 교사들은 자신의 업무를 수행함에 있어 지적이면서도 품행이 좋았으며 업무처리도 훌륭했다. 그리고 학생들도 행복해했고 제대로 교육받았다. 학교에 대한 주민통제 방식은 교육자가 지역사회가 바라는 점에 대해 곧바로 대응하도록 만드는 반면, 중앙집권을 주장하는 사람들은 대부분 상류층 출신에, 자신의 자녀들은 사립학교에 보냈고, 그들이 공교육을 비판하는 근거는 우월의식이나 잘못된 정보에서 나왔다고 보는 사람들도 일부 있었다. 개혁안에 반대하는 사람은 그 교육개혁안은 "상류층의 아이디어에서 나왔지만 교육 문제에 아마추어인 사람들의 희망이 되었으며 결국은 나불거리는 사람들에 의해 망쳐질 것이라고 보았다. 그러므로 그 법안을 승인하는 것은 유행만 따르는 게으름뱅이가 주장하는 이론을 보증하는 일에 불과하며, 그 법안에 반대한다면 지적이면서도 경험 많고 양심적이면서도 성실한 교사들의 품위를 세워 주게 된다고 보았다".54)

스트롱 시장이 1896년 4월 지역 교육위원회를 폐지하는 법안을 승인함으로써 1896년 학교의 지배구조를 둘러싼 전쟁에서 중앙집권주의자들이 승리하게 되었다. 그러나 9월까지도 버틀러는 뉴욕시 교육위원회가 자신의 계획을 방해했으므로 기분이 좋지 않았다. 시

---

54) Letter from Lucy A. Yendes to Mayor Strong, April 9, 1896, Box 6147; letter form E. Slight to Mayor Strong, April 21, 1896, Box 6147; letter from G. W. Arnold to Mayor Strong, April 21, 1896, Box 6147.

교육위원회에는 교양 있고 지체 있는 사람보다는 "정치적 사냥꾼이나 약탈자 같은 위원이 더 많았고, 지역사회에 대한 진보적인 정책이나 사상에 대해 전혀 모르는 제3의 집단에 속한 위원들이 더 많았다". 이런 교육위원들과 같은 편이 된 사람이 바로 1879년부터 뉴욕시 교육청 교육감이 된 존 재스퍼(John Jasper)였다. 그는 뉴욕시에서 가장 상황 판단이 빠르면서도 선견지명을 갖춘 정치가였다. 버틀러가 보기에 재스퍼 교육감은 대표적으로 현대 교육의 이론과 실천에 대한 훈련을 전혀 받지 않은 사람이었기에, 대학에서 그와 같은 훈련을 받은 관리자로 하루빨리 대체되어야 했다. 그러나 버틀러의 생각에 반대한 한 교육위원은 "뉴욕이 원하는 것은 보통 사람을 위한 보통 교육"이라고 주장했다. "그래서 교육감도 보통 사람이 되어야 하며 내 생각에는 재스퍼 교육감이라면 충분하다"고 말했다. 입법부를 통해 중앙집권화 법안이 통과되도록 압력을 가한 엘리트들은 존스홉킨스대학 총장인 대니얼 코이트 길먼(Daniel Coit Gilman)이 교육감이 되도록 로비활동을 벌였으나, 그는 막판에 사퇴했고 재스퍼 교육감이 재임되었다. 재임 이후, 재스퍼 교육감은 15명의 부교육감과 10명의 장학관을 임명하도록 교육위원회를 설득하였다. 이들은 대부분 재스퍼 교육감의 오랜 지인들이었으며, 새로운 교육개혁안에 가장 반대한 2명의 교장과 전임 부교육감들이 모두 포함되어 있었다. 55)

기업 이사회처럼 권력을 중앙으로 집중하여 그 권한을 전문가에게 위임하고자 했던 교육개혁과 관련된 전투는 버틀러와 그 지지세

---

55) Butler, "Editorial".

력이 보기에 아직 끝난 것이 아니었다. 그러나 중앙집권화가 완성되는 중요한 계기가 도래했는데, 그것은 바로 윌리엄 맥스웰이 1898년에 뉴욕시 5개 통합지구의 교육감이 되면서부터였다. 맥스웰 교육감은 46명으로 구성되어, 다루기 힘들면서도 비효율적인 교육위원회의 약점을 교묘하게 이용하여 대부분의 실질적 권력을 휘둘렀다. 1917년 교육위원회 위원 수를 7인으로 축소한다는 법안이 통과되었을 때는 이미 맥스웰 교육감이 확립해 놓은 관료체제로 인해 대부분의 중요한 결정은 이미 내려진 상태였다. 이는 1896년에 치른 권력 및 가치관의 투쟁이 낳은 결과였다. '학교의 지배구조를 놓고 벌인 싸움'에서 지역 교육위원회라는 정치적 기제를 통해 학교를 통제했던 네트워크가 사라짐에 따라 권력의 공백이 발생했고, 그 공간을 이제는 전문 관리자들이 채우려 했으며, 또 그럴 능력도 어느 정도 갖추고 있었다.[56]

앞에서 살펴본 대로 비판적 시각을 지녔던 아델 쇼가 보기에 1904년 필라델피아의 학교제도는 부패와 이기심으로 가득했을 뿐만 아니라 학교시설도 미흡하고 교사들은 자신감이 없는 상태였으며, 학생들도 각종 부정행위를 저지르는 등 한마디로 엉망이었다. 쇼가 보기에 이와 같은 사태가 변화될 수 있는 유일한 길은 필라델피아 시민들이 "공직에 사람을 뽑을 때 다른 지역의 선량한 사람보다는 그 지역의 문제 많은 사람을 뽑으려 하는 전통적인 시골 사람들의 고집과 편견을 포기하는 것"이었다. 그러나 아델 쇼나 다른 비리 폭로자들의 의도가 진정성을 지녔다 할지라도 그렇게 간단하게 해결될 일

---

56) Berrol, "Immigrants at school"; Berrol, "Maxwell".

은 아니었다. 지역 교육위원회를 보존하는 데 도움을 주었던 '전통적인 시골 사람들의 편견과 고집'에서 전통적인 의사결정 방식이 나오기도 했고 도시생활을 다른 시각으로 바라보는 기회도 제공했다. 그중 하나가 1881년부터 필라델피아의 교육과 관련된 각종 정치적 활동을 변화시키고자 노력한 근대화된 사회지도층을 혐오하는 시각이었다. 57)

상류 귀족 출신의 개혁가들이 1905년 교육개혁을 일으키는 데는 한 세대의 시간이 걸렸다. 1880년대 초반 공교육협회는 상류 개혁주의자들로 구성된 100인 위원회와 연합했다. 샘 베스 워너(Sam Bass Warner)의 기록에 따르면, 당시 개혁주의자들은 대부분 부유한 법률가 또는 사업가들이었으며 "주로 정부활동에 참여하다가 점차 자선활동에 관심을 기울인 자들이었다. 이들은 자신들이 일정 기간 동안만 도움을 제공하는 아마추어라고 조심스럽게 규정했다. 그들은 마치 지방자치단체의 일은 통상적으로 어떤 직위의 사람이 해야 한다고 보는 것 같았다". 1885년 공교육협회는 지역 교육위원회 제도를 폐지하기 위해 노력했다. "학교를 관리할 때나 필라델피아 교육위원회의 위원을 임명할 때 적용하는 모든 인위적인 지역 구분을 폐지함으로써 필라델피아 전체 사회의 이익만이 부각될 수 있다고 보았다."58)

---

57) A. Shaw, "Public schools of boss-ridden city", 4460~4462, 4465; Woodruff, "Corrupt school system", 433~439.

58) Issel, "Modernization in Philadelphia school reform", 363, 359~360; Warner, *Private City: Philadelphia*, 214~215, chs. ix~xi; Fox, "Philadelphia progressives".

그러나 각 지역의 지도자와 주민들은 지역 교육위원회 대다수에게 결코 인위적인 것도 아니었고 바람직하지 않은 것도 아니었다. 1891년과 1895년 두 차례에 걸쳐 공교육협회와 자치연맹(Municipal League)이 함께 힘을 합쳐 해리스버그에 있는 의회에 교육개혁안을 제출했을 때 지역 교육위원회 대표들의 강력한 반대에 부딪혔다. 1891년에는 교육의 지배구조를 재구조화하는 법안을 주 정부와 도시 기구 지도자들의 지원을 등에 업고 상원에 제출하였다. 이 법을 지지한 지도자들은 "기초자치 수준의 지역이 가진 독립성을 최소화하기 위해 노력한 사람들"이었다. 그러나 이 법안은 지역 관리들이 필라델피아 하원의원들에게 압박을 가하는 바람에 하원에서 통과되지 못하였다. 1895년에 공화당의 주요 지도자들이 이 법안을 다시 상정했는데, 이번에도 지역 교육위원회 위원들이 지인들을 이용하여 반대함으로써 통과되지 못했다. 59)

중앙집권화를 반대한 주요 인사 가운데 한 사람이 윌리엄 태거트(William Taggart)였다. 그는 해리스버그의 청문회에서도 개혁주의자들을 비웃었으며, 자신의 신문 〈태거트 타임스〉(Taggart's Times)에도 그런 비판적 시각을 실었다. 그는 시민들은 현재 학교체제에 완전히 만족하는데 학교를 개혁해야 한다고 야단법석을 피우는 자들은 "도시 전체의 요구나 정서를 반영하지 않고 있다"는 주장을 펼쳤다. 또한 우리의 학교제도가 '타락했고 비능률적'이라고 칭얼대는 것은 대부분 시민클럽의 부녀자들의 불평에서 나온 것이고, 일부는 괴짜 같은 교육 담당자에서 나왔으며, 또 일부는 학교 지배구조의

---

59) Issel, "Modernization in Philadelphia school reform", 365.

상층에 자리 잡고 싶은 대학교수 집단에서, 또 힘 있는 광고주의 관심을 끌기 위해 애쓰는 신문사들의 불평불만에서 나온다고 보았다. 개혁주의자들을 자신의 이익을 관철시키려는 사람들로 본 점, 그리고 '대학교수 집단'을 권력을 획득하고 싶은 집단으로 보았다는 점 등은 '전문가'들이 특정 이해관계에 있지 않다고 주장한 기존 시각에 비해 훨씬 더 정확했다고 볼 수 있다. 태거트는 개혁주의자들이 고상한 체하는 것을 아주 싫어했다. "진짜 목적은 이른바 사회적 신분을 높이려는 노력과 연계되어 있었다. 그들은 보일러 제조업자, 목수, 화가와 같은 사람들이 우리의 공교육을 관리하는 데 관여해서는 안 된다는 신념을 갖고 있었다. 사실 그와 같은 사람들이 우리 사회의 근간을 이루며 정상적인 상식을 지닌 자들로서 산업체를 대표하는 것처럼, 지역 교육위원회에서도 그 대표성을 가져야만 하는 자들이다." 또 다른 편집자는 개혁주의자 대부분이 공립학교를 나온 것도 아니고 심지어 그 도시에 사는 것도 아니라고 언급했다. 60)

윌리엄 이셀(William Issel)이 필라델피아의 교육 중앙집권화 현상을 분석한 논문에서 밝혔듯이, 개혁주의자들은 실제로 사회적 신분이 매우 높은 자들이었다. 중앙집권화 운동에 적극적으로 참여한 조직 구성원의 75~100%가 '사회 저명인사 명부'(*Blue Book or Social Register*)에 속해 있었다. 더구나 그들은 다른 지역의 사회지도층 인사에게도 신경을 썼으며, 대학 측에 조언을 제공하는 일에도 관심을 기울였다. 1904년 찰스 엘리엇 총장은 자신의 학교 개혁안을 공교

---

60) Taggart, 같은 책, 371~372에서 인용; Woodruff, "Corrupt school system", 439.

육협회에 발표하였다. 니콜라스 머레이 버틀러, 스탠리 홀, 윌리엄 맥스웰도 수차례에 걸쳐 교육조직을 재구조화하는 문제로 그 도시를 방문하였다. 펜실베이니아대학 교육학과 마틴 브룸바우(Martin Brumbaugh) 교수는 1905년 교육개혁법(Reorganization Act)을 작성한 위원회에 속해 있었는데, 그 이후 새로운 법이 적용되는 첫 번째 필라델피아 교육청 교육감이 되었다. 필라델피아의 교육개혁주의자들은 뉴욕의 교육개혁주의자들보다 더 현명하게 대처하였다. 학교장이나 교사들을 악랄한 정치집단으로 기술하는 대신, 구식 교육의 희생자로서 불행하다는 점을 부각한 것이다. 61)

1903년 학교 관리감독자가 직권을 남용하여 부당이득을 취한 사건에 유죄 선고가 내려졌다. 이에 더하여 필라델피아의 학교에서 일어난 몇 가지 부패사건이 전국에 보도되자 학교를 개혁해야 한다는 움직임이 다시 살아나게 되었다. 중앙집권주의자들은 정체 상태에 있던 자치연맹을 70인 위원회로 전환하고 "필라델피아 교육을 정치적 타락에서 구하자"고 주장했다. 이번에는 학교 관리자 일부와 교사 일부가 참여하면서도 "자신들의 교육자로서의 삶을 내걸게 되는" 두려움을 가졌다. 교육개혁운동에 참여하는 것이 정말 곤란하다는 것을 보여 준 사례는 바로 에드워드 브룩스(Edward Brooks) 교육감이 1903년 연례보고서에서 그해 교단에 충격을 준 사건들을 언급조차 하지 않았다는 사실이다. 필라델피아의 정치적 기구들도 교육개혁운동을 지지했다. 물론 동기는 매우 다양했다. 그들도 기초자치

---

61) Issel, "Modernization in Philadelphia school reform", 359~360; Nash, *Philadelphia Public Schools*, 62~67.

수준의 정치가들을 통제하고 싶어 했으며, 대중의 요구에 '솔직하면서도 효율적으로' 대응하기를 원했고, 새로운 고등학교를 신설하여 교육제도를 개선하고자 했다. 마찬가지로 주 정부 지도자들도 학교 조직을 재구조화하는 법안에 찬성하게 되어 한 사람의 반대표가 있었지만 곧 입법부를 통과하였다. 62)

새로운 법 제정으로 인해 지역 교육위원회가 가졌던 실질적 권한은 폐지되었고, 필라델피아 교육위원회의 수도 절반으로 줄어 21명의 위원을 판사가 임명하고 각 지역이 아닌 도시 전체에서 선택하는 방식으로 전환되었다. 상류 귀족 출신의 개혁주의자들과 교육 전문가들이 한 세대에 걸쳐 이룩한 이 교육개혁안은 공교육 발전을 위한 부분적 승리로 인식될 수 있다. 개혁주의자들은 이 개혁의 성공을 "1905년의 필라델피아 혁명"이라고 환호했다. 그러나 모든 혁명이 그렇듯이 학교체제가 관료화되고 대규모로 커지면서 20세기 동안 필라델피아 인구의 성격과 요구사항 변화에 제대로 대응하지 못해 새로운 문제를 양산하게 되었다. 63)

세인트루이스시에서도 필라델피아, 뉴욕과 유사한 과정으로 중앙집권화 운동이 진행되었다. 우선 학교 비리 폭로자에 의해 학교의 부패상과 비능률성이 문제로 지적되었고, 사회지도층 인사들이 공직을 맡아야 한다는 시민 집단의 요구를 부각시켰으며, 도시의 학교

---

62) Issel, "Modernization in Philadelphia school reform", 378~380; Nash, *Philadelphia Public Schools*, 52, 58~61.

63) Issel, "Modernization in Philadelphia school reform", 379~382; 필라델피아의 학교들에 관한 이후의 문제들은 Odell, *Educational Survey for Philadelphia*에 기록되어 있다.

통제권을 개혁하는 법이 주 의회를 통과하도록 청원하는 과정을 거쳤다. 세인트루이스의 개혁주의자들은 1897년 학교제도를 재구조화하는 법안을 준비하면서 다양한 분야의 사례를 차용하였다. 이들은 뉴욕시 길로이 시장의 제언을 전폭적으로 수용했으며, 소규모 엘리트로 구성된 통제 시스템을 운영하는 클리블랜드의 사례와 도시학교의 지배구조에 관한 미국교원연합회의 15인 위원회 권고안 등을 참고하였다. 그 결과 세인트루이스의 행정 패턴은 다른 도시들이 참고해야 할 중요한 모형이 되기도 했다. 64)

　1887년 세인트루이스의 교육개혁주의자들도 교육개혁법안이 통과되지 못하는 실패를 경험하였다. 이 경험을 통해 이들은 현직에 있는 사람들 가운데 자신들의 법안을 지지해 줄 인사를 찾는 것만으로는 부족하고, 그 법안에 반대할 가능성이 있는 사람들을 어떻게 막느냐가 중요하다는 교훈을 얻었다. 1887년 당시 제동이 걸린 개혁법안의 내용은 각 지역구를 중심으로 28명의 교육위원을 선출하던 종전 방식 대신, 7명은 전체 시 수준에서 선출하고 14명만 지역에서 선출하여 총 21명의 교육위원회를 구성하자는 안이었다. 1887년에는 21명의 교육위원 가운데 17명을 지역 '시민의 표'를 통해 선발하게 되었다. 1886년과 1887년의 교육위원회를 비교한 엘리너 게스먼(Elinor Gersman)에 따르면, 교육수준, 직업, 거주지역을 기준으로 했을 때 1887년 위원들의 사회적 지명도가 더 높은 것으로 나타났다. 그러나 1896년까지 공화당이 지배하는 도시행정의 통제 속

---

64) E. C. Eliot, "School administration: St. Louis", 465; German, "Progressive reform", 5~6.

에서 교육위원회가 운영되었고, 교육위원회를 자신의 후원기관으로 활용하거나 직권남용의 수단으로 사용하기도 했다.[65]

교육개혁을 주도한 사회지도층 인사들은 이와 같은 부패상황에 직면하면서 이제는 교육위원 선출방안을 개선해야 할 뿐만 아니라 교육위원회의 기능도 제한할 필요성이 있다고 인식하게 되었다. 세인트루이스의 시민연대 단체 지도층 인사들은 민주당이 다수를 차지한 미주리주 입법부의 지원을 받을 수 있는 길을 모색했다. 이들은 도시의 학교교육을 망쳐 놓는 권력에 어느 정도는 제동을 걸어야 한다고 보았기 때문이다. 1897년 미주리주 의회는 교육위원의 엄격한 자격과 행동규범을 명시한 헌장을 비준했다. 그 내용을 보면, 12명의 교육위원은 정당배제의 원칙에 따라 정치적 중립성을 지킬 것을 선서하고, 재임기간 동안 건전한 정신과 신체로 다른 어떤 요소에 간섭받지 않고 오직 그 직무에 헌신할 것을 선서하도록 규정했다. 그리고 겸직은 금지되었으며, 재정적 이권을 가질 수 있는 그 어떤 결정도 하지 못하도록 규정하였다. 이 헌장의 주요 목적은 "학교를 정치로부터 벗어나게 하고 지역사회의 명망 있는 사람들이 이 교육위원직을 공공의 신뢰를 얻는 자리로 인식하게 하기 위함"이라고 에드워드 C. 엘리엇(Edward C. Eliot)은 강조했다.[66]

엘리너 게스먼이 밝힌 바와 같이, "사회의 명망 있는 사람들은" 이제 이 헌장의 적용하에서 교육위원회 위원으로 활동하게 되었다. 교

---

65) German, "Progressive reform", 8~10.
66) E. C. Eliot, "School administration: St. Louis", 466~467: E. C. Eliot, "Nonpartisan school law", 226.

육위원회에 포함된 전문가와 대기업가들은 1896년 단지 14.3%에 지나지 않은 반면, 1897년에는 83.3%나 되었다. 에드워드 C. 엘리엇의 발표에 따르면, 1903년의 교육위원회에는 사회 최고지도층 인사들이 대거 포함되었다. "고위 법조인 3명, 재계 총수 3명, 행정 관리자 2명(이 가운데 1명은 전국적 지명도를 가진 사람), 의사 1명, 세인트루이스의 독일신문 사주 1명, … 은퇴한 철도회사 사장 … 노동훈련학교(Manual Training School) 이사였던 C. M. 우드워드(C. M. Woodward) 박사와 워싱턴대학 건축공학대 학장이 마지막으로 포함되었다." 엘리엇은 1906년 세인트루이스의 학교를 통제하는 데 적절한 사람들이 시카고 상인회에 속해 있다는 것도 확인했다.[67]

세인트루이스 교육개혁의 중요성은 '사회의 명망 있는 사람들'을 교육위원회 위원으로 유인했다기보다는 교육감의 권한을 확대했다는 점에 있었다. 새로 제정된 헌장에 반대한 사람들은 이 헌장이 정한 기준 때문에 루이스 솔던(Louis Soldan) 교육감이 시민연맹 회원들과 공모하여 독재적 통치 권력을 구축할 수 있었다고 비난했다. "솔던 교육감은 최고였다. 그는 교육학 분야의 최고 권위자이면서 실수도 하지 않았고 다른 사람이나 그 어떤 일에도 쉽게 휩쓸리지 않는 성격의 소유자였다." 사실 교육감은 학교에서 발생하는 모든 실질적인 사항, 예를 들면 직원 임명, 교과서 선정, 건물 수립계획 및 계약체결, 교육과정 결정, 학교에서 매일매일 일어나는 문제에 대한 일상적 결정에 있어서 막대한 영향력을 행사했다. "그럼 교육

---

67) German, "Progressive reform", 8, 15; E. C. Eliot, "Nonpartisan school law", 228; Chicago Merchants' Club, *Public schools and Their Administration*, 21.

위원회는 무슨 일을 하지?"라고 에드워드 엘리엇이 물을 정도였다. "그 질문에 답은 이렇다. 교육위원회가 하는 일은 단지 교육 전문가나 건축 전문가를 제외한 일반행정 담당 직원의 일반적인 지적 능력과 과제 수행능력에 관한 자격을 정하는 일 정도"였다. 엘리엇의 관점에서 학교 운영은 교육감이라는 교육 전문가의 영역이며, 교육위원회가 담당할 수 있는 교육정책 관련 질문들은 거의 없거나 아주 드물었기에 실질적 활동이 거의 없었다. 교육감이 안건을 출력해서 미리 배포하면 교육위원회에서는 그냥 신속하게만 처리하면 되는 일이었다. 교육감이 제안한 안건에 대해 반대하는 교육위원도 있었지만 그렇다고 어떤 새로운 과제를 교육위원이 발의하는 것은 아니었다. 68)

1890년대에는 중앙집권주의를 주장한 인사 가운데 국가적 수준의 명성을 가진 몇몇 사람들이 교육 전문가에게 있어 권력의 정점이라 할 수 있는 교육위원회의 폐지를 주장하기 시작했다. 그러나 세인트루이스의 교육개혁주의자들은 차선의 정책을 선택했다. 그것은 바로 교육위원회의 활동을 제한하여 학교 관리자들이 그 영향력에서 벗어날 수 있도록 하는 것이었다. 그들은 이와 같은 권력의 변화를 통해 정치적 부패를 제거할 수 있다고 정당화하면서 교육 전문가들을 포함한 카리스마적 지도자들에게 좀더 많은 기회를 제공할 수 있다고 주장했다. 다른 지역의 개혁주의자와 마찬가지로 세인트루이스의 개혁가들은 '과학'에 복음주의적 색채를 가미하고, 조직

---

68) *St. Louis School Report for 1913*, 254~255; E. C. Eliot, "Nonpartisan school law", 226~227; E. C. Eliot, "School administration: St. Louis", 465.

관련 상식에 호레이쇼 앨저(Horatio Alger) 신화[69]를 더했다. 에드워드 엘리엇은 1905년 미국교원연합회의 교육자들에게 다음과 같이 말했다. "여러분이 교육감에게 전권을 부여한다면 그런 체제하에서 위대한 사람이 나올 수 있다. 젊은 나이에 고위직에 오른 어느 철도 청장이 불과 며칠 전에 내게 말하길, 어떤 사람이 기회를 얻기 전까지는 아무도 그 사람의 능력을 알 수 없다고 했다. 이것이 그가 이룬 성공의 원리였다." 교육행정학 관련 서적을 보면 이와 유사한 내용이 포함되어 있다. 지도자란 훈련을 통해 전문가가 된 사람이면서도 무한한 창조력을 발휘하는 사람이다. 즉, 조직의 하위자들을 격려해서 조직에 헌신할 수 있도록 만드는 운동가다. 교육감은 백마 탄 왕자인가, 아니면 나에게 전화를 걸어 지시 내리는 사람인가? 오늘날에는 카리스마 있는 전문가와 과학적 지식을 지닌 전문가를 정반대로 인식하거나, 서로 결부시키는 경우에도 그 특징이 서로 충돌한다고 이해하는 경향이 보편적이다. 요즘에는 자신이 속한 조직에 의해 규정되는 방식이 분명할 뿐만 아니라 한 사람만의 힘으로 관료제적 속성을 변화시키는 일이 매우 어렵기 때문이다. 그러나 20세기 초, 교육계 지도자가 카리스마적 기질도 있으면서 동시에 과학적 기술과 방법도 갖추어야 한다고 믿은 상류 귀족 출신 개혁자들의 신념은 당시 기업경제를 혁신한 제조업 및 금융업계의 지도자들을 숭배

---

69) 〔옮긴이주〕 19세기 후반의 유명한 미국 소설가로서, 《누더기를 입은 딕》 (Ragged Dick, 1867)을 비롯하여 120여 편의 소년 취향의 성공담식 소설을 발표하였다. 1870년대 및 1880년대의 시대풍조에 편승하여 연소 독자로부터 대환영을 받은 그의 책은 2천만 부 이상 팔렸다고 하며, 오늘날 그의 이름은 미국적인 성공의 꿈과 결부되어 흔히 인용된다.

하던 전통에서 나왔다고 볼 수 있다. 70)

카리스마를 가진 교육감 알프레드 론코비에리 (Alfred Roncovieri)는 1917년 11월 14일 캘리포니아 시민사회클럽 (Commonwealth Club of California) 에서 연설하는 도중 청중들의 강한 반대에 부딪혔다. 1906년부터 샌프란시스코의 선출직 교육감을 맡은 론코비에리는 그 클럽에 모여 있던 재계 지도자 및 전문가와 그들의 배우자들 모두가 다원화된 도시학교에서 일어나는 여러 정치적 활동에 대한 자신의 입장에 대해 반대한다는 사실을 깨닫게 되었다. 당시는 미국 교육부 장관 필랜더 클랙스턴이 영향력 있는 비전문가들의 요청에 따라 도시학교에 대한 실태조사를 완료한 시점이었다. 그는 대부분의 도시가 기업이 사용하는 폐쇄적 체제 모형을 채택하여 학교를 통제해야 한다고 결론지었다. 론코비에리 교육감이 보기에 위와 같은 결론은 '시민에 의한 직접 통제방식으로 운영되는 샌프란시스코 교육청의 진보적인 교육행정 시스템'을 부정하는 것으로 인식됐다. "학교교육을 책임질 교육감을 선출할 권리가 시민에게 있으며, 그 교육감이야말로 자녀를 매개로 우리 가정에 가장 가까이 다가올 수 있는 공인"이라고 그는 주장했다. 또한 선출된 교육감은 교육위원회 위원들과 충돌할 필요도 있으며, "공직에 있는 사람들이 서로 다른 사상을 갖고 논쟁하는 과정에서 시민들에게 유용한 생각이 발생할 수도 있다"고 보았다. 공직에 있는 사람들끼리 너무 조화롭게 지내려고 애쓸 필요가 없다는 것이 그의 논리였다. 그는 자신이 교육감으로 재선될

---

70) E. C. Eliot, "Nonpartisan school law", 321; Callahan, *Superintendent*, ch. iii, Iannaccone and Lutz, *Politics, Power, and Policy.*

수 있었던 이유는 시민들의 요구사항을 잘 파악했기 때문이라고 대답했다. 그들의 요구에 귀 기울이지 않았다면 그들 앞에서 하는 자신의 말이 프랑스어나 이태리어로 말하는 것과 무슨 차이가 있었겠는가? 시민들이 원하는 것, 교사가 시민들에게 제공해야 하는 것은 '정직한 학교 업무'였다. 다시 말해 '유행'이나 '교육학적 실험', 또는 '전시 업무'로서의 학교 일을 하는 것이 아니라, 헌신적이면서도 열의를 갖고 실질적으로 학생들을 가르치길 희망했다. 세계적인 도시라면 다양한 의견의 차이가 항상 존재하기 마련인데, 이 문제를 합당하게 해결하려면 상부기관의 명령에 따르는 것이 아니라 시민들과 의견교류를 통해야 한다고 그는 보았다. 71)

론코비에리 교육감은 1906년부터 1923년까지 샌프란시스코 교육청 교육감으로 활동했다. 그 전에는 샌프란시스코 교육청도 학교교육과 관련된 각종 정치적 상황이 불안한 상태였기 때문에 여러 가지 마찰을 겪었으며, 1906년 이전 50년 동안 무려 21명의 교육감이 거쳐 갔다(3명은 임명직, 18명은 선출직). 교육개혁주의자들은 1883년, 1887년, 1895년 당시 학교 운영과 관련된 규정을 개정하기 위해 노력했으나 실패하고 말았다. 그리고 마침내 1898년 새로운 규정을 비준하였는데, 주요 내용은 '정치와 행정'을 분리하고 직원 임명을 포함한 각종 시정활동에 대한 모든 책임을 시장에게 부여하는 것이었다. 이론상으로 새로운 규정은 시민들이 강력한 시장을 선출하여 기본적인 정책을 결정할 수 있게 하고, 나머지 도시행정의 세

---

71) Commonwealth Club of California, *Transactions*, 456, 467, 547. 속기록에 의하면 다른 연설자들은 모두 박수를 받았지만 Roncovieri의 연설에는 아무도 박수를 쳐주지 않았다.

부사항들은 전문가를 고용해 그들의 손에 맡기는 방식이었다. 이 규정에 따라 시장이 초당파적인 교육위원 4명을 임명하고 그들을 중심으로 한 교육위원회가 샌프란시스코의 학교교육을 책임지도록 하였다. 이들은 연봉 3천 달러를 받으면서 선출직 교육감과 협력해서 학교제도를 운영하였다. 선출된 교육감은 교육위원회의 당연직 위원이었다. 72)

엘우드 커벌리는 새로운 제도가 기존의 부패한 정책에 비하면 분명 바람직한 제도라고 생각했지만, 1901년 발표한 글에서 그는 샌프란시스코의 개혁안은 용납될 수 없는 계획이라고 평가했다. "이 제도는 2개의 주체가 교육을 관장하는 안으로서, 갈등을 필연적으로 초래한다. 교육위원들이 교육감에게 속한 책임과 권한을 장악하지 못하면 그들은 보수를 받기 힘들 것이다." 선출된 교육감은 그 지역의 정치가가 틀림없을 것이다. 반면 교육감직에는 전국에서 가장 잘 훈련받은 사람이 필요하다. 교육위원회도 최소한의 '입법 활동'을 수행할 수 있는 재계 인사로 구성되어야 하며 보수를 줄 필요가 없다. 현재의 교육개혁안은 단지 "도시의 교육 시스템이 발전하는 단계" 중 하나로서 앞으로 기업 이사회 모형으로 나아가기 위한 전(前) 단계라고 볼 수 있다. 커벌리 교수는 "샌프란시스코 시민 중 좀 더 나은 사람들, 좀더 나은 집단의 각성이 필요한 때"라고 주장했다. "상인회, 유니테리언(Unitarian), 캘리포니아(California), 센추리(Century), 그리고 대학동창연합회와 같은 단체들이 이 문제에

---

72) Dolson, "San Francisco public schools", 224, 295, 724~725; Cubberley, "School situation in San Francisco", 366~368, 372.

대해 심도 깊은 조사를 진행하는 것이 공교육 관리체계를 개혁하는데 시의적절한 작업이 될 것이다."73)

커벌리 교수의 교육개혁에 대한 미래전망이 현실화되는 데는 그가 예상한 것보다는 시간이 더 걸렸다. 1913년 봄 대학동창연합회 회원 일부가 "문법학교 졸업생들이 기업이나 상사(商社)에 적합하지 않은 인력이라고 불평하면서 샌프란시스코의 학교를 연구할 목적"으로 '학교 현황 조사를 위한 강의'를 구성하기로 결정했다. 그들은 학교 관리자, 커벌리 교수와 같은 교육학 전공 교수, 그리고 그 밖의 인사들을 연사로 초빙했으며 조사연구원으로 아그네스 드 리마(Agnes de Lima)를 고용했다. 아그네스는 이후에 아동 중심 교육을 주장한 저널리스트로 널리 알려졌다. 제시 스타인하트(Jesse H. Steinhart) 여사는 학교 통치구조 개혁과 연구활동에서 핵심적 역할을 담당했다. 대학동창연합회에서는 1914년에 샌프란시스코의 교육 현황을 '개혁이 진행되는 다른 도시들'과 비교한 결과, 애석하게도 샌프란시스코의 교육이 여러 면에서 부족하다고 보고했다. 74)

이 조사결과가 발표된 후 6개월 동안 샌프란시스코 상공회의소와 교육청은 미 교육부 장관 필랜더 클랙스턴과 협의하여 샌프란시스코 학교에 대한 철저한 조사를 실시하기로 결정했다. 교육위원회는 이 일에 냉담한 반응을 보이면서 미 교육부가 제안한 어떤 조사도 거부하고 이 조사를 위한 비용도 지출할 수 없다고 주장했다. 그러자 상공회의소 소장은 개인 기부를 통해 필요한 기금을 확보하였다.

---

73) Cubberley, "School situation in San Francisco", 379, 381.
74) Collegiate Alumnae, *Conditions in Schools of San Francisco*, 6, 2, 48.

그리하여 1916년 학교현황조사위원회가 발족하였다. 클랙스턴 장관의 주요 정책은 보수를 받는 교육위원회와 선출직 교육감이 학교통제 조직의 두 축을 구축하는 방식을 기업 이사회 통제방식으로 전환하는 것이었는데, 이는 1901년 커벌리 교수가 주장한 "갈등을 초래할 수밖에 없는 2개의 지도체제 방식의 불합리성"과 유사했다. 론코비에리 교육감은 클랙스턴 교육부 장관의 조사연구가 진부하면서도 평이할 뿐만 아니라 조사 내용이 대부분 "샌프란시스코의 학교현장을 직접 방문하지도 않은 상태에서 이루어졌다"고 논평했다. 클랙스턴 장관은 샌프란시스코 시민들이 이 보고서에서 밝힌 자료를 검증해 주기를 희망했다. 이 과정에서 그는 교육 담당자뿐만 아니라 상공회의소 회장과 스타인하트 여사에게도 그 보고서를 제출하였다. 75)

클랙스턴 장관의 보고서로 인해 샌프란시스코 학교교육의 지배구조와 관련된 개혁 방안이 논쟁의 중심이 되었다. 장관은 "샌프란시스코 공교육체제의 문제는 바로 유급 교육위원회와 교육감이 동시에 교육 시스템을 통제하는 데 있다"고 보았다. "합당하고 공식적인 복종체계"가 없는 상태에서 교사와 학교행정가들은 "그들이 교육감과 그 부하직원을 따라야 하는지, 아니면 교육위원회와 그 소위원회를 자신의 상부기관으로 보아야 하는지 몰라서 항상 불안정한 상태였다". 이와 같은 지도체제의 모호함으로 인해 학교와 지역사회 모두가 불안했다. 론코비에리 교육감과 그 추종자들은 장관의 지시에

---

75) Claxton 외, *San Francisco Survey*, 76; Commonwealth Club of California, *Transactions*, 379, 446.

따라 보고서 작성에 참여한 연구자들이 학교를 직접 방문하지도 않고 소수의 외부 인사들과 나눈 대화와 서신을 기초로 보고서를 작성했다고 비난하면서, 장관의 주장에 대해 다음과 같이 반대하였다. "이 보고서에는 특정인이 우리의 학교체제를 비난할 의도가 숨겨져 있다. 그리고 그들은 학교의 통치구조와 관련하여, 변화를 바라는 몇 가지 특징들을 아무런 증거도 없이 잘못되었다고 주장하면서 우리 시민들에게 편견을 심어 주었다. "[76]

샌프란시스코의 사회지도층 인사들이 클랙스턴 교육부 장관을 초청한 이유는 그가 학교 통제를 위한 기업 방식의 이사회 모형을 도입할 것이라는 믿음이 있었기 때문이었다. 당시의 지도층 인사들은 그 방식을 일반적 통념으로 받아들이고 있었다. 그러나 론코비에리 교육감과 샌프란시스코 교원들의 생각은 달랐다. 클랙스턴 장관은 당시의 샌프란시스코 교육이 문제가 많고 불안정한 상태라고 주장하면서도 그를 뒷받침할 만한 충분한 증거를 제시하지는 않았지만, "학교조직 관리의 원칙"이라는 전문가의 주장을 그의 보고서에 8쪽에 걸쳐 인용하고, 그중 5쪽에 걸쳐 시카고대학의 프랭클린 보빗 교수가 학교와 기업을 정교하게 비유한 내용을 실었다. 그리고 결론에는 "학교 현장에서 바람직한 관리의 원칙은 재계에서 바람직한 관리 방식과 정확하게 일치한다"고 적었다. 이 생각은 재계 인사나 샌프란시스코 시민사회클럽 회원으로 있는 전문가 집단에게는 놀랄 만한 것도 아니었다. 그들은 "시민들은 주주에 해당하고, 교육위원회

---

76) Claxton 외, *San Francisco Survey*, 76; Commonwealth Club of California, *Transactions*, 455, 457.

는 이사회와 같고, 교육감은 전문경영인과 같다"는 어느 연사의 주장에 환호하는 사람들이었다. 77)

론코비에리 교육감은 이와 같은 기업체의 이사회 방식에 동의하지 않았다. 그는 훌륭한 교육자라기보다는 음악가였으며, 노동당에서 적극 활동하는 조합원으로서, 학교와 관련된 정치적 활동을 폐쇄적인 체제의 시각이 아닌 순응의 문제나 통제된 갈등의 문제로 인식했다. 그도 교육위원회와 선출된 교육감 사이에 불일치가 존재할 수 있음을 인정했다. "학교 통제와 관련된 규정을 제정하는 사람들이 그와 같은 의견 불일치를 예상할 수 있다. … 교육위원회가 교육감을 무시할 수 없고 교육감 역시 교육위원회를 무시할 수 없는 상황에서 그와 같은 의견 불일치는 자유로운 토론의 과정을 거쳐 최종 투표로 해결할 수 있다. 그리고 사람들은 이런 과정을 통해 자신들에게 가장 합당한 진리에 도달할 수 있다." 교육감이 보기에 "이런 방식이 진짜 미국적이고 바람직하며, 현재 무슨 일이 진행되는지 제대로 알 수 있는 유일한 방식이자, 자신의 권리와 의무를 분명히 할 수 있는 유일한 방식이었다". 론코비에리 교육감은 책임을 공유하고 서로 독립성을 유지하는 일은 부담되기보다 자연스러운 일이며 이를 통해서 권력의 균형을 유지하고 문제를 해결할 다양한 수단을 얻을 수 있다고 주장했다. 78)

론코비에리 교육감은 샌프란시스코시에는 다양한 인종이 거주하

---

77) Claxton 외, *San Francisco Survey*, 76; Commonwealth Club of California, *Transactions*, 432.

78) Commonwealth Club of California, *Transactions*, 470~471; Dolson, "San Francisco public schools", 356.

여 다원주의 성격이 강하기 때문에 학교제도에 대한 통제방식도 다원주의 방식이 적합하다고 믿었다. 그가 재임한 시기의 교원들은 실제로 누가 교육감인지 모르는 경우가 종종 있었다. 리 돌슨(Lee S. Dolson)은 샌프란시스코 학교교육의 역사에 관한 논문에서 "론코비에리 교육감을 그저 교육위원회의 교육위원 가운데 한 사람이라고 굳게 믿으면서, 자신들의 업무에 대해 장학활동을 벌이는 교육위원회 위원 중 1명이 '진짜 교육감'이라고 생각하는 사람들이 많았다"고 기술했다. 또한 교육위원이나 교육감이 당시 한참 문제로 부각되던 문화적 갈등 상황을 중재할 수도 있었다. 가톨릭계에서 출간하는 〈모니터〉(Monitor)에 기고한 어느 글은 학교에서 '성 위생학'을 가르치는 가운데 산아제한 정책을 옹호하는 사람들의 요구를 어떻게 다루었는지 잘 보여 준다. "교육위원회는 이 문제를 론코비에리 교육감에게 전달했다. 교육감은 신사처럼 이 문제를 세심히 관찰한 다음, 학부모 중심의 단체 몇 개를 소집하여 이 문제를 논의하도록 했다. … 교사, 학부모 단체 그리고 교육감은 성 위생학과 관련된 문제는 학생이나 수업시간을 위한 주제가 아니며, 가정에서 학부모의 손에 맡겨져야 한다고 결론 내렸다."[79]

선출된 론코비에리 교육감이 책임져야 할 대상은 주로 재계 인사들로 구성된 교육위원회가 아니라 도시 전체 시민이라고 생각했다. 그는 노동조합, 인종이나 종교 관련 단체의 요구사항에 민감했으며, 학교의 목적이 마치 공장에서 노동자가 생산품을 만들어 내는

---

79) Dolson, "San Francisco public schools", 414n; *Monitor*, Senkewicz, "Catholics and amendment 37", 4에서 인용.

것과 같다는 생각에 반대했다. "우리는 너무 어른들의 생각으로 학생들을 판단하려는 경향이 있다. 재계 인사들이 이런 경향을 특히 더 보이는데, 이는 공정하지 않다." 그리고 "모든 교육에 대한 책임을 학교만 전적으로 져서는 안 된다고 생각한다. 가정과 교회도 학생들의 정신과 성격을 형성하는 데 중요한 역할을 담당한다". 이민자 출신 학부모가 자신의 자녀들이 학교에서 모국어를 배우기를 희망하는 것은 합당하다고 그는 생각했다. 80)

　　1918년과 1920년에 학교의 지배구조를 기업 모형으로 전환해야 한다고 주장한 개혁주의자들은 유권자를 설득하여 수정헌법 제37조를 통해 헌장을 개정하고자 노력했다. 수정헌법의 내용에는 교육감 선출제를 폐지하고 교육위원은 시장이 선임하고 무보수로 한다는 것이 포함되었다. 그러자 계층, 인종, 종교 집단들 간의 첨예한 갈등 상황이 발생했다. 수정헌법 제37조를 찬성하는 개인과 집단들은 당시의 학교제도를 비판하면서 클랙스턴 교육부 장관의 도움을 받고자 했다. 이 조항에 찬성한 집단으로는 그전부터 이 개혁에 찬성한 상공회의소, 대학동창협의회, 시민사회클럽 외에 캘리포니아 시민연맹 샌프란시스코 지부, 샌프란시스코 부동산위원회, 여성을 위한 시연맹 클럽과 그 밖의 사회적 지위가 높은 사람들이 구성한 조직이 가담했다. 가톨릭계가 학교체제를 운영한다고 확신한 반가톨릭 성향의 많은 개인들도 찬성 세력에 힘을 더했다. 81)

　　기업 모형을 활용하자는 수정헌법 제37조에 반대한 집단도 매우

80) Commonwealth Club of California, *Transactions*, 469.
81) Shradar, "Amenders"; Bosche, "Administration of San Francisco schools".

다양했다. 교원단체 회원들, 노동조합 대표, 가톨릭계, 아일랜드계, 그리고 엘리트 중심의 단체들이 이 개혁운동을 주도한다는 사실에 분개한 많은 '일반 시민들'이 주로 반대 측에 속하였다. 이들은 범세계적 관점이나 엘리트 경험을 가진 자들과 달리, 편협한 지역주의 관점을 가진 자들이었다. 한 기관지(Bulletin)에 실린 어느 서한문에서 매슈 설리번(Matthew Sullivan)은 개혁주의자들이 "샌프란시스코 일반 시민들에게 학교를 어떻게 관리해야 하는지 명령하고자 노력하고 있다"고 비난했다. 공교육협회 회원들은 '사회 저명인사 명부'에서 찾아볼 수 있는 사람들인 반면, 노동자 계급이나 교사들은 찾아볼 수 없다고 설리번은 밝혔다. 샌프란시스코 교원단체는 교육청에 고용된 자들은 모두 돈으로 움직이는 정치가라는 비난에 분개했을 뿐만 아니라 교사들은 교육위원회 위원이 될 수 없다는 규정 때문에 화가 났다. 샌프란시스코 교원단체는 "일간지에 실린 광고의 자신들에 대한 비난은 과장되었다고 항의했다. 이와 같은 광고는 수정헌법 37조의 통과를 희망하는 세력들이 비밀리에 지원한 광고라는 것이다". 건설회사 신문에서 개혁조치 지지자들은 "'일반 시민들이 공립학교를 직접 통제할 충분한 능력이 없다고 믿는다'는 기사가 실리기도 했다. 학교에 대한 '직접 통제권'은 일반 시민들보다 시민들의 교육 관련 요구를 더 명확하게 아는 '슈퍼맨'에게 부여하는 것이 바람직하다는 것이 개혁에 찬성하는 사람들의 생각이었다". "교육위원이 무보수로 일한다는 것은 '보통 사람들'의 권리를 박탈한다는 의미로 볼 수 있다. 왜냐하면 일반 대중은 일반적으로 저소득층이기 때문에 결과적으로 보수를 받지 않는 교육위원으로 일하기가 어렵기 때문이다." 〈모니터〉 기자에 따르면 "이런 생각은 상공회

의소가 공모해서 잉태되고 현실화되어 지속적으로 발전했으며, 클
랙스턴 교육부 장관이 계속 확대했다. 그리고 제시 스타인하트 여사
도 개혁 방안 초안을 확대발전시키는 데 기여했으며, 이 노력에 다
른 인사들도 합류하였다". "상공회의소 회원들이 교육위원이 되면
곧바로 동부 출신 부호를 '교육감'으로 임명하고 교사들도 '상공회의
소 취향'을 갖도록 할 것이다." 아일랜드계 신문에서는 수정헌법을
주장한 사람들은 "자신들이 샌프란시스코의 지식인이라고 생각하는
장사꾼들, 편견이 심한 사람들, 폭리를 취하는 사람들, 사회사업가
들, 성 위생주의자, 산아제한 찬성론자에 불과하다"고 논평했다. [82]

　1918년과 1920년에 수정헌법 승인과 관련된 주민투표에서 아일
랜드계가 밀집해 있는 지역에서는 대다수가 반대표를 던졌다. 1918
년 투표에서는 수정헌법이 통과되지 못했는데, 부분적으로는 이 안
을 지지한 개혁주의자들이 과도하게 홍보해서 오히려 반감을 샀기
때문이기도 했다. 그러나 1920년 투표에서는 드디어 근소한 표 차
이로 수정조항이 통과되었다. 수정조항이 통과된 이유는 첫째, 전
국적 차원에서 일어났던 반가톨릭 정서가 영향을 주었으며, 둘째,
학교장이 해고되는 상황에서 수정법안 제37조를 지지하는 사람들
은 이 문제를 학교체제의 부패상황으로 인식하게 만들었다. 셋째,
노동자 단체 중 일부가 학교에서 이루어지는 직업교육에 자신의 영
향력을 행사할 목적으로 이 수정안을 지지했기 때문이었다. 학교의
지배구조와 관련하여 커벌리 교수가 예언한 개혁안이 1920년 11월

---

82) *San Francisco School Bulletin*, Bosche, "Administration of San Francisco
　　schools", 16~17; *Organized Labor and Monitor*, Senkewicz, "Catholics
　　and amendment 37", 1, 5에서 인용.

에 마침내 실현되었다. 83)

수정헌법 제 37조를 만드는 데 적극 가담한 집단들이 이제야 권력을 잡게 되었다. 제임스 롤프(James Rolph) 시장이 임명한 7명의 교육위원 중 3명은 캘리포니아 시민연맹 회원 출신이었고, 또 다른 3명은 교육개혁운동을 배후에서 강력하게 지지한 유대계 지역사회의 지도자들이었다. 그리고 대부분이 재계 인사들이기도 했다. 교육위원회는 컬럼비아대학 출신의 조셉 그윈(Joseph Gwinn)을 교육감으로 선임하였는데, 그는 교육감이 되던 때에 미국교원연합회 회장을 맡기도 했다. 그윈 교육감과 같이 외부의 교육 전문가를 선임한 교육위원회는 드디어 자신들이 가진 교육개혁 이론을 현실에 적용할 수 있게 되었다. 시청 밖에 있던 교육위원회를 새로운 행정 건물로 이전하였는데, 이와 같은 이전은 상징적 차원과 실용적 차원에서 모두 의미가 있었다. 그윈 교육감과 그에게 협조적이었던 교육위원회는 조직을 개편하고 '과학적' 교육을 실시하는 데 필요한 각종 자료를 수집하고, 다양한 학교와 교육과정을 개발했으며, 학제도 6-3-3제로 전환하여 저학년 고등학교(junior high school) 유형을 포함시켰다. 84) 그 밖에 지능검사를 실시하여 그 점수를 기준으로 학생들을

---

83) Dolson, "San Francisco public schools", 442; Bosche, "Administration of San Francisco schools", 19~21; Tyack, "Perils of pluralism".

84) 〔옮긴이주〕미국의 학제는 일반적으로 5-3-4제로 알려져 있다. 초등학교 5년, 중학교 3년, 고등학교 4년의 체제로, 고등학교 1학년이 곧 9학년이 된다. 우리나라의 학제는 6-3-3제로, 미군정 이후 미국의 영향을 받아 지금까지 이어져 오고 있다. 역사적으로 보면 1900년대 초반 미국에서 실험적으로 실시된 6-3-3년제가 국내에 유입되어 지금까지 이어진 것이다. 반면 미국에서는 주 정부나 지역 교육청 상황에 따라 다양한 유형의 학제가 존재한다.

분반하였으며, 기업의 관리방식과 사범대학에서 개발된 현대적인 교수법을 학교에 도입하였다. 하향식 교육개혁은 행정 개혁주의자들이 샌프란시스코의 교육을 개혁할 수 있는 길을 터주었다. 85)

3. 정치구조와 정치적 행동

지금까지 확인한 바와 같이 행정 개혁주의자들은 도시의 학교교육을 개선하기 위해 주로 학교 지배구조 변화에 치중했다. 그들은 중앙집권화와 기업 이사회 모형을 도입함으로써 교육위원회에 사회 유명인사가 포함될 수 있는 기반을 제공했으며, 보다 합리적이면서도 전문적인 교육정책결정 과정을 확보했다. 그들은 교육체제의 구조개혁을 위한 자신의 투쟁을 부패와 비능률, 무지에 대항한 이타적이고 계몽된 시민의 투쟁으로 표현했다. 그러나 구조개혁을 정당화하는 수사적 표현들이 모순되거나 모호한 의미를 갖는 경우도 종종 발생했다. 그들은 공교육을 통해 민주주의가 함양되어야 한다는 목적을 강조하면서도 일반 사람들이 학교를 통제할 수 없도록 최대한 노력했다. 그들은 교육이 '과학적'으로 이루어져야 한다고 믿었지만, 문화가 서로 다른 집단을 대할 때는 자민족중심주의로 인해 객관적 사실과 주관적 가치를 제대로 구별하지 못하는 경우도 있었다.

저학년 고등학교도 다양한 학제 유형의 하나로서, 고등학교가 저학년(주로 9학년과 10학년)으로 이루어진 학교 유형을 말한다.

85) Shradar, "Amenders", 14~24; Bosche, "Administration of San Francisco schools", 24~25; Dolson, "San Francisco public schools", 443~444.

또한 사회개혁을 비롯한 다른 영역에서 이루어지는 만병통치약 수준의 개혁 방안들에 대해 회의적이었고, 시민윤리철학 면에서는 보수적 색채가 강했으면서도, 유독 학교교육에서는 구조개혁을 통한 발전이라는 유토피아적 신뢰를 유지하였다. 86)

행정 개혁주의자들은 자주 '책무성'을 자신들의 목적으로 설정했다. '관료주의'는 그들이 바꾸고자 하는 제도의 특성을 부정적으로 보게 하는 단어라 할 수 있다. 그들은 외부세력이라 할 수 있는 일반사람들의 영향력에 학교체제가 좌지우지되는 것을 안타까워했다. 그들은 도시학교를 '정치적' 영향력으로부터 보호하기 위해 기업에서 사용하는 의사결정 구조로 변화시키고자 했다. 그러면 학교조직 외부로부터 오는 영향력을 배제할 수 있고 영향력은 오직 상부에서 하부로 이동하게 된다는 것이었다. 만약 학교체제가 이렇게만 된다면 학교조직 내부에 책임소재를 명확하게 물을 수 있고 교육 전문가들은 자신의 개인적 영역 내에서 자율성을 누리며 직무를 담당할 수 있다고 그들은 생각했다. 87)

행정 개혁주의자들이 '관료주의'라는 말을 할 때 그들은 토마스 칼라일(Thomas Carlyle) 88)의 "대륙국가가 경험하는 골칫거리는 관료

---

86) Draper, "Plans of organization", 1; E. C. Eliot, "Nonpartisan school law", 229; Cubberely, *Changing Conceptions of Education*, 56~57.

87) Committee on City School Systems, "School superintendence in cities"; Committee of Fifteen, "Report".

88) 〔옮긴이주〕 토머스 칼라일(Thomas Carlyle)은 영국의 비평가이면서 역사가로, 대자연은 신의 옷이고 모든 상징, 형식, 제도는 가공의 존재에 불과하다고 주장하면서 경험론철학과 공리주의에 도전했다. 저서 《프랑스 혁명》(1837)을 통해 혁명을 지배계급의 악한 정치에 대한 천벌이라 하여 지

주의다'라는 표현에서 가져온 듯하다. '관료'들은 관료적 형식주의에 묶여 있고 책임을 회피하고 싶어 하며 그들의 지위나 힘을 보존하는 데 몰두하기 때문에 전문적 판단을 발휘할 수 없는 규칙들에 얽매여 있다. 행정 개혁주의자들의 시각에서는 19세기 도시학교도 융통성이 전혀 없는 정례적인 행정활동으로 인해 관료적 성격이 강한 것으로 보였다. 1894년에 한 교육자가 말하길, "모든 도시, 특히 대부분의 대도시에서는 모든 종류의 업무들이 기계적이면서도 관료적이어서 개인이 자신의 힘을 발휘하기 매우 어려운 상황이다". 1911년 뉴욕 학교의 조사연구에서 어떤 개혁가는 "교육감 위원회는 관료적이어서 아무런 발전이 없었다"고 말했다. 89)

그래서 구조개혁가들은 공공행정에는 일반인의 '비합리적인' 영향력이 가미되어 있는데, 그러한 기계적 관료제를 대신해서 전문적 관료제를 확립해야 한다고 주장했다. 그래야만 기업 방식의 교육위원회 활동을 통해 일반 주민통제를 여과할 수 있다고 본 것이다.

행정 개혁주의자들은 구조개혁을 지나치게 강조한 나머지, 그렇게 해서 확립된 새로운 조직구조 내·외부에서 영향을 끼치게 될 정치적 행태를 간과하는 경향도 보였다. 또한 시카고의 에드윈 J. 쿨리(Edwin J. Cooley) 교육감과 같은 뛰어난 학교교육 전문가의 개인적 능력만으로도, 구조개혁을 통하지 않고서도 전문적인 의사결정

___

지하고 영웅적 지도자의 필요성을 제창했다.

89) *The Shorter Oxford English Dictionary*, 3rd ed. , 235; Hinsdale, "American school superintendent", 50; Paul Hanus, In Committee on School Inquiry, *Report*, I 183; C. W. Eliot, "Undesirable and desirable uniformity", 82.

체제를 구축할 수도 있다는 것을 그들은 감지하지 못했다. 1917년 시카고의 경우처럼, 정치적 상황이 여의치 않은 경우에는 승인된 구조개혁이 학교 운영을 오히려 망칠 수도 있었다. 애초에 그들이 주장한 교육개혁 방안에서는 '정치 지도자'와 중앙집권화된 교육 수장 사이에는 어떤 연대 가능성이 거의 없는 것으로 보았으나 실제 사례에서는 그렇지 않은 경우도 발견되었다. 예를 들어 제임스 마이클 컬리(James Michael Curley) 시장은 행정체제를 구축하던 중, 교육 위원회의 규모도 적고 중앙집권화되어 있어서 다루기가 수월하다는 사실을 알게 되었다. 마지막으로 행정 개혁주의자들은 거의 독재자 수준의 권한을 가진 교육감과 교육위원회 사이에 발생할 수도 있는 갈등상황, 또는 교육감과 자신의 부하직원 사이의 갈등상황을 과소평가했다. 이처럼 정치구조와 정치적 행동 사이의 복잡한 상호작용은 교육개혁 과정에서 항상 발생하는 문제였다. 즉, 구조만능주의라는 유혹과 개인적 행동에서 유발되는 의도하지 않은 결과 사이에 발생하는 문제라 할 수 있다. 90)

시카고에서 중앙집권화라는 개념이 법제화되는 데는 20년 이상이 걸려, 1917년이 되어서야 교육개혁 논의가 다시 시작되었다. 사실 시카고 시민들에게 교육개혁에 대해 적절한 조언을 해줄 전문가나 지원세력이 부족한 것도 아니었다. 1890년대에 시민연맹, 시정유권자단체, 라이스 교수가 시카고 학교 문제를 폭로하여 생긴 공립학교위원회와 같은 단체들은 다른 도시에서 진행되는 구조개혁 중심

---

90) 조직의 공적 관료제와 시장지향 사이의 차이점에 대해 보려면 Downs, *Inside Bureaucracy*; on bureaucratic dysfunctions; Merton, *Social Theory*, Crozier, *Bureaucratic Phenomenon* 참조.

의 교육개혁 방안과 그 경험들을 분석했다. 1899년 시카고 시장은 시카고대학 총장 윌리엄 레이니 하퍼를 의장으로 하여 교육최고위원회(Educational Commission)를 구성했다. 이 위원회는 소규모의 교육위원회와 강력한 교육감제와 같은 중앙집권식 교육개혁안의 기준을 제안했다. 이 제안서에는 필브릭, 엘리엇, 드레이퍼, 맥스웰, 해리스, 버틀러와 같이 친숙한 이름의 교육개혁 전문가 외에 44명의 다른 자문위원의 지지성명도 포함되었다. 1906년 3명의 유명한 개혁가가 시카고 상인클럽에서 연설하기 위해 시카고를 방문했다. 그 3명의 인사는 바로 세인트루이스 신임 교육위원 중 핵심인물이었던 에드워드 C. 엘리엇, 1년 전 보스턴의 교육개혁운동을 이끈 귀족 출신의 제임스 스토로우, 도시를 순회 다니던 니콜라스 머레이 버틀러(Nicolas Murray Butler)였다. 1916년 시 의회 분과위원회에서는 시카고대학의 찰스 주드(Charles Judd) 교수, 러셀 세이지 재단의 레너드 에어즈, 세인트루이스 교육감 벤 블루윗, 디트로이트 교육감 찰스 채드시(Charles Chadsey), 미니애폴리스 교육감 프랭크 스폴딩(Frank Spaulding) 등으로부터 자문을 받았다. 이 모든 인사들의 의견이 놀라울 만큼 일치하는 것을 보면 중역들 사이에서는 집단사고(*groupthink*)가 만연했음을 알 수 있다. 91)

스프링필드에 위치한 주 의회에서 시민단체 지도자들과 몇몇 전문가 집단들은 1899년, 1902년, 1903년, 1905년에 하퍼 총장의 권고안을 법제화하기 위한 로비활동을 벌였다. 1917년이 되어서야 교

---

91) Reid, "Professionalization of public school teachers", 44~46; Harper, *Commission Report*, 1~20; Chicago Merchants' Club, *Public School and Their Administration*; Chicago City Council, *Recommendations*.

육위원회를 21명에서 11명으로 줄이고 교육감에게 보다 많은 권한을 부여하는 교육개혁 법안이 통과되었다. 시카고 교원노조의 강경파 위원장인 마가렛 헤일리는 의회에서 하퍼 총장 법안을 앞장서서 반대했다. 교원노조 위원장과 그녀를 지지하던 사람들은 하퍼 총장을 불신했는데, 그 이유는 그가 교육위원회 위원으로 있으면서 1898년에 교원들의 보수를 인상하는 안에 반대표를 던졌기 때문이었다. 그리고 하퍼 총장이 있는 시카고대학 교육학과가 시카고 교사들의 연수 프로그램을 독점할 것을 그들이 우려한 것도 반대 이유 중 하나였다. 하퍼 총장을 비난한 사람들은 존 D. 록펠러(John D. Rockefeller)가 세운 스탠다드 석유회사(Standard Oil)[92]에 필적할 만한 '교육 트러스트'(*educational trust*)를 그가 세우려 한다고 주장했다. 여교사들은 또한 하퍼 총장의 제안에 분개했는데, 그 이유는 그가 작성한 보고서에서 '많은 교사들이 대체로 무능하며 남교사를 영입하기 위해 그들에게 보수를 더 많이 지급해야 한다'고 주장했기 때문이다. 그러나 그 무엇보다 교육감 한 사람에게 '모든 권한'을 주어야 한다는 주장에 대해 가장 강력하게 반대했다. 교사가 받는 최고 연봉이 800달러에 불과했던 시절에 교육감에게 1만 달러의 연봉

---

92) 〔옮긴이주〕 1870~1911년에 미국 내의 거의 모든 석유 생산, 정유, 판매, 운송을 지배한 존 D. 록펠러와 그의 동업자들이 이끈 거대한 산업제국이다. 1863년 클리블랜드 정유사업에서 모리스 B. 클라크, 새뮤얼 앤드루스와 동업한 이후 1870년 오하이오주에서 새롭게 스탠다드석유회사로 법인등록을 했다. 1880년대에는 경쟁기업 배제, 다른 기업과의 합병, 유리한 철도할인 이용 등을 통해 미국에서 생산된 모든 석유의 90~95%를 정유할 정도였다. 1882년 스탠다드석유회사와 석유 생산, 정유, 판매 등에 관련된 계열회사들은 스탠다드석유트러스트로 합병되었다. 석유 관련 산업의 독점구조를 비유로 들어 교육 독점구조를 '교육 트러스트'로 비난하였다.

을 주어야 한다는 하퍼 총장의 제안에 교사들이 크게 동요한 것은 이해할 만했다. 93)

교육개혁안이 입법화되는 데 실패하자 시카고의 구조개혁가들은 새로운 교육감을 고용하여 학교체제를 변화시키고자 했다. 버틀러는 시카고 상인들을 대상으로 한 연설에서 많은 교육개혁가들이 가진 신념을 다음과 같이 표현했다. "이 세상에서 가장 위대한 힘은 개인의 힘이고, 미국 역사상 우리가 가졌던 가장 훌륭한 교육제도는 존경할 만하고 위대하면서도 강인하고 또한 활력이 넘치는 몇몇 개인의 힘을 통해 이루어졌다." 교육개혁가들이 카리스마 있는 교육지도자를 통해 교육개혁을 실현하고자 한 첫 번째 시도는 브라운대학의 E. 벤저민 앤드류 총장을 1898년에 시카고 교육감으로 취임시킨 것이었다. 앤드류 교육감의 전임자는 앨버트 레인(Alvert Lane) 교육감이었다. 당시 하퍼 총장은 시카고 교육위원회에 소속되어 있었는데, 그는 레인 교육감의 정규교육 수준이 낮아 교육감에 적합하지 않다고 생각했다. 반면 앤드류 교육감은 이전에 하퍼 총장이 교수로 재직한 데니슨대학(Denison University) 총장을 맡고 있었기에 하퍼 총장은 앤드류 신임 교육감을 자신의 "지적 아버지"로 인정하였다. 그러나 앤드류 교육감은 곧 물러나게 되었다. 앤드류 교육감은 교사들에게 셀 수도 없을 정도로 많은 행정지침을 하달해서, 교사들은 그를 독재적 성격을 지닌 "공지사항 벤"(Bulletin Ben)이라고 불렀다. 그 지침 가운데에는 교사들이 상사를 비판할 수 없도록 하

---

93) Reid, "Professionalization of public school teachers", 188~195; Herrick, *Chicago Schools*, 83~92; Haley, "Why teachers should organize", 148~151.

는 내용도 포함되어 있어 교사들의 원성을 샀다. 앤드류 교육감은 교육위원회 회의에서도 제일 앞줄에 앉아서 다른 위원의 말을 듣지는 않고 계속 말하기만 좋아해서 교육위원회로부터도 좋지 않은 평가를 받았다. 결국 그는 1900년에 교육감직을 사퇴했다. 94)

뒤를 이은 에드윈 쿨리(Edwin Cooley) 교육감은 비록 과거의 교육 지배구조하에서 일했지만, 행정 개혁주의자들이 추구하던 많은 목적들을 성공적으로 수행했다. 쿨리 교육감은 시카고 교육감직을 맡으면서 다음과 같이 선언했다. "나는 정치가가 아니라 교육자로서 교육감 역할을 수행할 것이다." 그러나 그것은 정치적 발언이었다. 쿨리 교육감의 추종자들은 쿨리 교육감이 보기 드문 재치와 행정적 외교술을 펼쳤다며 그를 추앙했다. 외교적, 정치적 능력을 활용한 쿨리 교육감은 공식 구조를 변화시키지 않은 상태에서도 구조 개혁가들이 추구한 결과를 얻을 수 있는 권력 획득방식과 사용방식을 알고 있었다. 1902년 어느 신문 기자는 쿨리 교육감은 "교육위원회와 관련된 그 어떤 화려한 교육이론도 갖고 있지 않다"고 발표했다. "시장이 시카고의 지역, 인종, 정치적 상황을 고려해 임명한 21명의 교육위원들은 교육이론에 큰 존경심도 없었고 학교 업무와 관련하여 교육감이 전권을 행사한다고 생각하지 않는다는 점을 쿨리 교육감은 이미 알고 있었다." 교육과 관련된 중요한 의사결정은 교육위원회 본회의에서보다 분과위원회에서 주로 이루어진다는 것을 그는 알고 있었다. 본회의에서는 주로 분과위원회에서 이루어진 결

---

94) Chicago Merchants' Club, *Public Schools and Their Administration*, 45; Reid, "Professionalization of public school teachers", 54~55; Herrick, *Chicago Schools*, 80~81.

정을 최종승인만 하는 정도였으며, 사안에 대해 정책적으로 토론하고 있음을 보여 주는 정도의 기능을 했다. 그래서 쿨리 교육감은 자신의 안건을 분과위원회에 가서 주로 발표했으며, 반대가 있는 경우에도 같은 사안을 계속해서 그 분과위원회나 다른 분과위원회에서 주장했다. 이런 사전 작업을 통해 그는 자신의 '모든 제안들'이 본회의에 상정되도록 했다. 교육위원회는 교육감에게 앞으로 "그의 제안에 영향을 주는 모든 정치적 세력들을 보고해야 한다"는 결의안을 통과시켰다. 교육감은 그 결의안을 교묘하게 이용하여 교사의 채용과 이직 방지에 관한 권한을 더욱 확보할 수 있었다. 쿨리 교육감은 자신이 교사를 임명하는 과정에서 8명의 교육위원이 이 결정에 영향력을 행사하려 한다고 공개석상에서 발표해 버렸다. 결국 그 이후에는 쿨리 교육감이 내리는 명령에 반대하는 사람이 거의 없었다. 95)

1917년 주 의회는 마침내 교육위원회를 21명에서 11명으로 축소하고, 교육위원은 시장이 임명하며, 교육위원회와 교육감의 의무를 규정하고, 교육감의 임기는 4년으로 하며, 교사들에게는 종신 재직권을 제공하는 내용의 법안을 통과시켰다. 교사들이 이 조처를 지지한 주요 이유는 바로 자신들의 종신 재직권에 있었다. 그런데 이와 같은 조치가 내려지자, '비정치적'이고 합리적 효율성을 갖춘 학교 조직이 운영될 것이라는 교육개혁주의자들의 기대와는 달리, 처음에는 난장판이 되었다가 곧 보스 기질을 가진 시장이 활개를 쳐 교

---

95) DeWeese, "Two years' progress in Chicago", 336, 326~327; Herrick, *Chicago Schools*, 81. 디트로이트에 있는 공교육 전문가 몰맨(Moehlman)은 구조개혁 없이 다른 영리한 관리자 마린데일(W. F. Marindale)이 어떻게 영향력을 행사하는지를 말한다.

육체제가 부패하였다. 1917년 6월 당시 시카고 시장이었던 윌리엄 톰슨(William Thompson)에게 교육위원 11명을 임명하는 과제가 부여되었다. 그는 후에 영국 조지 국왕의 코에 일격을 가하겠다고 호언장담하는 바람에 전국적으로 유명세를 타기도 한 사람이었다. 시의회의 승인을 받지 못했지만 그가 임명한 교육위원회는 사무장과 대리인을 임명했다. 1년 후 법원에서는 다시 합법적 정부기관으로 21명의 옛 교육위원회를 복귀시켰다. 1919년 10월이 되어서야 시의회는 톰슨 시장이 지명한 11명의 교육위원 구성을 승인하였으나 명백하게 합법적인 교육위원회는 아니었다. 1919년 봄에 21명으로 구성된 예전의 교육위원회가 찰스 채드시를 교육감으로 임명했는데, 톰슨 시장이 새로 구성한 교육위원회는 교육감 사무실을 폐쇄하고 피터 모텐슨(Peter Mortenson)을 자신들의 교육감으로 임명했다. 비록 법원이 톰슨 시장이 임명한 교육위원 가운데 6명이 채드시 교육감의 법적 지위를 부정하기 위해 공모하는 과정에서 모텐슨 교육감도 연루되었다는 것을 밝히기는 했지만, 결과적으로 모텐슨 교육감이 다시 임명되었다. 톰슨 시장은 자신이 임명한 교육위원회와 교육감의 지원하에 학교부지, 각종 기자재 및 장비, 그리고 일자리와 관련하여 부당이익을 계속해서 취하였다. 뇌물 연결망의 핵심이었던 학교 관리기사들은 1921년에 자신의 보수가 인상되자 교육위원들을 위해 9만 달러의 뇌물을 조성했다. 1921년에 교육위원회는 예비비로 871만 4,065달러를 썼는데, 지출내역 중에는 교육위원 1명당 187달러씩 하는 녹음기도 있었다. 이것은 원래 가격보다 40달러나 비싼 가격이었다. 그리고 교사들은 필요한 물품을 자비로 구입해야 하는 반면, 교육위원회는 필요도 없는 물품들을 차 한 대 가득

구입해서 물의를 빚기도 했다. 1922년 공적 사업이 부패한 것에 대해 대배심 조사가 실시된 이후 톰슨 시장은 시장 선거에서 윌리엄 디버(William Dever)에게 패하였다. 새로 당선된 디버 시장은 학교를 정치로부터 분리할 것을 약속하면서 고지식한 윌리엄 맥앤드류(William McAndrew)를 교육감으로 임명했다. 그러나 4년 후, 톰슨 전 시장은 맥앤드류 교육감이 영국 친화적인 감정을 가졌으며 주요 학교 문제를 독단적으로 처리했다고 비난하는 선거 운동을 통해 시카고 시장으로 다시 선출되었다. 톰슨 시장은 맥앤드류 교육감을 해고하고 자신을 후원하던 세력을 복원시켰으며 다시 뇌물을 챙겼다. 그는 다양한 인종으로 구성된 시카고 유권자의 표를 의식하여 학교에서 아일랜드어, 독일어, 폴란드어를 가르치게 하였으며 교육과정 중에 다른 인종의 영웅들도 다루도록 했다. 그리고 그가 구성한 교육위원회는 많은 흑인들을 교사와 비전문 직원으로 채용했다. 96)

비록 구조개혁가들은 중앙집권화 기업 모형을 통해 톰슨 시장과 같은 인사의 영향력을 배제할 수 있다고 주장했지만, 현실적으로 보면 시 행정이 중앙집권화된 학교체제를 통제하지 않을 이유도 없었다. 어떤 시장들은 그들이 무간섭주의 원칙을 고수하고 있음을 스스로 자랑스럽게 생각했다. 만약 시장이 학교행정에 관여하지 않겠다고 한다면, 외부의 부정적 영향을 배제하는 기업 이사회 모형을 통

---

96) Herrick, *Chicago Schools*, 166, 137~139; Counts, *School and Society in Chicago*, 11~12, 251~256, 261~263, 280~282; Reid, "Professionalization of public school teachers", 182~183; Herrick, "Negro employees", ch. ii; 시카고 학교 정책의 후반기 역사에 대해 보려면 Hazlett, "Crisis in school government" 참조.

해 학교를 출입금지 지역으로 지정할 수도 있었다. 필라델피아의 윌리엄 베어(William Vare) 의원은 자신을 "정치로부터 학교를 완전히 분리한 학교 규범의 열렬한 옹호자"라고 규정했다. 그는 도시는 "학교교육의 거대한 중심지며 학교 관련 법령은 미국의 지방자치 관련 법령만큼이나 훌륭하다"고 자랑했다. 그는 심지어 마틴 브룸바우 펜실베이니아 주지사의 후보 지명에서부터 선출에 이르기까지 그를 도왔다. 베어 의원이 브룸바우 주지사를 지지한 이유 중 하나는 그가 "필라델피아 교육감직을 성공적으로 수행했기 때문"이었다. 이와 유사하게 신시내티의 정치 지도자 조지 콕스(George Cox)는 "정치로부터 학교행정과 경찰행정을 분리했다고 자랑했다". 그러나 보스턴에서는 1931년 당시는 그리 좋은 직업도 많지 않았고 관직에서 오는 이익이 꽤 상당했던 시절이었기에 제임스 마이클 컬리(James Michael Curley) 보스턴 시장은 5명의 교육개혁가로 구성된 교육위원회를 좌지우지했다. 대공황기에 로스앤젤레스에서도 보스턴과 비슷하게 부패한 정치권력이 교육에 영향을 주었다. 중앙집권화된 교육위원회와 피라미드 구조 형태의 내부 권력으로 인해 파렴치한 행정기관들이 학교를 손쉽게 지배할 수도 있었다. 직원들이 도시행정 관련 규정을 남용했고, 중요하지 않은 사람들에게 포상하는 것을 묵인하는 방식으로 그와 같은 지배는 쉽게 이루어졌다. 97)

구조화된 행정기관뿐만 아니라 대부분의 도시 정치가들도 선거에서 이기기 위해 인종적, 종교적 충성심에 의존했다. 구조개혁가들

---

97) Vare, *My Forty Years in Politics*, 31, 63~64; Z. L. Miller, *Boss Cox's Cincinnati*, 93; Cronin, "Centralization of the Boston public schools", 6; Reid, "Professionalization of public school teachers", 182~183.

은 인종과 종교와 관련된 문제를 고려하고자 하는 의도 자체를 매우 싫어했다. 특히 대도시에서 WASP는 수적으로 열세에 있었기 때문에 학교 지배구조가 중앙집권화되고 기업 이사회 모형이 인기를 얻자 인종과 관련된 각종 요소들이 학교 정치영역에 빠르게 재진입했다. 대도시의 어떤 정치구조도 그와 같이 뿌리 깊은 세력을 무력화할 수 없었다. 뉴욕, 샌프란시스코와 같이 다원화된 도시에서는 시장이 교육위원을 임명할 때 인종과 종교를 고려하여 균형을 이루는 것이 중요하다는 사실을 정치정당은 알게 되었다. 보스턴에는 아일랜드-가톨릭계가 가장 많았기에 1931년 이래로 교육위원회의 80% 이상이 이 집단에서 나오게 되었다. 조셉 크로닌(Joseph Cronin)의 보고에 따르면, 선출된 소수의 교육위원회는 정치조직에 강력한 수단을 제공했다. 98)

도시에 속한 상이한 인종 집단들은 비공식 네트워크를 통해 자신들만의 정보와 영향력을 활용하여 주도권을 강화함으로써 계속해서 보다 높은 지위로 올라가는 경우도 종종 발생했다. 이와 같은 비공식적 의사소통 경로들은 권위체계에 대한 강력한 믿음과 함께, 업적 중심의 계급화라는 관료제에 대한 강한 믿음과 공존했다. 그래서 피터 슈락(Peter Schrag)은 1960년대에 보스턴의 비컨(Beacon) 15번가에 위치한 교육감 위원회의 최고행정가 15명은 모두 가톨릭계였고, 1명을 제외하고는 모두 보스턴대학 출신이었으며, 역시 1명을 제외하고는 모두 아일랜드 이민자 출신이었음을 발견했다. 그러면

---

98) Lowi, *Patronage and Power in New York*, 30~34; Cronin, "Centralization of the Boston public schools", 9.

서도 그들은 보스턴의 교육체제에서는 "정실에 치우치지 않고 객관적 기준에 따라 교사를 채용하고 승진시키며, 엄정한 평가체계가 구축되었다. 엄격한 법 적용과 집행이 이루어진다"고 칭찬했다. 슈락이 분석한 바와 같이, "반세기 전에 도시행정 개혁가들이 꿈꾸었던 시스템"보다 지인들을 통한 비밀의 비공식 네트워크가 훨씬 더 효과적으로 작동했다. 99)

기업 이사회 모형을 바탕으로 교육감에게 보다 광범위하면서도 명확히 규정된 권한을 부여하면 훨씬 안정적이면서도 갈등이 없는 교육감직을 수행할 수 있다고 구조개혁가들은 주장했다. 그러나 실제로 많은 도시에서 교육위원회와 다른 교육담당 직원들은 오히려 교육 수장의 권력 횡포만 확인할 뿐이라고 분개했다. 시카고를 예로 들면 맥앤드류 교육감은 교사들의 끝없는 반란행위와 태업에 직면했다. 1914년 클리블랜드에서는 프레드릭 교육감이 교원노조와 관련하여 6명의 교사를 요주의 인물로 상정했고 그 교사들이 가처분 신청을 내기도 했다. "교육감은 자신의 실질적 고용주인 일반 대중과 조화로운 관계를 유지하지 못했다. 당신이 명목상 주인이라 할 수 있는 교육위원회에만 충성함으로써 실제 주인이라 할 수 있는 일반 시민들과는 멀어지게 되었다. … 교육체제는 심각하게 병든 상태이기 때문에 이를 치유할 수 있는 길은 오직 두 가지뿐이다. 새로운 빛으로 조직을 각성시키고 새로운 분위기로 병든 조직을 환기시켜야 한다"고 판사는 교육감에게 지시했다. 100)

---

99) Schrag, *Village School Downtown*, 57~59.
100) Gompers, "Teachers' right to organize affirmed", 1083~1084; Counts,

1898년 볼티모어가 교육개혁 헌장에 따라 제임스 H. 반 시클 (James H. Van Sickle) 교육감을 초빙했을 때 그 역시 교사들의 적대감을 불러일으켰다. 그는 엘리트들로 새롭게 구성된 교육위원회를 위해 일하면서 그것이 바로 "진보주의 운동"이라고 불렀다. 그의 첫 번째 업무는 60명의 교사들을 해고하고 종전의 교육위원회가 임명한 많은 교장들을 몰아내는 일이었다. 교사들의 '반란'이 시작되었다. 조지 스트레이어 (George Strayer) 의 기록에 따르면, 교육감과 교육감이 지명한 2명의 인사가 진행할 새로운 승진평가 시험에 대한 교원들의 반대가 특히 심했다. 교사들이 인상된 임금을 받기 위해서는 평가시험을 통과해야 했는데, 그 시험 중에는 "영어를 정확하면서도 효과적으로 사용하고 해석할 줄 아는지 확인하는 절차" 도 포함되었다. 이제부터는 교사들의 능력을 정확하게 평가하는 것보다 그 능력을 어필하는 것이 더 중요해진 것이다. 이에 교사들은 단결하여 교육감의 정책에 반대를 표시했다(물론 스트레이어가 보기에 새로운 교육정책 가운데 몇몇 "진보적인 요소"와 관련해서는 반 시클 교육감을 지지하는 경우도 있었다). 1천 명의 여교사로 이루어진 초등 교사협회와 공립교사협회라는 큰 단체들은 1명의 남성 지도자를 주축으로 하여 교육위원회가 성과주의를 포기하도록 설득했다. 1911년 봄, 그들은 새로운 민주당 출신 시장이 선출될 수 있도록 노력했다. 새로운 시장은 곧바로 시 전체 학교장 연석회의를 열었는데, 그 자리에서 수천 명이 넘는 교사들은 "반 시클 교육감의 공정성을 신뢰하지 않으며 지금 파업 일보 직전까지 와 있다"고 경고했다. 새로

School and Society in Chicago, chs. vi, xiv.

구성된 교육위원회는 반 시클 교육감을 해고하고 2명의 교사를 고위 직에 임명했는데, 이들 모두 행정 요직 인사에 대해 '불복종'하여 기 소된 경력이 있었다. 101)

많은 교육위원회 위원들과 교사들은 교육감이 생각하기에 적합한 방식으로 학교를 자율적으로 관리할 수 있는 권한을 부여하는 데 반 대했다. 〈미국 교육위원회 잡지〉(*American School Board Journal*) 의 편집장 윌리엄 브루스(William Bruce) 는 앤드류 드레이퍼가 의장으 로 있었던 미국교원연합회의 한 위원회에서 나온 보고서를 강하게 공격했다. 드레이퍼의 계획은 기본적으로 교육위원회를 고무도장 이나 찍어 주는 기관으로 만들려고 했다는 것이다. 만약 교육위원회 가 권력을 갖게 되면 교육감을 "잡부처럼 대할 뿐만 아니라 교육감 의 권한을 무력화하고 그 지위를 떨어뜨릴 것"이라고 드레이퍼는 주 장했다. 브루스 편집장은 저널에 삽화나 평론, 구독자의 탄원서 형 식을 빌려 드레이퍼와 그의 추종자들을 독재자라고 비난했다. 어떤 시사만화는 제목을 "헤롯102) 의 현대적 축제"라고 달고, 드레이퍼가 사람들의 머리를 접시 위에 올려놓고 "오직 교육감만이 통치해야 한 다. 앞으로 모든 교육위원회는 참수되어야 한다"고 말하는 모습을 그렸다. 1916년 같은 저널의 "교육감이 해임되는 이유"라는 논문은

---

101) Strayer, "Baltimore school situation", 340, 337, 341~342; Brown 외, *Education in Baltimore*, 9, 61; Crooks, *Politics and Progress: Baltimore*, 93~99.
102) 〔옮긴이주〕 헤롯 대왕 사후 세 형제 중에서 갈릴리와 베레아 지방의 분봉 왕으로 임명되어 기원전 4년부터 기원후 39년까지 약 40여 년간 그 지역을 통치한 인물이다. 이 글에서는 충언을 아끼지 않은 세례 요한을 옥에 가두 고 부당하게 목을 벤 모습을 비유적으로 표현한 것이다.

교육감직의 불안정성을 다루었다. "교육감이 내년에도 계속해서 교육감직을 유지할 수 있을 것인가보다 더 중요한 문제는 정말 아무 것도 없다. 교육감은 각종 통계자료와 함께 자신이 관찰하고 경험한 바에 따라 보험 관계자가 보기에 가장 위태로운 직업이 교육감이라는 것을 알고 있다. … 2, 3년 전에 현재 교육감이 재선되는 데 내기를 걸 만큼 무모한 도박사는 1명도 없었을 것이다."[103]

1918년 샌프란시스코 교육감으로 취임한 론코비에리는 샌프란시스코 연방클럽 연설에서 기업 이사회 모형이 교육위원회와 교육감의 "관계를 원만히 하는" 필수요건이라는 가정이 무익하다고 주장했다. "인간적 요소는 어디에나 존재한다. 버클리의 벙커(Bunker) 교육감이 교육위원회를 해산하려 했으나 실패한 사례라든지, 최근 덴버에서 콜(Cole) 교육감이 자신에 반대한 교육위원회를 해산하는 데 성공한 사례만큼 격동적인 사건이 샌프란시스코에서는 일어나지 않아 아직까지는 걱정이 없다." 로스앤젤레스의 진보적 교육감인 J. H. 프랜시스(J. H. Francis)는 엘리트 집단끼리 서로 싸우는 통에 1914년 재선에 실패했다. "심지어 한때 볼티모어 교육감이었던 반시클 같은 사람조차도 자신을 감독할 위치에 있는 교육위원회 위원

---

103) Callahan, *Superintendent*, 103~106; "Why superintendents lose their jobs", 18; "The Cleveland plan", 10~11; "The 'Czar' movement", 8; "The Cleveland meeting", 9. 또한 *American School Board Journal*에 나오는 다음 만화들을 보라. "Julius Caesar educationalized: Modern Roman senate 'Committee of Fifteen'", 10(April 1895), 1; "The play of Hamlet 'Correlated': An episode in the great educational controversy", 10 (march 1895), 1; "The modern feast of Herod: The Cleveland plan, or the sacrifice of sensible school board representation", 11(Dec. 1895), 1.

들에게 전권을 주고 복종하느니 차라리 사임했다"고 했다고 론코비에리 교육감은 역설했다. 법률로 한 체제의 조화로운 상태를 규정할수는 없다는 것이 그의 주장이었다. 104)

　당시 구조개혁을 통해 교육감들이 자신의 직위에 대한 불안감을덜 수 있는 것도 아니었고, 부하들이 교육감의 명령에 반드시 복종하도록 만드는 것도 아니었다. 그렇다고 구조개혁을 통해 부정부패를 막고 관료제의 폐해를 배제한다는 보장도 없었다. 또한 도시 내에 존재하는 다양한 인종 집단의 영향력과, 비공식 네트워크를 통한권력 작용을 막을 수도 없었고, 기업 이사회 모형이 추구한 외부 정치세력의 개입 축소도 어려운 상황이었다. 이처럼 의도한 대로 구조개혁이 이루어진 것은 아니었지만 그렇다고 전혀 의미가 없는 것도아니었다. 대도시를 중심으로 진행된 기업 이사회 모형을 응용한 중앙집권적 의사결정 구조 확립에 따라, 교육행정 관련 사무가 전문화, 위계화되었을 뿐만 아니라, 새로운 '과학적' 교육방법이 세분화되어 다양한 유형의 학교교육이 제공될 수 있었다. 여기에 교육 관련 조직의 구조도 매우 복잡다양해졌으며, 그 안에 수만 명의 교원들이 근무하였다. 교육의 책무성을 약속한 이 거대조직에 어떻게 영향력을 행사해야 할 줄 몰라 당황하는 사람들도 많아졌다. 105)

---

104) Commonwealth Club of California, *Transactions*, 455; Higgins, "School reform in Los Angeles", 6~9.
105) S. Cohen, *Progressives and Urban School Reform*, ch. iv은 구조개혁 후에 구 방식 정책의 지속성에 대한 엘리트 개혁자들의 불만들을 보여 준다. 도시제도에서 의사결정을 다룬 연구에 대해서는 Rogers, *110 Livingston Street*; Gittell, *Participants and Participation* 참조.

시스템의 내부

1890~1940년 미국 도시학교의 특징

1900년대 초 8월의 어느 날, 헬렌 토드(Helen Todd)는 시카고 레이크 스트리트(Lake Street)에 위치한 개조된 창고의 긴 계단을 올랐다. 다락방에 다다랐을 때, 시멘트 난로가 뿜어내는 엄청난 열기와 송진 냄새 때문에 그녀는 구역질이 날 것 같았다. 그 안에는 14~15세 정도의 소녀들 14명이 낮은 의자나 광택제가 칠해진 깡통 위에 앉아 있었다. 방을 둘러본 후 그녀는 소녀들과 이야기를 시작했다. 그녀는 "얘들아, 대체 너희들은 여기서 어떻게 지낼 수가 있니? 왜 학교에 가지 않은 거야?"라고 물었다. 이런 그녀의 질문에 '틸리 이사코스키'(Tillie Isakowsky)라고 이름을 밝힌 14세 하고도 3개월이 된 한 소녀가 머리의 빨간 리본이 흔들릴 정도로 고개를 저으며 대답했다. "학교라고요? 학교는 그 어떤 것보다 무서운 곳이에요. 공장도 쉬운 곳은 아니지만 학교는 정말 최악이라고요." 공장 감사원으로 도시 전역을 도는 동안 헬렌 토드는 내내 비슷한 대답을 들었다. 1909년, 그녀는 500명의 아이들에게 이렇게 질문했다. "만약 너희 아버지가 좋은 직장이 있어서 너희가 일하지 않아도 된다면 무엇을 하겠니? 학교에 가겠니? 아니면 공장에서 일하겠니?" 500명 중 412명의 아이들은 공장에 가겠다고 대답했다. 이런 대답에 당황하고 어리둥절해하면서 토드는 그 이유들을 다음과 같이 밝혔다.

공장에서 일하는 것이 학교에서 배우는 것보다 쉽기 때문에.
공장에서는 뭘 모른다는 이유로 혼나지 않아도 되니까.
공장에서는 아이들이 나를 '예수를 죽인 자'라고 부르며 놀리지 않으니까.
돈 벌면 집에서 잘해 주니까.
학교에서 배우는 건 아무 쓸데가 없어서.
심지어 공장은 하루쯤은 가지 않아도 돈을 주니까.

가축사육장 지하에서 토드는 그녀가 자기를 보지 못하길 바라며 몸을 움츠리고 움직이던 13세 소년에 걸려 넘어질 뻔했다. 학교에 가야 한다는 말에 그 소년은 서럽게 울고 흐느끼며 떠듬떠듬 말했다. "학교에 가면 공부 안 한다고 때리고, 귓속말을 해도 때리고, 주머니에 실밥이 나와 있어도 때리고, 의자가 움직여 소리가 나도 때리고, 제시간에 자리에서 일어나지 못해도 때리고, 늦어도 때리고, 페이지가 어디였는지 잊어버려도 때리니까요." 토드는 계속해서 똑같은 대답들을 들었다. 269명의 아이들은 아무도 때리지 않기 때문에 학교보다 공장이 좋다고 대답했다. 학교가 학생들을 밀어내는 실정이었다. [1]

19세기 말, 시카고는 인간적인 학교교육으로 전환하고 학생들의 자연스러운 학습과정을 이해하도록 교사를 교육하는 운동의 중심지였다. 1896년부터 1899년까지, 카리스마적 진보주의자 프랜시스 파커는 쿡 카운티 사범학교(Cook County Normal School)에서 몇백 명의 교사를 대상으로 쉽고 재미있는 교육방법으로 학생들의 호기심을 자극하는 교수법을 강의했다. 존 듀이는 그의 유명한 시카고 대학 실험학교(Laboratory School)에서 자신만의 진보적 철학과 교육방법을 만들어 냈다. 1899년 시카고 연설에서 그는 "가장 완벽하고 지혜로운 부모가 그 자녀에게 바라는 것이 바로 사회가 우리 아이들에게 원하는 것이 되어야 한다. 그 외에 다른 어떤 이상(ideal)도 모두 편협하고 추하며, 바로 이런 일들이 실행될 때 민주주의가 무너진다"고 말했다. 1909년 시카고 교육감이 된 엘라 플래그 영(Ella Flagg Young)은 듀이의 강력한 지지자 중 1명이었다. 5피트(약 152센티미터)도 채 되지 않는 작은 체구를 지녔지만 용기와 지식, 그리고 열정 면에서는 그 누구에게도 뒤지지 않았던 그녀는 1905년부터 4년 동안 쿡 카운티 사범학교에서 듀이의 '신교육 이론'을 교사들에게 강의했다. 그녀의 친구 제인 애덤스(Jane Adams)와 같이, 영 교육감은 주로 이민자 2세들로 가득했던 빈민가의 자녀 교육에 관심이 많았다. 1909년 시카고 학생의 67%가 이민자 출신 부모의 자녀들이었다.2) 어찌 보면 당연하게도, 학생들의 눈에 비친 현실은 지도자들의 의도와는 상당한 거리가 있었다.

---

1) Todd, "Why children work", 73~78.
2) Dewey, *School and Society*, 33; Herrick, *Chicago Schools*, 114~115, 74; McCaul, "Dewey's Chicago".

이러한 의도와 현실의 차이는 뉴욕에서도 일어났다. 프록코트[3]의 화려함과 팔자 콧수염이 인상적인, 차갑고도 엄격한 외모와는 달리 윌리엄 맥스웰 교육감의 빈민층을 향한 마음은 누구보다도 깊었다. 수많은 학생들이 고픈 배를 움켜쥔 채 학교에 왔고, 그런 배고픔이 이 학생들을 괴롭고 지치게 만든다는 사실을 그는 알고 있었다. 그렇기에 그는 학교에서 모든 학생들에게 저렴한 점심을 제공하는 것이 "학교제도를 개혁하는 데 가장 긴급한 사안"이라고 생각했다. 그는 맨해튼 동쪽 지역 아랫동네에 위치한 한 학교에서 모두에게 사랑과 존경을 받는 여자 교장에 대해 자랑스레 이야기하곤 했다. 그 교장이 거리를 바삐 걸어갈 때면, 아이들은 그녀를 향해 미소 지었고, 청년들은 모자를 들어 경의를 표했으며, 수염을 기른 중년 남성들은 그녀에게 정중한 인사를 건네곤 했다. 맥스웰 교육감은 집에 물이 없어 차마 씻지 못하는 학생들을 위해 학교에 욕조를 설치하도록 했다. 그는 영어를 전혀 구사하지 못하는 학생들을 가르치는 교사들에게 놀라움과 경의를 표했다. 한 학교에 29개나 되는 다른 언어와 방언이 존재하던 시절이었다. 찌는 듯한 더위의 여름방학에는 수많은 학생들이 공작과 자연 공부를 하기 위해 자발적으로 여름학기를 수강했는데, 그들을 가르치던 교사들을 격려하기 위해 맥스웰 교육감은 스스로 방학을 반납한 채 교사들과 학교에 남기도 했다. 레아(Leah)라는 소녀는 자신의 교사가 빌려준 잡지에서 본 그대로 식탁을 차린 뒤 선생님을 저녁식사에 초대하여 맥스웰 교육감을 감동시키기도 하였다. [4]

---

3) 〔옮긴이주〕 프록코트(frock coat)란 19세기에 유행한 신사 정복을 말한다.

그러나 맥스웰 교육감의 이 모든 노력과 헌신에 대해 혼잡하고 무지하며 편파적이고 흥분하기 좋아하는 자들로부터 돌아온 반응은 주로 불신이었다. 맥스웰 교육감은 1907년 맨해튼 동쪽 지역 학교의 교사들이 "몇천 명의 격분한 학부모들에 인해 포위되었던 폭동을 회상했다. 그 이유는 부모들이 학교가 학생들의 목에 칼을 들이댄다고 생각했기 때문이다". 당시 그 학교에는 정신지체로 발전된다고 여긴 비대성 아데노이드5)로 고통받는 학생들이 무려 150명이나 있었다. 80명의 부모들이 학생을 병원에 데려가서 아데노이드를 제거하는 수술을 받는 것을 거부하자, 교장은 학교로 의사를 불러 수술을 집도하도록 결정을 내렸다. 그 후로 그 빈민가에 의사가 나타날 때면 "언제나 학교 대문을 포위하러 모이라는 신호로 여겨졌다". 이런 유대인 부모들에게 학교는 대량학살도 할 수 있는 곳으로 여겨진 것이다. 6)

학교 관리자, 교육 연구자, 흑인 부모, 이민 1, 2세대, 교사, 학생의 범주에 속하는 수많은 어린이와 청소년들은 모두 도시학교에 대한 서로 다른 견해를 가졌고, 각각 나름대로 의미가 있었다.

도시학교 제도의 행정을 담당한 고위관계자들과 이들의 멘토 역할을 한 대학 관계자, 일반 지지자들에게 1890년과 1940년 사이의 시간은 그들의 교육개혁운동에서 대체로 성공적인 시기였다. 물론

---

4) Maxwell, "Teachers", 11878~11879.
5) 〔옮긴이주〕 비대성 아데노이드(hypertrophic adenoids)란 편도가 증직하여 커지는 병의 일종이다. 수면 장애, 주의력 산만, 기억력 감퇴, 난청 따위가 나타난다. 어린아이에게서 많이 나타난다.
6) 같은 책, 11877~11880; A. Shaw, "Spread of vacation schools".

20세기 초에 진행된 교육개혁 방안은 명확했으나, 세부적인 실제 상황에서는 계획과 달리 진행되는 경우도 있었다. 커벌리 교수가 그의 인기 과목이었던 공교육의 역사를 가르칠 당시, 공립학교는 의심의 여지 없이 유익한 사회 진화의 한 부분으로 여겨졌다. 이민자들을 미국사회에 동화시키는 과제가 더욱 중요해졌으며, 이를 위해 행정적 효율성을 높일 수 있는 과학적 교육방법의 개발과 교사들의 전문성 함양이 요청되었다. 교육가들에게 이 시기는 효율적인 사회를 만들고자 하는 꿈에 고취된 자신감의 시대였다.[7]

필브릭과 그의 동료들은 비록 구식이긴 하지만 유일한 최선의 제도를 힘들게 만들어 냈다. 행정 개혁주의자들은 자신들이 이 주장의 단점을 잘 안다고 믿었다. 그것은 그야말로 너무 교과서적이었다. 융통성과 다각화가 결여된 이 제도는 다양성이 매우 풍부한 새 시대의 초등학교 고학년들과 중등학교 학생들의 필요를 충족하기에는 역부족이었고, 경제 발전을 위한 전문화된 인력 양성에 필요한 역량을 키우기에도 부족했다. 새롭게 고안되는 유일한 최선의 제도는 그 무엇보다도 "학생들의 필요를 충족시켜야 한다"는 것이 그들의 생각이었으나, 이런 필요나 사회적 요구는 과학적인 방법으로 평가된 후 알맞게 재구성되어야 했다. 지능검사를 비롯한 다른 종류의 측정방식들은 학생들을 분류하는 체계를 갖추는 바탕이 되었다. 인간 본성과 양육 가능성에 관한 논쟁은 과학계나 지식층을 위한 잡지들을 장식할 만하긴 했지만, 교육계에서는 IQ 테스트가 학생들을 구별하는 매우 쓸 만한 방법이라고 평가했다. 지능검사로 학생들을 분류해 버

---

7) Cremin, *Cubberley*; Krug, *High School*.

림으로써, 결국은 이 검사결과가 학생들의 미래를 정확히 예측할 수 있도록 만들어 버리고 만 것이다. 이와 마찬가지로 중고등학교 과정을 트랙(track)[8]으로 나누는 것과 전문학교들의 도입은 이전의 보편적 교육으로부터의 근본적인 목적 변화를 의미했다.[9]

또 한편으로는 교육을 통한 이민자와 이민 자녀들의 미국화라는 초기 공교육의 목적이 더욱더 강조되었다. 미국은 제1차 세계대전을 포함한 20년 동안 미국인들의 미국적인 신념과 행동방식을 통일하는 데 지극한 정성을 쏟았다. 학생들을 구분하는 기준을 결정하는 것이 교육자들의 일이었듯이, 미국적 기준에 합하는 올바른 사회화 양식을 결정하는 것은 지도적 위치의 교육정책가들과 미국에서 태어난 사람들로 구성된 강력한 이익단체의 손에 달려 있었다. 반대자들은 거의 전무한 가운데, 이 시대의 정책 입안자들은 다원주의를 일종의 위기로 간주했다.[10]

공식적인 정책 목표상으로 학생들은 '단일 공동체'의 일원이었지만 그들은 시험을 통해 개인의 차이를 측정할 수 있게 되어, 심리학을 전공한 상담 전문가나 행정가들은 이를 중시했다. 그러나 동시에 학생들은 다양한 인종과 종교, 계급 집단의 구성원이기도 했다. 사회복지사들은 각각의 사건을 개인 고유의 문제로 간주하여 심리학

---

8) 〔옮긴이주〕 학생의 학업수준에 따라 정해지는 수준별 교육과정. 주로 중학교 과정 때 정해지는데, 이때 높은 트랙으로 들어가지 못하면 고등과정에서도 낮은 수준의 수업 수강만 가능하고, 이는 대학 진학에 큰 영향을 미치는 경우가 많다.

9) Lazerson, *Urban Schools*, ch. ix; Katz, *Class, Bureaucracy, and Schools*, 114~118.

10) Hartmann, *Movement to Americanize the Immigrant*.

적 방법으로 분석하도록 훈련받았다. 이와 마찬가지로 교사와 행정가들 역시 학생과 관련된 문제를 학생 본인의 문제로 해석하였는데, 이것은 당시 교육계를 장악한 심리학적 관점에서 비롯된 것이었다. 당시 교육자들은 학교에서 학생들이 겪는 문제가 사회 전체적인 경제적 이유에서 기인하는 것이라는 점을 간과했다. C. 라이트 밀(C. Wright Mill)의 말을 빌리면, 그런 문제는 '개인적 문제'(*personal troubles*)가 아니라 '공적 문제'(*public issues*)라는 것이다. 지금도 그렇기는 하지만, 20세기 초에는 학교 문화가 특정 집단의 문화와는 맞지 않는 경우가 많았다. 예를 들어, 평균 IQ가 83인 이탈리아계 미국인 학생들이 줄줄이 학교를 자퇴한 경우, 이탈리아계 학생들이 유난히 개인적 문제가 많다기보다 학교제도가 요구하는 것과 이탈리아계 학생들의 문화적 기준이 서로 충돌한 결과로 보아야 한다는 것이다. 학교제도에 관해 현저하게 달리 반응한 이탈리아인과 유대인 민족의 예를 살펴보면 이 현상을 쉽게 이해할 수 있다. [11]

학교구조를 다변화하고 학생들을 수준별로 구분하면서도 모두를 획일적으로 사회화하려고 한 교육 전문가들의 동기가 그다지 악의적이지는 않았다. 그들의 의도는 몇몇 사례를 제외하고는 대부분 선했고, 객관적인 '과학적' 절차에 대한 그들의 믿음은 확고했으며, 많은 고난 가운데 이뤄 낸 그들의 성과는 실로 인상적이었다. 그러나 미처 예상하지 못한 행정 개혁주의의 결과는 사회의 가장 낮은 계층에 있던 시민들, 그중에서도 '잘못한 일'이 없으면서도 희생양이 된

---

11) Lubove, *Professional Altruist*, chs. iv, vii; H. Miller and Smiley, eds., *Education in the Metropolis*, 1~13; Mills, *Sociological Imagination*, 9.

흑인들의 교육상 경험에서 가장 명백하게 드러났다. 12)

학교제도의 변화는 학생들만큼이나 교사들에게도 큰 영향력을 미쳤다. 학교가 점차 관료화되면서 교사들은 종종 더 예민한 모습을 보이게 되었다. 교사들도 교육을 더 많이 받고, 교직도 전문직이라는 표현을 더 자주 듣게 되면서 교사들은 단순히 기능직 역할을 담당하는 것에 대해 불복하였다. 교원노조나 교원연합회 등을 통해 권력을 하나씩 장악하면서 교사들은 한층 더 확대된 자치권, 안전보장, 그리고 더 높은 임금을 요구했다. 특히 여교사들은 그들의 입지를 굳히며 남교사와 동일한 임금과 함께 더 큰 영향력을 지니게 되었다. 그러나 계급상 낮은 위치의 '전문가'가 가지는 긴장감은 해결되지 못한 채 지속되었다. 13)

1. 성공담: 행정 개혁주의자

1930년 컬럼비아대학 사범대학의 조지 D. 스트레이어 교수는 지난 25년간의 도시학교 행정의 역사를 분석한 결과 지속적 발전이 있었다고 주장했다. 그는 이러한 성공을 거둘 수 있었던 계기는 '과학적 방법의 도입'과 '학교 관리자의 전문성 개발'에 있다고 믿었다. 그의

---

12) Geraldine Joncich Clifford, *The Sane Positivist*의 손다이크(Thorndike) 연구는 그들처럼 교육과학자들에게 자신과 세상에 대한 섬세하고 동정어린 시각을 제시한다.

13) Strachan, *Equal Pay*; Reid, "Professionalization of public school teachers".

주장에 따르면, 20세기 초반에는 비교적 권위 있고 능력 있는 행정가들조차도 교육에 대한 과학적 접근을 의심했다. 그러나 1930년에 이르러서 거의 모든 유명한 교육가들의 자세는 180도로 바뀌었고, 인식이 변화된 결과는 여러 방면에서 찾아볼 수 있었다. 예를 들면, 더 나은 행정과 장학 조직으로 이루어진 교직원 구성, 전통적으로 초등학교와 고등학교로 나뉘던 학제를 "기술 또는 지식을 습득하는 능력 차이가 다양한 소년·소녀들에게 특별한 기회를 제공할 수 있는" 중학교, 직업학교, 전문대학 등으로 새롭게 세분화한 것, 과학적 평가를 바탕으로 한 학생 분류, 고등학교에 해당하는 나이의 학생의 50%를 등록시킬 수 있는 수준별 교육과정(tracks)을 가진 고등학교 수의 증가, 교육과정의 대대적 개편, IQ 점수를 비롯하여 신체검사 기록, 장래 직업이나 취미 분야에 관련한 적성과 관심도 등이 기록된 학생 관련 세부자료 관리, 그리고 교직원을 위한 연수 기준의 신속한 업그레이드 등이 그것이었다. 이런 모든 시도의 기초 원리는 "개인 간 차이점에 대한 인식과 그에 따른 학생들의 필요와 재능에 적합한 학교 개혁의 필연적 시도였다".14)

통계자료를 살펴보면 당시 교육개혁이 얼마나 광범위하게 이루어졌는지 알 수 있을 뿐만 아니라, 교육과정이 고등학교까지 보편화됨에 따라 당시 교육자들이 어떤 어려운 문제에 직면하였는지도 잘 보여 준다. 1910년도 도시학교들의 예산은 1900년도의 2배, 1890년도의 3배였다. 1890년부터 1918년까지는 평균적으로 하루에 한 개 이상의 학교가 설립되었다. 그 시절 고등학교 학생 수는 20만 2,963

---

14) Strayer, "Progress in city school administration", 375~378.

1942년 뉴욕의 한 초등학교 교실.

명에서 164만 5,171명으로 늘어나면서 전체 인구가 68% 증가하는 동안 대략 71.1%의 증가율을 달성했다. 중학교 입학률과 졸업률도 계속해서 치솟았다. 1920년에는 14~17세의 61.6%가 입학했고 17세 청소년의 16.8%가 고등학교 졸업자였다. 1930년에 입학률과 졸업률은 각각 73.1%와 29%로 증가했고, 1940년에는 79.4%와 50.8%로 계속해서 증가했다. 이 통계가 보여 주듯이 20세기 초반 20년 동안 의무교육법의 영향력은 계속적으로 증폭되었다. 1900년부터 1920년 동안의 교육자들은 19세기보다 훨씬 더 강제교육에 적극적이었다. 학교시설 수준이 점차적으로 수요를 따라잡기 시작했고, 학급 규모는 작아졌으며, 사회 효율성에 관한 강한 신조는 교육

1938년 뉴욕의 고등학교 교실 모습.

의 보편화를 실현 가능한 목표라고 믿게끔 하였다. 점차적으로 주
정부 보조금이 일간 출석수에 비례하여 지급됨에 따라 학교들은 무
단결석자를 추적하게 되었다. 학교교육 지도자들은 부정부패를 폭
로하는 기자들, 아동노동 반대 운동가, 그리고 엘리트 개혁가들과
손을 잡고 의무교육과 아동노동법에 관련한 그들의 목소리를 정치
운동을 통해 드러냈다. 부분적으로는 이렇게 만들어진 새로운 법으
로 인해 주로 14세까지의 모든 학생들의 학교 출석을 확인하는 일을
담당할 새로운 공무원들이 등장했다. 학생 인구조사 전문가, 무단
결석 담당자, 통계 전문가, 학교 사회복지사 등과 같이 '학생 수를
세는' 전문가들이 새로운 관료제의 구성원이 되었다. 15)

---

15) U. S. Commissioner of Education, *Report for 1889*, II, 709; Counts,

도시 제도의 규모가 확장되고 관료제가 복잡해지면서 교육행정기관과 교육행정가들은 더욱 분화되었고 그 수도 증가하였다. 1889년 미국 교육부 장관은 '전적으로 장학활동만 하는' 공무원들에 대한 자료를 처음으로 수집했다. 장학관이라는 새로운 직종은 혼란을 초래했다. 교육행정가와 교수를 담당하지 않는 장학관의 수를 측정하기 힘들었기 때문이다. 그해 484개 도시들은 매 도시마다 평균 4명의 장학관을 둔다고 보고했다. 그러나 1890년부터 1920년 사이 '장학 담당자'의 수는 볼티모어가 9명에서 144명, 보스턴은 7명에서 159명, 디트로이트는 31명에서 329명, 세인트루이스는 58명에서 155명, 뉴욕은 23명에서 1,310명, 클리블랜드는 10명에서 159명, 필라델피아는 6명에서 268명으로 급격하게 증가했다. 로버트 린드(Robert Lynd)와 헬렌 린드(Helen Lynd) 부부의 회고에 따르면, 1890년 미들타운에서는 유일하게 교육감만이 수업을 하지 않는 사람이었다. 1920년대에 들어서는 "교장, 교감, 특정 과목 장학관, 직업교육부장, 가정경제교육부장, 학생주임, 출석 담당직원 및 비서에 이르는 광범위한 교직원들이 수업은 하지 않으면서 학교 운영체제 속에서 일정한 기능을 담당하게 되었다". 제도의 문제점을 "토대를 변화시켜 해결하기보다는 새로운 인물을 등장시켜 위계구조를 세분화하는 방식으로 해결하고자 했다". 16)

　Selective Character of American Education, 1; U. S. Bureau of the Census, *Historical Statistics*, 207, 214; Stambler, "Effect of compulsory education and child labor laws"; Haney, *Registration of City School Children*; Ensign, *Compulsory School Attendance*.

16) Lynd and Lynd, *Middletown*, 210; U. S. Commissioner of Education,

교육자들은 정신지체아, 청각장애자, 시각장애자, 비행청소년, 영재, 빈혈증 환자 등 특수한 부류의 학생들을 대상으로 한 특별 프로그램과 직업교육을 위한 별도의 교육과정(track)이나 학교를 설립했다. 이러한 세분화로 인해 또 다시 수십 개의 새로운 직종 및 특수 분야에 알맞은 교사교육 프로그램과 새로운 정부 관청과 직위가 생겨났다. 교육감, 초중등학교 교장, 상담교사, 교육과정 관리자, 직업교육 교사, 고등학교의 미술, 음악, 영어, 사회 등의 과목 교사들은 자신들을 대표하는 전문가 단체를 결성하였다. 급속하게 성장하는 교육대학들과 함께 전문가 단체들은 주 입법부에 각 분야의 교원 양성과정 수료증을 필수화하는 법을 통과시키도록 설득했다. 시험을 통해 자격증을 부여하던 기존 방식에서 각 분야 전문가들이 제공하는 교원양성과정을 이수하는 방식으로 전환된 것이다. 전문가들은 학교 급별로 보면 유치원, 초·중·고등학교 등으로 나눌 수 있고, 기능별로 보면 교장, 상담 및 지도교사, 도서관 사서, 감독관, 그리고 직업 과목 교사 등으로 나눌 수 있다. 1900년에는 단지 2개 주 정부에만 학교 급별, 기능별 교원양성 프로그램이 존재했으나, 1930년에는 거의 모든 주 정부에서 교원자격과 관련하여 보다 정교한 법 규정을 마련했다. 1912년 이후 10년 동안 56개 도시에 교원과 관련된 새로운 자격조건과 관청을 관리하는 연구부서가 생겨났으며, 이들은 학생들의 지능 및 학업성적 등을 평가하고, 이를 바탕으로 학생을 구분하며, '학생 수 확인'(child accounting)과 학교 경영을

Report for 1889, II, 772; *Report for 1890*, II, 1318~1348; Biennial Survey, 1920~1922, II, 94~114.

위한 통계를 수집하였다. [17]

1890년 이후 50년 동안 이전에는 일을 하거나 거리를 떠돌던 청소년들이 아동노동법과 의무교육법에 떠밀려 학교로 편입되거나, 새로운 교육과정과 학교 활동 및 시설에 이끌려 교실로 물밀듯 밀려들어 왔다. 그와 동시에 도시교육 구조는 전체 인구를 구성하는 다양한 집단을 반영하듯 매우 복합적이고 세분화되었다.

물론 이런 세분화된 교육은 도시교육에서 새로운 현상은 아니었다. 이전의 보통학교에서도 가정환경이 어려운 아일랜드계 또는 흑인 학생들이 주류 학생들과 다르게 취급되는 일이 종종 있었다. 그러나 모두를 위한 평등한 교육이라는 목적은 19세기 내내 실용적, 이상적인 면에서 추구되어야 할 목적으로 평가받았다. 19세기에 학교를 세분화하기 위한 대부분의 시도는 교육 전문가들보다는 부유한 자선가, 상인들 그리고 실업가에 의해서 이루어졌다. 예를 들어 보스턴에서 샌프란시스코까지 대륙의 동서를 아우르는 많은 도시에서 가난한 아이들을 위한 사립 유치원이 영향력 있는 비교육자들에 의해 설립되기도 했다. 이들은 또한 다른 많은 도시의 빈민층 아이들을 위한 공립 실업학교와 상업고등학교 및 '산업체 부설학교' 등의 설립을 처음으로 제안했고 이를 후원하는 데 앞장섰다. 그들은 직업 진로지도를 위한 프로그램도 후원했고, 무단결석 학생들이나 비행 가능성이 있는 학생들을 위한 '부모학교'와 그 밖의 다른 기관들을 설립했으며, 시정 자치조사국에 보조금을 대기도 했다. 그 자치조

---

17) Wesley, *NEA*, 278~279; Kinney, *Certification in Education*, ch. vi; Martens, "Organization of research Bureaus".

사국은 나중에 교육청의 연구부서로 전환되었다. 이런 프로그램들을 통해서 평범한 사회지도층은 공교육제도가 간과했던 학생들을 지원하고자 했으며, 유일한 최선의 교육제도는 부재했던 기술과 서비스 등을 제공할 수 있었다. 그리하여 빈민가의 아이들을 동네골목에서 유치원이나 실업학교 등으로 보내게 되었다. 상업학교나 실업학교들은 실업가나 상인들이 원하는 기술을 가르쳤고, 사회복지관의 직업 상담가들은 학생들이 알맞은 직업을 찾을 수 있도록 도왔다. 이렇게 조금씩 새로운 교육기관들이 공교육에 편입되었다. 18)

평범한 사회지도층이 이루어 낸 변화에 대한 동의 여부를 떠나서, 행정 개혁주의자들은 이러한 단편적 개혁에 크게 만족하지 못했다. 그도 그럴 것이, 그들은 학교 관리가 전문가에 의해 고안된 디자인과 방법으로 이루어져야 한다는 원리에 그 기초를 두었기 때문이다. 스트레이어, 주드(Judd), 커벌리 등의 교육학 교수들은 컬럼비아대학, 시카고대학, 스탠퍼드대학 등에서 교육감을 양성하였다. 그들의 제자들, 곧 새로운 교육 운영진은 대도시와 전문가협회 등을 장악하였다. 그들은 차별화된 교육구조를 포함한 공립학교를 위한 새로운 전략을 고안하고 있었다. 이러한 교육 리더들은 1918년 '클리블랜드 컨퍼런스'를 결성하고 학교의 "급진적 재구성"에 적합한 시대가 왔다고 밝히며, "누군가가 힘을 합쳐 협력적인 개혁을 구성하지 않는 한, 지금껏 우리의 학교 역사가 그랬듯 또 그저 되는 대로 이루어지는 변화가 계속될 뿐일 것"이라고 했다. 19)

---

18) Lazerson, *Urban School*, ch. ii; A. G. Wirth, *Education in Technological Society*, chs. ii, v; Riis, *Children of the Poor*.

행정 개혁주의자들은 예전에 유일한 최선의 제도라 생각되었던 '전통적 교육법'은 근본적으로 시대착오적이며 오류가 있다고 믿었다. 그들은 옛날의 획일적인 교육과정과 비세분화된 구성, 구두 반복(암기) 학습방법, 19세기에 팽배했던 빈약한 교사 훈련 등에 대해, 융통성 없고 비과학적이고 비경제적이며 비인간적인 방법이었다고 신문과 사설 등을 통해 비난했다. 그들은 과학적, 사회적 효율성을 목적으로 한 새로운 교육의 전도자들이었다. 그들은 여전히 통합된 유일한 최선의 교육제도를 원했지만, 그것은 새로운 사회적, 경제적 환경에 적합한 좀더 복합적이고 세분화된 것이어야 한다고 믿었다. [20)

사회적 효율성을 위해 학교와 사회 간에 새로운 관계를 구축해야 했다. 행정 개혁주의자들은 학교가 학생들이 훗날 삶에서 해결해야 할 일들을 준비할 수 있도록 도와야 한다고 생각했다. 읽기, 쓰기, 산수에 기반을 둔 예전 학교의 교육방식이 그 어떤 직종을 위해서도 충분한 준비가 되고, 공립교육을 통해 어떠한 남자 아이도 다 미국의 대통령으로 키워 낼 수 있다고 믿었던 구시대의 발상은 행정 개혁주의자들에게 터무니없는 소리였다. 커벌리 교수는 "우리는 모두 평등하고 우리 사회는 계급이 없는 사회가 되어야 한다는 민주주의 이념이 지나치게 과도하기 때문에 이를 포기해야 하며, 나아가 실존하는 사회구조에 맞춘 학교 시스템을 구축해야 한다"고 썼다. 이어

---

19) 찰스 주드(Charles Judd)가 클리블랜드 학회 회원들에게 보내는 편지, Jan. 14, 1918, Edward C. Elliott Papers, Purdue University, Courtesy of Dr. Walter Drost.

20) Krug, *High School*; Spring, *Education and the Corporate State*.

그는 전문화와 세분화의 증가를 통해 사람들을 다수의 사회계층으로 명확하게 구분했고, 산업과 무역의 집중화 현상이 확산되면서 상업이 소수의 힘에 의해 돌아가도록 만들었다. 이제는 더 이상 한 개인이 재산을 모아 사업을 시작해 성공한다는 것이 불가능한 일이 되었다. 월급쟁이는 평생 월급쟁이로 남고, 시급 노동자는 시급 노동자로 남게 될 확률이 높다고 밝혔다. 매년 사회 저소득층 인구는 늘어나는 반면, 성공이라는 것은 전 세대에서보다 훨씬 더 먼 곳에 있다는 것은 확실했다. 이러한 단순한 현실주의는 공립교육이 어떤 학생들은 경제사회의 종속계층으로 훈련시키고, 또 대학교육에 적합한 특정 학생들을 골라내야 한다고 주장했다. 심리학적 측정 뒤에 숨은 '과학'은 개인의 능력에 따른 기회를 주고자 하는 교육 전문가들의 전통적 신념을 유지하게 해주었지만, 실은 지능검사와 같은 각종 검사 도구는 의도와 달리 특정 계층에게 불리하게 편향되는 성향이 종종 있었다. 21)

직업교육 운동은 커벌리 교수가 꿈꾸던 스타일의 개혁을 명백히 반영하였다. 19세기 동안 몇몇 교육가들은 실업교육이 하위계급에게 적당하다고 믿으며 소년원 또는 흑인과 인디언(미국 원주민) 학생들을 위한 시설 등에서 여러 가지 다른 유형의 직업준비과정을 실험했다. 22) 그러나 대도시에서 독지가들이 상업 및 직업고등학교들

---

21) Cubberley, *Changing Conceptions of Education*, 56~57; Karier, Violas, and Spring, *Roots of Crisis*, ch. vi. 몇 가지 시험검사에 대한 사회철학적 통찰력을 제공한 칼리어(Karier) 교수와 러셀 막스(Russell Marks)에게 감사드린다.

22) Cubberley, *Public School Administration*, 338.

을 설립했을 때, 특정 직업준비과정은 다른 종류의 사람들에게 퍼져 나갔다. 많은 지역에서 사업가들은 정규 교육과정이 산업이나 상업에 필요한 기술들을 제대로 가르치지 못한다고 판단했다. 그리하여 그들은 특수전문학교를 설립하기 위한 거대한 액수를 기부했다. 뉴욕에서의 예를 들면, J. P. 모건(J. P. Morgan)은 뉴욕 상업학교에 50만 달러를 기부했다. 자선사업가들에 의해 세워진 상업 및 기술학교들은 20세기 초에 들어와 거의 대부분 공교육제도로 흡수되었고, 국립 제조업협회와 상공회의소의 사업가들은 도시학교 교육에서 직업교육을 더욱 확대할 것을 촉구했다. 1910년에 이르러서는 이 운동이 미국교원연합회와 미국노동연맹 등의 승인을 바탕으로 대대적인 지지를 받았는데, 노동연맹의 경우는 직업교육이 비조합원을 조장한다 하여 오랫동안 비협조적이었으나, 후에는 훈련된 노동력의 관리와 임금 개선을 위해 이 운동에 참여하게 되었다. 지지자들은 또한 1918년 스미스-휴즈 법안(Smith-Hughes Act)을 통해 직업교육 훈련을 위한 국가기금을 확고히 만들기도 했다.[23]

노턴 그럽(Norton Grubb)과 마빈 라저슨(Marvin Lazerson)이 주장하듯, 직업교육 운동은 산업교육과정에 참여한 10% 미만의 학생들을 위한 것이 아니며 "교육의 궁극적 목적은 학생들의 장래 취업을 준비하는 것"이라는 신념과, 이를 위해 직업 진로상담이나 검사, 중학교 과정, 그리고 차별화된 교육과정이 필요하다는 데서 직업교육 운동의 상징적인 중요성이 드러났다. 직업교육에서의 가장 큰 쟁

---

23) Wirth, *Education in Technological Society*, ch. I; Curti, *Social Ideas of American Educators*, chs. vi, viii; Chicago City Council, *Recommendations*, 107~112.

점은 기존 교육위원회와 새로운 운영관리 집단 중 누가 이것을 관리할 것인가, 그리고 실업교육이 과연 단순히 2등 시민을 위한 교육을 제공하는 사회계층화의 도구로 사용되느냐 하는 두 가지였다. 많은 노력의 결과로, 각각의 조정위원회를 성공적으로 제압한 교육자들은 포괄적인 교육 시스템 안에 직업학교 및 직업교육과정을 포함시키는 데 성공했다. 그러나 직업학교 과정이 종종 저소득층 자녀들의 막다른 종착역으로 인식되면서 사회계층화에 대한 문제는 점점 더 복잡해졌다. 24)

1916년, 매사추세츠주 폴 리버(Fall River) 지역의 기술고등학교 교장이었던 윌리엄 H. 둘리(William H. Dooley)는 실업교육이 어떻게 (그의 표현대로) '쓸모없는 사람'인 학생들을 위한 프로그램으로 활용될 수 있는지를 기술했다〔교육자들은 이들을 '느림보', '느리게 배우는 자', '지체아', '혜택받지 못한 자', 25) '다루기 힘든 자'(reluctant), '기술에 소질이 있는 자'(hand-minded) 등으로 다양하게 불렀다〕. 둘리 교장은 여전히 학교교육이라는 것은 훗날 산업과 상업계에서 일하게 될, 그러나 혹 자칫하면 기계의 톱니로 전락할 위험이 있는 85%의 학생들에게 그 초점을 맞춰야 한다는 데 동의했다. 또한 그는 올바르게 훈련되지 않을 경우 학생들은 기술도 없는 무직자들이 될 것이고, 이런 현상은 "우리 정부의 존재를 위협하는 불만을 조성하는 것"이라고 말했다. 농경지에서 일하거나 수습하며 배우는 방법은

---

24) Grubb and Lazerson, *Education and Industrialism*, "Introduction"; S. Cohen, "Industrial education movement".

25) 〔옮긴이주〕 빈민계층의 완곡한 표현.

더 이상 도시 아동들에게는 적합하지 않았고, 도덕적 사회화의 옛날 방식 역시 비효율적이었다. 아침에 일어나 부모님이 이미 공장 일을 나간 것을 아는 한 아이는 이후 세수도 하지 않고 배고픈 몸으로 학교에 갔다가 저녁에는 거리를 배회할 수도 있었다. 그 결과 부모의 올바른 영향력보다는 타락적 성향들이 더 길러지게 된다는 것이다. 학교가 추상적 교과내용을 가르치며 학생들의 문학시험 결과를 바탕으로 진급시키는 것은 동적인(motor-minded) 학생들에게 도움이 되지 않는다. 그와 반대로 효율적인 학교는 각각의 학생들을 측정하고 특성을 파악하여, 학생들마다 개인의 필요와 적성에 알맞게 각각 다른 기회를 제공하는 곳이었다.

새로운 이민자들의 '기술도 없고 사회성도 떨어지는' 자녀들과 관련된 문제점은 곧 '쓸모없는 계층'의 문제점의 일부를 차지했다. 둘리 교장은 이 계층의 14~16세 청소년들이 공장에서 일하는 것을 금지하는 것은 지혜롭지 못한 일이라고 생각했다. 왜냐하면 "이 아이들은 조숙하며 매우 현실적인 사상을 가진 조상들로부터 태어났고, 그렇기 때문에 이 아이들도 청소년기부터 일찍 유용한 산업적 습관을 발달시켜야 하기 때문이었다". "이 나라를 망치는 사람들은 잘못된 생각을 가진 사회복지사들이다. 왜냐하면 이들은 16세 이하의 아동들은 무조건 학교에 다녀야 한다는 의무교육법이라는 잘못된 법을 이 사회에 적용하려 하기 때문이다." 이 아이들에게 정말 필요한 것은 일에 필요한 산업화 훈련을 시간제 직업교육을 통해 보충하는 것이었다. 오늘날 우리에게는 둘리 교장의 아이디어가 매정하게 보일 수도 있지만, 공장 노동자 자녀들에 관한 그의 배려는 진술했고, 근로 청소년을 위한 보습학교(continuation school) 제도의 제안은 적어

도 10시간 이상의 쉴 새 없는 고역보다는 발전된 형태였다. 26)

물론 모든 행정 개혁주의자들이 둘리 교장의 무산계급 자녀를 위한 제안이나 커벌리 교수의 계층에 따른 교육에 관한 공언에 모두 동의한 것은 아니었다. 그러나 여러 사회계층의 다양한 필요를 충족하기 위해 차별화된 교육을 한다는 기본 원리에는 거의 모두가 동의했다. 이것이 사회적 효율성 원칙의 가장 중심이 되는 내용이었다. 이것은 교육사회학자였던 데이비드 슈네덴이 개혁학교에서 사전에 선별된 인구를 가지고 사실상 완벽히 사회를 통제한 실험에 감탄한 이유이기도 했다. 27)

학교 설문조사는 행정 개혁주의 프로그램을 확산시키기에 가장 좋은 방법이었다. 홀리스 캐스웰(Hollis Caswell)은 도시학교 제도에 대해 1910년과 1919년 사이에 외부 전문가들에 의해 실시된 67차례의 설문조사가 있었고, 1920년에서 1927년 사이에 그 수는 114개로 증가했다고 밝혔다. 설문조사 운동 초기에는 상공회의소 같은 사회지도층 부류의 비전문가들이 외부 전문가들을 위탁하여 기존 학교 시스템의 문제점을 지적하고 개선점을 제시해 주는 것이 보편적이었다. 이것은 행정 개혁주의자들에게 전통적인 교육과 학교 관리 모형을 혹평할 수 있는 기회를 제공했으나 현직 교육위원이나 학교 직원들에게는 다소 어려움을 주었다. 28)

위의 설문조사 중에서, 1911~1912년 하버드대학의 폴 하누스 교

26) Dooley, *Ne'er-Do-Well*, 8, 13~14, 16~18, 21, 27~28.
27) Snedden, *Reform Schools*, ch. xii.
28) Caswell, *City School Surveys*, 26.

수가 뉴욕에서 실시한 설문조사와 1913년 커벌리 교수 연구팀이 오
리건주 포틀랜드를 대상으로 실시한 설문조사에 대해 논하고자 한
다. 하누스 교수 팀은 뉴욕의 획일적인 교육과정은 구시대적 이상주
의의 표본으로서 현대의 경제 환경을 고려할 때 시대착오적이라고
판단했다. 조사관들은 또 정신적 독립성은 반항의 형식으로 자리 잡
았으며, 조직의 위계구조는 하나의 리더십 아래 만들어진 '전문적 협
력체계'가 아닌, 교육감으로부터 '그 밑 모든 위계를 통제하는 관료
주의'를 형성했다고 말했다. 교장과 장학관들은 단지 규율에 동의한
다는 증명을 해주는 검사관 역할을 할 뿐이었고, 따라서 교사들은 대
부분 기계적으로 수업을 진행하였다. 29) 커벌리 교수 팀 역시 포틀랜
드에서 유사한 상황을 발견했다. 그들은 "포틀랜드 학교 시스템 운
영에서 발견된 가장 근본적인 원리는 학생들이나 사회의 필요성을
전혀 고려하지 않은 구식의 기계적인 방식이었다"라고 밝혔다. 교장
이나 교사 모두 결정권을 가질 기회가 없는 현실에서 최선의 결과는
"질리도록 획일적이고 한결같은 시스템의 유지"였다. 교육과정은
"그야말로 기계가 자른 것처럼 54개의 판에 박힌 내용들로 나뉘어 있
었다". 직권적 영향력이 소위원회로 분산되어 있었기 때문에 교육감
의 권한은 훈련 담당 하사관 정도의 힘으로 위축되어 있었다. 30)
　이미 잘 알려진 이야기였지만, 뉴욕의 맥스웰 교육감과 포틀랜드

---

29) Committee on School Inquiry, *Report*, I, 57; Hanus, *Adventuring in Education*, ch. xii.
30) Cubberley, *Portland Survey*, 40~42, 46, 125, 128; Cubberley의 동료들
　은 Edward C. Elliot, Frank E, Spaulding, J. H. Francis, Lewis Terman
　등 교육학 교수들, 학교행정가들이었다.

의 리글러 교육감은 이들에 의해 모욕을 당한 셈이었고, 그들은 조사 전문가들이 이미 마음의 결정을 한 상태에서 왔고, 그들이 목격한 것에 대해 올바르게 해석하지 못했으며, 최근에 이루어진 성과는 등한시했다고 주장했다. 행정 개혁주의자들이 전통 교육자들에 대한 이전의 비난과 공격 때문에 설문조사는 몇몇 지역에서 좋지 못한 평을 받았고, 특히 이 조사로 인해 사임해야 했던 리글러 교육감을 비롯한 여러 교육감들 사이에서는 더욱더 그랬다. 그러나 이 운동이 확산되면서, 각종 조사는 놀랍게도 '진보적' 교육감들이 자신들이 원하는 변화를 가져오는 데 필요한 외부 도움을 청할 때 유용하게 쓰이는 도구가 되었다. 1920년대 말에는 대부분의 교육감들이 설문조사를 잘 견뎌 냈을 뿐만 아니라 오히려 찬성하기 시작했다. 레너드 쿠스(Leonard Koos)는 설문조사를 실시한 25개 도시의 교육감들에게 보낸 질문지에 응답한 18명 중 14명의 교육감이 이 조사를 선호한다고 대답했다. 31)

설문조사 운동을 지지한 세력은 대학교수회, 도시학교 행정 개혁주의자, 미 교육부, 시민단체 소속의 평범한 일반 개혁가들이었다. 록펠러의 보통교육위원회(Rockefeller's General Education Board)는 자체 학교 설문조사를 만들어 인디애나주 개리(Gary)시를 비롯한 몇 개 주에 걸쳐 조사를 실시했다. 러셀 세이지 재단(Russel Sage Foundation)은 48개 주의 교육 '효율성'을 비교분석한 설문조사를 비롯하여 다양한 연구조사를 후원했다. 클리블랜드 재단(Cleveland Foundation)은 클리블랜드 지역 내 학교에 대한 대규모 설문조사를

---

31) Koos, "School surveys", 35~41.

학교 설문조사에 대한 비판적 시각

지원하기도 했다. 1917년 미 교육부 장관의 연간 리포트를 작성한 한 연구원은 설문조사를 통해 "종종 그러하듯 정부가 미처 준비하지 못한 일이 개인 자선가들의 솔선수범을 통해 시작되었지만" 그 당시 미 교육부도 이 업무를 수행할 준비가 되어 있었다고 덧붙였다. 미 교육부와 주 정부 교육부서 등이 단기간 동안은 대부분의 설문조사 를 실시했지만, 1920년 초에 들어서는 주로 교육대학 내 특별 설문 연구부서가 이를 담당하게 되었다. 32)

레이몬드 몰리(Raymond Moley)에 따르면, 이상의 클리블랜드 교육 설문조사 연구에서 권고한 사항들이 빠른 속도로 실행에 옮겨졌고, 또한 캐스웰(Caswell)에 따르면, 행정 개혁주의자에 의해 선호되던 다수의 혁신 방법들이 도시 시스템으로 편입되었는데, 이들 중 대부분은 연구조사의 직접적 결과였다. 〈표 5〉는 50개 주의 교육감들에 의해 보고된 변화 내용들을 보여 주며, 이것들은 프로그램의 지표와 행정 개혁주의자들의 우선순위를 잘 나타낸다. 통계적 자료를 통해 행정 개혁주의자들은 자신들의 성공을 몸소 느꼈고, 이것은 그들로 하여금 미국 도시교육의 구성과 그 과정에서 자신들의 영향력이 증대되고 있다고 믿게 해주는 좋은 이유가 되었다. 그들의 기본 프로그램에 반대하는 목소리는 거의 없었고, 행정 개혁주의자들은 자신들의 아군이 정치판에 광범위하게 존재한다는 것도 알게 되었다. 33)

---

32) U. S. Commissioner of Education, *Report for 1917*, I, 19~21; Pritchett, "Educational surveys", 118~123; Caswell, *City School Surveys*, 32.

33) Moley, "Cleveland surveys", 229~231; Caswell, *City School Surveys*, 60~72.

변화	조사이행(%)	조사의 직접 결과(%)
교원 봉급 인상	74	35
교육과정 개정	68	47
나이 많은 학생 비율 감축	66	36
학생 1인당 지출 증액	64	28
학업성취 실패 비율 감축	64	31
개선된 학생기록 시스템 도입	62	42
교사 자질 향상	62	45
표준화된 시험 자주 실시	60	40
개선된 재정회계 시스템 도입	56	36
특화된 행정직원 증원	54	44
능력별 반 편성 실시	52	38
학생수준에 따른 차별화된 교육과정	50	32
교육과정에 교과 추가	48	38
교육감 및 교육위원회 업무에 대한 명확한 정의	46	57
교육감 추천에만 따른 직원 채용	34	53
상임위원회 축소 또는 폐지	34	53

출처: Caswell, *City School Surveys*, 60~72.

〈뉴 리퍼블릭〉(*New Republic*) 이라는 잡지에 실린 글을 통해 자유주의 지식인 랜돌프 본(Randolph Bourne)은 커벌리 교수의 포틀랜드 설문연구를 극찬하며 "오늘날의 자녀들은 그들이 장차 살아갈 이 사회에서 지식적으로 참여할 수 있도록 준비되어야 한다. 공립학교는 이를 위해 반드시 깨달아야 하는 현재의 문제점과 사상을 명확히 하는 과정을 보여 주기 때문에, 모두를 흥분시키기에 충분하다"고 말했다. 그는 또 포틀랜드의 전통교육은 "계몽된 미국사회의 계획적 교육활동이라기보다는 원시 종족들의 의식처럼 보임에도 불구하고, 이것은 현재 여전히 대다수 도시에서 우세한 형식임에는 틀림없다"고 말했다. 34)

자유주의적 견해를 피력했다는 이유로 얼마 후 해고를 당하게 되는 경제학 교수 스콧 니어링 역시 랜돌프 본만큼이나 행정 개혁주의 프로그램에 감동했다. 《새 교육》(The new education)이라는 제목의 책에서 그는 다이어(Dyer) 교육감과 그의 팀이 만들어 낸 신시내티 학교의 변화에 대해 서술했다. 다이어 교육감은 교육과정을 학생들에게 맞추는 것에 있어서 교장과 교사들을 전적으로 믿고 일임하는, 다소 급진적인 실험을 감행했다. 다이어 교육감은 그의 직원들에게 말했다. "언덕 위쪽의 부유한 교외 지역에는 문법학교가 자리 잡고 있다. 이 학교의 조직구조와 행정활동, 교육과정은 공장지구 한가운데 있는 학교와는 반드시 차별화되어야 한다." 즉, 학교가 그 지역의 인구 특성에 알맞도록 개조되고 적응되는 것은 교장에게 달린 것이었다.

　　이것이 무슨 뜻인가에 대해서는 기찻길 반대편, 공장과 작은 집들에 둘러싸인 지대에 위치한 오일러(Olyer) 학교의 사례를 보면 명확하게 이해할 수 있다. 그곳의 교장은 공장주들에게 수공 훈련 프로그램을 지지하도록 호소하기도 했다. 얼마 후 다이어 교육감의 도움으로 교장은 직업준비과정을 개설했다. '수준 이하'(sub-normal)의 초등학생들이 이 직업준비과정에서 일주일 중 하루 전체를 보내게 되었다. 반면 다른 학생들은 실과나 가정과학 시간 등에 수업시간을 조금 할애하는 것이 전부였다. 일주일 중 하루를 직업준비과정에서 보낸 남학생들은 실제 공장에서 일할 수 있을 만큼의 실력을 갖추게 되었다. 한 제조업자는 니어링 교수에게 자신은 학교의 이런

---

34) Bourne, "Portland survey", 238.

프로그램을 매우 지지한다고 밝혔다. 그 이유는 첫째, 학교가 훌륭한 시민을 양성하고, 둘째, "한 사람이 취할 수 있는 물질적 번영은 그 사람이 정신적·기술적으로 얼마나 많은 자질을 함양하는가에 달려 있다"고 믿기 때문이었다. 오일러 학교의 교장은 또한 어머니회와 함께 자녀 양육방식 변화나 학교 지역 개선을 위해 힘썼다. 훈육 문제 등은 사라져 갔고, 더 많은 학생들이 고등학교로 진학했으며, 학교가 '공동체'의 중심으로 자리 잡았다. 이것이 바로 니어링 교수의 '새 교육' 모델이었다. 35)

오늘날과 마찬가지로 그 시절에도 종종 개인적 관심이나 노력으로 학교를 변화시킴으로써 학생들의 삶을 바꿀 수 있었다. 수사적 기교가 가득했던 니어링 교수이나 랜돌프 본과 같은 학자들은 '학생들의 필요를 충족한다'거나 '협력' 등의 미사여구로 새 교육을 구시대적 교육으로부터 차별화하고 이를 '진보주의'라 칭송했다. 그들은 새롭게 밀려드는 학생들과 도시사회의 위기, 그리고 그 의도와는 달리 틀에 박힌 일상활동마저 경화시켜 버린 전통적 교육을 통해 당시 학교가 당면한 문제점을 목격했다.

그러나 교육의 '진보주의'는 광범위한 개혁가들, 철학 사상, 그리고 그 현실에 모두 적용되는 용어였다. 4장에서 언급했듯이 '행정 개혁주의'라고 불리는 개혁의 한쪽은 엘리트주의적 철학과 엘리트에 해당하는 사회구성원들이 주도한 정치적 교육운동이었다. 그들은 기업형 통치구조 모형을 기초로 도시교육의 통제제도를 교육청 단위의 교육위원회와 전문 교육감 체제로 바꾸려고 노력하였다. 그

---

35) Nearing, *New Education*, 126, 128, 165~169.

들은 시스템 내 구조를 차별화하고 사회효율성과 사회통제라는 목적을 달성하는 데 집중하였다. 따라서 이들의 주된 관심사는 조직구성원의 행동과 학교 간의 관계, 그 조직행동과 외부로부터의 통제현상과의 관계에 있었다. 즉, 학생들의 개인적 발달보다는 구성원전체의 목적에 보다 관심이 있었다고 볼 수 있다.

이러한 행정 개혁주의는 다소 자유주의적인 성향을 띤 교육적 진보주의나 1930년대에 학교를 통해 새로운 사회질서를 구축하고자 했던 소수의 사회 재건주의자들의 목적과는 공통점이 거의 없었다. 어떤 점에서는 닐(A. S. Neill)에게 영향을 준 교육자들과, 오늘날 자유학교를 지지하는 사람들은 자유주의자라 할 수 있다. 이들은 학교교육이 아동의 개별적 성장 궤적에 맞추어야 한다고 보았다. 이들은 심리학자 프로이트와 전위예술가들, 지식인들을 준거로 하여 전통 학교의 억압적 구성과 교육과정을 비판하고, 그 대신 아동의 자유로운 자기표현을 권장했다. 1932년 발간된 조지 카운츠(George Counts)의 책 《어떻게 감히 학교가 새로운 사회제도를 확립할 수 있는가?》(*Dare the School Build a New Social Order?*)에서 가장 강력하게 자신들의 주장을 드러낸 사회 재건주의자들은 학교에 급진적 자유주의를 주입하여 자본주의적 시스템을 약화시켜야 한다고 주장했다. 자유주의자들의 글은 충분히 훌륭했으나, 이들 자유주의자들과 급진파가 도시교육에 가져온 실질적 영향력은 극히 적었다. 36)

행정 개혁주의자들에게는 어떤 교육 진보주의도 마음에 들지 않

---

36) Cremin, *Transformation of the School*, ch. vi; Bowers, *Progressive Educator and the Depression*.

았다. 그러나 그들은 존 듀이의 아이디어를 교육현장에 접목시킨 교육대학의 철학자, 심리학자, 교육과정 이론가들이 지지한 혁신 방안에는 종종 관심을 보였다. 이런 '교육학적 진보주의자들'은 '프로젝트 교수법'이나 '활동 중심 교육과정' 등을 이용하여 기존 교육과정을 뒤집고 학생들의 '개인적 필요를 충족할' 방법을 개발하고자 했다. 이런 아이디어들을 발전시킨 교육과정 개혁가들은 주로 차별화된 학교의 위계구조를 전제조건으로 생각하고 교사의 철학, 교육과정, 교육방법을 변화시키기 위한 노력에 최대한 집중하였다. 교육학적 진보주의자들은 주로 개인주의적 성향을 지니거나 타인에게 권고하는 방식을 선호하였기에 이미 확립되어 있던 학교 관리자의 권력에 대한 위협은 거의 없었다. 데이비드 스위프트(David Swift)가 말한 대로, 학생을 가르치는 섬세한 기법을 발전시키고 지나친 교사통제를 지양함으로써 '새 교육'은 양쪽 모두를 더 다루기 쉽게 만들 수 있었다. 그리고 교육과정 범위에 대해 더 관대해진 것은 교육자들로 하여금 필브릭의 확실한 지식을 심어 주자는 옛 목표를 벗어나는 데 좋은 변명거리를 제공하였다.37)

존 듀이가 강조한 체제, 즉 협력을 중시하는 민주적인 학교체제는 위계적 관료제도 속에서 수용되기 힘들었다. 듀이가 1902년에 말했듯 "학교조직과 행정은 교육 목적과 사상 면에서 형식적이며 비교적 상관이 없는 것으로 생각하기 쉽다". 우리는 학생들을 분류하는 것, 중요한 결정을 내리는 것, 그리고 기계적인 가르침이 학생들에게 미치는 영향 등이 실제로 이 모든 시스템을 통제하는 것이라는

---

37) Swift, *Ideology and Change in the Public Schools*.

것을 잊어버린다. 그래서 듀이의 민주적이고 적극적인 사상을 실행한 교사들의 이야기가 담겨 있는 듀이와 그의 딸 에블린(Evelyn)의 저서 《미래의 학교》(Schools of tomorrow)는 큰 공립학교보다는 규모가 작은 사립학교의 경우를 중심으로 다룰 수밖에 없었다. 듀이의 민주적 교육방식은 당시 교사들이 누리기 어려웠던 교사와 학생의 근본적인 자율성을 요구하였기 때문에, 한 개의 학급밖에 없는 시골학교에서 근무하는 어느 유능한 교사가 듀이의 사회적 학습 모형을 적용하는 것이 대도시의 교육체계를 바꾸는 것보다 훨씬 더 수월한 일이었다. 따라서 도시학교 제도에서 부르짖던 '새 교육'은 종종 더 까다로운 관료적 형식주의와 행정, 서류 절차와 관련 회의, 더 많은 장학관들과 새로운 시험제도, 그리고 구식 아이디어에 관한 까다로운 전문용어들만 생산해 낼 뿐이었다. 듀이의 민주적 교육의 완전한 실현은 교육제도 구조의 근본적 변화를 필요로 했지만, 이것은 행정 개혁주의자들이나 도시교육을 주관한 그들의 연합세력들이 바란 바가 아니었다. 미들타운(Middletown)의 실패한 진보주의에 대한 보고서에서 로버트 린드와 헬렌 린드 부부는 "양적 차원의 행정 효율성과 질적 차원의 교육 목적 달성 사이의 줄다리기에서, 실세는 전자를 지배하는 세력에 있다"고 결론짓기도 했다. 38)

---

38) Dewey, *Educational Situation*, 22~23; Lynd and Lynd, *Middletown in Transition*, 241; Dewey, *Democracy and Education*; Katz, *Class, Bureaucracy, and Schools*, 113~125.

2. 과학

알프레드 케이진(Alfred Kazin)이 고향인 브루클린의 브라운스빌 지역으로 돌아와 모교 건물을 보자마자 생각난 것은 "어린 시절 치를 떨게 했던 금요일 아침에 치러지는 '시험들'이었다". 부모들은 내색하지는 않았지만 "우리가 '높은 평균 성적'을 받거나, 상을 타거나, 생색내게 해주는 공식 석상에서의 칭찬을 받는 야만적인 경쟁에서 승리의 소식을 듣기에 안달이 나 있었다". 교사의 책상에는 차갑고 하얀, 가느다란 줄이 있는 노트가 있었는데, 이 노트에는 학생들의 모든 장단점과 성적 평균이 꼼꼼히 적혀 있었다. 39)

비슷한 시기인 1922년쯤 존 듀이는 주변에서 빈번히 목격한 지속적인 시험, 학생 분류, 경쟁에 대해서 곰곰이 생각해 보았다. "우리의 기계적이고 산업화된 문명은 평균 점수 또는 백분위 점수에 목숨을 건다. 이런 사회현상을 잘 반영하는 정신적 습관(mental habit)은 인간을 우열의 평균값으로 계산하는 것이 교육과 사회조직의 구성에 큰 역할을 하도록 했다." 학교제도가 그 자체가 치우쳐 있다는 것을 아직 자각하지 못한 채 그저 사람을 골라내는 커다란 시스템이되어 버리는 것을 듀이는 두려워했다. "우리는 과학이라는 이름 아래 산술적인 등급 속에 학생들을 가두고 있다. 현재 재계에서 정한기준을 바탕으로 한 몇 개 안 되는 직업적 서열에 얼마나 적합한지를 근거로 우리는 학생들을 판단한다. 그리고 그 학생들을 특정 분야에 한정시켜 놓은 채 현재의 사회 질서를 영속하기 위해 사용 가

---

39) Kazin, *Walker in the City*, 17~22.

능한 모든 교육적 방법을 동원한다."40)

각기 입장은 다르지만 케이진은 그의 유년시절을 회상하며, 또 듀이는 사회 철학자로서 두 사람 모두 점점 더 큰 영향력을 확보해 가던 학교의 기능에 대해 말하였는데, 그것은 다름 아닌 교육자들이 기회에 대한 문지기가 되어 간다는 사실이었다. 이 과정에서 교육 전문가들은 능력과 성과를 측정함에 있어 점점 더 과학적인 방법을 선호하기 시작했다. 이들이 원한 것은 학생을 더 과학적으로 구별할 수 있는 기술이었다. 학생들의 과학적 구분은 학생의 세분화된 특별 관리에 반드시 필요했다. 이런 방법을 통해서 그들은 학생과 교육제 도상의 필요와, 더 나아가 사회적 필요를 좀더 정확하게 측정하고 모든 부분을 유기적으로 연결하고자 했다. 41)

교육 과학자들에게 가장 큰 관심사는 높은 비율의 '지체아들'(또는 나이가 너무 많거나 계속해서 진급하지 못하는 학생들)과 '퇴학'(또는 학 교를 떠나는 학생들)이었다. 효율성을 가장 중요시 여기던 당시에는 동 학년 또래보다 나이가 많은 학생이나 학교를 떠나는 학생이 생기 는 현상은 모두 학교 시스템이 잘못 돌아간다는 신호로, 이에 대한 분석과 교정이 필요함을 의미했다. 돈과 노력의 낭비라는 이유 외에 도 학생들을 유급하도록 강요하는 것은 잔인한 일이었다. 레너드 에 어즈는 "학생들이 이런 과정에 의해서 실패라는 것에 철저히 훈련되 었다"라고 말했다. "오늘날 우리가 사는 사회에서 어떤 학생들은 실

---

40) Dewey, "Individuality", 61~62.
41) 최근 교육심리학자들의 사회적 역할 연구들에 대해서 보려면 Church, "Edu-cational psychology and social reform" 참조; D. K. Cohen and Lazerson, "Education and corporate order"; Sizer, "Testing" 참조.

패하는 삶을 살 수밖에 없도록 되어 있다. 이 학생들은 학교에서 육체적으로 지식적으로 또 능력적으로 조금씩 뒤떨어지는 학생들이다. 이런 아이는 유년기의 치열한 생존 경쟁 속에서 항상 '희생양' (*it*) 이 된다."[42]

1904년 초, 뉴욕의 맥스웰 교육감은 뉴욕 초등학교 학생의 1/3 이상이 동 학년 또래의 정상 나이보다 더 높다는 사실을 보고하는 표를 만들었다. 한 교육 통계학자는 "맥스웰 교육감이 발표한 숫자들은 모두에게 실로 충격적이었다"고 회고했다. 이 뉴스는 입소문을 타고 빠르게 번졌고, 잡지나 신문을 통해 공표되었으며, 여러 집회 등에서도 인용되었다. 한 교육감이 귓속말로 "뉴욕의 상태가 어떤지 들었나? 40% 이상의 학생들이 제 학년 나이에 비해 너무 나이가 많다더군!" 하면, 다른 교육감은 상대적 만족감을 느끼면서도 안타까운 현실에 유감이라는 반응을 보이면서 이렇게 말할 것이다. "그러게, 뉴욕의 학교 상태가 정말 좋지 않다더군. 그 대가로 정치가들이 학교를 좌지우지할 때 어떤 일이 일어나는지 알게 되었지 않나." 태머니파와 같은 정치집단의 부패함에 대해 고개를 내저으면서 이 교육감들은 당당히 자신의 지역으로 돌아가 "자신의 교육청 소속 학교 학생의 나이와 학년에 대한 정보를 수집하겠지만, 그 이후에는 별다른 변화 없이 그 문제에 대해 침묵하는 경우가 대부분이었다". 도시에 거주하는 많은 학생들이 학교생활을 제대로 하지 못하는 모습을 자주 볼 수 있었다. [43]

---

42) Ayres, *Laggards*, 220.
43) Buckingham, "Child Accounting", 218~219.

1908년 에드워드 T. 손다이크는 "학생을 쫓아내는 학교"라는 연구를 발표하여 시민과 교육감들에게 경각심과 분노를 불러일으켰다. 학교에 입학한 학생들 중 약 절반에 해당하는 학생들만이 8학년까지 진급했다는 것이다. 그 다음 해 레너드 에어즈의 《우리 학교의 느림보》(Laggards in our schools) 라는 책은 적절한 통계적 근거를 바탕으로 하여 이 심각한 문제점을 다뤘다. 1학년의 나이를 6~8세까지로 주로 2살 터울을 두는 등 학년마다 '정상연령'에 대해 관대한 정의를 내렸음에도 불구하고, 에어즈는 1학년부터 8학년까지 학생들의 수가 눈에 띄게 감소했다는 사실을 보여 주었다. 시카고의 예를 들면, 1학년에는 4만 3,560명의 학생이 등록된 반면 8학년생은 1만 2,939명에 지나지 않았다. 저학년으로 갈수록 늘어나는 학생의 절대숫자와 고학년 학생 세대의 비교적 높은 (유아)사망률을 감안한다 하더라도 학업 중단과 학습 부진의 문제는 매우 심각했다. 에어즈는 학생의 33% 정도를 '습득이 느린 학생들'로 정의했다. 진급률은 캔자스시티 71%, 시카고 84% 등으로 도시별로 다양했다. 에어즈는 "보편적인 미국 학교는 5학년까지는 모두 진급시키고 8학년에는 전체의 반을 진급시키며, 그 후에는 그 10% 정도를 고등학교에 보낸다"고 결론지었다. [44]

에어즈는 매 학교마다 다른 진학률에 대한 이렇다 할 이유를 찾지 못했다. 질병, 불규칙한 출석률, 늦은 입학, 미비한 의무교육법과 느슨한 규율 모두가 부분적 이유였다. 어떤 이민자들은 보통 미국인들보다 높은 유급률을 보인 반면, 보통 미국인들보다 낮은 유급률을

---

44) Ayres, *Laggards*, 4, 20, 38, 66.

보여 교육적으로 더 성공했다고 볼 수 있는 이민자 집단도 있었다. 에어즈는 미국 전 지역을 통틀어 이민 자녀들보다 백인 부모를 가진 미국인 자녀들의 문맹률이 더 높다는 것에 주목하며 "이민자들이 과연 축복인가 저주인가?"라는 질문에 있어 유보적인 입장을 취했다. 그는 학생들이 학교에 머무는 것과 외국인(이민자)의 수는 별다른 관계가 없다고 밝혔다. 45)

　유급률과 진급률에 있어 인종이나 국적이 영향을 미치는지는 확실치 않았으나, 에어즈는 성별 간에는 확실한 차이점을 발견했다. 남학생이 여학생보다 13%나 더 유급하여 같은 학년을 반복했고, 여학생들이 남학생보다 17% 더 많이 초등학교를 졸업했다. 그는 "이 사실은 현재 학교교육이 남학생보다는 여학생의 필요에 더 잘 맞게 설계되어 있다는 것을 보여 준다"고 말했다. 46)

　통계학자로서 에어즈는 '사실에 대한 더 깊은 지식'이 개혁을 위한 필수요건이라고 믿었다. "이 나라 어느 한 지역의 학교 운영진조차 매년 몇 명의 학생들이 학교에 입학하는지, 얼마나 빨리 진급하는지, 얼마나 많은 학생들이 졸업을 하는지 또는 왜 중간에 그만두는지, 또 어디서 왜 시간을 잃어버리는지에 대해 제대로 알지 못한다는 사실은 매우 충격적"이라고 말했다. 또한 그는 더 나은 '교육통계'(child accounting) 뿐만 아니라, 더 강력한 의무교육법과 시행을 지지하며, 철저한 의료검사, 융통성 있는 평가제도, 그리고 보통학생의 능력에 맞춘 교육과정 등을 촉구했다. 물론 그가 학교에서의

---

45) 같은 책, 103, 106~107, 115.
46) 같은 책, 7.

실패 원인이 결국엔 학생들 자신에게 있다고 언급한 경우도 있긴 하지만, 그는 주로 학생들을 실패하도록 가르치는 교육 시스템을 비난했다. 47)

에어즈, 손다이크, 그리고 다른 이들에 의해 폭로된 사실들은 도시교육 전문가들을 궁지로 내몰았는데, 교육에 들어가는 비용이 급격히 늘어남에 따라 특히 재계를 포함한 여러 분야로부터 공립학교에 대한 비판이 끊이지 않았다. 유급하는 학생들이 같은 학년을 2년 동안 반복하려면 안 그래도 부족한 교실은 더 좁아지고, 교사의 월급마저 추가적으로 책정해야 했다. 많은 수의 학생들이 학교를 중퇴한다는 사실은 정보에 밝은 교육 전문가들조차 놀라게 만들었다. 1908년 당시 뉴욕주 정부 교육부 장관이었던 앤드류 드레이퍼는 "지금껏 고등학교를 가지 않는 모든 학생들이 초등학교는 졸업했을 것이라 추측했다"고 고백했다. 미 전역에 걸쳐 사회평론가들은 학생들의 자퇴는 학교의 비효율성의 반증이라고 입을 모았다. "신중한 자들이 다른 지역보다 고학년 학생 수가 적은 것에 대해 질책하는 동안, 날카로운 상상력을 가진 사람들은 그것이 오늘날 학교가 그 본질적 목적을 달성하지 못하고 실패하고 있다"는 증거라고 알아챘다. 19세기 교육 전문가들은 비교적 낮은 고등학교 진학률은 교육의 기준이 높아서 생긴 결과로 여기는 것이 보편적이었으나 이러한 생각은 비판적 언론에 의해 바뀌게 되었다. 나이 많은 학생(연령초과학생)이나 유급학생이 많다는 사실은 낯선 현상이 아니었다. 오히려 에어즈가 조사한 6개 도시에서 유급학생의 비율은 1895~1896년

---

47) 같은 책.

39.9%에서 1906~1907년 31.6%로 다소 줄어들었다. 그러나 1908년에 들어서 생긴 교육에 대한 대중의 새로운 인식과 그에 따른 비판, 그리고 새로운 학교에 대한 개념으로 인해 유급 문제는 사회적 문제로 대두되었다. 48)

'유급'이란 어디까지나 사람들이 만들어 낸 교육적 산물이었다. 학생들을 분류하는 것은 자연의 질서에 따라 이루어진 일이 아니었다. 차라리 교육과정이나 진급 기준을 바꾸는 것이 이보단 더 자연스러웠을 것이다. 에어즈의 연구 이전에도 많은 교육자들이 학생들을 분류하고 진급시키는 이 시스템을 융통성 없고 비인간적이라며 비난하였다. 이것은 느린 학생들의 이해력에 비해 학습 진도가 과도하게 당겨지고, 습득이 빠른 학생들의 호기심은 잘라 버리는, '프로크루스테스의 침대' 같은 무조건적 획일화의 극치였다. 이러한 제도 하에서 학생들은 학교에 입학한 후 획일적인 교육과정을 배우고, 능력과 성과를 평가받은 후 다음 학년으로 진급하거나 뒤처져 남게 되었다. 지식의 하류계층은 부랑자(lumpen)로 전락하고 유능한 자만 부각되는 적자생존의 원리는 노골적으로 좋은 것만 키질하여 골라내는 식이었다. 많은 학교 관계자들은 다양한 종류의 학생들을 위한 새롭고 발전된 방법을 고안해야 하며, 서로 다른(heterogeneous) 학생들을 차별된 학교구조로 분류하는 좀더 지적인 방법이 필요하다고 생각했다. 49)

1899년 뉴욕청의 줄리아 리치먼(Julia Richman) 교육감은 교육학

---

48) 같은 책, 170~171, 199.
49) D. K. Cohen and Lazerson, "Education and the corporate order".

적 문제점과 그와 관련된 대안을 내놓았다. 거의 모든 유급학생들은 중간 수준이나 똑똑한 학생들 가운데 섞여 계속 같은 내용의 교육과정을 반복한다. 그러나 대부분의 경우, 이렇게 반복해도 이 학생들은 여전히 학습내용을 다 따라가지 못한 채 뒤처지게 된다. 그녀는 "이 학생들은 공부에 대해 아무런 열정도 가지지 못하고, 학생들의 활발한 대답 능력이 교사의 성공 척도가 되는 학교에서는 이렇게 뒤떨어지는 학생들은 환영받지 못하는 존재가 되어 버린다"고 주장했다. 이에 대한 리치먼 교육감의 해결방법은 학생들을 교사의 의견과 함께 표준 교육과정에 대한 시험성적을 바탕으로 '가장 우수한 학생', '중간 성적의 학생', '낮은 성적의 학생들'로 나누는 것이었다. 그녀는 서로 다른 수준의 반에 배치된 교사들에게 학생들의 능력에 수업 속도를 맞추도록 했다. 당연하게도 그 어떤 학생도 같은 내용을 단순 반복하는 일은 없었다. 학생에게 수업 속도를 맞추는 이 방법을 통해 학생들과 교사 간에 더욱 의미 있는 교감을 나눌 수 있게되어 진급률도 높아졌다. "우수한 학생들은 수업에 아무런 방해 없이 계속 정진할 수 있게 되었고, 뒤처지는 학생들도 이해심을 가지고 도와주려는 교사의 손길을 통해 더욱 열심히 공부하게 되었다. 학생들은 모두 자신감을 갖게 되었고 결국 스스로를 돕고 발전시키며 자라나게 되었다"고 리치먼 교육감은 말했다. 1903년 리치먼 교육감은 14세가 되도록 4학년을 마치지 못했지만 직업자격증을 취득할 수 있는 나이가 된 1,719명의 학생들에게 관심을 기울였다. 이런 학생들은 주로 미국에 도착한 지 얼마 되지 않았거나, 학교에 자리가 없어 학교를 못 다녔거나, 또는 잘못된 교육으로 '배움에 흥미를 잃어버린' 학생들이었다. 그녀는 이런 학생들이 "거리에서 터득한 영리함 때문에 어린이의 시각에 초점을 맞춘 교육에는 어울리지 않는다"는 것을 깨달았다. 그녀는 가장 능력 있는 교사들이 이런 학생들을 위한 특수반을 맡아 유급하게 된 이유와 그에 합당한 해결책을 찾도록 해야 한다고 주장했다. 50)

리치먼 교육감과 같은 교육자들의 노력에도 불구하고 1922년에 이르도록 뉴욕의 상황은 그리 달라진 것이 없었다. 당시 교육감이었던 윌리엄 L. 에틴거(William L. Ettinger)는 자신의 부하 직원들에게 뉴욕의 현실을 직시할 것을 요구했다. 그해 6월 71만 6천 명의 학생 중에서 8만 3천 명이 진급하지 못했다. 상급 학년으로 진학하지 못한 46%의 학생들 중에서 20%는 한 학기가 뒤처졌으며, 나머지 학생들은 두 학기 이상이 지체되었다. 각 학년마다 학생들의 나이는 뒤죽박죽이었고, 학교마다 나이 많은 학생들의 비율 역시 다양했다. 에틴거 교육감은 이러한 통계는 "표준화되지 않은 시험이나 사실을 확인하는 수준의 시험 결과를 바탕으로 학생들을 구분한 데" 따른 실패의 결과라고 인식했다. 그러나 해결책은 있었다. "지능과 학업성취도를 측정하는 방법이 빠른 속도로 발전함에 따라, 이를 기준으로 반을 나눌 수 있는 새로운 시대가 온 것이다. 이를 위해 차별된 교육과정과 다른 수업방식, 그리고 융통성 있는 진급제도 등이 개발되어 학생들의 필요를 충족할 것이다."51)

에틴거 교육감이 제시한 문제점들은 사실이었고, 많은 교육자들

---

50) Richman, "Successful experiment in promoting pupils", 23~26, 29; Richman, "What can be done", 130~131.

51) Ettinger, "Facing the facts", 505, 508~509, 512.

이 가진 과학에 대한 맹목적 신앙을 생각해 볼 때 그들이 새로 개발된 집단 지능검사들을 해결책으로 인식한 것은 자연스러운 일이었다. 행정 개혁주의자들은 지능을 기준으로 학생들을 상·중·하로 나눈 다음 그에 맞는 교육을 제공함으로써, 중·고교 과정부터 학생들이 가질 직업군에 따른 맞춤 교육을 제공하는 것이 훨씬 효과적이라고 생각했다.

학생들을 구분하는 방법에 있어 가장 큰 변화는 제1차 세계대전 때 일어났다. 도시학교에서처럼 군대에서도 역시 많은 군인들을 교육시킨 후 각자 적절한 곳으로 배치시켜야 하는 상황이었다. 명성 있는 심리학자들은 군인들을 배치하는 데 알맞은 집단 지능검사를 개발했다. 이전에는 알프레드 비네(Alfred Binet)의 연구를 바탕으로 개발된 기초적 지능검사가 있었지만 전쟁 초기는 다수를 대상으로 실험할 수 있는 좋은 기회였다. 한 달이 조금 넘는 시간 안에 심리학자들은 지능검사 시험지를 완성하여 실제 시험을 실시했다. '알파·베타 테스트'로 불린 이 검사는 172만 6,966명의 군인들을 상대로 실시되었다. 52)

처음에 실험자들은 이 실험을 통해 부적합자와 리더, 두 양끝 집단만 선별할 수 있을 것이라고 예상했다. 그러나 실험의 타당성을 조사한 결과, 그들은 이 실험 점수와 장교가 자신의 지위에서 부하들을 효율적으로 지휘하는 정도 간에 높은 상관관계가 있다는 것을 알아냈다. 조엘 스프링(Joel Spring)이 지적한 바와 같이, 이 실험의

---

52) Woody and Sangren, *Administration of Testing*, 19~21 ; Kevles, "Testing the Army's intelligence".

타당성을 가장 잘 증명해 주는 것은 군인으로의 실질적 가치에 대한 평가였다. 그리하여 이 실험은 특정 직업에서 직원을 배치하는 데 활용되기 시작했다. 한마디로 말해서 이 실험은 확실한 결과를 보여 주었다. 한 달 정도라는 짧은 시간 안에 불과 몇 명의 심리학자들에 의해서 고안된 이 짧은 집단검사에 의해 수험번호 1,072,538번 군인은 워싱턴의 사무실로 배치되는 반면, 수험번호 964,221번은 프랑스 전선으로 배치될 수도 있었다. [53]

한편 검사 결과는 또 다른 결론을 가져오기도 했다. 가장 능력 있다고 판명된 자가 가장 높은 순위를 차지한다는 결과는 사회질서가 능력 위주로 정리된다는 것을 증명하는 듯했다. 그리고 그 결과, 교육 시설, 공공 서비스, 경제 분야에서 능력을 판단하는 잣대가 매우 좁게 적용되었다. 그 어떤 것도 악의가 있는 것은 아니었다. 전쟁 중의 심리학자들은 이런 방식을 통해 민주주의가 효율적으로 운영될 수 있다고 생각하였다. 그들은 스스로를 과학자라고 불렀고, 그들의 주장과 가설이 오류로 증명될 때마다 자신의 마음을 바꾸기도 했다. 그들은 또 능력 있는 자를 우대함으로써 갈등이 없는 원만한 유토피아와 같은 사회를 꿈꾸기도 했다. 그러나 그들의 객관적 차별 제도의 영향력과 더불어 그들의 악의는 없었던 의도 역시 냉정하게 평가되어야 한다. [54]

군인을 대상으로 한 지능검사의 창시자 중 1명이었던 칼 브리검

---

53) Spring, "Psychologists and the war", 5, 8~9.
54) 사회철학의 비판적 해석에 대해서 보려면 Karier, Violas, and Spring, *Roots of Crisis*, ch. vi; Marks, "Testers, trackers, and trustees" 참조.

(Carl Brigham)은 실험에서 나타난 인종 간 지능 차이를 분석하여 1923년 《미국인의 지능 연구》(*A study of American intelligence*) 라는 책을 발간하였다. 그는 이 책에서 알프스와 지중해 지역 인종들이 북유럽 인종보다 지능이 열등하다는 결론을 내렸다. 그리고 이 모든 백인종의 지능보다 흑인의 지능이 낮다고 보고했다. 그는 좋지 않은 유럽계 혈통이 섞이는 문제도 크지만, "앞으로 흑인 혈통과 우리 인종 혈통이 섞여 만들어 내는 최악의 상황을 생각해야 한다"고 말했다. 남동부 유럽 출신 군인들의 낮은 점수는 이민자들의 열등에 대한 WASP들의 믿음을 확인시켜 주었고, 1920년대 이민규정법에 따라 이민자들을 차별하자는 주장을 한 국회의원들에게 힘을 실어 주었다. 결국, 군대의 집단 지능검사 결과는 각종 사회 편견에 대한 과학적 정당화의 빌미를 제공했다. 55)

브리검의 취약한 '과학적' 주장을 반증하는 것은 어렵지 않았는데, 사실 그 역시 1930년에 자신의 해석을 부인하였다. 예를 들면, 주 정부 단위로 실험 점수를 묶어서 분석한 결과, 남부 주 출신의 대부분의 북유럽 계통 백인 군인들은 "미 전역의 백인 군사 중 가장 낮은 점수를 받았으며", 특정 북부지역 출신 흑인 군사들은 남부지역의 백인 군사보다 지능점수가 월등히 높았다. 브리검의 추측에 관한 또 다른 비판자가 주 정부 단위로 측정된 알파 테스트 점수와 에어즈에 의해 발표된 각 주 정부별 학교 효율성 점수를 비교한 결과, 상관계수는 .58이었다. 분명 유전자 외에 무언가가 작용하는 것이

---

55) Brigham, *American Intelligence*, 197, 209; Marks, "Testers, trackers, and trustees".

틀림없었다. 56)

대부분의 경우, 군대의 알파 테스트 점수는 직업의 위신 및 임금과 관계가 있었다. 군대에서 실시된 검사의 영향으로, 학교 시험 전문가들은 지능검사 결과를 학생들의 직업군 분류와 직업지도의 바탕으로 삼게 되었다. 57)

미시간대학 W. B. 필스버리(W. B. Pillsbury) 교수의 흥미를 돋운 것은 학교가 이러한 장기적 선택을 하는 기능을 가졌다는 점이었다. 그는 현존하는 시험의 단점들을 지적하면서 심리학자들은 "지능이 무엇인지에 대해 매우 모호한 개념을 가졌다"고 인정했다. 그럼에도 불구하고 그는 사람들에게는 매우 큰 지적 능력의 차이가 있다고 주장했다. "만약 어떤 국가에 국민의 15%만이 중요한 기여를 할 수 있고, 국민의 겨우 반 정도 되는 인구가 나라가 가진 문제점을 정확히 이해할 수 있다고 하자. 과연 우리는 능력 있는 자를 골라 가장 적합한 자리에 둘 수 있는 시스템이 있는가, 아니면 그들의 능력을 다 낭비한 채 실력 없는 자들이 능력 밖의 중요한 문제를 두고 힘들게 분투하도록 방치하고 있는가?"라고 반문하였다. 학교의 근본적 기능은 지적 능력을 골라내는 것이 아니라 그 능력을 개발하는 것인데, 선천적 지능이라는 것에 큰 의미를 둔 이상 그가 볼 때 학교는 '무능한 자'는 솎아 내고 '능력이 있는 자'는 상주는 일만 할 뿐이었지만, 그것조차 비효율적인 방법으로 하고 있었던 것이다. 더 나

---

56) Bond, *Education of the Negro*, 318; Dearborn, *Intelligence Tests*, 272~278.

57) Dearborn, *Intelligence Tests*, 279~280; Spring, "Psychologists and the war", 9~10; Terman, "Uses of intelligence tests", 30~31.

은 시험만이 이들이 좀더 과학적인 방법으로 사람들을 걸러 낼 수 있도록 할 수 있었다. 58)

그러나 도시학교 공무원들에게는 이런 능력 위주의 제안들은 의무교육에 의해 몰려든 다양한 종류의 수많은 학생들을 구분해야 하는 실질적 현안에 비해 그리 큰 관심사는 아니었다. 그리고 이 학생들에게 지능검사의 타당성에 대한 논쟁은 그 시험 자체가 그들의 매일의 삶에서 어떻게 사용되어야 하는가 하는 문제보다 중요치 않았다. 말하자면 3초 만에 바늘에 실을 꿰어 내라는 것이 지능검사라면, 바늘에 실을 꿰는 데 걸리는 시간에 따라 학생들을 처리하면 되는 것이었다. 시험이 타고난 지적 능력을 측정하는 것의 타당성 유무를 떠나 이 시험은 학생에게 확실한 결과를 가져왔다. 그리고 결과적으로 지능검사 결과는 그것이 예견한 대로 학생에게 되돌아왔다.

군대에서의 실험에 앞서 지능에 대한 실험은 장애가 있는 학생들에게 주로 사용되었다. 비네는 정신지체를 확인하기 위해 첫 개인적 실험을 만들었다. 전쟁 중에 잡지나 신문 등은 군인 실험 프로그램에 대해 호의적인 기사를 실었고, 이런 기사는 학생들이 실험대상이 되는 것이 지극히 정상적이라고 부모들을 설득하기에 충분했다. 59)

1921년 미국교육연구지도자협회(National Association of Directors of Educational Research) 회장은 교사들이 수업을 위해 학생들을 구분하고자 새로 개발된 집단 지능검사를 사용하는 것을 목격하였다.

---

58) Pillsbury, "Selection", 64~65, 66~74.
59) Woody and Sangren, *Administration of Testing*, 21; Dickson, *Mental Tests and Classroom Teacher*, 28.

"교사, 학교행정가, 그리고 장학관들 모두 학교용 집단 지능검사를 비판 없이 받아들였다." 이 검사를 만든 이들은 재정적으로 대성공을 거두었다. 군인용 검사의 상업적 유통이 처음 허락되었을 때 "출판사들은 모험을 하는 심정으로 1만 부를 출판했다". 그러나 심리학자들이 의무교육위원회(General Education Board)의 자금으로 군인용 검사를 학교용으로 바꾼 후 6개월 만에 40만 부의 〈전국 지능검사〉(National Intelligence Test)가 판매되었다. 1년 후 루이스 터먼(Lewis Terman)은 "모든 학교제도의 수준에 맞춘 십수 개의 검사들이 있고, 200만 명 정도의 학생들이 1920~1921년 사이에 검사를 받았다"고 추정하며, "이는 곧 500만 명을 넘을 것이라 예상한다"고 말했다. 60)

폴 채프먼(Paul Chapman)이 목격했듯 지능검사는 교육 운동의 형태로 주로 컬럼비아나 스탠퍼드 등의 대학 중심가들을 시작으로 미국 전역을 휩쓸었다. 지능검사의 가치에 대한 교장과 교사들의 경험담들로 가득한 신문 기사와 책들이 쏟아져 나왔다. 터먼은 "학교 행정 발전을 위한 이 새로운 심리학적 도구의 중요성은 모든 곳에서 드러났다"고 말하면서도, 그릇된 기대들에 대해서는 바로 알려 주어야 할 필요성 또한 느꼈다. "지금 지나치게 흥분하는 사람들은 지능검사를 실시한다고 하더라도 곧바로 교육의 황금시대가 도래하는 것은 아니라는 것을 차차 깨닫게 될 것이라고" 그는 지적했다. 61)

---

60) Haggerty, "Recent Developments", 242; Terman, "Problem", 3.
61) Chapman, "Intelligence testing movement"; Terman, "Problem", 1, 3; Brooks, "Uses for intelligence tests", 219; Brooks, *Improving Schools*, ch. x; Pintner and Noble, "Classification of school children", 726~727.

부모들이 자신의 자녀들이 분류된다는 사실에 그리 기뻐하지 않는다는 것은 학교도 알고 있었다. 한 검사 책임자가 말하길, 부모들을 대하는 일은 교사들에게 일임했는데, 그 이유는 "부모들은 교육청에서 일괄적으로 처리한 것 같아 보이는 결과보다는 교사에 의해 결정된 일에 더 쉽게 동의하는 성향이 있었기 때문이다". 그러나 사실 시험을 실시하거나 학생들을 구분하는 일은 주로 교육청 연구부서의 일이었고, 이 모든 일이 일률적으로 이루어지기 위해 검사 책임자들이 교사들에게 정책에 대한 지침서나 부모들이 가질 만한 질문에 대한 정해진 답을 알려 주곤 했다. 62)

때때로 교사들도 지능검사에 대해 비관적이었다. 로스앤젤레스에서는 종종 교장들이 이 비관적인 '죄인들을' 개종하는 일을 맡았다. 그들은 이 지능검사가 영어도 할 줄 모르는 외국에서 온 '교환교수'에 의해 쥐들이 들끓는 어두운 과학실험실에서 만들어진 것이 아니라면서 교사들을 설득해야 했다. 교사들에게 가장 설득력 있는 주장 중 하나는 지능검사나 표준시험 점수와 같이 겉으로 보기에 객관적인 점수를 이용하면 불만 있는 부모들에게 자녀들의 학급 석차나 성적이 공정하다고 설득하기 수월하다는 것이었다. 63)

초기에 지능검사를 지지한 교육행정가들은 검사가 학생들을 능력별로 나누고, 진로지도에 도움을 주고, 특출하거나 뒤떨어지는 학생을 골라내며, 학습에 문제가 있는 학생들을 진단하는 데 쓰이도록

---

62) Davis, "Some problem", 13~15.
63) Hines, "What Los Angeles is doing with testing", 45; Brooks, *Improving Schools*, ch. x.

권장했다. 1925년 미국 교육부는 215개 도시들이 어떻게 지능검사를 실시했는지 발표했다(이 중 35개는 인구 10만 이상의 도시였다). 집단 지능검사는 초등학교에서 가장 많이 실시되었고 이는 주로 행정적 목적으로 사용되었다. 64%의 도시들이 학생들을 비슷한 집단으로 나누기 위해서 지능검사를 사용했으며, 62%는 교사가 학생의 능력을 측정하기 위한 보충자료로 이를 사용하였다. 46%는 학생의 실패에 대한 이유를 분석하는 데 사용하였고, 19%는 그 반대로 학생이 왜 성공했는지를 알아내기 위해 사용하였다. 또한 지능검사는 교육과정이나 방법에 대한 변화를 주기보다는, 교사나 학교 시스템의 효율성을 비교 분석하는 데 더 자주 사용되었다. 중학교와 고등학교에서 지능검사는 계속해서 학급을 학생의 능력별로 나누는 일에 사용되었으나, 한편으로는 학생들이 교과목이나 직업을 선택함에 있어 중요한 길라잡이 역할을 하였다. 도시학교에서는 주로 심각한 학습 문제를 가진 아동이나 저능아를 진단하기 위해 개인별 지능검사를 실시했다. 1926년 미국 교육부가 실시한 설문조사에 의하면, 인구 10만 명 이상의 도시 40곳 중 37곳이 초등학교에서 능력별로 학급을 구성했고, 중학교와 고등학교에서는 다소 낮은 사용률을 보였다. 터먼이 예상한 대로 지능검사 운동은 도시학교의 교육행정에 큰 변화를 가져왔다. 1932년에는 150개 대도시 중 3/4가 지능검사를 활용하여 능력별 반 편성을 한다고 발표했다. 64)

---

64) Terman, "Problem", 1~29; Deffenbaugh, "Uses of intelligence and achievement tests"; "Cities reporting the use of homogeneous grouping"; K. K. Cohen and Lazerson, "Education and the corporate order", 54.

이것이 실제로 어떻게 이루어졌는지 우리는 개별 학교 시스템의 사례 연구를 통해서 알아볼 수 있다. 지능검사를 이용하여 학교체제를 대대적으로 개편한 도시 중 하나가 디트로이트였다. 디트로이트는 수학 등의 과목에서 표준화된 학업성취도 검사를 실시한 대표적인 도시다. 디트로이트 학교정신상담소(Psychological Clinic of the Detroit schools) 소속의 정신분석학자 11명으로 구성된 대규모 팀은 1920년 봄, 여름에 걸쳐 6세 아동들을 대상으로 하는 새로운 지능검사를 개발해 실시했다. 그해 9월, 이들은 1학년에 입학한 1만 1천 명의 학생들에게 검사를 실시했다. 이 검사 점수를 바탕으로 학생들을 다음 3가지 그룹으로 나누었다. X는 상위 20%, Y는 중간 60%, Z는 하위 20%에 해당하는 학생들이었다. Y그룹은 가장 기본적인 보통 교육과정을 배웠고, X그룹은 이보다 좀더 높은 수준의 심화된 내용을 배웠으며, Z그룹은 단순화된 버전으로 공부했다. 이 검사는 본래 타고난 능력의 근본적 차이점을 측정하는 것이었기에 디트로이트의 지능검사 개발자들은 이 검사가 학생들을 구별하는 매우 귀중한 도구라고 확신했다. 이로서 학생은 자신에게 알맞은 집단에 속하여 가장 최고의 성과를 거둘 수 있는 환경에 있었다. 65)

캘리포니아주 오클랜드에서 이루어진 분반 검사에 대해 터먼은 교육행정 차원에서 "개인차 문제를 해결할 수 있는 가장 효과적인 방안"이라고 생각했다. 캘리포니아 소재의 연구소장으로 재직 중이던 그의 제자 버질 딕슨(Virgil Dickson)은 검사를 통해 학생들을 구별하는 방대한 프로그램을 만들었다. 딕슨은 학생들의 유급 원인을

---

65) Layton, "Group intelligence testing program of Detroit", 125~127.

분석한 연구에서 다음과 같이 결론지었다. "3만 명의 오클랜드 학생들에게 실시한 지능검사를 통하여 유급 학생의 50%가 아니라 거의 90%가 낮은 지능 때문인 것을 발견했다." 해결책은 간단했다. 능력별로 반을 편성하면 되는 것이었다. 특수반을 맡은 교사들로부터 나온 불변의 증언에 의하면, 비슷한 지능을 지닌 학생들을 같이 모아 놓았을 때, 이들이 일반 아이들과 섞여 있을 때보다 훨씬 더 잘 행동하고 공부하며 더 좋은 성과를 나타냈다. 딕슨의 방법은 학생의 지능이 어디에 해당하는지 알아낸 후 '우수반'에서 '열등반'에 이르는 5개 반 중 알맞은 곳에 배정해 준다는 것이었다. 이러한 배치고사는 각 도시 전체 학생들을 대상으로 실시되었기 때문에 가난한 지역의 학교에서는 반 이상이 열등반으로 지정되고 적은 수가 우수반에 배치된 반면, 부유한 지역의 학교에서는 반 이상이 우수반으로 지정되고 3%에 달하는 적은 수만이 열등반으로 배정되었다. 66)

'열등한 지능'을 지닌 학생들은 주로 중학교를 '자퇴하는 학생들'이었기 때문에 이 학생들에게는 특별히 '한 사회 구성원으로서 지녀야 할 시민사회 관계성에 초점을 맞춘' 교육을 하는 특수 과정이 개발되었으며, 이 학생들이 학교에 계속 다니도록 판금술, 농업, 재봉, 요리 등의 과목별 직업훈련 등을 제공했다. 이런 학생들을 일반 교실에서 구분하는 것은 교사와 학생 모두에게 부담을 덜어 주는 일이었다. 딕슨은 중등학교에는 고등학생의 나이이긴 하지만 고등학교 과정을 이수하기 힘든 수준의 학생들도 교육해야 하는 책임이 있기 때문에, 고등학교에서도 학생들을 '수준별로 구분하는 제도'가

66) Dickson, "Classification of school children", 33~35.

계속 이어져야 한다고 믿었다. 그는 "이 제도가 모든 학생들에게 개개인의 가능성을 능력껏 사용할 수 있는 자유로운 기회를 제공하기 때문에 이전의 시스템보다 더 민주주의적"이라고 말했다. 67)

딕슨은 이 새로운 시스템에 대한 교사들과 교육행정가들의 반응을 예로 들었다. 오클랜드 교육청의 부교육감은 새로운 지능검사를 "근래 교육행정에 도입된 가장 효율적인 방법"라고 극찬하며 이는 "교육적 효율성과 경제를 위한 가장 중요한 힘"이라고 말했다. 한 교장은 이 방법이 "다소 느리고 적응하지 못하는 학생들"을 구별하는 데 유익하다고 말했다. 한 교사는 마치 교회 부흥사와 같은 격앙된 말투로, "지능검사는 지금껏 나를 당황하게 한 문제점 모두에 한 줄기 빛을 가져다주었다. 대부분의 경우 나는 어찌해야 할 바를 모르고 어둠 속을 헤매었는데 이제는 빛을 찾았다"고 말했다. 이러한 제도 변화로 인한 웃지 못할 에피소드도 있었다. 새로운 시스템에 대해 알지 못한 한 임시교사가 상급반과 하급반 영어 수업을 맡게 되었는데, 출근 이틀째 수업을 마친 후 교무실에 돌아와 "아무래도 행정상 오류가 있는 듯하다. 마치 멍청한 아이들이 다 한 반에 있는 것 같다"고 보고한 일은 학교 내에서의 농담거리가 되었다. 68)

오클랜드와 같은 열정을 가진 몇몇 소도시도 앞다투어 지능검사를 도입하였다. 1만여 명의 주민들로 구성된 구리광산 도시인 애리조나주 마이애미 교육청 교육감이었던 C. R. 투퍼(C. R. Tupper)는 지체 학생 비율이 너무 높은 것에 대해 고민하던 중 스탠퍼드의

---

67) 같은 책, 48~52.
68) Dickson, "Relation of mental testing", 72, 75, 85; 앞의 책, 609.

검사 전문가들을 불러들여 2학년부터 8학년까지의 모든 학생을 대상으로 집단 지능검사를 실시했다. 형형색색의 검사결과 차트를 유심히 살펴본 후, 투퍼 교육감은 "실질적으로 지체 아동은 없다"는 사실을 발견했다. 즉, 학생들은 사실 자신들의 지능 레벨에 맞는 성과를 보였다는 것이다(다른 말로 하자면 문제점은 교사들에게 있는 것이 아니라 학생들의 유전자에 있는 것이었다). 학생 수의 절반이 멕시코 배경을 가진 라틴 계열이었는데, 이 학생들은 대체적으로 지능검사 성적이 낮았고, 학교 성적도 좋지 않았으며, 일찍 자퇴를 하는 경향이 있었다. 이에 대한 당연한 해결책은 멕시코인들을 위한 특수반을 구성하여 특별한 직업교육과정을 이수하게 하는 것이었다.[69)]

투퍼 교육감은 이 프로그램이 제대로 정착할 수 있도록 "인기 있는 캠페인을 열정적으로 추진했다". 그는 교무회의를 소집하여 "유명한 교육학자들의 견해를 자주 인용함으로써 교사들이 전문가의 견해와 맥락을 같이할 수 있도록 유도했다". 그는 교사들의 의견들이 주관적 성향이 있다는 것을 강조하면서 "시험의 성질, 목적, 용도에 대해서 능숙하게 인지하는 것이 모든 교사의 전문적 임무 중 하나라고 강조했다". 그리고 그는 학생을 구분하는 이 새로운 방법이 "경제적, 인간적 측면에서 상당한 이익을 가져다준다"는 글을 신문에 기고하기도 했다. 그는 또한 화려한 색깔로 구성된 차트를 이용하여 로터리클럽에 가서 연설하기도 했다. 그는 "들쭉날쭉한 진학률과 마이애미 학생들의 다양한 학업능력 수준, 정서 발달 정도, 성격 발달 및 사회 발달 정도, 그리고 이전에 받은 교육수준으로 인

---

69) Tupper, "Use of intelligence tests", 97~98.

해 발생하는 문제"를 해결하는 유일한 방법이 "학생들을 지능 발달 수준에 맞춰 분반한 다음", 각 반에 맞는 교육과정으로 학생들을 교육하는 것이라고 믿었다. 그러나 그는 멕시코인 지역사회가 '학생 간의 차이'를 다루기 위해 만들어진 새로운 시스템에 어떤 반응을 보였는지는 말하지 않았다. 터먼 교수는 투퍼 교육감의 '추진력과 용기'에 매우 흡족해했다. 70)

또 다른 소도시의 한 교육감 역시 학교제도에서 차별화를 가져오는 방법으로 지능검사를 실시하기로 했다. 그는 투퍼 교육감과 마찬가지로 검사관을 고용하고 차트를 구성하여 수준별 수업을 만들고 교육과정을 개편하였다. 그는 인종과 학업능력 사이에 흥미로운 상관관계를 찾아냈다. 열등반에 편성된 학생 중 63%에 달하는 이들이 이민자 자녀들인 반면, 중간반에서는 이민자 자녀가 36%를 차지했으며, 우수반에서는 이민자 자녀가 26%뿐이었다. 몇몇 부모들은 학생들을 구분하는 것에 반감을 표했지만 공무원들에게 항의하며 나서지는 않았다. 학교행정가들은 "이것이 학교에 전혀 찾아오지 않은 채 자신의 아이들에게 무슨 일이 일어나는지 알지 못하는 부모들의 전형적인 모습"이라고 했다. 교사들은 "문제가 많은 학생들을 너무 오랫동안 가르치는 일에서 오는 스트레스를 줄이기 위해 돌아가면서 1~2년 정도는 열등반을 맡는 일에서 제외되기를 원하기는 했지만" 대부분 이 새로운 계획에 찬성했다. 71)

'문제 있는 학생들'은 군대 검사에서의 발견으로 인해 인기를 끈

---

70) 같은 책, 99~102, 92.
71) Corning, *After Testing*, 12~147, 166~168, 189.

민족성과 지능의 연관성에 대한 대부분 연구의 주제였다. 킴벌 영 (Kimball Young) 은 캘리포니아주 산호세와 인근 지역의 이탈리아, 포르투갈, 그리고 멕시코 혈통 학생들을 대상으로 한 연구를 통해 열등한 민족에 관한 유전론적 견해가 교육정책에 어떠한 영향을 미칠 것인지를 명백하게 보여 주었다. 킴벌 영은 라틴계 학생들의 낮은 성적이 과연 잘 알려진 대로 "영어를 잘 못해서인지, 아니면 원래 부족한 지능 때문인지" 알기 위해 노력했다. 그는 지능검사가 대체로 "선천적인 지능 수준"을 알려 주며, 주로 지능이라는 것은 유전적이므로 "환경에 큰 영향을 받지 않는다"고 믿었기 때문에 그가 할 일은 간단했다. '라틴계' 학생들이 비율적으로 볼 때 훨씬 뒤처지는 수준이라는 것을 증명하고, 그렇기 때문에 그들의 지능검사 성적이 낮다는 것을 보여 주기만 하면 되었다. 그는 만족스럽게도 지적 능력의 차이가 언어적 차이에서 오는 것이 아니라는 점을 증명한 이후, 이것을 학교와 어떻게 연결할 것인지에 대해 연구하기 시작했다. [72]

그런데 그는 여기서 문제에 봉착했다. 교육에 대한 전통적 견해는 모두가 같은 내용을 배우는 보편적 학교여야 한다는 것이었던 반면에, 지능검사를 지지하는 새로운 견해는 개인 간의 차이를 인정하며 차별화를 주장하는 상황에서, 킴벌 영은 인종 간에 타고난 지능에 명백한 차이가 있다는 것을 알아낸 것이다. 그는 모호한 입장을 취하며, "현재 학교행정의 쟁점은 인종에 국한된 것이 아닌 모든 학생들의 교육 가능성"에 있다고 주장했다. 또한 "물론 산호세 같은 지역의 예처럼 지능지체아들 중 유난히 라틴 계열 학생의 비율이 높다

---

72) Young, *Mental Differences*, 3~4, ch. iii.

면, 인종적 차이에 문제의 초점을 맞출 수는 있을 것"이라고 말했다. 거주지가 지능과 밀접한 관련이 있든 없든 간에, 이민으로 인해 "공립학교가 해결해야 할 지체 학생들은 계속 유입될 것"이고, 교육자들은 지금 여기 이미 있는 "열등집단뿐만 아니라 다음 세대들까지도 책임지는 것" 외에는 선택의 여지가 없는 것이다. 지능에 관한 연구와 함께 "현재의 아이들이 장래에 산업, 농업 그리고 사업 분야에서 어떻게 일할 것인가"에 대한 고찰을 통한 새로운 정책 수립이 절실했다. 73)

킴벌 영은 그 후 산호세의 새로운 정책이 어떤 모습일지 구상했다. 모든 학생들은 집단 지능검사를 받은 후 그 능력에 따라 다른 반으로 나뉠 것이었다. 이것을 지도하기 위해 새로운 연구 책임자가 위임되어야 했다. 교육과정 개혁에서 가장 시급한 과제는 "그 능력에 알맞은 경제활동에 학생들을 준비시키고 학생들이 소화할 수 있는 한도 내에서 최대한의 지적, 도덕적 유산을 물려주는 것이었다". 사람들은 "교육이 모든 격차를 해소해 준다거나 교육이 선택을 위한 것이라는 오래된 이상적 생각"은 버려야 했다. 라틴계가 철(iron)이라는 재료로 만들어졌다면 더 나은 인종은 금으로 만들어졌을 것이라고 킴벌 영은 확신했다. 그는 교육자들에게 필리핀, 하와이, 포르토리코74)의 '비슷한 민족적 혈통'을 가진 식민 집단들이 어떻게 교육되는지에 대해 조사해 볼 것을 추천했다. 75)

---

73) 같은 책, 65~66.
74) 푸에르토리코(Puerto Rico)의 옛 이름.
75) 같은 책, 68~69.

긍정적인 시각으로 볼 때, 킴벌 영은 산호세의 교육자들에게 지역사회의 공동체 의식을 형성하고 '정치구조의 기초가 되는 사회적 가치'를 회복하는 수단으로 학교를 사용할 것을 권장하면서, 비로소 그때 "사람들이 이웃과 협력하면서 새로운 가치와 공동의 목적을 배울 수 있다"고 말했다. 76)

"산타클라라 계곡 지역에 자리 잡은 초기의 미국 거주자들은 거의 대부분 북유럽 출신이었다"— 멕시코계 캘리포니아 사람들이 들으면 깜짝 놀랐을 것이다 — 고 말할 수 있는 사람은 라틴계 주민들 또한 가족과 자신의 지역사회에 깊은 애정이 있다는 사실을 인정하려 들지 않을 것이다. 게다가 이 책에서도 조금 뒤에 다루겠지만 레너드 코벨로(Leonard Covello) 및 다른 연구자들이 밝힌 바와 같이, 이탈리아계 또는 멕시코계 가정과 청소년들의 가치관, 사회적 풍속, 그리고 모범적인 학생상에는 많은 차이가 있었다. 예를 들면, 집안일을 돕지 않고 계속 학업을 하는 이탈리아계 여학생은 이기적이라고 여겨졌고, 여자 선생님께 잘 보이기 위해 학교생활을 열심히 하는 이탈리아계 남학생은 친구들의 놀림감이 되기 일쑤였다. 두 경우 모두 학교는 그다지 이상적인 곳이 아니었다. 학교에서 일률적인 기준에 따라 진행되는 판에 박힌 경쟁이나, 빠르고 추상적이며 형식적인 표현들, 지능이나 학업성취도 검사에서 측정된 지식이나 실력 등의 모든 것은 주로 지능검사에서 낮은 점수를 받은 이민자 자녀들에게는 이질적이고 흥미롭지 않은 분야였다. 77)

---

76) 같은 책, 72.
77) 같은 책, 16~17; Covello, *Social Background*.

물론 모든 교육자와 시민들이 지능검사 운동을 환영한 것은 아니었다. 특히 1930년대에 교육자들은 학생들을 단계별로 나누는 이 방법이 민주적이지 않다고 소리 높여 비난하고 공격했다. 그들은 또 지능검사 대신 다른 방법으로 학생들을 구분해야 한다고 주장하면서 그 주장을 실행에 옮기기도 했다. 미네소타대학의 어느 교육심리학 교수는 경솔한 교육가들이 "지능검사를 고등학교 학생들의 사회적 가치를 30분 만에 판단할 수 있는 신비로운 도구로 생각한다"고 비판했다. 월터 리프먼(Walter Lippmann)은 "아이에게 퍼즐 몇 개를 던져 주고서 한 시간 동안 갖고 놀게 한 후 그 아이나 부모에게 '얘는 C 마이너스짜리 인간입니다'라고 말하는 이 방법보다 더 한심한 방법을 찾기도 어려울 것"이라고 말했다. 이런 방법은 한심하다 못해 어리석기까지 하다고 생각한 리프먼은 이 검사는 어디까지나 학교 수업을 따라가는 데 있어 검사 시행 당시에 비슷한 역량을 지닌 학생들로 균등하게 나누는 일에 쓰일 수 있을 뿐이라고 말했다. 검사를 통해 학생들을 적정하게 나누는 것에 대해서는 그도 아무런 불만이 없었지만 이것이 가져올 수 있는 사회적 파장에 경각심을 불러일으킨 것이다. 예를 들어 정말 이 시험이 지능을 측정하는 것이고, 학생의 능력에 관한 최후의 판단이면서도 학생의 예정된 능력을 과학적으로 보여 주는 것이라고 인식된다면, 모든 지능검사자들과 그들이 만들어 낸 시험문제들을 사르가소 해(Sargasso Sea) 78) 에 예

---

78) 〔옮긴이주〕 서인도 제도 북동쪽의 모자반(해초)이 무성한 해역. 진 리스 (Jean Rhys)가 1966년에 쓴 소설 《광막한 사르가소 바다》는 샬롯 브론테 의 《제인 에어》에서 영감을 얻은 작품으로, 1830년대 자메이카의 풍광을 배경으로 한다. 사랑했던 남편의 배신과 질투로 인하여 정체성에 혼란을 느

고 없이 다 던져 빠뜨려 버리는 것이 훨씬 더 나은 일일 것이다. 79)

시카고 노동자협회 회원들이 깊은 반감을 드러낸 것은 정확히 앞서 말한 이 지능검사의 폭넓은 사용 가능성 때문이었다. 1924년 협회는 이 검사가 진로지도에 사용된다는 점에 대하여 날카롭게 비난했다. 심리학자들이 군인 적성검사로서의 지능점수와 보직의 상관관계를 알아낸 후부터 터먼과 같은 전문가들은 계속적으로 지능에 관련된 자료들을 토대로 학생들을 동질집단으로 구별하였다. 뿐만 아니라, 전문가나 사업가에서 전문 기술이 필요 없는 노동에 이르기까지 그 작업을 수행하는 데 필요한 지능점수에 따라서 직업의 순위를 매긴 후, 지능점수에 맞는 교육과정으로 학생들이 알맞게 배치되어야 한다고 반복해서 권장했다. 협회 회원들은 지능검사에 의해서 학생들을 구분하는 방법에 냉소적인 반응을 보였다. "타고난 능력을 보여 준다고 믿는 '정신적 수준'이라는 것이 사회적 수준과 놀랍도록 일치한다는 것을 곧 목격할 것이다. 이것은 마치 인간의 상대적인 사회적 지위가 거스를 수 없는 자연의 법칙에 의해 결정되는 것 같이 보일 것이다." 시카고 교육청 연구부서에서는 서로 다른 교육과정에 참가 중인 학생들의 점수가 각 교육과정 이수 후 주어지는 직종에 필요한 지적 능력 수준과 관계가 있다는 보고를 내놓았는데, 2년제 직

끼게 된 앙투아네트는 점점 광기로 치닫는다. 이 소설은 주체를 앙투아네트, 로체스터, 다시 앙투아네트로 옮기면서 주체와 타자의 문화적, 이데올로기적 차이를 보여 준다. 한 여성이 파멸하는 과정을 통해 제국주의와 가부장 제도에 근간한 남성 우월주의와 백인 우월주의를 고발한다.

79) W. S. Miller, "Administrative use of intelligence tests", 190; Lippmann, "Abuse of tests", 297; Department of Education, State of Ohio, *Classification of Pupils*.

업교육과정에 속한 학생들은 최하위 집단으로 설정되었다. 협회는 당연히 "교육과정의 선택은 크게 학생의 사회적, 경제적 위치에 따라 결정된다"고 말했다. 가난한 학생들은 중등과정을 2년밖에 다니지 못하는 반면 부유한 부모들은 자녀들을 대학까지 보낼 수 있었다. 조합은 여기서 또 "지능검사에 의해서 확인된 일명 '지능 수준'은 그 학생 집안의 사회적, 경제적 위치와 놀라울 정도로 정확하게 일치한다"고 말했다. "개인의 노력과는 관계없이 그를 어떤 특정한 사회적 지위와 묶어 버리는 새로운 자연법칙이 발견된 것일까?" 협회 회원들에게는 지능검사의 장점에 대한 검사개발자들의 주장 가운데 그 어떤 것도 새롭기는커녕 '오래된 카스트 제도'의 원칙으로 보일 뿐이었다. 다른 도시들의 경우, "학생들을 우등반과 열등반으로 나누어 전자는 공식 상담교사에 의해서 고등학교 진학을 권유받는 반면, 후자는 '직업상담가'들에 의해 중학교를 졸업하는 15세 나이에 학교생활을 마치도록 지도받았다". 노동조합은 이를 "공립학교를 통해 모든 생산직 노동자들에게 열등의 낙인을 찍어 대는 계략"이라고 여겼다. 80)

1920년대 양측의 대립이 심해질수록 학자들은 '지능'에 대한 연구를 더욱 심도 있게 진행하여 다양한 방식으로 해석하기 시작했으나, 학교 현장에서는 계속해서 지능검사를 이용해 학생들을 구별해 내고 있었다. 때때로 이런 구별은 매우 미묘했고, 심각한 학습 장애를 앓는 학생들을 진단하기 위해 사용되기도 하였다. 몇몇 가난한 학생

---

80) Chicago Federation of Labor, Counts, *School and Society in Chicago*, 185~188에서 인용; Karier, Violas, and Spring, *Roots of Crisis*, ch. vi.

들은 지능검사에서 높은 점수를 받고 대학까지 진학할 것을 권유받기도 했다. 그런 높은 점수를 받는 학생들에게는 지능검사가 사회적 신분상승의 기회를 제공하기도 했다. 물론 학생들을 차별화된 과정으로 나누는 데는 복합적인 문제점들이 있었고, 객관적이라고 여겨지는 지능검사만큼이나 주관적인 교사들의 판단도 미심쩍기는 마찬가지였다. 그러나 지능검사 운동이 가져온 가장 큰 결과는 개인 간 학습능력의 측정 가능한 격차에 대한 개념이 교육계뿐만 아니라 사회 전반에 기본상식으로 여겨지게 되었다는 것이다. 이 운동의 파장은 매우 커서, 과학자들이 지적 성과의 차이가 지능의 차이에서 온다는 것을 지적하기 이전에 우리가 어떻게 지적 차이를 이해했는지 확인하기조차 힘들게 되었다. 물론 그런 일은 일어나지 않았지만, 과학자들의 지능에 대한 생각에 변화가 심했다 하더라도, 지능검사 운동이 교육자가 학생을 대하는 태도나 수업에 임하는 학생 자신에 대한 자존감 등에 미치는 영향을 고려하면 지능검사의 파장이 교육계에 미치는 영향력은 여전히 엄청났을 것이다. 81)

교육자들이 학생들을 수준별로 구별한 것의 가장 큰 문제점은 그것이 학생 간의 차이점에 집중했다는 점이 아니라 그 검사방법 자체의 시야가 매우 좁았다는 점에 있다. 그들은 종종 개인 간 격차와 가난, 피부색에서 오는 압박, 또는 여러 인종으로 이루어진 복합사회 및 그 부속 문화와 연관된 사회적 불균형을 혼돈했다. 터먼은 "흔히 사회계층적, 산업적 측면에서 '하위 계층'이라고 불리는 사람들의

---

81) 지능검사 초기 발달에 관한 간단하고 훌륭한 해석에 대해 보려면 Cronbach, *Essentials of Psychological Testing*, 197~206 참조.

존재는 과연 그들의 타고난 열등한 자질 때문일까, 아니면 가정과 학교에서 받은 잘못된 훈련의 결과일까?"라고 물었다. 이 말은 지능 검사가 사실 검사자에 의해 그 기준이 결정될 수 있다는 것을 암시하는 포괄적인 견해였다. 미시간주의 한 심리학자는 냉혹한 환경의 광산에서 일하는 이탈리아 사람들이 지능검사에서 현저하게 낮은 점수를 기록한 것에 주목하였다. "이 지역의 고용주들은 그들의 직원들이 지능이 낮다는 것을 알고 있으며, 그중 높은 지능을 가진 직원은 그와 같은 노동환경을 견디며 남아 있지 않을 것이라고 솔직하게 말하기도 했다." 왜 그들의 자녀들은 낮은 점수를 받았을까? 이 질문에 모두가 각기 다른 의견을 가지고 있었지만, 사회적 불공정성에 대한 가장 쉬운 대답은 피해자들의 탓으로 돌리는 것이었다. 82)

3. '범죄' 없는 희생자들: 흑인 미국인

오클랜드 시 연구소장 버질 딕슨(Virgil Dickson)은 지능검사와 열등한 학생들에 대하여 언급하며, "만약 진급에 실패하는 모든 학생들을 흑색으로 칠한다면, 1학년이 채 끝나기 전에 적어도 4명 중 1명에 해당하는 학생들이 까맣게 표시될 것이다"라며, 그 학생들이 6학년이 되었을 때는 "절반 이상이 흑색 표시를 얻게 될 것이고, 어떤 학생들은 몇 겹의 흑색 표시를 받을 수도 있다"고 말했다. 그 당시 흑인으로 태어난다는 것은 실패라는 낙인을 갖고 태어나는 것과 같

---

82) Terman, *Measurement of Intelligence*, 19.

왔고, 수많은 흑인 학생들은 의식적 또는 무의식적으로 인종차별적인 학교 시스템에서 인종차별적 요소를 당연한 것으로 배우면서 자랐다. 열등감이 싸구려 과학에 의해 너무나 자주 정당화되었기 때문이다. 다수의 흑인들이 북부 도시들로 이주했을 당시는 중앙집중화가 지방 교육자치를 약화하던 시기로, 교육가들은 자신의 소견에 옳은 대로, 학생들에게 최선이라고 믿은 방법으로 학생들을 구분하는 권력을 점점 더 갖게 되던 때였다. 또한 이 당시에는 편협적인 시험 결과가 타고난 능력의 증거라고 보편적으로 받아들여졌고, 학교 관계자들은 학교의 목적이 학생들을 분류하고 현존하는 사회질서에 맞게 이들을 훈련시키는 것이라고 생각했다. 또한 교육이나 사회과학과 관련된 글의 대부분이 흑인들을 청소년 범죄, 매춘, 질병 등과 연관 지어 '사회적 문제'로 표현하던 시기였다. 사회학자들은 종종 흑인들을 결함투성이의 물건으로 취급했다. 그렇기에 한 영향력 있는 북부의 교육 정치가가 인종분리교육은 문제행동아, 범죄 성향의 학생, 또는 흑인 학생에게 적합한 교육이라고 쓴 것은 당연한 일이었다. 북부의 백인 교육가들이 이민자들에 대해 자세히 많은 글을 쓴 반면, 행정 개혁주의자들은 흑인 학생들에 대해서 이상할 정도로 침묵을 지켰다. 흑인들의 열등한 지위는 학교가 적응해야 하는 삶의 '현실'이었다. [83]

많은 흑인 교육자들이 묵인되는 인종차별에 대해 신랄하게 공격했을 때, 미국 교육의 약속이 흑인들에게는 미치지 않는다고 한 몇

---

83) Dickson, *Mental Tests and Classroom Teacher*, 129; Cubberley, *State and County Educational Reorganization*, 4.

몇 백인 동지들이 그들과 합세하였다. 실제로 이런 지도자들은 흑인을 희생양으로 만드는 현상을 교육뿐만 아니라 사회 전체적인 개혁을 위해 해결해야 할 문제로 인식했다. '민주적 교육'이라는 말은 흑인 학생의 눈에 비친 사회현실과 맞닥뜨렸을 때 그야말로 입에 발린 말일 뿐이었다. 한 교육가는 "흑인이 경찰의 만행과 폭력, 선거권 박탈, 불리한 주거 계약, 높은 집세, 인종차별, 비위생적 주거환경, 열악한 휴가 기회 등 다른 모든 차별의 대상이 되는 한, 교육을 통해 훌륭한 사회적 시민을 길러 내고자 하는 목적은 실패할 수밖에 없다"고 말했다. 군나르 뮈르달(Gunnar Myrdal)의 부하 중 1명이었던 독시 윌커슨(Doxey Wilkerson)은 흑인 학생들에 대한 '차별된' 교육은 직업 차별, 경제 착취, 시민 자유의 박탈, 높은 질병 감염률과 사망률, 열등에 대한 선입관 그리고 교육 기회 부족 등의 불공평에 대해, 흑인이 무엇을 알아야 하고 어떻게 대처해야 하는지를 알게 해주는 것이라고 주장했다. [84]

그러나 1890년부터 1940년 사이에는 이런 호전적 교육의 역할에 대한 설득에 동의하는 사람은 거의 없었다. 주로 흑인으로 구성된 지역사회의 요구를 '조정'한 학교교육에 대한 연구가 있었는데, 이 연구들은 행정 개혁주의자들의 성공 이야기를 흑인 교육에 맞는 형태로 전환하는 좀더 보편적인 방법을 제시했다. 1921년 벌린다 데이비슨(Berlinda Davison)은 샌프란시스코 베이 지역의 흑인 교육에 대해 조사했다. 그녀가 표집한 연구대상은 비교적 적은 숫자인 노동

---

84) Daniel, "Aims of secondary education", 467; Wilkerson, "Determination of problems of Negroes".

자, 수위, 청소부, 짐꾼 등과 같은 흑인 비기술직 노동자 393명이었다. 이 중 18%가 고등학교를 나왔고, 9%가 대학을 다녔다는 사실을 발견했다. 대학을 다닌 이들 중 11명은 사무직에 종사했으며, 23명은 육체노동직 종사자들이었다. 교육받은 연수(年數)는 흑인들이 종사하던 직업과는 별 관계가 없었고, 기술직 노동자들마저 노동조합 내의 차별로 인하여 일하기가 매우 힘들었다. 데이비슨은 학교교육이 흑인에게 아무런 도움이 되지 못했다는 사실을 입증한 후, 흑인 자녀들이 전문직, 비전문직, 보통 기술직, 반숙련직, 비기술직 중 어느 종류에 해당하는지 알아보기 위한 지능검사를 실시하도록 했다. 흑인 학생들은 그저 살아남기 위하여 가난을 비롯한 다른 많은 문제점을 극복해야만 하는 현실이 존재함을 언급하면서, 많은 흑인 학생들이 유급하는 이유를 '낮은 지능'으로 설명했다. 이와 같은 분석은 "유급을 설명하는 가장 압도적인 이유는 지능 수준이 낮다는 것이다"는 딕슨의 주장과 맥락을 같이하는 것이었다. 교사들이 흑인 학생에게 낙제 성적을 줄 때에도 계속해서 지능이 낮아서 그렇다는 말을 사용하며 '게으름'과 '무관심'을 흑인들에 대한 꼬리표로 조금씩 달기 시작했다. 85)

1928년 신시내티의 한 중학교 교장이었던 메리 할러웨이(Mary Holloway)는 "저소득, 혼잡한 주거환경, 잘못된 품행 기준 및 지식 결핍으로 묘사되던 흑인 사회와 그녀의 학교를 어떻게 연결할 것"인지에 대해 연구했다. 그녀가 생각한 한 가지 중요한 과제는 올바른 성교육이었다. 왜냐하면 학생들은 친구들로부터 처음 이 사실에 대

---

85) Davison, "Educational status of the Negro", 8, 10, 44~50.

해 접하는 경우가 대부분이었는데, "정보제공자의 올바른 과학적 지식과 용어 부족으로 인해 대부분의 학생들이 이 문제에 있어서 올 바르고 건강한 자세를 갖지 못하게 되기 때문이다". 학교는 또한 여 학생들에게 도덕, 윤리 및 성적 순결에 대해 부모를 대신하여 지도 해야 했다. 그러나 학생들을 경제상황에 맞게 지도하려면 당시의 현 실을 무시할 수 없었다. 그녀는 올바른 진로지도를 위해 지능검사를 실시해야 한다는 터먼의 계획을 지지했고, 지역의 직업훈련학교들 이 흑인을 차별했기 때문에 학생들이 간호사가 되고 싶다는 생각은 버려야 한다고 생각했다. 흑인 여학생들에게 가장 알맞은 직업은 가 사 도우미 정도였으나 이 분야조차도 백인 여학생들이 점령하였다. "흑인 여학생들은 인종에 대한 편견 때문에 차별현상이 발생한다고 생각하지만, 흑인 여학생들 자체에도 문제는 있었다. 그들의 생활 환경과 그들이 취업하고자 하는 삶의 환경 사이의 차이가 큰 것이 아마도 취직에 있어 가장 큰 불리한 점으로 작용할 것이다." 그러므 로 이 학생들을 문화적 결핍에서 건져 내어 부유층을 위해 일하기 알맞도록 준비시키는 것이 학교의 과제였던 것이다. [86]

1920년 필립 A. 보이어(Philip A. Boyer)는 '재계의 과학적 관리 론의 바탕을 이루는 효율성의 원리'를 흑인 학생이 80%나 되는 필 라델피아의 한 초등학교에 적용하려고 했다. 그는 백인 학생들은 "보통의 백인 중산층 출신이므로 이 학생들에게 맞게 학교교육을 조 정하는 것은 불필요하다고 인식했기에 그들을 위한 특별한 대우 또 한 불필요하다"고 말했다. 그러나 그는 흑인의 경우는 다르다고 주

---

86) Holloway, "Social conditions", 1, 19, 30.

장했다. "흑인 인구 중 여성의 비율이 압도적으로 높은 것"과 미혼 남성이 많다는 것은 "해결하기 힘든 사회적, 도덕적 문제점"이 되었다. 주거환경은 비위생적이었고 한집에 사는 사람 수도 많았다. 이로 인한 성적 문란함도 문제가 되었다. 58.3%의 흑인 여성이 일을 했기 때문에 가정이 문제가 되기도 했다. "흑인의 심리에 대한 연구는 이들이 평균보다 다소 낮은 지능을 가졌다는 것과, 높은 정신력을 가지기 어렵다는 것을 보여 주었다." 그는 또한 흑인들의 사회생활은 집 밖에서 너무 많이 이루어진다는 것을 지적하며, "부모들이 너무 무관심했기 때문에 학생들을 학교로 오게 하는 것이 너무 어려웠고 이것은 흑인 부모들도 별 이의 없이 인정하는 부분이었다"고 말했다. 그러나 무단결석아동 담당자들은 174개의 기소장을 부모들에게 통보했고, 그중 55건은 실제로 기소됐다. 이런 부모들은 42%에 해당하는 고령 학생들이 "학교출석을 제대로 하지 않는 것을 방조하거나 오히려 강요했기에" 무단결석에 대해 부분적 책임이 있었다. 보이어는 그럼에도 불구하고 "학교 사회사업가들이 성공적인 학교 활동의 기반을 구축하기 위해 주거환경 개선에 많은 노력을 했다"고 말했다. 그는 나아가 학교가 좀더 신중히 그 능력을 반영한 학생 분류를 해야 한다고 강조했다. 다양한 기회를 제공하는 수업이나 점수를 매기지 않는 과제를 부과하여, 취직 준비를 위한 기술이나 올바른 태도를 강조하는 수업이 마련되어야 한다고 말했다. 가장 중요한 학교의 목적은 "일정함, 정확함, 책임감, 청결함, 정밀함, 목적을 위한 끈기, 진실성, 정직함, 생각과 행동의 순결함 등과 같은 도덕적 특성들과 함께 강조되어야 한다. 이 모든 것의 결과는 위대한 민주적 사회화의 힘이 되는 '생명력' 있고 '거대한' 지역 교육이 될

것이다". [87)

비록 보이어 및 그의 동료들은 진심으로 '흑인 문제'에 대해 우려했으나, 이들이 하려고 한 것은 교육을 통해 미국사회에 존재한 인종차별을 폭로하고 고치려는 것보다는 교육가들이 만장일치로 채택한 백인 중산층 기준에 흑인 학생들을 '맞추려는' 노력에 더 가까웠다. 그와 동시에 '학생들이 뒤처지는 현상'과 관련한 통계와 지능검사를 맹신함으로써 학교교육의 실패 원인을 학생 자신 또는 그 가족과 이웃에 떠넘기려고 했다. 흑인 학생들을 분류하는 일도 종종 이와 같은 가정을 반영했다. 예를 들어 이론상 정신지체는 백인 학생에게도 같은 확률로 일어나야 했음에도 불구하고, 1923년 클리블랜드에서는 결점이 있는 학생들로 구분되어 '특별반'에 지정된 학생의 25%가 흑인이었다. 또한 이 도시의 흑인 여학생들에게 발급된 노동 자격증의 50%에는 "정신지체로 인해 7학년을 수료하지 못했다"는 의미의 '지체' 표시가 되어 있었다. 반면, 미국에서 태어난 백인 학생 중에서는 4%만이 '지체' 노동 자격증을 받았다. 1930년 킨스맨(Kinsman) 학교에서는 24명의 흑인 학생들이 신발이 없다는 이유로, 또 그중 12명은 옷이 없다는 이유로 결석했다. 남부의 열악한 학교환경에서 온 학생들은 그 또래들과 함께 학교생활을 하는 것을 다소 힘들어했다. 한편 어떤 흑인 학생들은 월등한 학교 성적에도 불구하고 지능점수가 낮다는 이유로 상업학교나 일반학교 입학이 허가되지 않았다. 한 학교행정가는 흑인 어머니에게 "성적 낮은 학생들을 학교에 들이지 않기 위해" 높은 지능검사 점수가 반드시 필

---

87) Boyer, *Adjustment of a School*, 3, 18~29, 65, 139~140.

요하다고 말하기도 했다. 88)

교육가들은 흑인 학생들에게 어떤 직업훈련을 시켜야 하는지에 대해 혼란스러웠다. 많은 행정 개혁주의자들이 받아들인 이론에 의하면, 학교제도는 학생들을 그 능력별로 나누어 가능성 있는 직업에 알맞게 준비되도록 교육하는 기관이었다. 이는 사회적 계층이 낮지만 능력 있는 학생들이 교육을 통해 자신의 경제적 계층 상승의 기회를 가질 수 있음을 의미했다. 아니나 다를까, 학교는 인재를 길러내는 곳이라는 능력주의 사회에 대한 이념은 20세기 버전의 새로운 자수성가의 이상을 그려 냈다. 그러나 이런 학교제도는 기술노동자 조합이나 사무직에 종사하는 사람들의 인종차별로 인해 흑인들에게는 아무런 해당사항이 없었다. 이러한 직종의 한계로 인해 흑인들이 담당하는 직업은 주로 기술을 요하지 않는, 더럽고 힘들고 아무 발전성도 없는, 그래서 아무도 하려고 하지 않는 일로 제한되었다.

그렇다면 교육가들은 그저 이와 같은 현실을 받아들이고 흑인들에게 일 잘하는 청소부나 가정부가 될 수 있는 준비를 시켜 주려고 했을까? 만약 그렇다면 청소부는 얼마나 많은, 또 어떤 종류의 교육을 받아야 했을까? 아니면 능력 있는 졸업생들이 흑인에게 막혀 있던 직종의 한계를 뚫고 새로운 직종을 꿈꿀 기회를 만들어 주는 것이 교육자들의 할 일이었을까? 아니면 이런 단편적 발전이 흑인 및 다른 소외된 집단들을 위한 진정한 평등이 이루어질 중대한 사회개혁을 단순히 연기시킨 것일까? 1890년과 1940년 사이에 몇몇 교육자들은 흑인 학생들의 취업을 위해 다양한 방법들을 시도했으나, 조

---

88) Grace, "Effect of Negro migration", 4, 83~84, 141.

합이나 고용주들에게 팽배한 인종차별주의의 벽을 넘어설 수 없다는 현실을 수용해야만 했다.

20세기 초, 북부 도시의 흑인 취업 수준이 지난 50년에 비해 퇴보했다는 증언이 많았다. 예전에는 노예였으나 자유를 얻은 많은 흑인들은 숙련된 장인들이었지만 노동조합에 의해서 직업에 종사하지 못하게 되어 그 기술을 썩히고 있었다. 많은 도시에서 이전에는 흑인들이 주로 담당한 요리나 미용, 또는 기술을 요하는 가사 도우미와 같은 직업을 이민자들이 장악하기 시작했다. 뉴욕의 흑인 교장이었던 윌리엄 벌클리(William Bulkley)에 의하면 "일을 배우고 싶은 흑인 남자 아이는 범죄를 저질러야만 했다". 왜냐하면 유일하게 소년원에서 흑인 아이가 수공업을 배울 수 있었기 때문이다. 벌클리와 그의 몇몇 흑인과 진보적인 백인 동지들은 도시에서 흑인들에게 새로운 직업의 기회를 만들어 줄 수 있는 조직을 만들었다[이 조직이 전국도시연맹(National Urban League)의 전신이 되었다]. 89)

그러나 편견을 넘어서는 일은 매우 험난했다. 1915년에 어느 사회조사 연구자는 보고서를 통해, 뉴욕의 학교 교장, 사회사업가, 흑인 성직자들은 "인종차별로 인해 취직 기회를 박탈당함으로써 큰 뜻을 품었던 흑인 남녀 학생들 모두의 사기가 꺾이게 되었다. 그 결과 그들의 부모나 조부모들이 교육의 권리를 보장하기 위해 기울였던 노력에 견줄 만한 열정을 상실하였다"고 기록했다. 계속해서 흑인 교장들은 능력 있는 흑인 졸업생들을 사무원, 기계공 수습생 또

---

89) Bulkley, "Industrial condition", 590~596; Hayes, "Vocational education", 71~74.

는 양장점 같은 다른 직종에 취직시키는 데 실패했다고 그 연구자에게 털어놓았다. 90)

1920년대와 1930년대에는 흑인 학생의 고등학교 진학률이 증가하고, 도시학교들에서 직업지도 활동이 점차적으로 견고하게 제도화되면서, 흑인 학생들의 교육과 직업의 관계에 대한 몇 개의 연구가 진행되었다. 1890년도에 42.9%였던 흑인의 문해율이 1940년에는 90%로 증가했다. 고등학교에 진학하는 흑인 학생 수는 1917~1918년 1만 9,242명에서 1939~1940년 25만 4,580명으로 크게 증가했다(전체 흑인의 학교 재학률은 1.6%에서 10.5%로 증가했다). 미국 교육부의 흑인 교육 전문가 앰브로즈 캘리버(Ambrose Caliver)가 2만 명의 흑인 고등학교 졸업자와 비졸업자를 대상으로 실시한 연구를 통해 흑인들은 더 많은 교육을 받을수록 자신의 직업에 대한 불만족도가 높아진다는 결과를 발견했다. 그 이유는 간단했다. 거듭된 연구를 통해 알려졌듯, 흑인 학생들은 전문직이나 다른 사무직을 동경했지만 흑인 사회의 필요에 의한 혹은 다른 종류의 극소수 공직을 제외하고는 흑인들에게 그런 직종의 문은 굳게 닫혀 있었기 때문이다. 91)

예를 들어 미니애폴리스에서는 흑인 학생들을 지도해 줄 흑인 상담사가 1명도 없었고, 백인 상담사들은 "흑인들에게 알맞은 직업에 대한 지식"이 거의 없었다. 이 도시의 흑인 남학생들이 희망하는 직

---

90) Blascoeur, *Colored Schoolchildren in New York*, 18; Speed, "Negro in New York", 1249~1250; Osofsky, "Progressivism and the Negro".

91) Caliver, "Certain significant developments", 113~115; Caliver, "Negro high school graduates and nongraduates", 15.

업 선택 유형은 실제 흑인 남성이 취업하는 유형과는 큰 차이를 보였다. 1935년에는 58.6%의 흑인 학생들이 전문직을 희망했지만 실제 취업률은 4.4%에 불과하였으며, 70.1%의 흑인 남성이 비숙련직에서 일했지만 2.5%의 학생들만이 비숙련직을 선호했다. 학생들의 부모들도 마찬가지로 자녀들의 직업에 대해 높은 포부를 가지고 있었다. 92)

동경하는 분야와 실제 직업 기회 사이의 괴리를 생각할 때, 교육과정 선택이나 흑인 학생들의 직업에 관련한 지도교사와 교장들의 태도는 굉장히 중요한 영향을 미쳤다. 1930년 중반 버지니아 대니얼스(Virginia Daniels)는 흑인 학생이 등록된 미국 전역의 159개 중학교를 대상으로 흑인의 직업에 영향을 미치는 태도를 알아보기 위해 설문조사를 실시했다. 그녀의 자료에 따르면, 중요 쟁점에서는 북부와 남부지역 교육자들이 가진 의견에 차이점은 거의 없었다(대부분의 남부 응답자들은 흑인이었다). 그래서 북부와 남부지역 응답자들의 반응결과를 합하여 분석하고, '자주' 동의한다와 '보통으로' 동의한다는 항목을 같은 의견으로 간주하여 〈표 6〉을 작성하였다.

북부지역과 남부지역이 가장 확연하게 다른 의견을 가진 부분은 가장 마지막 문항으로, 북부지역에서는 39%가 동의한 반면, 남부지역에서는 79.2%가 동의한 것으로 나타났다. 93)

대니얼스는 흑인 학생들이 '흑인 직업'이라는 보편적인 개념을 받

---

92) Shamwell, "Vocational choices", ch. i. 188~189. 비교할 만한 결과들에 대해 보려면 Lawrence, "Vocational aspirations" 참조.
93) V. Daniels, "Attitudes affecting occupational affiliation", 45~49.

〈표 6〉 1930년대 미국 중학교 교육자를 대상으로 한
흑인의 직업적 태도 관련 인식 조사

1 우리 사회에 흑인 고용주는 아주 적다. 그렇기에 흑인 학생들은 백인 고용주에게 갈 수밖에 없고 그로 인해 주어진 제약을 받아들여야 한다.	96.2%
2 흑인들은 노동조합에 가입할 수 없다. 따라서 노동조합에 의해 통제되는 직업을 가질 수 없다.	69.8%
3 사회적으로 선호되는 직장의 고용주들은 흑인의 능력과 성격적 자질을 막론하고 채용하기를 꺼린다.	92.4%
4 과장, 부주임, 현장주임 등 권위를 지니는 자리는 모두 백인이어야 한다는 고집 때문에 흑인에게 진급은 주어지지 않는다.	88.7%
5 (사람들은) 흑인은 기계를 다루는 일에는 적합하지 않다고 믿는다.	50.3%
6 (사람들은) 흑인이 낮은 능력을 가졌다고 믿는다.	57.2%
7 흑인들은 무능하거나 책임감이 없거나 아니면 둘 다라고 여겨진다.	65.4%
8 많은 단체들이 고용주들에게 백인 채용만을 강압하거나 흑인을 백인으로 대체하라고 강요한다.	54.1%
9 흑인과 백인이 같은 곳에서 일할 경우 생길 인종적 마찰을 우려해 고용주들이 흑인을 고용하지 않는다.	42.2%
10 우리 사회의 정신은 흑인은 임금이 가장 낮고 일은 가장 위험한 경제계층의 밑바닥에 두려고 한다.	59.0%

아들일 수밖에 없다는 현실을 인지하면서도, 인종차별적 사회에 의해 지정된 자신들의 위치보다 더 나은 지위를 동경했다고 보고했다. 이런 제한적 환경에서 가장 분개한 이는 능력 있고 재능 있는 흑인 학생들이었다. "5개 도시의 응답자들이 흑인들이 담당할 직종을 받아들이는 태도에 대해 우려하는 말을 했다"고 대니얼스는 보고했다. 뉴저지주 이스트오렌지시에서는 "흑인들이 학교에 다닐 때는 그들이 담당해야 할 직업이 있다는 것을 인정하지 않다가도 졸업 후에는 곧 받아들인다"는 말이 있었다. 또한 필라델피아의 한 지도 교사는 진취적인 몇몇 학생을 제외하고 다른 모든 흑인들은 이를 받아들였고, 밀워키에서는 흑인들이 그들의 운명에 희망이 보이지 않는다고

느끼며 간접적으로 이를 받아들였다고 말했다. 94)

인종차별, 특히 취직에 관한 질문에 응답자들이 답한 내용과 조사 참여자들의 의견을 바탕으로 분석한 결과, 교육자들은 기회의 평등이 흑인 미국인들에게는 거짓말이라는 것을 명백히 밝혔다. 그들은 차별로 인해 그들이 느낄 희생과 고통을 보았다. 아직 흑인에게 허용되지 않는 직업을 위해 과연 학교에서 흑인 학생들을 준비시켜야 하는 것일까? 만약 그렇지 않다면 과연 흑인 학생들은 채용의 폭을 어떻게 넓힐 수 있을 것인가? 사회 내의 인종차별을 위해 싸우는 것이 교육 담당자의 과제인가? 73%의 북부지역 응답자들은 진로지도 교사들이 "흑인 학생들에게 더 넓은 직업의 기회를 제공하기 위해 인종적 편견을 해소할 긍정적인 방법을 모색해야 한다"는 데 동의한 반면, 1/3에 해당하는 자들만이 "흑인 소비자에게 의존하는 백인 소유의 각종 사업들이 흑인에게 직업의 기회를 주도록 소비자 차원의 힘을 구성하는 것이 옳다"고 생각했다. 그리고 북부지역 진로지도 교사의 1/3은 "학생들이 최소한의 취업 가능성이 있는 곳에 도전하도록 지도되어야 한다"고 말했다. 95)

여러 지역의 몇몇 학교들에서는 주로 백인들이 일한다고 알려진 직장에 흑인들을 취직시키기 위해 적극적으로 노력했다. 디트로이트의 로이드 M. 코퍼(Lloyd M. Cofer) 상담가는 "기술 직종에서 흑인들을 막는 직업의 장벽을 무너뜨리기 위해" 자동차 노조에 압력을 가했으며, 그들에게 "진심으로 흑인들을 노동조합에 합류시키고자

---

94) 같은 책, 54~57.
95) 같은 책, 66~67.

한다면 숙련공의 자리에 흑인을 고용하는 것이 그 어떤 연설이나 노조 조직책을 고용하는 것보다 더 많은 이득이 될 것"이라 말했다. 필라델피아의 교사들은 제조업자들, 노동조합 지도자들, 공립과 사립 취업회사 등을 방문하여 무직 흑인들을 위한 기회를 늘리고 흑인들이 채용될 수 있는 직업의 영역을 넓히려고 노력했다. 뉴욕에서는 흑인 여성 교육자 엘리스 존슨 맥도갈드(Elise Johnson McDougald)가 맨해튼 직업학교의 완고한 교장과 그 임직원들과 싸워 이겨 여성용 모자나 여성복 제조업에 더 많은 흑인 여자아이들이 고용되도록 하였다. 흑인 운동가 독시 윌커슨은 "기존의 잘못된 구조를 고치는 것보다는, 모든 교육이 그렇듯이 직업세계의 관습에 맞게 개인을 최선의 방법으로 맞추는 것이 직업지도의 올바른 역할이라고 큰소리로 떠들던 자들을 비난했다". 96)

취업시장의 인종차별과 맞서려는 교육제도의 적극성을 볼 수 있던 한 부분은 흑인 교사 및 흑인 교직원의 채용이었다. 대부분의 교육청에서는 이런 일이 일어나지 않았다. 교사가 흑인 여자 고등학생의 선호 직업 중 하나였던 만큼, 훈련된 흑인 교사들은 언제나 충분했으며 북부와 남부지역에 흑인 교사를 양성하는 프로그램은 많았다. 많은 학교들이 교사 보고서에 인종을 명시하지 않았기 때문에 북부 도시의 정확한 흑인 교사 수에 대한 자료는 찾기 힘들다. 그러나 1940년에 독시 윌커슨은 교사와 다양한 흑인 사회 지도자들에 대한 대략의 숫자를 추정하였다. 그는 7천 명 이상의 흑인 인구가 있는 20개 도시

---

96) Cofer, "We face reality in Detroit", 34~37; Wilkerson, 'Occupational efficiency", 7; Committee of Teachers, *Negro Employment*; DuBois, "Northern public schools", 205~208.

<표 7> 1930년 주요 흑인 거주 도시 내의
흑인 교사 및 흑인 학교 관리자

도시	1930년 흑인 인구(명)	흑인 교사 및 직원(명)
뉴욕	327,706	800 이상
시카고	233,903	약 300
디트로이트	120,066	약 80
클리블랜드	71,899	78
피츠버그	54,938	3
신시내티	47,818	148
로스앤젤레스	38,894	약 54
뉴어크	38,880	11
콜럼버스	32,774	약 75
스프링필드	20,000	0
보스턴	20,574	미상
데이턴	17,077	80

출처: Wilkerson, "Negro in American education", I, 72.

가운데 18개 도시에는 몇몇의 흑인 교사가 존재했다는 사실을 알아
냈다. 그의 표본 중 7천 명보다 적은 인구의 28개 도시에서는 그러나
단지 4명의 흑인 교사만이 발견되었다. 흑인 인구가 많았던 12개 도
시를 나열한 <표 7>은 대조를 이루는 흥미로운 연구결과를 보여 준
다. 전미유색인지위향상협회(National Association for the Advance-
ment of Colored People)는 편견 없이 능력을 기준으로 흑인 교사를
채용한 뉴욕의 교육제도를 극찬했다. 메리 헤릭(Mary Herrick)이
보여 주었듯이 시카고의 흑인 사회는 톰슨 기계를 지지함으로써(비
록 기계를 처분할 때 그만한 고급 대접이나 이득을 보지는 못했지만) 꽤
많은 정치적 힘을 맛보았다. 나머지 도시들인 신시내티, 콜럼버스,
그리고 데이턴은 흑인 교사를 상대적으로 많이 고용하고 다른 도시

들에 비해 꽤 많은 흑인 학교 관리자를 고용한 것으로 눈에 띄었다. 흑인 전문가들이 전혀 없거나 조금뿐인 다른 도시들과 달리 이 도시들과 필라델피아, 게리, 그리고 인디애나폴리스 같은 지역이 지녔던 공통점은 도시 내 특정 지역에 소재한 학교에 의식적으로 흑인 학생을 분리하여 가르치는 현상이 보편적으로 많았고, 흑인 교사들은 주로 그런 학교들에서만 가르칠 수 있었다는 점이다. 97)

　한 적절한 예로 필라델피아를 들 수 있다. 1907년 마틴 브룸바우 교육감에 의하면, 흑인 교사와 흑인 학생들만을 수용하는 분리학교는 두 가지 목적을 완수했다. "첫 번째 목적은 흑인 학생에게 맞추어진 교육과정을 통해서 흑인 학생들이 그들의 학습 속도에 맞게 배울 수 있는 기회를 주는 것으로, 이는 흑인 학생들이 다른 학생들과 학습 속도가 다르다고 여겼기 때문이다. 둘째는 이 같은 방법을 통해 교육위원회가 고용될 만할 능력이 있는 흑인들을 교사로 채용하는 것이다." 그리하여 지능적 차이점을 이유로 흑인 학생들을 격리하고자 했던 행정 개혁주의자들의 시도는 흑인 교사들의 취업 기회와 우연히 맞물리게 되었다. 1940년에 클라라 하딘(Clara Hardin) 역시 이와 같은 현상을 목격했다. 그녀는 말하길, "뉴욕시의 공립학교에서는 흑인 교사가 백인 학생들을 가르쳤다. 이렇게 학생의 인종에 대한 꼬리표가 없는 뉴욕에서 나고 자란 흑인의 눈에는 필라델피아의 흑인 학교가 '흑인 차별주의'적 발상으로 보였다. 필라델피아의 흑인 지도자들은 특히 다른 도시 사람들과는 이 문제를 다루는 것을

---

97) Wilkerson, "Negro in American education"; Herrick, "Negro employ-ees"; Porter, "Negro education in Northern and Border cities", 33~39.

회피했다". 그녀는 이어서 "그러나 그 누구도 조용히 그 현상을 유지하길 바라는 그들에게 뭐라고 할 수는 없었다. 그들은 백인과 흑인 학교가 합쳐질 경우, 1940년 현재 필라델피아에 재직 중인 360명의 흑인 여교사와 92명의 남교사 대부분이 백인 교사에 의해 대체될 것이라는 것을 알았기 때문"이라고 말했다. 그들이 원한 것은 인종차별이 폐지된 학교에 흑인 교사가 임명되는 것이었다. 98)

많은 도시에서 흑인 교사가 적었던 한 가지 큰 이유는 교육감들이 백인의 항의에 발이 묶여 있었기 때문이다. 다음은 유력한 행정 개혁주의자였던 프랭크 스폴딩이 클리블랜드 교육감 재직 당시 흑인 교사를 임명한 일에 대해 이야기한 것이다. "나는 내 직원들 중에 60명 정도의 흑인 교사가 채용되었다는 사실에 놀랐다. 이전에 다른 지역에서 교육감으로 있을 때는 흑인 교사가 1명도 없었다." 그러나 곧 그는 이 정책이 "클리블랜드시에 교사의 피부색에 대해 아무런 반감이 없는 지역이 있다는 이점을 이용하려는 목적을 가졌다는 것"을 알게 되었다. 흑인 소설가 찰스 체스넛 (Charles Chesnutt)이 이 정책에 반대했을 때, 스폴딩 교육감은 그에게 '추상적인 원리'에 대해서는 그와 토론하지 않을 것이고, 자신의 임무는 다만 "학교가 가장 효율적인 방법으로 운영되는지 보는 것"이며 "효율성은 조화와 협력을 요구한다"고 말했다. 백인들이 흑인 교사를 거부하는 것은 '조화와 협력'을 파괴하는 일이었다. 그것으로 상황은 일단락되었다. 99)

---

98) Haney, *Registration*, 67; Hardin, *Negroes of Philadelphia*, 104.
99) Spaulding, *School Superintendent*s, 617~619.

그 당시 클리블랜드의 백인 교사들이 가졌던 흑인 학생에 대한 편견을 생각하면, 흑인 부모들도 항의할 만한 이유가 있었다. 1930년 즈음, 그곳의 흑인 학교에서 가르치던 200명의 교사들에게 단어 연상 시험이 실시되었다. '깜둥이'라는 단어가 언급되었고, 교사들은 그 단어를 듣고 처음 생각나는 것들을 적었다. 교사들의 응답은 '노예' 43회, '혐오'(반감) 39회, '색깔'(유색) 18회, '동정' 4회, '음악' 4회 등으로 이어졌으며, 여기에는 주로 부정적인 명사, 형용사들이 많았다. 100)

사실 많은 흑인 학생들은 흑인과 백인이 섞인 학교에서 백인 교사의 가르침을 받는 것에 대해 다소 복잡한 의견을 가지고 있었다. 더 크라이시스(The Crisis)와 전미유색인지위향상협회(NAACP)의 증언에서 보듯, 흑인들은 도시와 마을에서 흑인을 격리하려는 백인들의 움직임에 힘껏 맞서 싸웠다. 그들은 남부에서의 쓰디쓴 경험으로 인해 인종분리 흑인 학교가 결코 공평한 시설을 갖추지 못할 것을 알았기 때문이다. 흑인들이 학교 관리자로 참여한 도시 수는 매우 적었고, 그들의 인구에 비례하는 영향력을 지닌 곳도 소수였기에 흑인들에게 직접적인 정치적 힘은 없었다. 그래서 그들은 인종통합이 약속한 힘없는 평등의 권리를 지키기 위해서는 법원에 의지해야 했다. 그러나 자서전이나 시 같은 문학작품을 통해, 그리고 무단결석이나 데모 등을 통해 흑인들은 계속해서 백인들의 권력구조에 의해 억압된 학교로부터 자신들이 차별받는 모습을 표현했다.

---

100) Grace, "Effect of Negro migration", 68~69; Beckham, "Attendance", 18~29.

W. E. B. 뒤부아(W. E. B. DuBois)보다 더 북부 격리론자들의 주장에 능숙하게 공격한 사람은 없었다. 1929년에 쓴 글에서 뒤부아는 흑인 학생들이 열등하기 때문에 특수한 조치를 받을 필요가 있다는 주장을 반박했다. "그들의 가난은 누구에게나 일어날 수 있는 문제다. 그들이 뒤떨어지는 이유는 질 나쁜 남부의 학교 시스템 때문이다. 그들의 아둔함은 열악한 가정환경과 불충분한 음식 때문이지, 이것이 흑인이기 때문이라는 증거는 어디에도 없다." 그는 또 "인종분리학교들은 보통의 공립학교들보다 어쩔 수 없이 더 낙후되었고, 후원도 적으며, 시설도 불충분할 뿐만 아니라, 학생지도도 대충 이루어진다"고 말했다. 격리는 민주주의를 부정하는 행위였고 끝나지 않는 증오와 대립만을 만들어 낼 뿐이었다. 분리된 상태에서 교육받은 흑인들은 "백인 사회는 언제나 흑인 사회를 향해 무장되어 있고 언젠가는 씁쓸한 결말을 맺기 위해 서로가 싸워야 할 것이라고 생각할 것이다"라고 했다. 101)

그러나 전미유색인지위향상협회를 떠난 후인 1935년에 이르러 뒤부아는 "오늘날 미국에 존재하는 인종 편견은 백인 위주의 교육시설에서 흑인들이 제대로 된 교육을 받을 수 없을 정도"라고 결론지었다. 물론 백인과 흑인이 같은 학교에서 자라날 수 있는 소수의 지역도 있었지만, 그는 "북부에는 흑인의 입학을 허락하고 흑인 학생을 받아들이는 공립학교는 많았지만 그들을 진정으로 교육하는 곳은 없었다. 그들은 그저 괴롭힘을 당할 뿐이었다"고 결론지었다. 몇십 년 동안 뒤부아와 카터 우드슨(Carter Woodson) 같은 흑인들은

---

101) DuBois, "Pechstein", 313~314.

흑인의 역사를 연구하고 가르치면서 "흑인 교육의 가장 큰 문제점은 인종차별에 의한 격리가 아닌 우리 스스로에 대한 지식과 존경이라는 것을 깨달았다". 이런 스스로에 대한 자아 개념 성립과 권력에 대한 목마름은 강요가 아닌 자발적인 인종 간 분리를 가져올 수도 있었다. 102)

1940년 독시 윌커슨은 북부의 흑인 교육은 구조적으로 인종분리적인 경향이 있다고 믿었다. 북부지역의 공립학교 체제에서는 정책 수립이나 행정 부문에서 흑인을 제외하는 일이 흔히 발생하였고, 흑인 교사의 채용도 매우 적었다. 그리고 인종분리학교들을 설립함으로써 흑인 학생과 교사를 백인으로부터 노골적으로 격리하였으며, 학교의 특정 활동이나 고등교육기관 등에서 비공식적으로 흑인을 제외하기도 했다. 이와 같은 격리현상은 주로 흑인 인구가 상대적으로 밀집된 지역이나, 흑인의 사회적 지위가 북부지역 전체 평균에 비해 낮은 지역에서 더욱 심하게 나타났다. 강요든 아니든 간에 이와 같은 구조적 차원의 분리현상은 1940년 이후로는 빈민지역이 도시 중심으로 확장되면서 더욱 심각해졌다. 하나의 국가 안에 또 다른 국가를 만든 가난과 인종차별은 다음 세대가 짊어져야 할 쓰디쓴 유산이 되고 말았다. 103)

---

102) DuBois, "Does the Negro need separate schools?" 328~329, 331; Sinette, "The Brownies' book"; Woodson, "Negro life and history".
103) Wilkerson, "The status of Negro education", 226.

4. 미국화: 일치와 불일치

"도시의 문제점은 이민자의 쇄도와 더불어 산업의 진화를 경험한 산업혁명의 문제였다." 이것은 20세기 초에 거의 모든 교육자들이 동의한 견해였다. 19세기 말 북부지역의 교육자들이 직면한 가장 명백한 도전은 몇 안 되는 흑인 학생들이 아닌, 출신 국적이 다양한 다수의 이민 1, 2세대 아동들이었다. 1908년 12월 미국 이민국(U. S. Senate Immigration Commission) 조사관들은 미국 전역을 통틀어 대도시와 이민자의 분포도가 가장 높은 도시들을 포함한 37개 도시 학생들의 민족적 기원에 대해 조사하였다. 그 결과 학생들의 출신 국적 수는 60개 이상이고, 학생 중 58% 이상은 아버지가 다른 나라에서 태어난 것으로 밝혀졌다. 이 수치는 대도시 중 뉴욕에서 72%로 가장 높았고, 그 뒤로 시카고(67%), 보스턴(64%), 클리블랜드(60%), 그리고 샌프란시스코(58%)가 뒤를 이었다. 학생들의 18%는 유대인이었고 12%는 독일인, 6%는 이탈리아인이었다. 그에 반해 흑인은 3%에 불과했다. 104)

이민자들의 중점적인 입국지였던 뉴욕은 밀려드는 수많은 인구를 수용하는 데 애를 먹었다. 1899년부터 1914년까지 학교 입학률은 60% 증가했다. 1897년 9월에는 500명의 아이들이 P. S. 75105)의

---

104) Cole, "City's responsibility to the immigrant", 36; U. S. Immigration Commission, *Children of Immigrants*, I, 14~15; Covello, "High school and its immigrant community", 331~332; Dixon, *Americanization*; Roberts, *Problem of Americanization*; Berry, "Problems of Americanization"; Loeb, "Compulsory English".

입학허가를 원했으나 모두 거부되었다. 학교 건물은 이미 수용인원 1,500명을 훌쩍 넘은 2천 명을 수용하였다. 한번 배가 들어왔다 하면 125명의 새로운 학생들이 또 다른 공립학교인 P. S. 110에 원서를 제출하기도 했다. 1905년 〈뉴욕타임스〉(New York Times)의 추정에 따르면, 전해에는 9만 명의 학생들이 시간제라도 학교에 출석할 수 있었던 것에 반해, 당해에는 6만 명에서 7만 5천 명의 학생들이 학교에 자리가 없어서 입학허가를 거부당했다. 한 학급에 60～80명의 학생이 수용되는 것은 그리 이상한 일이 아니었다. 교육가들은 심지어 뉴욕의 공립학교에 채용되기 위해서는 정어리 공장에서 일해 본 경험만 있으면 될 것이라고 농담하기도 했다. 106)

1903년 아델 마리 쇼 기자는 학교체제가 어떻게 "매일매일 한가득 쏟아지는 러시아, 터키, 헝가리, 시실리, 그리스, 아랍 사람들을 모범적인 미국인으로 전환시키는지" 알아보기 위해 뉴욕의 25개 학교를 방문했다. 그녀가 뉴욕에 초점을 맞춘 이유는 "뉴욕 문제가 너무 심각하기에 이곳의 문제만 해결된다면 다른 곳의 문제도 풀릴 수 있기 때문"이었다. 그녀는 새롭게 정착하는 이민자들에게서 외면적 동질화가 이루어지는 것을 목격했다. 브루클린 다리 근처의 20명 정도 학생들을 수용할 만한 한 교실에서 그녀는 다민족 학생들 65명을 보았다. 그녀가 처음 방문한 날 처음 수업에 참가한 2명의 쿠바 학생들이 있었는데, 이 학생들은 오자마자 다른 학생들을 열심히 흥

---

105) 뉴욕시의 공립초등학교 중 하나. P. S. 75 Emily Dickenson School.
106) Berrol, "Immigrants at school", 55, 85, 87, 89; A. Shaw, "New York public schools", 4205.

내 내기 시작했다. "그녀가 며칠 후 그 작은 교실을 방문했을 때 그 2명의 쿠바 학생들은 이미 자신들의 이국적인 모습을 잃은 채 기존 학생들과 동화되어 갔다." 다른 학생들과 마찬가지로 그 학생들은 "그들의 아름다운 스페인식 이름을 부끄러워하면서 그 이름의 철자를 친구들의 언어적 패턴에 맞춰 바꾸어 쓰기 시작했다. 첫해에는 '에스더 오베르하인'(Esther Oberrhein)이었던 학생의 이름이 다음 해 한 학년 올라간 후에는 '에스더 오브라이언'(Esther O'Brien)으로 바뀌었다. 봄 학기에 '귀세피 바그노티'(Guiseppi Vagnotti)라는 이름을 가졌던 나폴리 출신의 눈이 검은 한 아이는 그해 9월 '마이크 존스'(Mike Jones)가 되어 돌아왔다". 그녀와 동행한 사진작가는 학생들의 민족적 '특징'이 '상급학교에서는 놀라울 만큼 획일화'되며 사라져 가는 것을 목격하며 놀랄 수밖에 없었다.

쇼 기자는 금방이라도 꺼질 듯 깜박거리는 불빛과 숨 막힐 듯 답답한 공기로 가득 찬 혼잡하고 음울한 방에서도 학생들을 받아들이고 그 열악한 환경을 잊을 수 있도록 지도하는 저학년 교사들의 인내심과 능력에 놀랐다. 그런 교실을 참관할 때면 그녀는 "수업 참관에 열중한 나머지, 나는 내가 있어야 할 시간보다 훨씬 더 머물렀다. 그곳에서는 가르시아, 멘델스존, 그리고 조슈아가 한 줄로 사이좋게 앉아서 금련화를 모델로 바라보며 노랑 크레용으로 그림을 훌륭하게 완성해 갔다". 한편, 다른 교사들은 학생들을 향해 '매콜리(Macaulay)의 강한 권력을 꺾을 만한 지속적인 분노'를 표현했다. "누가 너보고 말하랬어?" "똑바로 앉아 있어." "내 수업에서 연필, 펜이나 책을 손에 들고 서 있지 마." "야! 이 더러운 꼬맹이 러시안 유대인! 너 뭐하는 거니?" 쇼 기자가 한 교사에게 "'이 아이들은 착해 보이는데요' 라고 말하자 그가 '저는 잘 모르겠네요'라고 차갑게 대답했다. 그리고 갑자기 생활지도로 '활기차던' 교실은 조용해졌다".

쇼 기자는 그러나 정말 어려운 것은 온갖 다른 언어를 쓰는 학생들로 이루어진 거대한 학급을 통제해야 하는 교사들의 일이었기에 "그런 환경에서 성내지 않고 학생들을 사람답게 대해 주고 영어를 할 수 있도록 가르치는 교사를 트집 잡기보다는 존경해 주어야 한다"고 말했다. 107)

"이민 자녀 비율이 높은 학교의 학생들을 미국화하려면 학교는 좀 특별한 방법을 써야 한다. 학생들을 우리가 원하는 대로 가르치려면 그 가족들도 함께 가르쳐야 하고, 어느 정도는 학교가 학생들에게 학교인 동시에 가족의 역할도 해주어야 한다"고 쇼는 결론지었다. 만약 학생들이 학교에 씻지 못하고 온다면 교사는 학생들에게 어떻게 청결을 유지하는지 가르쳐야 한다. 학생들이 배가 고파서 공부를 할 수 없다면 학교는 값싼 점심을 제공하며 올바른 영양섭취에 대해 가르쳐야 한다. 만약 학생들이 건강에 이상이 있는 채로 학교에 온다면 학교는 무료로 의료 진단을 해줘야 한다. 만약 학생들이 거리에서 비행청소년이 되어 간다면 학교는 놀이터와 계절 학교를 개설해 줘야 한다. 만약 청소년들이나 그 부모들이 공부할 곳이 없거나 저녁시간의 휴식공간이 없다면 학교가 방과 후 사람들이 모여 놀 수 있는 공공공간이 되어 줘야 한다. 만약 영어를 많이 모른 채 미국에 이민 온 성인들이 있다면 그들을 위한 특별한 '적응수업'이 개설되어야 한다. 이런 제도가 1900년대 초에 시작되면서, 이 자발적인 서비

---

107) A. Shaw, "New York public schools", 4205~4207, 4210~4215.

스를 사용하고자 하는 새로운 이민자들이 몰려들기 시작했다. 108)

  뉴욕뿐만 아니라 다른 곳에서도 교육가들은 전에 없던 수많은 이민자들을 미국에 동화시키는 일에 대해서 대부분 긍정적인 태도를 보였다. 어떤 이들은 '새로운 이민자들'은 유전적으로 열등하고, 그렇기에 환경적 영향을 받지 않는다고 믿었다. 어떤 이들은 가난의 엄청난 영향력을 교육이 극복할 수 없을 것이라고 믿었다. 어떤 사람들은 학생들로부터 그 부모 문화의 뿌리를 뽑아서는 안 된다고 생각했고, 그래서 미국은 여러 민족들이 본질적으로는 다르지만 긴밀하게 연결된 유기적인 연합 공동체가 될 수 있다고 주장했다. 그러나 이러한 주장을 한 대부분의 학교 관리자나 교사들은 미국 중산층 기준을 자랑스럽게 여긴 민족중심주의자들이었는데, 이들은 학교 교육이 이 많은 사람들을 여럿으로 이루어진 하나의 공동체로 변화시킬 수 있다고 믿었다. 이들은 흑인들의 격리에 대해서는 말을 아꼈지만, 이 땅에서 백인들만 모이는 것을 비난하면서, 학교가 이민자들을 미국사회로 통합해야 한다고 말했다. 109)

  교육가들이 말하는 미국화는 종종 구세주적인 어조를 띠었다. 이는 두려움과 큰 희망, 그리고 새로운 정착민들을 위한 기회의 평등을 추구하는 한편, 사회통제를 원하는 성공적인 북부사람의 말투였다. 그 한 예로, 1902년 뉴욕의 드윗 클린턴 고등학교 교장은 이렇

---

108) 같은 책, 4205~4206; Thomas, "American education and the immigrant"; Atzmon, "Educational programs for immigrants"; Berrol, "Immigrants at school", ch. iv.

109) Kallen, "Meaning of Americanization"; Gordon, *Assimilation*; Thernstrom, "Up from Slavery".

게 말했다. "교육은 외국인 문제를 비롯한 우리 사회의 모든 문제의 해결책이 될 것이다. 무지는 무정부주의, 가난, 범죄를 부르는 중심적 근거가 된다. 국가에게는 시민 개개인이 지식과 덕을 쌓도록 요구할 권리가 있고, 필요하다면 강제적으로라도 밀어붙여야 한다." 그는 이어서 "학교교육을 통한 지적이고 존경할 만한 인물들과의 만남은 학생들이 삶의 기준을 높이는 발판이 될 것"이라고 했다. 또 다른 한 교육가는 이민자들이 그들의 빈민가에서 모여 사는 것으로 인해 올바른 시민으로 발전하지 못하고, 사회적 유동성이 부족해졌다고 주장했다. "미국과 같은 국가에서 사회적 불평등은 주로 양육에서의 차이점으로 인한 결과이다. 그런 의미에서 교육은 민족 동화 문제를 해결할 수 있는 방책이다. 진보적인 사회에서는 모두 학교를 사회화와 문명화의 가장 중요한 도구로 인식한다." 윌리엄 맥스웰은 "주거환경에 대한 기준을 이탈리아와 러시아 빈민층에서 미국 기준으로 바꾸는 것은 공립학교의 가정 수업시간을 통해 이루어질 수 있다"고 말했다. 110)

교육가들이 '미국식 표준'에 대해 가졌던 자신감은 공립교육정책을 기획하고 실행한 이들의 사회적 뿌리를 살펴보면 그 원인을 알 수 있다. 지방 교육위원회가 폐지되고 교육행정의 중앙집권화가 이루어지면서, 교육위원들은 그간의 제도 성립을 성공적으로 이끌어냈다. 이들은 교육제도의 견실함이나 권위에 의심이 없는 인물들로

---

110) Buchanan, "Compulsory education", 204~205; McDonald, *Adjustment of School Organization*, 68~69; *Twelfth Annual Report of the 'New York' City Superintendent of Schools*, 227; Maxwell, *Quarter Century of Public School Development*, 58.

이루어졌으며, 대부분 상류층 출신이었다. 1930년대 초 850명의 교육감들을 대상으로 실시한 연구를 보면, 98%의 교육감이 미국 태생이고, 90%가 영국계 백인, 그리고 85%가 시골이나 작은 마을 출신으로 대부분이 적어도 조금이라도 사회적 신분상승을 경험한 인물들이었다. 이들 대부분은 매우 미국중심적인 문화가 강한 마을에서 다국적 문화에 노출되지 않은 채 자라나, 태생적으로 보수적인 자민족 우월사상을 가지고 있었다. 111)

하지만 일선 교사들 중에는 이민가정 출신이 훨씬 많았다. 1908년 이민국에 따르면 교사의 43%가 이민 2세였는데, 이 중 6/7은 영국, 독일, 캐나다(비 프랑스령) 출신이었다. 대부분의 이민 2세 교사들은 자신들이 미국화의 경험자인 만큼, 미국에서 태어난 사람들만큼이나 미국화에 대해 열렬했다. 역시 이민자였던 한 클리블랜드의 교사는 미국교원연합회의 한 집회에서 이렇게 호소하였다. "저는 이민자입니다. 낯선 땅으로 온 낯선 사람입니다. … 저를 잘 보고 이끌어 주십시오. … 저의 경험 미숙을 양해해 주십시오. 그리고 저를 당신의 위대하고 영광스런 가족의 한 사람으로 받아 주십시오. 저는 이곳에 속하고 싶습니다." 반 이상의 학생들이 영어를 못하는 가정에서 자라나던 클리블랜드 지역의 한 사회학자는 많은 교사들이 '편협한 자기만족에서 나오는 미국주의자'라고 지적했고 이 말에는 다른 여러 목격자들도 동의했다. 특히 제1차 세계대전 중 그 정점을 이룬 완벽한 미국화와 그 결과로 생긴 반공산주의(Red scare)로 인해 사상과 애국심이 의심스러운 사람이 교사가 되는 것은 위험

---

111) Bair, *Social Understandings of the Superintendent of Schools*, 77~78.

성인을 대상으로 한 공립학교의 귀화교육

한 일이었다. 1917년에 클리블랜드 교육감 스폴딩은 "우리 국가의
적들에게 동정심을 표현하는 교사는 모두 해고하도록 했다"(그는 불
충성은 비단 말로만 표현되는 것이 아니며, 학생들이 그 교사의 "신념과
그 마음 중심의 근본적인 소망에 의해 영향을 받을 수 있기 때문"이라고
설명했다).112)

　'미국화'는 굉장히 복잡한 과정이었다. 부분적으로 미국화는 우리
가 19세기 교육을 분석하면서 나타난 행동과 신념의 '근대화'에 초점

---

112) Horvath, "Plea of an immigrant", 680; Miller, *School and the Immigrant*,
24, 55; Spaulding, *School Superintendents*, 616; U. S. Immigration
Commission, *Children of Immigrants*, I, 134.

을 맞춘 인간의 사회화 패턴이었는데, 이는 지난 세기 동안 세계적으로 인정되어 온 바였다. 도시 산업사회가 적당한 수준에 도달하려면 시민들이 어느 정도의 능력을 갖추어야 했다. 언어와 숫자를 다루거나 시간을 지킬 줄 알고, 양식을 작성하고 절차가 복잡한 일들을 처리하며, 생각의 방법과 복잡하고 상호의존적인 사회의 필요를 포함한 효과적인 표현을 배우는 것 등이 그것이었다. 사람들은 조직생활을 겪으면서 그들이 특정한 성과기준에 다다랐는지 여부에 따라 보상받거나 처벌된다는 것을 깨달았다. 그러므로 몇몇 이민 자녀들에게는 공립학교가 기본적 언어와 수학, 정확성과 성과기준을 가르치며 그 부모들의 시골적인 풍습, 문화와 미국사회의 기대치 사이의 다리 역할을 했다. 113)

그러나 무지개처럼 다양한 민족적 차이 때문에 미국화는 비단 근대화의 문제만이 아니었다. 폴란드 출신 이민자만큼이나 시골 출신 미국인 역시 혼잡한 도시사회의 복잡성에 적응하는 법을 배워야 했으나, 폴란드 출신은 새로운 기술을 연마하는 동시에 예전 문화를 벗어 버려야 했다. 교육가들은 이민자들이 미국사회에 참여하고 싶다면, 마치 우측통행으로 운전하는 법을 배워야 하는 것처럼 영어와 수학을 배우고 미국 경제와 정치 제도에 익숙해져야 하는 것이 당연하다고 생각했다. 그러나 많은 교육가들은 미국에 완전히 동화되라

---

113) Inkeles, "Social structure and the socialization of competence", 281~281; Strodtbeck, "Family interaction, values, and achievement", 188; Woodward, "Adjustment of the non-English-speaking woman"; Holsinger, "Elementary school as modernizer". 직장에서 이민자들의 동화에 대한 흥미로운 글은 Gutman, "Work, culture, and society" 참조.

는 그들의 요구에서 한 단계 더 나아가길 바랐다. '외국에서 온 것'은 그 어떤 것이라도 수치스럽게 느껴지게 할 만큼, 모든 형태의 문화적 차이점을 비웃음거리로 만들어 버리고서야 만족할 듯했다.

외국인들을 대상으로 만들어진 교과서만큼 '미국적인' 행동과 특성에 대한 개념 정의가 정확하게 드러난 곳은 없었다. 이탈리아 출신 이민자가 처음에 '이탈리안'(Italian)이라는 단어가 무엇을 의미하는지에 대해 배우는 것처럼, 이민자들을 교육시킬 때 미국인으로 만드는 훈련과정의 최종 결과물은 '미국인'이 되어야 한다는 사실이 분명했다. 이민자들을 위한 교과서는 청결에 관한 내용을 매우 심하게 강조하여, 독자들이 그 내용을 보면 마치 외국인들은 비누, 칫솔이나 머리빗 등에 대해 전혀 모른다고 생각할 정도였다. 캘리포니아 이민국이 이민 여성을 위하여 발간한 안내서에는 "더러운 창문, 더러운 싱크대, 더러운 쓰레기통은 나쁜 것"이라고 적혀 있었다. 이어서 안내서는 어머니들에게 자녀들을 학교에 깨끗하게 씻겨 제시간에 보낼 것을 권장하였다. "자녀들이 지각하도록 두지 마십시오. 계속 그렇게 한다면 그 아이는 나중에 어른이 되어서 직장에도 늦을 것입니다. 아이는 결국 해고될 것이고 평생 가난하고 비참한 삶을 살게 될 것입니다." 사라 오브라이언(Sara O'Brien)이 지은 《외국인을 위한 영어》(English for Foreigner)라는 책은 전형적인 머그웜프(Mugwump)[114]적 사상을 표현했다. "법과 질서 없이는 재산, 심지어 생명 또한 안전하지 못할 것이다. 도시의 법을 만들고 실행하는

---

114)〔옮긴이주〕선거에서 찍을 후보를 정하지 못한 사람, 또는 어떤 문제에 대해 찬성과 반대의 의견이 모두 있는 사람을 말한다.

이들은 도시 공무원들이고, 이들은 시민에 의해 선출된다. 시민들은 오직 정직하고 이타적 사람만 그 자리에 선출해야 한다."그녀는 미국 국기에 대해 논하며 "미국은 '기회'라는 말의 또 다른 표현"이라는 말로 요약했다. 115)

  미국이 기회의 나라라고 이야기하고, 영국계 중심의 문화나 중산층의 기준을 성공의 요소로 장려한 사람들이 위선적이었다고 치부할 이유는 없다. 그들 대부분은 진실로 그렇게 믿었고, 그들의 믿음은 어느 정도 사실이었기 때문이다. 미국 주류사회의 기회 구조에서는 영국식 이름, 올바른 화법, 깨끗하게 씻은 얼굴, 빳빳이 다린 옷깃을 갖춘 이민자 학생들이 성공할 확률이 더 높았던 것이 사실이다. 편견은 심지어 능력 위주 조직에서도 많은 문들을 닫아 버렸다. 미국사회의 자기민족중심주의나 편협함과 완고함은 교육가들의 책임은 아니었다. 이민 2세들의 어린 시절 이야기를 들어보면 그들은 주로 또래 학생들로부터 '다고'(Dago), '쉬니'(Sheeny), '잽'(Jap) 이나 '폴락'(Polack) 과 같이 스페인인, 유대인, 일본인 그리고 폴란드인을 부르는 속칭을 처음 접했다고 한다. 멕시코인 아이의 토르티야, 중국인 남자아이의 길게 묶은 머리, 유대인 남자아이의 기도 숄 등을 놀림거리로 만든 것도 또래 학생들이었다. 아마도 학교와 직장에서 놀림을 받거나, 언론에서 이를 부정적으로 다루고, 학교에서도 그와 비슷한 태도를 배움으로써 이민자들은 적극적으로 미국화에 참여하였다. 그러나 미국적 생활방식을 수용하는 것도 주로 부분

---

115) Chase, *Primer for Foreign-Speaking Women*, 12, 13, 17; O'Brien, *English for Foreigners*, 128~129, 149.

적이거나 제한적 방식으로 이루어졌다. 가족, 친구, 이웃 등의 영향으로 이민 자녀들은 주로 자신의 문화적 영향력 아래 있었다. 116)

많은 교육가들은 학생들과 그 부모를 문화적으로 격리하는 것에 대해 죄책감을 느끼거나 착잡한 심정을 갖기도 했다. 가족 간의 결속은 더 강화되어야 하며, 약화되는 것은 바람직하지 않았다. 미국화를 주장한 어떤 이도 "우리에게 아이들을 그 부모로부터 격리하는 교육을 할 권리는 없다. 이 사실을 인식하지 못함으로써 가족 내 구세대와 신세대 사이에 심각한 거리가 생겼고, 이것은 외국인 사회 내에서 큰 문제가 되었다"라고 경고했다. 많은 이들은 자녀들이 주로 부모보다 영어를 더 잘하고 미국사회를 더 잘 이해하면서 부모가 자녀에게 의존하는 현상이 확대되어 자녀와 부모의 역할이 바뀌어 가고 있음을 지적하였다. 그들은 또 이런 문제로 인해 자녀들이 부모에 대한 공경심을 잃고 비행청소년이 늘어나며 2세들의 이질화 현상이 일어난다고 말했다. 뉴욕 동남부지역에서 교사, 교장, 교육감을 역임한 줄리아 리치먼은 그녀의 오랜 경험을 통해 학교가 성공적으로 학생들을 미국화할수록 "학생들은 집안의 전통과 기준에서 점점 더 멀어진다는 것"을 깨달았다. 부모들은 여전히 외국인이었지만, 학생들은 미국 사람이 되어 갔다. 이럴수록 그 둘 사이에는 건널 수 없는 강이 형성될 뿐이었다. 리치먼을 비롯한 대부분의 교육

---

116) Duncan, *Immigration and Assimilation*; W. C. Smith, *Americans in the Making*; Novak, *Unmeltable Ethnics*; Schrag, *Decline of WASP*; Glazer and Moynihan, *Beyond the Melting Pot*. 그리스인과 중국인을 위시한 여러 집단들은 종종 자국민을 위한 서비스, 또는 민족적으로 전문화된 서비스로 사업을 벌인다. Greer, *Great School Legend*, ch. v.

가들은 이 문제에 대한 해결책은 학생들의 미국화를 막는 것이 아니라 부모들도 미국화하는 것이라고 생각했다. "만약 우리가 이제까지 학생들에게 다른(아마도 더 나은) 방식의 문화적 기준을 알려 주었다면, 그 결과로 미국화한 학생들과 여전히 외국인인 부모 사이에, 이제는 부모가 건너와 함께 미국인이 될 수 있는 다리를 형성해 주어야 한다."117)

학부모회의 같은 학교와 부모 간의 대화의 장에서 더 큰 권력자가 누구인지는 확실했다. 이민자들은 그 완벽한 제도에 어떻게 맞춰 가야 하는지 배워야 했다. 리치먼은 "학부모들은 우리가 학생들에게 하고자 하는 일이 무엇인지 반드시 이해해야 한다. 그들은 자신의 고향을 등졌을 때 그 땅의 전통과 풍습 역시 버려야 한다는 것을 깨달아야 한다. 그들은 또 새로운 나라를 받아들이는 일은 그 나라의 언어와 풍습 역시 받아들이는 것이라는 것을 알아야 한다"고 기록했다. 한 사회학자는 "왜 부모들이 더 적극적으로 학교에 협조하지 않느냐는 질문에 대한 답은 간단하다. 많은 학교 교장들의 권위적이고 부모들의 기를 죽이는 태도 때문"이라고 말했다. 교장들은 그들의 특권을 잃을까 우려했고 그래서 학교 경영에 적극적으로 참여하려는 부모들을 불쾌하게 생각했다. 학생들의 가정과 학교 사이에 '호의적인 관계'를 유지하기 위한 방법으로, 한 교장은 학생이 숙제를 잘못해 오면 "반 평균 이하의 숙제를 했습니다"라는 의견을 달아 보내고, 아이가 지각하거나 무단결석한 경우 부모에게 알려 주기도 했

---

117) McDonald, *Adjustment of School Organization*, 69; Richman, "Immigrant child", 119; Jenks, "Important racial information"; C. Shaw, *Brothers in Crime*, 135~137.

책상에 마주 앉은 이탈리아 출신의 아버지와 아들.

다. 이런 방법은 종종 부모와 아이들 모두가 자신을 보호관찰의 대
상인 것처럼 느끼게 했다. 시카고의 한 학생은 "학교는 하나도 좋지
않다. 내가 한 달을 열씨미 공부해도 선생님은 집에 보내는 카드에
내가 잘못해따고 써서 보낸다. 그럼 집에 가면 엄마 아빠에게 혼나
기 일쑤다"라며 불평했다. 몇몇 도시의 성인 교육 담당자들은 부모
들이 영어교육을 위한 미국화 수업에 참여하도록 권장하는 통신문
을 학생들이 집에 반드시 가져가도록 하기도 했다. 118)

---

118) Richman, "Immigrant child", 120; J. Daniels, *America via the Neighbor-
hood*, 253~256; Mark, *Individuality*, 215; Todd, "Why children work",
74; Dixon, *Americanization*, 24; Mahoney and Herlihy, *First Steps in
Americanization*, 1~13.

교육가들은 자존심 강한 이민자 부모들이 이런 부정적이고 일방적인 통신 방법에 의해 기분이 상할 것이라는 것을 점차 깨달았다. 1913년 미국 교육부는 "개개인의 행복과 안녕을 비롯한 국가 발전을 위해 우리는 국민들의 사상을 존중하고 그들이 가져온 구세계의 좋은 점들을 보존하고 강화해야 한다. 우리는 절대 그것들을 파괴하거나 우리 방식대로 다시 만들려고 해서는 안 된다. 우리가 할 일은 개혁하고 변화시키는 것뿐이다. 인종적·국가적 미덕들을 생각 없이 미국의 악습과 바꿔서는 안 된다"고 말했다. 어떤 교육가들은 무조건적인 미국 사상의 주입보다는 학교 내에서 여러 문화가 자연스럽게 섞일 수 있도록 교사들과 이민자 부모들 간에 실질적인 협력을 구축하려 했다. 119)

아빌리아노(Aviliano)에서 뉴욕으로 이민 온 레너드 코벨로는 자신의 실제 경험을 통해 강제적인 미국사회로의 동화가 학생들과 부모에게 얼마나 괴로운 일인지 알았다. 그는 아버지의 서명을 받아야 하는 첫 번째 성적표를 들고 온 날 저녁을 기억했다. "이게 뭐냐?" 아버지는 물었다. "레너드 코벨로(Leonard Covello)라니! 너의 이름 코비엘로(Coviello)의 i는 어디 갔니? 레오나르도(Leonardo)에서 레너드(Leonard)로 바꾼 건, 그래, 이해할 수 있어. 그런 것쯤은 자연스럽지. 미국에선 무엇이든 일어날 수 있고 또 실제로 그러니까. 그렇지만 성은 바꾸는 게 아니란다." 아들은 선생님이 코벨로를 발음하기 더 쉬워한다고 설명하며 자신도 그게 더 좋다고 말했다. 어머니가 아버지와 합세해 나무라자 그는 이민자 부모들에게 이미 너무

---

119) *Education of the Immigrant*, 6.

친숙했던 말로 쏘아붙였다. "엄마, 엄마는 이해 못 해. 엄마가 뭘 알아?" 그 말에 어머니는 "너 그 말 그만하지 못해? 내가 뭘 이해 못 하니? 도대체 무엇을 이해해야 하는 건데? 너 이제 미국 사람 다 됐으니 넌 다 이해하고 엄마는 아무것도 모른다는 거야?"라고 화를 냈다. 코벨로와 그의 친구들은 자신들의 어머니들이 학교에 오지 못하게 하려고 최선의 노력을 다했다. 그들은 어머니들이 걸치던 숄과 이탈리아 억양이 창피했기 때문이다. 학교에서 이탈리아나 이탈리아인에 대해 콜럼버스를 제외하고는 들어 본 적이 없기에 그는 얼마 지나지 않아 "'이탈리안'은 무언가 열등한 것을 의미한다고" 생각하게 되었다.

그러나 자라나서 교사가 된 후 코벨로의 생각은 바뀌었다. 1920년 그는 드센 학생들로 가득한 동부지역의 드윗 클린턴 고등학교에서 이탈리아어를 가르치기 시작했고, 학생들의 고해신부가 되어 주었다. 교장은 그에게 "솔직히 말해 이 학생들을 돌보는 것은 자네의 몫이네"라고 말했다. 코벨로는 학생의 부모들과 이탈리아어로 대화하며 학생들과 학교, 부모들 사이에 생긴 빈 공간을 잇는 다리 역할을 하는 데 많은 시간을 보냈다. 교사로서 그는 학생들에게 이탈리아인으로서의 자긍심을 갖도록 하기 위해 최선을 다했다. 그는 외국인이라 단어 실력이 부족하고, 초시계와 호루라기를 들고 시험을 감독하는 감독자의 압박을 못 이겨 제 실력을 내지 못한 이탈리아 학생들을 비하하는 지능검사의 폐단과 맞서 싸웠다.[120]

코벨로는 이스트 할렘(East Harlem)의 벤저민 프랭클린 고등학교

---

120) Covello, *Heart Is the Teacher*, 29~31, 43, 47, 129~130, 149~150.

(Benjamin Franklin High School) 교장이 되었을 때, 비로소 그가 생각했던 이상적인 지역사회 학교의 모습을 실현할 수 있었다. 그는 학교에 걸어서 갈 수 있으며, 단지 9%의 주민만이 미국에서 태어난 백인 부모로 이루어진 혼잡한 빈민가에 살았다. 그의 학교 학생은 25개의 다른 민족들로 구성되었고, 그중 다수가 이탈리아, 푸에르토리코 출신의 이민 학생 또는 흑인이었다. 1935년 그와 동료들은 지역주민을 학교로 데려오고, 지역으로 학교가 손을 뻗칠 수 있게 하기 위해 지역사회 자문협의회(Community Advisory Council)를 조직했다. 학생들은 스페인어와 이탈리아어로 함께 어울려 놀았고, 학부모회는 여러 가지 언어로 진행되었으며, 교육과정은 다수 민족주의를 칭송하고 부정적인 민족 편견은 비난했다. 수요일에 있었던 '오픈하우스'에서 그는 부모들과 개별 미팅을 가졌고, 부모들은 교실에서 영어 수업을 들었으며, 도서관에서 학부모회의가 열리는 동안 강당에서는 지역사회 자문협의회 회의가 열린 것을 알리는 열띤 토론 소리가 들렸다. 그는 "이때가 학교가 지역사회의 일원이 되는 나의 꿈에 가장 가까운 시기였다"고 말했다. 121)

코벨로처럼 다른 교육가들 역시 국가가 더 큰 연합 아래 민족적 다양성을 인정해야 하며 편협한 것은 미국적이지 못하다고 믿게 되었다. 멕시코 소년이었던 에르네스토 갈라자(Ernesto Galarza)는 새크라멘토에 소재한 초등학교의 "호플리(Hopley) 교장과 교사들이 학생들을 따뜻하게 교육했고 우리 안의 인종적 증오를 없애 주었다"

---

121) 같은 책, 197~198; Covello, "High school and its immigrant community", 332; Covello, "School as the center of community life"; Mills, "Community control in perspective", 7~9.

고 회고했다. 멕시코인, 폴란드인, 일본인, 한국인, 이탈리아인 그리고 다른 이민자들로 가득한 그 지역에서 교장은 학생들에게 왜 그들이 학교에 있는지에 대해 누누이 얘기했다. "'여기서 태어나지 않은 너희들은 좋은 미국인이 되기 위해서, 여기서 태어난 너희들은 다른 사람들을 받아들이기 위해서 학교에 있는 것이다.' 우리는 학교 밖에서는 조상들로부터 배운 모욕의 말들을 주고받았지만, (학교) 놀이터에서는 누군가가 다른 인종을 비하하는 단어로 놀리면 바로 교장선생님 방으로 불려가곤 했다." 교사들은 학생들의 이국적인 이름을 똑바로 발음하려고 노력했고 그들의 문화를 다른 학생들에게도 알려 주도록 권장했다. "그 누구도 놀이터에서 자기 자신의 언어로 말한다고 해서 혼나거나 놀림감이 되지 않았다. 나는 자랑스러운 미국인이 된다는 것이 내가 멕시코인임을 부끄럽게 여기는 것과 같은 것이 아니라는 것을 알았다." 그렇다고 해서 호플리 교장이 미적지근한 애국자인 것은 아니었다. 한 예로, 언젠가 그녀는 들릴 만한 거리에서 두 남자가 모자를 쓴 채 지나간다는 이유로 조회시간에 부르던 국가를 모두 멈추게 한 적이 있다(나중에 확인한 바로는 이 두 남자 중 한 명은 교육감이었고 다른 한 명은 유력인사였다). 122)

가장 완벽한 환경 속에서 학생들의 미국화는 종종 가정 내에 부모와 자녀 사이의 팽팽한 긴장감을 조성했다. 123) 유대인인 메리 안틴(Mary Antin)은 그녀의 아버지가 폴로츠크(Polotzk)에 있는 가족들

---

122) Galarza, *Barrio Boy*, 210~213. 민족과 관련된 부정적 고정관념을 제거하는 것에 관한 선구적 연구에 대해 보려면, Bogradus, *Essentials of Americanization* 참조.

123) Todd, "Why children work", 78; Woolston, "Our untrained citizens".

에게 쓴 편지에서, 미국의 자유로운 교육은 자신이 "아이들을 위해 바라던 가장 중요한 것이고 미국이 주는 기회의 본질이다"라고 말한 것을 기억했다. 하지만 미국화하는 그 과정에서 "가정의 구성에 혼란이 일어났고, 가정생활이 붕괴되었으며, 이는 1세대와 2세대가 지고 가야 하는 십자가가 되었다". 루마니아인 농부들은 그들의 자녀들이 집에서 루마니아어로 말하기를 거부하는 것에 대해 분개했다. 폴란드인 부모들은 학교에서 폴란드에 대해 거의 언급하지 않거나, 한다고 해도 오직 미국이 더 우수하다는 이야기만 하려고 한다는 사실에 화가 났다. 아들이 말을 듣지 않는다고 화가 난 이탈리아인 어머니는 주변에 미국 학교는 아이들에게 불순종을 가르치는 것이냐며 분통을 터뜨리기도 했다. 미국화 과정을 세심히 관찰한 한 사람은 "구세대 부모들은 미국화의 영향으로 자녀들을 잃게 될 것이라는 두려움에 떨었다. 이것은 그저 자녀들에게 계속 영향력을 유지하고 싶어 하는, 부모들의 자연스러운 소망이 아니었다. 자신들의 이제까지의 전통이 무자비하게 산산조각 나고 모든 배경사상이 무너지는 것에 대한 불안감이었다. 이 쓸쓸함 가운데 부모들은 잃어버린 자녀들을 찾는 외로운 모습을 상상한 것이다"라고 적었다. [124]

이와 같이 미국화로 자녀들을 잃을까 두려워하기도 했으나, 많은 이민자 부모들은 학교를 새로운 기회를 향한 문이라고 생각했다. 두 문화가 공존하는 현상을 연구하려고 온 나라를 여행한 사회학자 존

124) Antin, *Promised Land*, 186, 271; observer, W. C. Smith, *Americans in the Making*, 29에서 인용; Bercovici, *On New Shores*, 156; Wytrwal, *America's Polish Heritage*, 161~162; Panunzio, *Soul of an Immigrant*, 255.

대니얼스(John Daniels)는 1920년에 말했다. "가족을 꾸릴 만큼 오랜 시간 동안 미국에 머무른 이민자 10명에게 미국의 다양한 기관 중 어떤 것이 가장 효과적으로 이민자들을 미국사회의 일부분이 되도록 했느냐고 물으면, 9명은 '공립학교'라고 대답할 것이다." "폴란드, 이탈리아, 또는 핀란드 이민자들은 처음에는 자녀들이 서투른 모국어를 말하며 유치원에 입학하는 것을 보지만, 6년 후에는 완전히 미국 사람처럼 보이고, 말하고, 생각하고, 행동하는 미국인을 만나게 된다." 티머시 스미스(Timothy Smith)는 이 나라의 이민자 언론이 얼마나 공립과 사립 교육을 칭찬했는지 보여 주었다. 실제로, 많은 민족의 교구부속(가톨릭) 학교들은 자신들이 민족적 전통, 종교와 가정을 파괴하는 것이 아니라 존중하는 교육을 통해서 공립학교보다 더 효과적으로 미국화를 시켰다고 주장했다. 뉴욕의 히브리 학교(Hebrew Institute) 학생들은 영어와 히브리어가 나란히 출력된 독립선언문을 열정적으로 암기했다. [125]

이민자들의 교육에 대한 신뢰는 학교 출석률과 문해율에 관한 통계를 보면 금방 드러난다. 1909년 레너드 에어즈는 미국 전역에서 이민자들의 백인 자녀 1천 명 중 9명만이 문맹인 반면, 미국 태생 부모들의 백인 자녀는 1천 명 중 44명이 문맹이라고 보고했다. 그와 마찬가지로 이민 2세대 가운데 72%와 5~14세 사이의 외국 태생 중 69%가 학교에 재학 중인 반면, 미국 태생은 65%만이 학교에 다닌다는 보고가 있었다. 물론 남부 백인들의 교육 부족으로 인해 지

---

125) J. Daniels, *America via the Neighborhood*, 249~250; T. Smith, "Immigrant social aspirations"; Riis, *Children of the Poor*, 53; Berrol, "Immigrants at school", ch. iv.

역 간 편차가 많이 일어났으나, 대부분의 북부 도시들에서는 이민자 자녀들의 재학률이 미국인 부모를 가진 학생들과 같거나 더 높은 수준을 보였다. 어떠한 정책적 강압이 있었다고 해도, 학부모들의 공립학교에 대한 신뢰 없이는 불가능한 결과였다.[126]

그러나 '이민자들' 간의 다양성을 고려할 때, 그들의 교육에 대한 태도와 학업성취도의 차이점을 비교해 보아야 할 필요가 있다. 이민자라는 꼬리표 하나만으로는 이들의 여러 차이점을 간과하게 되기 때문이다. 1909년 초, 미국 상원의회 이민국(U. S. Senate's Immigration Commission)의 조사관들은 뉴욕을 제외한 미 동부와 중서부 12개 도시 내의 여러 민족 집단들의 발전 속도에 대한 집중적 연구를 실시했다(뉴욕시의 경우는 뒤에 따로 다룰 예정이다). 연구에 따르면, 지체 학생을 해당 학년의 평균 나이보다 2세 이상 높은 학생으로 정의했을 때(1학년을 평균 6세로 보았다) 해당 지역 학생들의 지체율(백분율)은 〈표 8〉과 같았다.[127]

출신 국가를 막론하고, 평균적으로 지체율이 낮은 학생들은 주로 부모가 영어를 구사하고 아버지가 미국 시민권자가 되었거나 미국에 오랫동안 살아온 경우였다. 이는 모두 학생이 느끼는 미국이라는 환경에 대한 친밀도나 헌신도의 중요성을 보여 준다. 예상대로 이민 시기, 즉 미국에 도착했을 당시의 나이가 지체 여부에 큰 영향을 미쳤다.

---

126) Ayre, *Laggards in Our schools*, ch. x; T. Smith, "Immigrant social aspirations", 523.

127) U. S. Immigration Commission, *Children of Immigrants*, 14~15, 31.

<표 8> 미 동부와 중서부 12개 도시의 학생 지체율 (%)

미국 태생	30.3
외국 태생 전체	40.4
- 남부 이탈리아인	63.6
- 폴란드인	58.1
- 비영어권	43.4
- 러시아계 유대인	41.8
- 독일인	32.8
- 영어권	27.3
- 스웨덴인	15.5

6세 이전에 이민 온 아이들의 지체율은 43.5%인 데 반해, 10세 이후에 이민 온 모든 외국 태생 학생 중 91.8%가 지체 학생으로 분류되었다. 그러나 미국사회에 노출된 정도에 대해 민족 간에 중요한 차이점이 있었다. 아버지가 미국에서 20년 이상 산 자녀들 중 러시아계 유대인 아동의 지체율은 29.7%로, 같은 조건의 남부 이탈리아인 아동의 55.4%에 비해 현저히 낮았다. 1919년 미니애폴리스와 세인트폴, 1931년 뉴욕에서 실시된 지체 연구에 따르면, 1909년 이민국 연구 대상이었던 집단 중 몇몇의 지체율은 거의 비슷했고, 이는 학교 성적이나 성취도에 있어 민족적 차이점이 조사 시기와 관련 없이 여전히 존재한다는 것을 의미했다. [128]

이민국 조사에서 밝혀진 내용 가운데 민족 간의 지체율 차이만큼 놀랄 만한 사실은 아니지만, 그래도 중요성을 지닌 결과는 바로 학생들의 재학률에서도 민족 간에 의미 있는 차이가 존재한다는 점이

---

128) 같은 책, 53, 32; D. K. Cohen, "Immigrants and the schools", 19~20.

<표 9> 1908년 초등학생 재학률

	재학률(%)			
	90% 이상	75~90%	50~75%	50% 이하
미국 태생	72.6	15.2	7.3	4.9
외국 태생 전체	74.4	13.0	7.4	5.2
- 독일인	82.4	9.2	5.1	3.3
- 스웨덴인	82.2	10.0	3.7	4.1
- 비영어권	74.8	12.7	7.3	5.2
- 영어권	72.8	14.4	7.6	5.1
- 러시아계 유대인	70.9	16.4	7.3	5.5
- 폴란드인	69.4	14.3	9.6	6.6
- 남부 이탈리아인	68.4	14.1	11.1	6.3

출처: U. S. Immigration Commission, *Children of Immigrants*, I, 103, 108.

었다. 〈표 9〉를 살펴보면 학교 개학일로부터 1908년 12월 31일까지 몇몇 도시에 재학 중인 학생들의 비율에 민족 집단별로 차이가 있음을 알 수 있다. 러시아계 유대인을 제외한 대부분의 집단은 재학률과 지체율이 반비례하는 것으로 나타났다. [129]

　민족별 고등학교 재학률과 중도탈락률 연구는 이민자들의 지체율, 무단결석, 지능에 대한 연구와 비슷한 결과를 보였다. 1911년 조셉 반 덴버그(Joseph Van Denburg)는 미국, 러시아, 영국, 독일 출신 아버지를 둔 뉴욕의 중학생들이 아일랜드와 이탈리아 출신 이민자 자녀들에 비해 현격하게 높은 비율로 고등학교에 진학한다고 보고했다. 1920년대에 이뤄진 연구 역시, 같은 집단의 학생들이 고등학교 학업을 그만두지 않고 계속하는 비율이 아일랜드, 이탈리아, 폴란드 출신 부모의 자녀들보다 훨씬 높다고 보고했다. [130]

---

129) U. S. Immigration Commission, *Children of Immigrants*, I, 103, 108.

〈표 10〉 이민 1세대와 2세대 백인 남성의 주요 직종별 상대적 집중도

주요직업	이민 1세대			이민 2세대		
	1950	1920	1910	1950	1920	1910
남성 백인 중 해당 집단 비율	9.9	22.4	24.7	21.8	21.0	19.8
총 백인 남성 인력 비율(index)	100	100	100	100	100	100
전문직, 기술직 및 유사 직종	76	64	63	110	108	103
농부, 농장경영	45	49	52	68	76	71
관리직, 사무직, 소유주*	131	114	107	111	105	111
점원 및 유사 직종	56	44	44	119	148	158
판매직	71	72	73	107	122	129
공예, 현장감독 및 유사 직종	114	118	120	103	112	117
직공 및 유사 직종	102	142	154	105	109	116
서비스업	189	162	149	106	104	117
농장 노동자와 현장감독	75	37	34	54	77	81

* 농장 소유는 제외.
출처: Hutchinson, *Immigrants and Their Children*, 202, 216.

   이민자들의 직업 분포에 관한 연구는 대체로 교육기간이 길수록 직업의 지위가 현격하게 높아진다는 것을 보여 준다. 직업의 유동성을 포괄적으로 보여 주는, 10년마다 이루어지는 인구조사 보고서를 바탕으로 E. P. 허친슨(E. P. Hutchinson)은 1910, 1920, 1950년 이민 1, 2세대 남성의 직업에 대한 자료를 수집했다(〈표 10〉 참조). 물론 예외는 있지만, 이민 1세대보다 2세대의 직업 분포도가 보통 백인들이 가지는 직업 분포도에 가까운 것으로 드러났다. 또한 2세대들의 직업은 조금 더 높은 지위의 직종에 분포했다. 1950년에 백

---

130) Van Denburg, *Causes of the Elimination of Students*, 36~37; D. K. Cohen, "Immigrants and the schools", 22; Counts, *Selective Character*, ch. xii.

인 이민자 2세대는 1세대보다 직업적 명성에 있어 더 높은 순위를 차지했을 뿐 아니라, 전체 노동력 중 사무직에 해당하는 직종에서 더 많은 비율을 차지했다. 이는 이민자들이 자녀들을 통하여 성공에 대한 아메리칸 드림을 이룬 것이라 볼 수 있다. [131]

그러나 교육의 경우와 마찬가지로, '이민자들'의 직업 분포에 대해 일괄적으로 다루는 것은 자칫 오해를 불러일으키기 쉽다. 이는 특정 이민자 집단 간에 현저한 차이가 있었기 때문이다. 허친슨이 정한 100을 정상분포도의 수치로 볼 때, 우리는 이민 2세 백인 남성들이 특정 직종에 집중된 것을 볼 수 있다[멕시코인: 전문직 22/농업 500, 러시아인(유대인 추정): 전문직 193/수공업 65, 이탈리아인: 전문직 79/수공업 141, 프랑스계 캐나다인: 전문직 75/수공업 164]. 1950년에는 평균적으로 학교생활에 가장 충실했던 스칸디나비아 반도, 독일, 동유럽 유대인 등의 출신 이민자들은 이민 2세대 중 확연히 높은 지위의 직종에 종사하였다. 반면, 학교생활에 어려움을 겪은 학생들은 육체노동에 관련된 직종에 집중되는 경향이 있었다. [132]

민족 집단 간의 학교생활과 직종에 관련한 통계를 비교함으로써

---

131) Hutchinson, *Immigrants and Their Children*, 202, 216.
132) 같은 책, 220~221. 집단의 직업에 관해 연구한 Hutchinson처럼, Stephan Thernstrom도 보스턴에서 개인 이민자들의 직장생활 계통을 연구했다. 그는 또한 유동성에 있어 중요한 집단 간 차이점을 찾아냈다. 1900년에서 1909년 동안 그가 연구한 이민자 집단, 특히 85%의 이탈리아인들은 평생 육체노동을 했지만 2/3의 동유럽 유대인들은 중산층이 되었다. 1850년대, 이민자 2세들이 태어났고 전체 이민자 자녀의 41%가 사무직에 종사한 반면 아일랜드 이민자 자녀의 사무직 종사율은 15%에 불과했다(Thernstrom, *Immigrants and WASPs*, 150, 157~158).

1889~1890년 뉴욕 모트 거리의 산업체 학교에서 국기에 대한 경례를 하고 있다.

어떤 단순한 인과관계를 말하고자 하는 것은 아니다. 사회계층과 교
육의 관계는 쌍방이 서로 영향을 미치는 복잡한 관계였다. 많은 연
구들에서 밝혔듯, 부모의 사회적 지위는 학생들의 학교 성적이나 성
과에 커다란 영향을 미친다. 이와 동시에 학자들은 미국인 자녀에게
도 그렇듯이 교육 정도가 이민자 자녀들의 사회적 유동성에 정확히
얼마만큼인지 알기는 힘들지만 상당한 영향을 미친다는 점을 지적
했다. 물론 교육수준이 계속적으로 높아진 중요한 이유 중 하나는
고용자나 채용 관련자들이 어느 정도 높은 지위를 채용 시 요구하는
교육수준이 계속 높아진 것이다. 133)

---

133) Blau and Duncan, *American Occupational Structure*; Coleman 외,
Equality of Educational Opportunity; Jencks 외, *Inequality*, ch. vi.

자유의 여신상이 된 골다 메이어(Golda Meir)와 함께한 밀워키의 어느 미국화 수업 장면

　어느 누구를 막론하고 학교에서의 성공이 교육제도 내에서뿐만 아니라 그 이후의 삶에 큰 영향을 미친다면, 특정 민족 집단이 어떻게 다른 집단에 비해 학업성취도 면에서 성공을 거둘 수 있었는지 묻지 않을 수 없다. 이 문제에 접근하는 한 가지 방법은 편견이 사회와 교실, 이 두 가지 환경에 얼마나 큰 영향력을 미쳤는지 조사해 보는 것이다. 이것은 매우 중요한 문제지만, 설명이 되지 않는 부분이 많다. 교사가 학생들에게 "더러운 러시아 유대인", "꼬맹이 같은 유대인"처럼 비하하는 단어를 사용했을 만큼 반유대주의 정서가 팽배한 시절에도 유대인 학생들은 학교에서 좋은 성적을 냈다. 차별과 학대의 대상이었던 중국과 일본계 학생들은 1960년 샌프란시스코의 특수학교로 격리되었고, 떠돌이 깡패들에 의해서 폭행을 당하기도 했다. 그럼에도 불구하고 그들은 전반적으로 학교 성적이 좋은 편이

었다. 134)

이 문제를 바라보는 또 다른 관점은 미국적 기준에 급진적으로 동화되려고 하거나, 그 부모의 문화나 전통적 가치 등을 버리고 빠르게 교사들의 기대에 부응하며 적응하려고 한 학생들이 그로 인해 학교에서 더 성공할 수 있었다고 보는 의견이다. 그러나 독일어를 공용으로 하는 공립학교를 주장한 독일계 이민자나, 방과 후 또는 주말에 보내는 별도의 학교를 설립하여 자신들의 언어와 문화를 다음 세대에 보존한 유대인과 일본인의 학업적 성공을 짚어 볼 필요가 있다. 부모가 영어 외에 다른 언어를 쓰는 가정 출신이라든지, 원래 문화를 지키려는 노력 등은 이민 2세들이 학교에서 좋은 성적을 내지 못하는 이유를 정확하게 설명하지 못했다. 135)

누구나 그렇듯, 이민자들에게도 가난과 학업 부진 간의 상관관계가 있었지만, 이들은 개인적 차원뿐만 아니라 전체적 차원에서 가난을 초월하고 학교에서 성공을 이루어 냈다. 1900년 뉴욕 남동부 10번 지역구의 경우 1에이커(약 4천 제곱미터) 당 700명이 거주했다. 모두가 작은 아파트에 갇혀 살다시피 한 이 지역 학교에는 기형적으

---

134) A. Shaw, "New York public schools", 4215; Gold, *Jews without Money*, 23; Russell, "Coming of the Jews", 27~38; Johnson, *Discrimination against the Japanese in California*, 94~109; Mears, *Orientals in the American Pacific Coast*, 339~370; Spoehr, "Sambo and the heathen Chinee"; Palmer, *Orientals in American Life*, 58~72; W. C. Smith, *Second Generation Oriental*.

135) Dushkin, *Jewish Education*, 182~207, 303~315; A. Levin, "Henrietta Szold"; La Violette, *Americans of Japanese Ancestry*, 52~56, 84~90; Sone, *Nisei Daughter*.

로 높은 비율의 유대인 학생들이 정기적으로 출석했고, 또 고등학교까지 진급하였다. 조셉 반 덴버그에 의하면, 대부분이 러시아계 유대인이었던 뉴욕의 고등학교 학부모들이 지불한 월세 평균은 15달러로, 당시에는 콩나물시루 같은 건물의 방 2개에서 4개를 겨우 살 수 있는 돈이었다. 136)

물론 편견이나 고향 문화에 대한 집착, 가난은 이민자들이 학교에 잘 적응하지 못한 이유와 깊은 관련이 있다. 이들은 겉으로는 적응하는 것 같았지만 여전히 갈등은 남아 있었다. 이는 민족들 간의 표면적인 차이점 밑 깊은 곳에는 미국의 도시 공립학교에서 주입하는 교육적 요구와 기대에 상충하는 가족의 구성과 사회적 가치, 역할, 행동에 관한 다른 관점이 자리하였기 때문이다. 이렇게 깊이 뿌리내린 관점의 차이는 사회계층, 종교, 도시적 주거환경, 국가적 전통, 자녀 양육, 그 외 영향이 미칠 만한 모든 차이점들을 반영하였다. 여기에는 지적 체계와 가치관의 성향 또한 포함되었다. 뉴욕시의 남이탈리아인과 유대인의 경험 차이는 이민자들이 이전에 노출되었던 문화와 미국의 도시학교 제도의 관계를 좀더 자세히 살필수 있게 해준다.

그런데 여기서 두 가지 유의할 점이 있다. 첫 번째로, 한 집단의 경험을 분류하다 보면 분명 그 집단 내 개인, 또는 특정 인구 간의 차이점들을 흐릴 수 있다. 예를 들면, 학교 성적이 좋지 않은 유대인들도 아주 많았다(대부분의 남동부지역 학교에는 이런 학생들을 위한

136) Rischin, *Promised City*, 79; Van Denburg, *Causes of the Elimination of Students*, 79~81.

특수반이 개설되었다). 이렇게 분리된 학생들 중에는 교사들에게 잉크병을 던지며 반항한 이들도 있었고, 유대인이 쓰지 않는 비누로 학생의 입을 닦아 주던 교장에게 욕을 한 이들도 있었으며, 거리에서 흥청망청 시간을 보낸 이들도 있었다. 마찬가지로, 많은 수의 남이탈리아계 학생들이 평균 속도로 진급하였고, 어떤 학생들은 교육을 더 나은 직업을 갖기 위한 발판으로 삼기도 했다. 그러나 집단적 차원의 경험을 언급하는 이유는 그것이 평균적 지체율이나 학교 재학률 등 평균적 통계에 대해 설명할 때 매우 유용하기 때문이다. 137)

두 번째로, 이민 자녀의 인종 또는 부모의 출신 국가가 학생의 학교생활 성공 여부와 어떠한 관련이 있는지 알아보기 위해서는 이 관계가 상호적이며 따라서 교육제도 자체에도 이에 대한 대부분의 책임이 있다는 점을 짚어 보아야 한다. 이민자들의 학업 관련 성공을 비교하며, 학업 성취도가 높았던 집단은 칭찬하고 낮았던 집단은 비난하려는 것이 아니다. 때때로 미국의 교육제도는 그들이 애써 심어 주려고 한 문화보다, 인간의 실질적 필요와 가치를 더 완전하게 채워 주던 소수 민족들의 문화를 파괴하는 데 일조했다(미국 인디언들에게 가해진 연방정부의 처참한 교육정책을 예로 들 수 있다).

뉴욕의 유대인들은 대부분 미국으로 이민 오기 이전에 이미 산업화와 도시생활에 적응되어 있었다. 그렇기에 이들이 미국 교육에 적응하는 기반이 된 유럽에서의 경험을 잠시 짚어 보는 것이 좋을 것이다. 19세기 중반 동유럽 도시의 유대인들은 소규모 장사나 기술

---

137) Levine and Levine, "Introduction", xxix~xxxvi; Berrol, "Immigrants at school", 64~66, 70~71. Andrew Rolle의 *Immigrant Upraised*에 미국 서부 이탈리안 이민자들의 두드러진 성취가 기록되어 있다.

직에 종사하며 기계를 일부 사용하여 직물, 장난감, 담배, 생필품, 공장용품들을 생산하거나 상인자본가들에 의해 운영된 작은 작업장 등에서 일했다. 싱어(Singer)표 재봉틀을 사서 온 가족이 옷을 제작하기도 했다. 상급교육을 받은 몇몇 유대인을 제외한 다른 모든 유대인들은 엄격한 쿼터에 의해 교육의 권리를 제지당했고, 러시아 정부가 마음을 바꾸어 유대인들을 주립학교로 모으고자 했을 때에도 유대인 지도자들은 동화되기를 거부하며 "우리에게 시민의 동등한 권리가 주어지지 않는 한 교육은 우리에게 불행일 뿐"이라고 주장했다. 138) 그러나 이런 억압은 유대인들이 자신의 종교와 신성한 책을 해석하는 지식인들에 대한 존경을 더욱더 강화하는 계기가 되었다. 모세 리스킨(Moses Rischin)은 "쉬지 않는 엄격한 노력과 탈무드적 학문의 추구는 가장 높은 사회적 존경을 받았다"고 기록했다. 가족들은 토라(모세 5경)를 읽고 그 뜻에 대해 토론하는 데 모든 시간을 바치는 지식인들을 자랑스러워하며 후원했다. 가족들뿐만 아니라 사회 전체도 학생들에게 지식적 야망을 가지도록 강조했다. 139)

어빙 하우(Irving Howe)는 "유대인 이민자들은 무신경하고 안쓰러운 모습이 아니라, 매우 발달한 문화를 바탕으로 한 생기 넘치고 논리정연한 특성을 가지고 미국으로 건너왔다"고 말했다. 많은 유대인 이민자들에게 공짜로 학교를 다닐 수 있는 기회란 뉴욕이 주는 여러 가지 놀라운 것들 중 하나였다. 러시아에서의 정착 한계 정책 (*Pale of settlement*)으로 인해 묶였던 입학 권리나 여러 가지 기회의

---

138) Jewish leader, Rischin, *Promised City*, 23~28, 39, 61에서 인용.
139) 같은 책, 35; Berrol, "Immigrants at school", 68.

장벽에서 벗어난 이 새로운 세계에서는 미래가 그들의 것이 될 것이라고 믿었다. "자녀들을 위해서라면 뭐든지"라는 말로 부모들은 현재의 희생을 스스로 정당화하곤 했다. 근대화의 특성이기도 한, 이런 미래를 위한 이들의 삶의 추구는 공립학교의 요구와 잘 맞아떨어졌다.140)

맥스웰 교육감은 뉴욕에서 유치원부터 대학원까지의 교육을 무료로 제공하는 교육제도 구축을 꿈꾸었다. 그리고 많은 유대인들은 학교를 전문직으로 승진하는 사다리로 여겼다. 모세 리스킨은 "세기가 바뀔 때쯤에는 도시의 고등교육을 받는 학생 상당수를 동유럽 출신들이 차지하게 될 것이라고" 추측했다. 1917년 10월, 1만 명의 부모들과 학생들은 뉴욕의 유대인 지역에서 도시학교가 도입하려고 한 '게리 계획'(Gary Plan)에 반대하는 시위를 했다. 이 새로운 제도의 도입으로 인해 학생들이 기술 직종에만 종사하게 되고 그 이상으로 올라가는 사회적 유동성은 사라지게 된다고 믿었기 때문이다. 학생들은 브루클린 윌리엄스버그와 브라운스빌 지역 등의 학교를 떼지어 돌면서 창문을 부수고 경찰과 뒤얽혀 싸우며 수업을 중단시키려 했다. 한 단체 회의에서 "한 어머니는 단상에 올라 게리 계획에 반대하며 '우리는 우리 아이들이 바느질이나 장사가 아닌, 책을 읽고 글을 쓰는 것을 배우길 원한다'며 더듬거리는 영어로 호소했다". 유대인들은 학부모의 권리를 촉구했다. "저들의 아이들이 아니라 우리의 아이들입니다."141)

---

140) Howe, "Lower east side", 13; Strodtbeck, "Family interaction, values, and achievement", 151.

대부분의 뉴욕 교육가들은 유대인들의 교육에 대한 열정에 감탄했다. 맥스웰 교육감은 유대인들의 "교육수준은 전국적으로 보면 천재 수준"에 해당한다고 감탄했고 다른 이는 "유대인 학생들은 그 명석함과 순종적이고 좋은 행실로 인해 선생님들의 기쁨이었다. 동부지역의 방학학교, 야간학교, 사회복지관, 도서관, 목욕탕, 공원, 놀이터까지 그 어느 곳도 이 모든 기회의 특권을 누리려는 열정적인 유대인 학생들로 장악되지 않은 곳이 없다"고 밝혔다. 이에 반해 유대인들의 자세에 대해 조금 회의적인 한 교사는 유대인 학생들은 "깨어 있고 밝은, 그 특징이 가지각색인, 그야말로 내 수업의 주축이 되는 학생들"이라며 앞의 의견에 동의했으나, "이 학생들은 끊임없이 스스로를 드러내고 싶어 하며 구별되기를 원하기 때문에 종종 밉살스럽게 성가실 때도 있다"고 말했다. 142)

알프레드 케이진은 그의 유명한 자서전인 《도시 산책가》(*Walker in the City*)를 통해 예민한 유대인 학생의 입장에서 본 브라운스빌 학교의 모습을 묘사하였다. "모든 교사들은 신처럼 존경받아야 했고, 신은 모든 학교 교육감 중 최고의 자리에 있는 듯했으며, 교사들은 매일 3시가 넘으면 우리가 학교에서 어떤 승리를 하고 돌아왔는지 듣기를 기대하며 자녀의 하교를 기다리던 엄마들에게 세상의 모든 권력의 사절단이 된 듯 군림하였다." 케이진은 또 "모든 일에서 무아지경의 복종을 보임으로써 선생님을 기쁘게 하는 것만이 전문

141) Rischin, *Promised City*, 200; *Jewish parents*, Levine and Levine, "Introduction", xlii에서 인용.
142) Educators, Berrol, "Immigrants at school", 60~61; Richman, "Immigrant child", 115에서 인용.

직으로서의 성공적인 미래를 보장할 수 있는 길"이라고 누누이 들었다고 말했다. 학업성취도는 시험의 한 부분이었다. 학생들은 또한 올바른 성격까지 갖추고 있어야 했는데, 이 성격은 교사, 공교롭게도 그 이름 자체부터 왕(King)이었던 교장, 그리고 무엇보다도 언제나 불만족스러운 표정으로 항상 내려다보던 루스벨트 대통령의 초상화 등에서 배울 수 있는 것이었다. 성공의 반대말은 '쓸모없어지는 것'과 교도소였다. "학교가 요구하는 완벽에 미치지 못할 때마다 나는 내가 오늘의 경주에서 패하고 노동자 계층에 영원히 파묻히게 되어 어쩌면 범죄자 중 한 사람으로 전락하지는 않을까 걱정했다." 으스대는 선생이나 지나치게 겸손한 부모의 눈에 아무리 아이가 잘한 듯 보일지라도 이러한 경쟁구도는 이민 2세들에게 그 대가를 치르게 했다. 한 유대인 일간지(Jewish Daily Forward)의 편집장에게는 성공한 자녀에 의해 부모들이 종종 거절당한다는 느낌을 받는다는 호소의 편지가 오곤 했다. 143)

한편 남이탈리아계 학생에게 경쟁이란 전혀 다른 방식의 것이었다. 동유럽 출신의 유대인 이민자들은 이민 전에 대부분 도시에서 중산층의 삶을 산 반면, 남이탈리아계 이민자들은 대개 농부들이었다. 레너드 코벨로는 이탈리아에서 뉴욕으로 온 이민자들의 78%가 도시의 생활에 익숙하지 않고 산업화된 질서가 낯선 농부 출신이라고 추정했다. 코벨로는 "종교, 사회생활, 경제구조, 교육 등 모든 영역에 있어 이들이 가졌던 전통적인 방법과 관습은 지난 시대의 문명의 흔적으로 가득했다"고 기록했다. "옛 전통과 관례들은 '그저 상

---

143) Kazin, *Walker in the City*, 18~21; Metzker, ed., *Bintel Brief*.

징적으로 남은 과거의 흔적이 아니라, 그 영향력을 그대로 보존한 채' 살아 있었다. " 심지어 로마가톨릭교의 영향권인 남이탈리아계 이민자들의 종교조차 아일랜드계 교회의 방식과 충돌하였다. 144)

이탈리아 출신의 농부들 역시 교육이 중요하다고 생각하긴 했지만, 책을 통한 유대인식 학업과는 다소 거리가 있었다. 이들에게 교육의 중심은 그들의 평화와 온기가 보장된 요새와 같은 가정이었고, 그 밖의 세상은 종종 의심의 대상이 되었다. 세대를 거쳐 부모들은 그 자녀들에게 농사를 통해 생존할 수 있는 경제적 기술을 가르쳐 주었는데, 이 기술들은 마을에서 사회생활을 함에 있어 반드시 필요한 자세와 행동이었다. 이들이 가졌던 세계관은 좀 달랐던 것이다. 학생들이 학교를 오래, 또는 많이 다니는 것은 그다지 필요하지 않은 것이며, 이는 오직 부유한 이들을 위한 사치라고 생각했다. 그들의 자녀들은 농경지나 부엌에서 도울 수 있을 만큼 성장하면 어른들의 일에 가담했다. 이탈리아 농부의 가정에서 청소년이라는 시기는 없었다. 한 이탈리아 이민자는 "미국에서도 과거 이탈리아 정부가 다양하게 저지른 나쁜 소행으로부터 탈출하려고 한 것과 비슷한 행동을 했다"고 회고했다. 그러한 '나쁜 소행' 중 하나는 의무교육을 강요하는 것이었는데, 남이탈리아 출신 농부들은 이를 축복보다는 부담으로 여겼다. 145)

남이탈리아계 학부모들은 미국에서도 종종 자녀들의 학교 출석을 반대하곤 했다. 학교는 이전의 전통을 우습게 만드는 현대적 사고방

---

144) Covello, *Social Background*, 277~278.
145) 같은 책, 287~288.

식을 가르쳤고, 나아가 가족의 권위를 흔들었다. 뉴욕의 이탈리아 학생들 중에서는 부모의 묵인하에 무단결석을 하는 이들이 매우 많았다. 이들에게는 건강한 아들이 밖에서 일할 수 있는데도 불구하고 비좁은 교실에 갇혀 있는 것이 이상한 일이었고, 딸들은 결혼하기 전까지 엄마 옆에서 도우며 지내는 것이 더 낫다고 생각했기에 모든 학교교육은 의미가 없었다. 샌프란시스코의 은행업자였던 A. P. 지아니니(A. P. Giannini)는 채무자의 손에 있는 굳은살보다 더 좋은 보증은 없다고 말했다. 이들에게는 가족에 대한 충성과 끝없는 성실함보다 더 중요한 것은 없었다. "어머니는 책을 너무 많이 읽으면 미칠 것이라고 생각했고, 아버지는 학교가 자녀를 게으르고 건강하지 않은 꿈을 꾸도록 만든다고 생각했다"고 한 이탈리아계 이민 2세는 말했다. 책과 지성을 존중하는 전통도 없었지만, 운명을 강하게 믿는 풍조로 인해 학교교육이 권장하던 일, 즉 취업을 미루고 미래를 준비하는 일은 이들에게 매우 생소한 것이었다. "이웃 중 가장 부자인 사람이 이탈리아어도, 영어도 제대로 읽지 못하고 현재에만 충실하면 되는 이 상황에서 대체 교육이 무슨 필요가 있는가?"라는 것이 이들의 생각이었다. 146)

인생의 성공은 교실에서의 성공으로부터 시작된다고 믿고 학생들의 '완전한 복종'을 당연히 여긴 교육가들에게 이탈리아인은 다루기 힘든 대상이었다. "남부 이탈리아인들은 스스로도 교육을 받지 못

---

146) 같은 책, 285, 288~291; Rolle, *Immigrant Upraised*, 279; Strodtbeck, "Family interaction, values, and achievement", 150~151; Richman, "Immigrant child", 115; Cinel, "Literacy versus culture"; Addams, *Democracy and Social Ethics*, 181~185.

했지만, 자녀들에게 주어지는 교육의 이득에 대해서도 전혀 무관심했다"고 지역 교육감이었던 줄리아 리치먼이 말했다. 한 교사는 "이탈리아 학생들은 다른 학생들에 비해 그 행동이나 말투, 옷차림 등이 모두 거칠고 투박한 경향이 있었다. 이 학생들, 특히나 남학생들은 교사들에게 지속적인 방해거리였다"고 불평했다. 다른 이들도 이탈리아 학생들이 기강을 잡기 힘들고 무책임하며, 주로 손 기술을 요하는 예술 쪽의 일에만 뛰어나다는 고정관념에 동의했다. 반면 이탈리아 여학생들은 대체적으로 좋은 평을 받았으나 교실은 전쟁터처럼 정신이 없었다. 147)

이탈리아인 동네에서 학교를 다닌 사회학자 아치 브롬슨(Archie Bromsen)은 남이탈리아 남학생들과 교사들 사이에 있었던 충돌을 자세히 기억했다. 학교에서 "그 학생이 비난의 대상이 된 것은 그가 행동을 잘못해서가 아니라 배운 대로 행동했기 때문이었다". 학교에서 학생은 "그가 미국 사람이 아닌 빈민가 출신의 이탈리아 사람이라는 것"을 배우게 된다. 또한 학교에서는 그의 삶의 중심이자 헌신의 대상인 가정을 계속해서 비난한다. 자연스럽게 이 학생은 교과 내용과 교사 모두에게 반항하게 된다. 교사가 이 학생의 억양을 지적하면 학생은 고치기보다는 그 언어적 잘못을 오히려 더 고집할 뿐이었고, 학생을 씻기려고 하면 그 학생은 자신의 꾀죄죄한 목을 더 자랑스럽게 여겼으며, 올바른 영양 섭취에 대해 가르치면 핫도그, 사탕, 담배로 점심을 때우고, 남학생이 졸업할 즈음엔 자위가 얼마

---

147) Richman, "Immigrant child", 115; Covello, *Social Background*, 283; Berrol, "Immigrants at school", 55~57; M. Smith, "Raphael"; Dogherty, '*Scusa Me Teacher*.

나 나쁜 것인지에 대해 설교하는 수업시간에 교실에서 자위를 하는 일까지 벌어졌다. 교사들은 "이 학생들은 정말 모두 하나같이 불결하고 고집불통인 동물과 같다"고 토로했다. "1명이라도 전학을 보낼 수 있다면!"이라고 호소하며 이들의 불결함과 반항행위에 맞서 싸워야 했다.

이런 문화적 마찰은 종종 이탈리아 남학생들이 학교와 가정, 이 둘 중 어느 세계에도 발을 붙일 수 없게 했다. 전통적 권위를 주장하는 데 열심이었던 그들의 아버지들이 무식한 독재자처럼 굴기 시작했기 때문이다. 청소년기에 거리를 방황하는 아이들의 무리는 그들에게 가족과 학교의 틈바구니에서 벗어날 수 있는 피난처가 되었다. "거칠고 불친절한 현실을" 배제한 단순한 교과서의 가르침은 그들의 실제 삶과는 매우 동떨어진 것이었다. 길거리 모퉁이에 있는 경찰관은 "평화를 지키는 영웅"이 아니라 게걸스러운 "거대하고 뚱뚱한 아일랜드 출신 짭새"일 뿐이었다. 브롬슨은 "학교는 그들을 민주주의라는 천국의 일원으로 훈련시키려 했지만, 현실은 그들에게 파란 눈의 귀족주의 사회에서 아무도 부러워하지 않는 자리를 할당해 주었다"고 기록했다. "대통령이 될 만한 교육을 받았어도 결국에는 트럭 기사가 되는 현실인데 과연 무엇을 위해 교육을 받아야 하는가?"148) 이 질문과 함께 높은 무단결석률과 중도탈락률, 평균 85점의 지능지수, 교사에 대한 부정적 고정관념, 이 모든 것이 남부 이탈리아계 학생들이 직면한 현실과의 충돌에서 온 증상들이었다.

많은 이민자들이 학교에서 비교적 성공했다는 사실은 그렇지 못

---

148) Bromsen, "Maladaptation of the Italian boy", 455~456, 458~461.

한 이민자들에게는 실패에 대한 부담감과 부끄러움까지도 가져다주었다. 교육자들은 이민자 자녀들이 학교에 적응하는 것을 돕기 위해 여러 가지를 시도했다. 나이가 많거나 영어가 미숙한 학생들을 위한 적응 준비수업을 개설하고, 시민의식과 위생에 대해 새롭게 강조하며, 방과 후 활동과 보습학교의 기회를 열어 준 것을 그 예로 들 수 있다. 그러나 이들은 대부분 학생들이 당시의 교육제도에 맞춰야 한다고 믿었고 그 민족 집단 전체가 잘 맞지 않을 때는 그들 스스로가 맞추도록 노력해야 한다고 생각했다. 1913년에 헬렌 토드 (Helen Todd)는 그녀가 매일 본 폴란드와 이탈리아 아동 노동자들의 입장에서 학교를 관찰한 후 이렇게 물었다. "외국인 농부의 자녀가 현 제도에 적응하기 위한 노력을 조금 덜 하는 대신, 교육제도가 이 자녀들에게 맞추어질 수는 없는 것인가? 학생들의 가정에 다가가 위로하고 보호하며 그들과 협력할 수는 없는 것인가? 이들은 학교에서 배우는 일을 공장에서 일하는 것보다 더 어려워하면서도 두려워했다. 우리의 교육은 그들의 심리와 전통적 환경 및 유산과 잘 맞지 않는다." 학교가 실패를 거듭하던 학생들의 학습방식이나 깊게 뿌리박힌 가정의 구조나 사회의 가치에 맞출 수는 없는 것인가? 그녀의 이런 질문은 60년이 지난 후에도 여전히 유효한 질문으로 남아 있다. 149)

---

149) Todd, "Why children work", 76.

5. '여성 노동운동의 대가'와 전문직의 무산계급화

1899년 9월 마리안 도허티는 그녀의 케임브리지 집에서 일찍 나와 나무가 울창한 조용한 거리를 걸으며 보스턴 북쪽 끝에 위치한 핸콕 학교(Hancock school) 교사로서의 첫날을 시작했다. 더턴(Dutton) 교장은 뒤쪽에 이동식 책상 몇 개가 있고 바닥에는 고정된 책상 56개와 '선생님들이 앉는 높은 단상이' 있는 교실로 그녀를 안내했다. 그녀는 그녀의 단상이 마치 학생들이 있는 세상을 지배하는 왕좌이고, 그렇기에 학생들이 그녀와 이야기하고 싶을 때는 그 위로 올라왔다가 그들의 자리로 돌아갈 때는 다시 내려가야 한다고 생각했다. 깨끗이 씻은 얼굴에 빳빳하게 다린 옷을 입은 유대인과 이탈리아 여학생들이 학교 첫날 보여 준 것은 바른 행실의 모델이었다. "심지어 수위 아저씨들도 이 학생들에게는 멋있어 보였다. 아저씨가 이곳저곳을 쓸고 책걸상을 정리하는 걸 보는 학생들의 순진한 얼굴에는 그를 향한 경외심마저 깃들어 있었다." 왜냐하면 학생들에게는 수위 아저씨도 친절한 것 같지만 이 학생들을 붙잡고 있던 흉악한 학교제도의 일부분으로 여겨졌기 때문이다. 학교 내 계급은 고정되어 불변하는 것이었다. 급한 성미 때문에 도허티 선생에게 혼이 난 한 학생은 그녀에 대해 이렇게 회고했다. "내가 비록 화가 났을 때라도 나는 절대로 문을 쾅 닫거나 말대답을 해서는 안 된다. 선생님들의 행동은 종종 나를 화나게 하지만 나는 그냥 참아야 한다. 왜냐하면 정부가 그러라고 선생님들에게 월급을 주는 것이기 때문이다."

그러던 어느 날 "나는 교사가 더 높은 권위를 가진 자들의 부차적인 존재라는 것을 깨달았다"고 마리안 도허티는 말했다. 하루는 더

턴 교장이 단상 위 그녀 옆자리에 앉아 수업시간을 참관하였다. "교
장선생님은 예절에 있어 정말 까다로운 사람이었다. 그에게 1899년
의 공립학교에서 학생이 올바르게 책을 읽는 방법은 '4장의 35쪽!'
이라고 복창한 뒤 책을 오른손으로 들고 발은 45도 각도로 둔 다음,
머리는 곧고 높게 들고 눈은 정확히 앞쪽을 바라보며 크고 부자연스
러운 목소리로 읽는 것이었다." 도허티 교사는 발과 팔의 모양은 학
생들에게 잘 훈련시켰지만 몇 장과 몇 쪽을 말해야 하는 부분은 "마
치 이야기의 재미에 찬물을 끼얹는 격이라고" 생각했다. 학생들이
이런 예절 방법에 무지하다는 사실이 더턴 교장을 기쁘게 했을 리
없었다. 황당해하며 그가 일어나 나가자, 아이들은 이구동성으로
"선생님, 안녕히 가세요!"를 외쳤다. 그녀는 이렇게 말했다. "지난
몇 세기간 축적된 문명이 아니었으면 나는 아마 살아남지 못했을 것
이다. 내가 직감대로 행했다면 어떻게 되었을지?" 해가 질 무렵까지
남은 하루 내내 그녀는 이 "친절하지만 흉악한" 시스템을 향한 그녀
만의 진지한 존경심을 가지고 위엄 있는 교장선생님을 학생들이 어
떻게 불러야 하는지에 대해 훈련시켰다. 150)

이와 같은 교사들의 온순함은 뉴욕시의 한 학교 교장이 되어 그가
물려받은 이 딱딱한 학교를 사람 냄새 나는 곳으로 바꾸려는 앤젤로
패트리(Angelo Patri)를 좌절하게 만들었다. "드디어 내 마음대로
할 수 있겠구나!" 그가 요새같이 생긴 학교 건물로 들어서며 말했
다. 그러나 그곳의 교사들처럼 그도 '사회적 전통과 형식의 압박에
갇히게' 되었다. 그는 교실을 지나치면서 학생들을 향해 미소 짓는

---

150) Dogherty, *Scusa Me Teacher*, 24~27, 29~31, 35~38, 101.

교사를 보았다. "나는 그 모습을 보고 기뻐서 그 교사에게 다가갔다. 그러자 곧 긴장한 그녀의 얼굴에서 미소는 사라졌고 일어났던 학생과 나머지 학생들 모두 그 자리에서 손을 뒤로 모은 채 곧고 똑바르게 자세를 고치고서 앉았다." 이 모습을 본 패트리 교장은 실망할 수밖에 없었다. 그가 "나는 교사와 학생들이 나를 친구로 느끼게 하려고 노력했지만 이들은 모두 나를 무서워할 뿐이네"라면서 한 전직 교장에게 호소하자, 그 전직 교장은 "당신을 무서워한다고? 당연하지! 당연히 그래야 하는 것 아닌가? 그 학생들은 이미 잘 훈련되었을 걸세. 평화롭게 지내고 싶다면 내 말 듣고 학생들을 자네 손아래 두도록 하게"라고 말했다. 한번은 패트리 교장이 깨끗이 씻고 학교에 온 학생들을 칭찬해 주라고 교사들에게 말했다. 노스(North) 선생은 이 말을 명령으로 알아듣고 자신의 반이 A를 받기 위해 아이들에게 새 옷을 사서 입히기도 했다. "학생들은 모두 밝은 색 리프트 드레스를 입고 책 앞면에 이름이 새겨진 곱게 포장된 책을 들고 있었다. 노스 선생과 학생들은 아주 잘 훈련되어 있었다."[151]

교육계 경력이 풍부한 아론 고브(Aaron Gove)는 덴버 교육청 소속 교육감이었다. 그는 1904년 미국교원연합회의 청중들에게 이런 모습이 바로 올바른 모습이라고 말했다. 교사는 교육감이 내린 명령을 이행하기 위해 채용된 것이었다. "이것은 마치 산업화된 조직에서 일을 처리하는 것이나 도시의 경찰청장이 내린 일을 수행하는 것 또는 순찰 중에 있는 군사에게 지시를 전달하는 것과 같은 이치였다." 교육감과 그의 측근 직원들은 모두 당연히 독재적인 권위를 가

---

151) Patri, *Schoolmaster*, 24, 27, 29~31.

지고 있었다. "그러나 이런 독재 정치는 다른 힘에 의해 휘둘릴 수도 있다." 고브 교육감은 교사들이 학교의 이런저런 문제를 결정하는 과정에 참여해야 한다는 주장을 애통해했다. "공립학교 제도가 민주적이어야 하고, 교사들이 이 민주적인 조직의 구성원이 되어야 한다는 의견이 특히 대도시를 중심으로 점차 확산되고 있고, 이는 진실인 것처럼 보인다. 아니, 이미 그와 같은 현상이 존재한다."[152]

그가 말한 대도시는 시카고였다. 교원노조를 구축하기 위해 고용된 마가렛 헤일리가 고브 교육감의 연설 전에 미국교원연합회 집회 단상에 올라 "교사들은 신념에 대해 용기를 가져라. 그리고 민주주의를 실천하라"고 격려한 터였다. 그녀는 "심판받아야 할 것은 민주주의가 아닌 미국이다"라고 말했다. 교사들은 사회와 학교에서 벌어진 큰 전쟁에 대비해 스스로를 준비시켜야 한다. "오늘날 미국사회에서는 두 가지 사상이 주도권을 잡기 위해 싸우고 있다. 하나는 상품과 기계에 노동자를 복종시키는 상업주의고, 다른 하나는 민주주의 이상이자 교육가들의 이상이기도 한, 인간을 모든 기계보다 위에 두고 모든 인간의 활동은 삶의 표현이라는 주장이다." 미국 전역에 걸쳐 교사들은 저임금, 불안정한 재계약 조건, 넘쳐나는 학생들로 인한 과로에 시달렸고 학생들을 어떻게 다루어야 할지, 학생들이 무엇을 필요로 하는지도 잘 모른 채 "공장 같은 학교교육 속에서 권위적인 자리에 있는 자들로부터 내려오는 명령과 이념을 아무것도 묻지 않은 채, 아무 의견도 없이 이행하는 공장의 기계 같은 존재가 되어야 했다". 그녀는 "미국 공립학교에서 학생들을 가르치는 일에

152) Gove, "Limitations of the superintendents' authority", 152~153.

직접적으로 연관된 사람들이 교육방식이나 학생들의 기강을 바로잡는 일에 관해 공식적인 의견이나 제안을 냈을 때, 받아들여진 경우를 본적이 없다"는 존 듀이의 말을 인용했다. 교사가 억압된 환경에서 대체 학생들이 어떻게 자유롭고 책임감 있는 시민이 되는 법을 배운다는 말인가? 독재적인 학교가 어떻게 민주주의 과정을 가르칠 수 있단 말인가? "교사들이 그들의 노동의 결실에 대해 좀더 정당하고 확실한 분배를 요구하는 것을 통해 인간으로서 지닐 권리를 보장받고자 함께 힘을 모아 싸우는 일만이 민주주의를 위해 학교를 구하고 학교 안에 민주주의를 구할 자유를 얻게 해줄 것이다."153)

마가렛 헤일리는 여교사직을 화이트칼라 노동자 계급으로 분류했다. 1905년 미국교원연합회에 의해 발간된 도시학교 교사들의 임금, 임용, 연금에 관한 내용은 그녀의 주장을 뒷받침해 주었다. 그 당시 도시학교들은 시골학교들과 비교했을 때 교사들에게는 그나마 동경의 대상이 되는 곳이었다. 467개 도시 6만 8,730명의 초등학교 여교사 평균 임금은 650달러였다. 48개 도시 중 4곳을 제외한 나머지를 모두 조사한 결과, 도시 내 비기술직 노동자나 하수 설비공의 연봉이 교사 초봉보다 높았고 주형공(molders)들의 최저임금이 교사들의 최저임금의 두 배가 되는 실정이었다. 1911년 신시내티, 해밀턴(오하이오주), 덴버, 애틀랜타, 그리고 뉴헤이븐 교사들의 임금과 생활비에 관한 대대적인 조사는 물가가 오르던 1905년을 기점으로 교사들의 재정상태가 대부분 하락했다는 것을 보여 주었다(1896

---

153) Haley, "Why teachers should organize", 147~148, 151~152; Reid, "Professionalization of public school teachers", 99.

년부터 1911년 사이 15개 기본 식료품의 가격이 50% 인상되었다). 이 5개 도시에서 미혼 여자 초등학교 교사들의 평균 연간 저축액은 30~90달러에 불과했다. 덴버의 25세 미만의 미혼 여자 초등학교 교사들 중 2/3는 개인 소유를 비롯해 그 어떤 재산도 없다고 보고했다. 1911년 초등학교 교사들은 평균 13년이 넘는 재직연수에도 불구하고 여전히 다양한 비기술직에 종사하는 노동자들보다 수입이 적었다. 그들의 하루 평균 근무시간은 8시간이었다. 여교사의 2.5%만이 기혼여성이었고, 35세 미만의 남교사 26명 중 9명만이 기혼이었다. 많은 곳에서 기혼 여교사를 채용하는 데 제한이 있었고, 결혼에 있어 비교적 자유로웠던 남교사 역시 결혼하는 것 자체를 재정적으로 불가능한 일로 보았다. 교사들은 결혼하거나 미래를 책임져야 하는 일이 굉장한 부담이라고 털어놓았다. 그들은 다음과 같이 고백했다. "결혼에 대한 부담감과 압박으로 많은 부분이 뒤틀어지고 망가졌지만 아무리 돈을 모아도 이를 회복할 만한 돈이 되지 않는다. 이런 삶에 생기를 불어넣어 줄 만한 일은 어디에도 없다. 만약 내가 이보다 더 돈을 벌 수 있는 일을 찾는다면 나는 가르치는 일을 너무 사랑하지만 아마도 교직을 포기할 것이다. 그러나 이 일에만 10년을 종사한 우리는 다른 맞는 일을 찾는 것도 쉬운 일이 아니다. 우리의 인생에서 가장 빛나는 때를 이 일을 위해 바쳤지만 나중에 연금 혜택을 즐길 만한 사람은 몇이나 될까! 60명의 학생들을 가르치는 것에 너무 지친 나는 그나마 버는 돈의 대부분을 내 건강을 위한 약을 구하러 다니는 데 쓸 뿐이다."154)

---

154) *Report on Salaries*, 16, 146~148, 154; *Report on Teachers' Salaries and*

윌러드 월러(Willard Waller)가 얘기했듯 학교는 종종 '위험한 균형상태의 독재' 아래 있었다. 교사들은 학생들을 엄격한 통제 아래두어야 했지만 위에서 정해져 내려오는 제도의 영향력에는 너무나무기력한 존재였다. 시카고 교육청 교육위원 경력이 있는 제인 애덤스(Jane Addams)는 교사들이 "너무 억압되어 있어 자유롭게 움직일공간조차 없었고 좀더 모험적인 이들은 그 가운데서 빛과 공기를 갈망하기도 했다"고 회고했다. 대체로 미국 교육을 동경한 영국 교육가 사라 버스톨(Sara Burstall) 역시 미국의 교사들은 정말 할 수 있는 일이 아무것도 없다는 것을 목격하고서는 "그들은 아마 기계 안에서 돌아가는 톱니바퀴의 톱니보다 조금 나은 정도일 것이다. 이런식의 시스템은 정말 훌륭한 교사들을 놓치는 결과를 낳을 것"이라고말했다. 엘라 플래그 영은 독재적인 맥앤드류 교육감에게 항의하기위해 1901년에 시카고 공립학교 부교육감직을 사퇴하고 난 후 이렇게 말했다. "'엄격한 감독'이라는 이름하에 대형학교 제도 안에서 가르치는 일의 높은 효율성을 유지하려고 여러 가지 반미국적이고 위험한 해결책을 쓰고 있다. 이와 같은 권위적인 교육행정으로 인해자존감이 높은 많은 교사들이 교직을 떠나게 되었다."155)

마가렛 헤일리는 시카고 교원노조 조직관리자로 일하는 동안 노동운동을 통해, 그리고 자유 급진개혁가들과의 연합을 통해 도시 진

Cost of Living, xi, xv~vi, xviii~ix, 53~58, 139, 158, 240~241.

155) Waller, *Sociology of Teaching*, 10; Addams, *Twenty Years at Hull-House*, 334; Burstall, *Impressions of American Education*, 11~12, 41, 290; Young, *Isolation in the School*, 106; Schmid, "Organizational structure of the National Education Association", 139.

보주의 운동의 한가운데로 교사들을 이끌었다. 로버트 리드(Robert Reid)의 헤일리에 대한 자세한 연구에 따르면, 그녀와 시카고 교원노조는 임금 인상, 연금, 임용 관련 문제를 위해 고군분투했다. 그들은 교육행정 권력이 집중화하는 현상에 맞서 교사협회를 조직했다. 시카고 교원노조는 또 시카고 노동자조합과 손을 잡고 사무엘 곰퍼스(Samuel Gompers) 및 다른 지도자들과 함께 노동조합 관련 쟁점들을 다루었다. 이들은 여성 투표권, 지방 및 주 선거, 미성년 노동법 등 진보적인 쟁점과 관련하여 교사들을 집결시켰으며, 전기회사, 〈시카고 트리뷴〉, 기타 사업체들이 학교 세금의 대한 그들의 합법적 책임을 감당하도록 탄원서를 제출하기도 했다. 156) 따뜻하고 재치 있지만 동시에 설득력 있는 강한 눈을 지녔던 헤일리가 미친 운동가로서의 영향력은 너무 커, 그녀의 적들은 그녀와 그 친구들을 '여성노동 대가'(lady labor sluggers)라고 불렀다. 1915년 칼 샌드버그(Carl Sandburg)는 "15년 동안 이 작은 여성 혼자 건축계약자, 학교부지 임대인, 세금 안 내는 놈들과 그들의 정치가들, 밀고자들, 중개자들, 매수자들 모두에게 주먹을 날리며 싸웠다. 그리고 이 시간 동안 '트리뷴', 뉴스, 그녀를 증오하는 사기꾼 집단은 무엇이 옳고 그른가를 구분할 수 있는 시민들 앞에서 단 한 번도 헤일리를 해할 수 없었다"라고 적었다. 157)

헤일리의 시카고 교원노조는 실질적인 힘을 행사하면서 승승장구한 초기의 교사조직이었다. 이보다 먼저 자발적으로 구성된 교사조

---

156) Reid, "Professionalization of public school teachers".
157) 같은 책, 177; Sandburg, Herrick, *Chicago Schools*, 125에서 인용.

직은 대부분 성별과 지위로 나뉘어, 사교 모임이나 사회발전 모임의 성격이 강했다〔예를 들어, 시카고의 남자 교장들은 조지 하우랜드 클럽 (George Howland Club)에 속했고, 여자 교장들은 대부분 엘라 플래그 영 클럽(Ella Flagg Young Club)에 가입되어 있었다〕. 대신에 대학 총장들과 주·도시 교육감들이 미국교원연합회를 장악했다. 미국교원연합회의 결정은 어디까지나 연례 회의를 마치고 돌아온 교육계 우두머리들이 그들의 의견과 조언을 받아들여 그대로 이행할 것인지 여부에 달려 있었다. 미국교원연합회가 조직된 해인 1897년 협회 회원은 고작 1,857명에 불과했고, 1857년부터 1900년까지 겨우 2천 명을 넘겼다. 그에 반해 시카고 전체 교사의 절반 이상인 여교사 2,567명이 1897년 3월과 12월 사이 시카고 교원노조에 가입했다. 교원노조는 정치적으로 교활하게 행동하는 교사들에 대해 큰 불만을 토로했다. 158)

시카고 교원노조의 첫 회의에서 교사들은 그들의 목적을 "가장 전문적인 서비스에 필수적인 교직환경을 보장함으로써 교직의 기준을 향상시키고, 이를 위해서 교사들에게 주어진 모든 권리와 이익을 찾는 것"이라고 정했다. 처음부터 이들은 이 임무를 완고하고 폭넓은 방법으로 수행하기 시작했다. 또한 노조원 간의 목적 일치를 위해, 그리고 경영진이 반대파를 받아들여 조직의 세력을 약화하는 것을 막기 위해서 조합원이 될 수 있는 자격을 초등학교 교사에게만 허락했다. 이는 결국 여교사들만 조합원으로 받아들일 것이란 말과 같았

---

158) Herrick, *Chicago Schools*, 94, 96; Counts, *School and Society in Chicago*, ch. vi; Wesley, *NEA*, 397; Schmid, "Organizational structure of the National Education Association".

다. 그들의 첫 번째 목표는 연금제도 확립과 임금 인상이었다. 1877년부터 1897년까지 초등학교 교사의 초봉은 500달러로, 인상 없이 유지되었고 최고임금은 825달러였다. 반면 고등학교 교사와 주로 남성인 학교 관리자들의 봉급은 14~100%까지 인상되었다. 1898년 초등학교 여교사들의 90%가 참여해 탄원서를 제출한 끝에 시카고 교원노조는 교육위원회로부터 8년 이상 교직생활을 한 교사들의 높은 봉급 인상을 약속받았다. 그러나 교육위원회는 1899년 재정적 어려움을 핑계로 이 약속을 철회해 교사들을 격분시켰다. [159]

1900년에 이르러 시카고 교원노조는 보통교사 임금을 받고 일할 정규직 조직관리자로 2명의 전직 교사를 고용했는데, 그들이 바로 마가렛 헤일리와 그녀만큼 적극적이었던 그녀의 친구 캐서린 고긴(Catherine Goggin)이었다. 두 사람은 변호사들과 함께 교사 임금 인상을 위한 새로운 교육자금을 찾기 위해 많은 조사를 했다. 그들은 몇 개의 대기업들이 도시에 전혀 세금을 납부하지 않은 사실과, 가스, 전기, 전화, 대중교통 등의 몇몇 공공사업체들 또한 2억 달러에 다다르는 영업 면허권에 대한 세금을 전혀 납부하지 않았음을 알아냈다. 고긴과 헤일리는 세금 관계자들에게 이런 사실을 상세히 알렸지만 아무런 반응이 없었다. 시카고 교원노조가 끊임없이 법정 소송을 제기하는 것만이 주 정부 평등위원회(State Board of Equalization)가 그 합법적 임무를 하도록 압박하는 방법이었다. 공공사업체들은 연방법원에 세금을 230만 달러에서 60만 달러로 인하해 줄

---

159) Herrick, *Chicago Schools*, 97, 99~101; Reid, "Professionalization of public school teachers", 42.

것을 요청했고, 그 결과 시카고 교육위원회는 24만 9,544달러를 지원받았다. 그러나 교육위원회는 이 지원금으로 1898~1899년에 합법적으로 교원 임금을 인상하기로 했음에도 불구하고, 임금 체불액 지급을 제외한 나머지 모든 부분에 이 돈을 사용했다. 시카고 교원노조는 또 다시 법정 투쟁을 벌였고, 그 결과 교육위원회는 교사들에게 임금을 지불해야만 했다. 이 투쟁 속에서 시카고 교원노조는 많은 것을 배웠다. 교육위원회의 약속이라는 것은 아무 의미가 없고, 기업들은 그들만의 법과 질서를 가지고 있기에 시카고 교원노조에게는 강력한 정치적 동맹군이 필요하다는 사실이 그것이었다. [160]

시카고 교원노조는 1902년 시카고 노동조합과 제휴관계를 맺음으로 해서 이런 동맹군을 찾았다. 마가렛 헤일리는 "우리가 누군가와 영원히 함께할 것이라고 확신하며 의지할 수 있으려면, 그 사람은 우리와 동일한 이익을 도모하고 같은 목표를 가져야 한다. 이 제휴를 통해 노동자 및 모든 시민을 일깨워 공립학교를 공격하는 이 위험한 문제, 즉 우리 민주공화국의 기초를 파헤치는 이익단체와 그들의 행동에 맞설 것이다"라고 말했다. 엘라 플래그 영은 노동조합과 손잡은 것이 과연 지혜로운 결정이었는지에 대해 다소 의심하였다. 그러나 그녀는 시카고 교원노조 운동가들의 동기와 목적은 확실히 이해하였다. 그녀는 자신이 지역 교육감 자격으로 참여하던 학교 관리위원회에 여교사들이 참석해 임금 인상을 요구한 이야기를 하며 훗날 이렇게 말했다. "위원회 사람들은 여교사들이 말하는 동안

---

160) Herrick, *Chicago Schools*, 97, 100~102; Reid, "Professionalization of public school teachers", 55~63.

아무 표정 없이 앉아 듣기만 했다. 그들의 말이 끝났을 때 위원장은 더 할 말이 있냐고 물었고 교사들이 없다고 하자 그럼 가보라며 그들을 해산시켰다. 그들이 떠나자 위원회 테이블에는 다시 웃음이 돌았다. 교사들은 노력했지만, 그들의 노력에는 아무 결과가 없었다. " 엘라 플래그 영은 이런 능글능글한 사업가들에게 농락당한 후에 "그 여교사들이 선거권을 원한 것이, 또한 부자들의 힘에 눌려 있던 노동자들과 합세한 것이 그렇게 놀랄 만한 일인가?"라고 말했다. 161)

헤일리의 적극적인 리더십에 이끌려 시카고 교원노조는 교사들의 임금 인상, 연금, 임용에 관련된 중요 문제들을 해결하기 위해 다양한 개혁을 시도하였다. 이것은 시카고에서는 J. 조셉 허스마커(J. Joseph Huthmacher)가 도시 '진보운동'에 있어 중대 사항이라고 정의 내린 노동자계급 자유주의의 중요한 요소들로 자리 잡았다. 공장 노동자들처럼 시카고 교원노조 조합원들은 힘 있는 자들의 독단적인 성향을 직접 경험해서 알고 있었고, 저임금에 관련한 문제 해결의 어려움도 경험했다. 기업의 부와 엘리트 동맹군에 의지하던 교육계의 행정 개혁주의자들과는 다르게 시카고 교원노조는 노동자조합과 함께 그들의 목표를 이루기 위해 노력했다. (여성이기 때문에) 투표권이 없었던 시카고 교원노조 조합원들은 그들의 남자형제, 아버지, 다른 남자 친척 및 이웃들에게 도움을 청했다. 지역 회의에 가서 호소했고 탄원서에 사람들의 서명을 받아 모았다. 특히 헤일리는 교육위원회와 이사회, 시장과 주지사들, 법원과 사업가들의 행동을 상세히 보고했다. 시카고 교원노조는 도시철도가 시카고의 소유가

---

161) Haley, Herrick, *Chicago Schools*, 107; Young, "A reply", 358에서 인용.

되는 것과 아동노동법에 관련된 캠페인들을 앞장서 이끌었다. 노동자 동맹군들과 함께 시카고 교원노조는 1899년 하퍼 위원회(Harper Commission)가 지지하던 학교통치 구조의 중앙집중화에 대한 법안 통과를 막았다〔헤일리는 하퍼의 계획을 스탠다드 오일(Standard Oil)의 록펠러의 경우와 견줄 만한 독점 법(*one-man rule*)이라고 비난했다〕. 시카고 교원노조는 에드워드 듄(Edward Dunne) 판사가 시장에 선출되도록 지원했고, 듄 시장은 교육정책을 만드는 교사회의의 설립이나 학교 관리자가 비밀스럽게 교사들을 평가하는 시스템(이는 능력별 임금제도의 일환이었다)의 폐지 등 교원노조의 많은 정책들을 지지하는 사람들을 교육위원회 위원으로 임명했다. 이런 정치적 활동은 한동안 많은 성취를 이끌어 냈다. 그러나 이들은 곧 탈세를 일삼던 회사들을 비롯하여 법적, 정치적인 적을 많이 만들었다는 것을 깨닫게 되었다.[162]

시카고 교원노조의 가장 큰 적은 1916년에 교육위원회 의장이 된 사업가 제이컵 러브(Jacob Loeb)였다. 1915년, 교육위원이던 러브는 교사들이 무역노조 조합원이 되는 것을 금지하는 규정을 만들도록 제안했다. 시카고 교원노조뿐만 아니라 사무엘 곰퍼스와 지역 노동지도자들은 모두 러브 위원의 이런 제안을 노동조합에 대한 공격이라고 생각했다. 시카고 노동조합과 일리노이 노동조합의 4명의 임원들은 주지사에게 편지를 써 교육위원회의 기업 엘리트들이 노동운동을 공격한다고 고발하면서, 학교를 그들이 원하는 잘 훈련되

---

162) Huthmacher, "Urban liberalism"; Ricker, "School-teacher unionized", 350~351; Herrick, *Chicago Schools*, 106~111; Reid, "Professionalization of public school teachers", 89~95.

고 생산적이며 어느 정도 복종적인 노동자들을 가장 싼 값에 만들어
내는 곳으로 만들려 한다고 호소했다. 1년 전 곰퍼스는 클리블랜드
에서 이와 비슷하게 노동조합을 반대하는 압력에 맞서 성공적으로
싸운 경험이 있었다. 노동조합 교사들의 블랙리스트를 작성했다는
이유로 교육감은 벌금을 물고 징역 1년을 선고받았다. 그 후 그는
헤일리를 도우려고 시카고로 온 것이다. 처음에 판사는 러브 위원의
규정에 금지명령을 내렸으나 그 다음 해 러브 위원이 교육위원장이
된 후 교육위원회는 교사 68명의 재임용을 거부했다. 이들이 해고
된 이유는 너무나 자명했다. 그들은 모두 수업 등급에서 우수한 성
적을 기록한 시카고 교원노조의 주요 인물들이었기 때문이다. 일리
노이 대법원은 "어떤 이유에서든 또는 아무 이유 없이 교사를 해고
하고 다시 채용하는 모든 문제에 관해 교육위원회에 절대적인 권리
가 있다. 교육위원회가 교사 채용을 거부하는 것은 헌법의 권리에
대한 침해나 위반이 아니다. 채용 거부 이유가 그가 기혼인지 미혼
인지, 그 피부색 때문인지, 노동조합원인지 아닌지, 또는 아무 이
유가 없어서인지는 별로 중요하지 않다"는 판결을 내렸다. 이에 러
브 위원장은 "오늘은 내 생애 가장 행복한 날이다. 왜냐하면 이제 공
립학교 그 어디에도 노동조합은 없기 때문이다"라고 말했다. [163]
    러브 위원장과의 싸움에서 실패한 것은 시카고 교원노조의 역사
에 전환점이 되었다. 해고된 교사들을 복직시키기 위해서 헤일리는

---

163) 노조 간부들의 편지, Illinois 대법원 판결과 Loeb의 논평 모두 Reid, "Pro-
    fessionalization of public school teachers", 171, 192, 193; Gompers,
    "Teachers' right to organization affirmed"; Gompers, "Teachers' right
    to organize"에서 인용.

러브 위원장과 타협했고, 그 결과 시카고 교원노조는 미국교원노조
(American Federation of Teachers)와 시카고 노동조합에서 탈퇴했
다. 1918년에는 헤일리가 교사의 영향력과 힘을 키우는 데 가장 크
게 일조한 미국교원연합회에서도 역시 탈퇴했다. 지난 20년 동안
싸워 온 사업가와 관료제도의 명성과 영향력이 커지는 데 낙담한 그
녀는 지역 정치가들과의 동맹으로 이미 이뤄 낸 권리를 보존하는 데
집중했다. 164)

　　그러나 일전에 세금을 기피하는 기업들을 상대로 싸워 이긴 감격
을 기억하며, 헤일리는 여교사들의 전문직 노동협회를 전국적인 조
직으로 연결하는 것을 꿈꾸었다. 1905년 시카고에서 그녀가 전국교
원노조(National Federation of Teachers) 회장으로 있을 당시 한 기
자가 찾아왔다. 전국교원노조는 주로 그녀의 시카고 교원노조의 영
향으로 생겨난 각 지방 교원노조와 연결된 기관이었다. 전국교원노
조 회장의 전화는 하루 종일 울렸고, 편지함에는 테네시, 아이오와,
노스다코타 등에서 온 교사들의 질문으로 가득 찼다. 그들의 질문은
주로 어떻게 임금을 인상할 수 있는지, 교사들이 변덕스럽게 해고되
는 경우는 어떻게 예방해야 하는지, 그들의 권리를 되찾기 위해서
어떻게 소송을 해야 하는지, 교사들에게 유리한 법안을 어떻게 통과
시킬 것인지 등에 관한 것이었다. 그 기자는 교사들이 노동조합과
동맹을 맺는 것과 정치적 운동에 대한 중요성을 새롭게 인식하게 되
면 아마도 헤일리가 실질적인 정치적 세력을 가진, 노동운동과 같은

---

164) Reid, "Professionalization of public school teachers", ch. vii; Herrick,
　　 Chicago Schools, 135~137; Counts, *School and Society in Chicago*,
　　 chs. vi~vii.

힘을 가진 "거대한 직업여성의 노동연맹"을 만들지 않을까 추측했다. 165)

1899년 로스앤젤레스에서 만들어진 전국교원노조는 1901년 교실에서 수업하는 교사들에게만 가입을 허락하며 재구성되었다. 전국교원노조의 즉각적인 목표는 "학년과 반을 담당하는 교사들의 손에 날카로운 무기를 쥐어 주는 것이었다. 또한 교사들이 거의 침체되었거나 보수적 성향이 강한 집단으로 인식한 미국 동부지역 대학 출신 인사들의 생각과 이상을 규정하는 과거의 전통으로부터 미국교원연합회가 단절될 수 있도록 그 무기를 사용하는 것이었다". 한동안 전국교원노조 회원들은 미국교원연합회와 만나 그들의 결의안이 통과될 수 있도록 추천을 부탁했다. 헤일리는 "미국교원연합회가 우리의 운동에 필요한 무게와 위엄에 힘을 실어 줄 수 있다"고 생각했기 때문이다. 166)

19세기 내내 미국교원연합회 내에서 일선 교사의 활약은, 특히 여교사들의 역할은 거의 찾아볼 수 없었다. 1910년 엘라 플래그 영이 미국교원연합회의 첫 번째 여성 회장이 되기는 했으나, 그녀가 처음으로 회의에 참석한 1867년에는 여성들은 그저 2층에 앉아 남성들의 토론을 들을 수 있도록 허락된 존재에 불과했다. 1866년까지 미국교원연합회는 여교사들이 회의에 참석하거나 남자 회원들이 읽을 글을 쓰는 것은 허락했으나, 다른 교사회의와 마찬가지로 여교사들을 회원 자격에서 제외했다. 유치원이나 아동연구부서 등 미국

---

165) Ricker, "School-teacher unionized", 348.
166) 같은 책, 348, 344~347.

교원연합회 종속부서의 임원으로 몇몇 여성들이 선출되었으나, 주요 회의에서 발언하거나 영향력 있는 직책을 맡은 여성은 거의 없었다. 예를 들면, 1909년 실행위원회나 이사회의 여성 회원은 1명도 없었고, 11명의 부회장 중 오직 1명만이 여성이었다. 일반 회의에서도 14명 중 1명만이 여성 발표자였다. 남성은 주 단위 교육협회에서도 지배적이었다. 1909년 〈웨스턴 교육저널〉(*Western Journal of Education*) 편집장은 "캘리포니아 교사 조직 내의 여성들은 남성들이 이런저런 곳에 모여 교육의 효율성에 대한 아이디어를 연구하는 동안 리더십은 상실한 채 자기들의 돈을 들여 가며 발표자들을 위한 청중 역할을 해주는 듯했다"며 안타까워했다. 그러나 그해 엘라 플래그 영은 여성들이 언젠가 정당한 리더십을 거머쥐게 될 것이라고 예언했다. "결국 여성들은 모든 도시학교를 관장하게 될 것이다. 나는 대도시들이 시카고를 본받아 여성을 교육감으로 뽑기 바란다. 가까운 미래에 우리는 폭넓은 교육의 경영 현장에서 남성보다 여성을 더 자주 보게 될 것이다. 이것은 당연히 여성이 맡아야 할 분야이고 여성들은 이제 더 이상 가장 훌륭한 일을 이뤄 내지만 리더십은 지닐 수 없는 현실에 만족하지 않을 것이다."[167]

헤일리와 영 같은 여성들은 남성들이 대신 생각해 주도록 허락하지 않았다. 시카고에서 세금 기피 기업인들을 상대로 큰 승리를 거둔 헤일리는 그녀의 동지들과 함께 미국교원연합회 활동을 대부분 통제한 '교육 트러스트'(educational trust)를 맡았다. 1903년 보스턴

---

167) McManis, *Ella Flagg Young*, 144; editor and Young, 둘 모두 Alexander, *Teachers' Voluntary Associations*, 79, 95n, 69~70, 72; Wesley, *NEA*, 40, 325에서 인용.

에서 그녀는 미국교원연합회를 교육의 가장 시급한 문제, 특히 교사들을 위한 더 나은 환경이 필요함을 알리는 도구로 삼자는 캠페인을 시작했다. 그해 회장 찰스 W. 엘리엇(Charles W. Eliot)은 여자 연설자가 없었던 이유는 메카닉 홀(Mechanic's Hall)에 남자만 허락되는 정책이 있기 때문이라고 여성참정권론자들에게 설명했다. 이에 조금도 기가 죽지 않은 시카고 교원노조는 따로 집회 건물을 구해 미국교원연합회의 비민주적 구성을 공격하고, 교사들의 임금 인상, 연금, 임용 문제를 강력하게 주장한 연설자들을 초빙했다. 168)

미국교원연합회에서 니콜라스 머레이 버틀러(Nicholas Murray Butler)는 주 정부 연합회에 의해 선택된 사람들에게 위원회 후보 지명권을 부여하는 대신 미국교원연합회 회장에게 후보 지명권을 주도록 제의했다. 강단에 서는 것이 금지되었던 헤일리는 청중석에서 일어나 버틀러의 속셈, 즉 '미국교원연합회의 9/10를 차지하는 여성들을 제거하고 영원히 그 자리를 꿰차려는 계획'을 반대했다. 이것은 그녀가 시카고에서 내내 맞서 싸우던 권력의 중앙집중화와 같은 맥락의 계획이었다. 이후 실시된 투표에서 그녀는 승리를 거두었고, 모든 회중에게 임금 인상을 위해 함께 싸우자고 설득했다. 이듬해 프로그램 위원회는 그녀를 위원회에 임명했다. 169)

구세대 인물 중 하나였던 버틀러는 헤일리와 그녀의 동지들을 비난했다. 그는 자신의 자서전에 미국교원연합회는 한때 "능력 있는

168) Reid, "Professionalization of public school teachers", 212, 214~216.
169) Haley, 같은 책, 216~219; Schmid, "Organizational structure of the National Education Association", 93에서 인용.

남성들뿐만 아니라 남다른 인격과 성품을 지닌 자들로 이루어진 교육계 상류사회의 장"이었으나, 20세기에 들어서 이는 "개인적 발전에만 그 목적을 둔 열등한 계급의 교사와 학교 경영진들에 손에 넘어갔다"라고 기록했다. 헤일리는 미국교원연합회를 이끄는 집단을 "힘 있고 완고하고 끈질기며 조용히 그 영향력을 미칠 음모를 꾸며내 현존하는 공립학교 시스템을 독재하려는 자들"이라고 생각했다. 그리고 그녀는 호소력 있는 여성들을 선출함으로써 이런 구세대 음모 조직을 내쫓기로 결심했다. 170)

1910년에 헤일리는 뉴욕의 전투적인 자치지역통합여교사연합회(Interborough Association of Women Teachers, IAWT) 리더들과 손잡고 엘라 플래그 영의 선거운동을 계획했다. 지명위원회는 남자를 추천했으나 역사상 최초로 한 여성이 이에 맞서 소수집단의 후보를 추천할 것을 주장한 것이다. 수많은 여성들은 엘라 플래그 영의 이름이 새겨진 배지를 달고 적극적으로 선거운동을 했고, 투표에서 영은 993표 중 617표를 얻어 내며 승리했다. 언론은 이 결과를 "전례 없는 여성 단체의 승리"라고 보도했다. 영과 헤일리에 의해 추천된 4명의 차기 회장들의 재임기간 동안 미국교원연합회는 일선교사들에게 더 큰 관심을 가졌고, 임금 인상, 동일 노동 동일 임금, 여성 투표권, 자문위원회 등을 추천했다. 1913년에 미국교원연합회는 헤일리가 지지한 일반교사국(Department of Classroom Teachers)이라는 새로운 조직을 허가하였다. 이 기구는 주로 도시의 초등학교

---

170) Butler, *Across the Busy Years*, I, 188, 96; Haley, Schmid, "Organizational structure of the National Education Association", 100; Reid, "Professionalization of public school teachers", 221~223에서 인용.

여교사들로 이루어진 교사협회(League of Teachers Association)에서 시작된 조직이었다. 171)

헤일리가 시카고에서 거둔 성공은 다른 여교사들도 조직을 형성하도록 자극했다. 다른 조직 중 비교적 규모 있는 단체로는 뉴욕의 자치지역통합여교사연합회(IAWT)가 있었다. 맨해튼의 7학년 교사였던 케이트 호건(Kate Hogan)이 1906년 여교사도 남교사와 동등한 임금을 받기 위해 이 모임을 형성했다. 그해 지혜롭고 열정적이던 지역 교육감 그레이스 스트라찬(Grace Strachan)이 실행위원회장으로 임명되었고, 1910년에 이르러는 1만 4천 명의 회원이 가입했다. 교육위원회는 언론을 압박하거나 그 지도자들을 처벌하는 등 교사들이 '정치적 영역'에 참여하지 못하도록 막으려 했다. 그러나 자치지역통합여교사연합회는 노조, 언론, 여성연합, 시민단체와 종교단체 지도자들, 그리고 가장 중요하게는 도시의 정치가들, 주 입법부 관계자들과 중요한 동맹을 맺었다. 올버니에서의 지속적인 활동과 뉴욕에서의 여론 형성을 통해, 1911년 투표권도 없던 이 여성들은 드디어 같은 직종 남성들과 동일한 임금을 받게 하는 법을 통과시켰다. 다른 도시들에서도 교사들은 동일한 내용을 요구했다. 1904~1905년 10만 명 이상의 인구로 이루어진 64개 도시를 표본으로 조사한 결과, 단지 18.7%의 여성이 같은 직종 남성과 같은 임금을 받은 반면, 1924~1925년의 조사에서는 79.7%로 나타났다. 172)

---

171) Reid, "Professionalization of public school teachers", 228~229, 232~233

172) Strachan, *Equal Pay*, 16~17, 277~331, 545~568; Alexander, *Teachers' Voluntary Associations*, 84~92; Viggers, "The women teachers' organ-

짧은 기간 동안 특정 도시에서는 능력 있고 겁 없던 여성들이 초등학교 교사들의 분노와 권력에의 추구를 이용하여 영향력 있는 조직을 구성했다. 불평등한 임금체계와 약속한 임금 인상의 불이행 등이 가감 없이 명시된 정확한 불만사항 리스트, 단체의 확실한 자의식과 사상, 그리고 권력 관계를 예리하게 분석하고 이에 맞는 작전을 계획할 수 있는 정치적으로 지혜로운 지도자 등이 이와 같은 투쟁의 필수조건들이었다.

어느 정도는 '여성 노동운동 대가들의' 역공 덕분에 20세기에는 아론 고브의 뻔뻔한 귀족주의가 먹히질 않았다. 학교 관리자들은 점점 더 협력, 민주주의적 경영, 전문화, 과학, 반군사주의, 경찰 또는 공장 직공 등에 대해 관심을 가지게 되었다. 새로운 '전문가주의'는 1920년대와 1930년대를 풍미한 구세대적 경영의 뻔뻔함을 진부하게 만들었고, 이는 저임금 교육계 노동자들의 지위 향상을 향한 목마름을 해결해 주었다. 또한 학교 관리자들은 학생들이 학교에서 활동하는 방식으로 교사들도 활동할 수 있게 하도록 압력을 받았다. 예를 들면, 교사들이 필요한 일을 위한 위원회를 결성하게 하거나 상징적인 인정을 표해 주는 등(1918년부터 2년에 한 번씩 여성이 미국 교원연합회 회장이 되었다) 실질적인 권력의 영역과 한계를 희미하게 만든 것이다. 어떤 관리자들은 정말로 '민주적 행정'을 믿으며 학교 관료사회의 권력을 재구성하려고 노력한 반면, 다른 행정가들은 자신들이 이미 만들어 놓은 결론에 이르도록 교사들을 조종하기도 하였다. 이는 학교 관리자가 교사들을 평가하려고 만든 기준을 보면

---

ization in the equal pay for teachers controversy", 16, ch. v.

알 수 있는데, 이 기준을 살펴보면 규정에 대한 순응, 집단사고력, 그리고 협력활동에 많은 가산점을 주었다. 이 기준은 (적어도 내가 알기로는) 교사가 얼마나 유머 감각이 있는가에는 중요성을 두지 않았다. 이는 전문직 관료에게는 불온한 요소였기 때문이다. 교사들이 불안해하는 면을 고려해 학교 관리자들은 교사들에게 명령하는 대신 감싸 안는 것을 배우기는 했지만 교사들이 너무 독립적인 행동을 고집할 경우 즉심처벌도 가해졌다. 173)

교사들의 대부분을 차지한 여성들에 대해서는 특히나 투쟁적인 조직에 가담하지 못하도록 하는 사회적 압력이 컸다. 전국적으로 교사의 이직률은 매우 높았다(예를 들어 1919년에는 전체 교사의 이직률이 20%에 달했다). 사회 전반적으로 여성들은 남성들에게 복종하도록 훈련되었고, 학교에서 여성을 높은 행정적 지위에 앉히는 일은 거의 없었다(남성중심적인 한 남성교육가는 여성들이 어떻게 여가시간을 보내야 하는가에 대해 280쪽 분량의 책을 쓰기도 했다). 사회에서 교사들은 주로 공공소유물로 여겨졌다. 도시의 교사들은 여전히 관료사회의 종속적인 일원이었고, 새롭게 추가되는 행정직은 그저 또 1명의 상사를 모시게 되는 것을 의미할 뿐이었다. 마리안 도허티는 1940년 보스턴에 대해 이렇게 적었다. "나는 매해를 거듭할 때마다 점점 더 권위자들에게 복종하는 나를 발견한다. 어쩌면 곧 삶 전체

---

173) McAndrew, "Matters of moment", 554; Krug, *High School*, 1920~1941, 149~151; Newlon, *Educational Administration as Social Policy*, chs. x~xi; Button, "Supervision in the public schools", ch. viii; Rudy, *Schools in an Age of Mass Culture*, 95~98; Schmid, "Organizational structure of the National Education Association", 313~315; Deffenbaugh, "Smaller cities", 27~37; Beale, *Are American Teachers Free?*.

가 복종이 되어 버릴 정도의 위험에 빠질지도 모른다. 이러한 현실
적 장애물 때문에 새로운 환경과 새로운 지도자들이 도시학교에 존
재하던 권력구조를 뒤집어 버린 1960년에 이를 때까지 도시의 교원
노조는 실질적인 힘을 하나도 얻지 못했다."174)

---

174) Dogherty, *'Scusa Me Teacher*, 35; Krug, *High School, 1920~1941*,
147; Curtis, *Recreation for Teachers*; Simpson and Simpson, "Women
and bureaucracy in the semi-professions".

에필로그

비판 받는 유일한 최선의 교육제도, 1940~1973

1910년으로부터 반세기가 지난 뒤 커벌리 세대의 교육개혁가들이 미국의 교육 관련 통계를 봤다면 그들은 한껏 고무되어 자신의 목표가 완성되었다고 환호했을지도 모른다. 1960년 4,600만 명의 학생들이 학교에 다니고, 7~13세 아동의 99.5%가 재학 중이며, 14~17세는 90.3%, 18~19세는 38.4%가 재학 중인 것으로 나타났다. 1966년에는 공립학교 교사의 93.4%가 학사학위 이상을 소지했다. 1910년부터 교사 1인당 학생 수가 급격히 감소했으며, 연방정부와 주 정부의 교육지원이 급격히 확대되었다. 1950년대와 1960년대에 걸쳐 학교 건축에 재정투자가 이루어져 미국 전역에서 새로운 학교 건물이 세워졌다. 학교의 기능이 증가했을 뿐만 아니라 전문화되었고, 다양한 교육과정의 교육 전문가들의 수와 역할이 늘어난 것으로 보면, 1910년대의 교육개혁가들은 미국 공교육에 대한 그들의 이상과 계획을 눈으로 확인하게 되었다고 좋아했을 것이다. 그러나 미국의 공교육에 대해 좀더 자세히 들여다보면, 1960년대의 미국 공교육, 특히 도시의 학교교육은 전대미문의 위기를 경험하고 있음을 알게 되었을 것이다. 그렇게 힘들게 구축하고자 노력한 유일한 최선의 교육제도가 비판의 중심에 서게 된 것이다. 1)

사실 '위기'라는 단어는 1940년에서 1970년까지 미국 학교에서 찾아볼 수 있는 흔한 단어가 되었다. 물론 그 30년 동안 위기가 의미하는 바가 다른 면도 있었다. 1940년대에는 주로 학교교육에 재원이 부족한 것이 심각한 문제였다. 제 2차 세계대전 기간 태어난 아동을 교육할 학교를 짓고 교사를 채용하는 데 부족한 재원을 어떻게 마련하는가가 중요한 문제였다. 개혁을 위한 전략은 기존 공교육이 제공할 수 있는 범위 안에서 이루어졌고, 또 다른 한편에서는 익숙한 공교육을 더 확대하고 한 단계 발전시키는 것이 문제를 해결할 수도 있었다.

1950년대의 냉전체제는 또 다른 위기와 관련된 논쟁을 불러일으켰다. 미국의 학교교육이 너무 취약한 것은 아닌지, 비효율적인 것은 아닌지, 러시아와 갈등을 빚는 상황에서 국가를 건재하게 유지하기에는 너무 경쟁력이 약한 것은 아닌지 의문점을 갖게 된 것이다. 1940년대 후반부터 나타난 위와 같은 염려는 스푸트니크(Sputnik) 위성 발사 문제로 인해 극대화되었다. 내부 전복세력과 외부로부터의 위협에 집착함으로 인해 미래의 도시학교 교육과 관련된 발전요인이라 할 수 있는 대도시의 인구학적 변화와 경제상황 변화에 대한 관심은 줄어들었다.

---

1) U. S. Bureau of the Census, *Statistical Abstract*, 112, 118, 128.

그러나 1960년대에 접어들어 다시 학교교육이 빈곤과의 전쟁(*the war on poverty*) 문제를 해결할 수 있는 강력한 수단이 될 수 있다는 생각이 고개를 들었다. 정책입안자뿐만 아니라 도시생활에서 좀더 많은 권력을 공유하기 위해 투쟁 중인 유색인종과 같은 빈곤층들도 학교교육에 많은 관심을 갖게 되었다. 교육발전을 통해 당시 새롭게 제기되었던 기대감, 분노, 분출된 환멸감을 해소할 수 없음을 당시 기자들이나 학자들이 분명히 지적했다. 이에 교육에 대한 낙관론은 점차 회의론이나 절망론으로 전환되어 많은 미국인들은 공교육의 이념과 제도에 대해 문제를 제기하게 되었다. 교육과 관련된 위기는 과거와 다른 방식으로 더욱 심각하면서도 지속적인 형태로 전개되었다. 2)

어떤 사건에 대해 그 시대의 관점을 갖고 분석하는 일이 쉬운 것은 아니다. 후대의 역사가들이 중요하게 인식하는 사건이나 경향도 당시 사람들은 제대로 알아차리지 못하는 경우를 종종 본다. 내가 관찰한 것과 결론 내린 것들이 잠정적이라는 점을 인정하면서도 다음과 같은 추측을 과감하게 해본다. 앞으로 100년 후 역사가들은 1960년대와 1970년대가 미국 교육사에서 가장 중요한 전환기였으며, 이는 19세기 중반에 일어난 공교육 개혁운동의 영향과 비교할 만하며, 20세기 초반 행정 중심의 진보주의 경향과 비교할 만하다고 평가할 것이다. 3)

---

2) Brameld et al., "Battle for free schools"; "The crisis in education and the changing Afro-American community"; Jennings, "It didn't start with sputnik".

3) Tyack, "Needed: The reform of a reform".

"나의 자녀에게 특별한 관심을 가져 주세요."
출처: *Herblock's Special For Today* (Simon & Schuster, 1958)

내가 쟁점 사안이나 쟁점 프로그램으로 간주한 1940년대와 1950년대의 '위기'들은 익숙한 공교육 이념과 구조 안에서 일어났다. 도시가 성장하고 이민이 급증함에 따라 이들을 동화시키는 문제와 급격한 인구증가 문제가 위기로 인식되었고, 능력주의 사회에서 학교의 기능이 선발과 배치에 치우친다는 논쟁, 그리고 교육과정과 교수법의 형식과 내용 중 어느 것을 강조해야 하는지에 대한 논쟁 등이 냉전체제 이전에 주로 나타난 교육 관련 위기사항들이었다. [4]

1960년대 말엽에는 이미 확립되었던 기본 가정과 각종 실천 사례가 문제시되었다. 학교교육에서 투입의 평등만으로 교육 기회의 평등을 달성할 수 있을지에 대해서 많은 사람들이 의문을 가졌다. 학교교육이 정말 평등의 실현과 연관이 있는지에 대해 의문을 제기하는 사람들도 있었다. 권력을 획득하고자 한 사회 배제 세력들은 '교육의 정치적 중립성'이 백인 위주의 엘리트 집단이 만든 규칙을 보호하는 연막에 불과하다고 주장했다. 교육 발전에 비판적 시각을 가진 사람들은 학교교육 전문가들이 전문적 기술이나 지식도 없을 뿐만 아니라 모든 계층을 위한 교육을 설계할 마음도 없다고 보았다. 1965년 이전에는 학계에서 교사, 사법기관, 인종집단, 학생들을 학교교육 관련 통치구조의 주요 요소로 간주한 경우가 거의 없었다. 1970년대에 이르러서야 교원노조, 단체협상, 사법적 명령, 학생의 권리, 주민통제와 같은 개념들이 교육정치학에서 자주 논의되었다. 교육이념의 연속선상의 양극에 있는 사람들 모두 학교교육의 대안적 구조에 대한 의견들을 내놓기 시작했다. 예를 들면 바우처, 성과

---

4) Karier, Violas, and Spring, *Roots of Crisis*.

계약, 급진적 분권화, 자유학교, 공교육체계 안에서의 대안학교에서부터 강제 의무교육의 폐지 또는 의도적인 탈학교 사회에 이르기까지 매우 다양한 의견들이 존재했다. 5) 교육에 대한 비판적 시각이 계속되는 와중에도 교사와 학생들은 폭력과 파업, 마약, 학교안전을 위해 배치된 무장경비원, 관료제로 인한 파행적 운영이 가득한 학교에서 가르치며 배우고 있었다. 6)

대공황에서 1940년대에 이르기까지 많은 교육자들은 미국사회에서 교육기회가 심각할 정도로 균등하게 배분되지 못하고 있다는 점에 관심을 가져야 한다고 주장했다. "만약 공식적 교육을 받을 수 있는 기회가 경제적, 사회적 요인에 의해 영향을 받는다거나, 특정 집단 학생들이 상급학교에 진학할 수 있는 기회를 더 많이 갖는 반면 다른 학생들은 더 취약한 환경에서 교육받는다면 학교는 사회를 계층화하는 수단으로 작동할 것이며 지역적, 인종적 불평등을 심화시키게 된다"고 뉴턴 에드워드(Newton Edwards)가 1939년에 경고한 바 있다. 그가 보기에 공교육은 "민주주의의 보루는 고사하고 공교육이 원래 개선하고자 한 불평등 문제를 오히려 더 악화하는 역할을 했다". 7)

교육을 더 받고 자격을 더 많이 가질수록 고용에 더 유리하다는 연구와, 교육재정에서 놀랄 만한 차이가 존재한다는 연구들이 계속 발표되었다. 1940년에 어느 연구자는 18개 산업체의 고용주에게 자

---

5) Guthrie and Wynne, eds., *New Models for American Education*.

6) Hummel and Nagle, *Urban Education in America*, ch. i.

7) Edwards, *Equal Educational Opportunity for Youth*, 152.

신들이 고용하고자 하는 사람들의 최소 교육수준은 어느 정도가 되어야 하는지 물었다. 사무직으로 일하기 위해서는 학교교육 수준이 아주 중요하다는 사실을 그는 발견했다. 고용주들은 비숙련, 반숙련 노동자, 서비스 업종 및 숙련기술 노동자들에게는 최소한의 교육경력을 요구한 반면, 관리자, 회계나 영업 직원을 채용하는 경우에는 고교 졸업 학력을 요구했으며, 전문직 또는 준전문직에 종사할 사람들에게는 대학 학위를 요구하였다. 그러나 1940년에도 6~15세 아동 200만 명이 학교를 다니지 못했다. 1940년대 중반에는 가장 우수한 학생들이 자신의 능력과 앞으로의 삶에 필요한 것을 충족시킬 정도의 교육을 받지 않고 중도 탈락하는 경우도 절반에 달했다. 1939~1940년에는 약 1만 9,500명이 학교에 다니는 데 교실당 6천 달러의 비용이 드는 경우도 있는 반면, 그 곱절에 해당하는 학생들이 100달러도 안 되는 비용으로 교육받는 경우도 있었다. 상위 10%는 학교교육 비용이 4,115달러였던 반면, 하위 10%는 500달러밖에 교육비가 들지 않았다. 도시의 교육 상황보다 시골지역의 학교교육이 더 궁핍했다. 교육비 관련 전국 평균이 1,600달러인데, 그 이하인 곳은 농산어업 경제 위주의 주 정부들이었다. 그 가운데 미시시피주가 가장 낮아 교육비가 400달러에 그쳤다. 일반적으로 가장 가난한 주 정부와 지역사회들이 가장 많은 희생을 감수하였다. 그 지역들은 주로 인종차별이 시스템화되어 있어 주로 흑인 학교들이 가장 빈곤한 상태에 처해 있었다. 백인 학생들에게 들어가는 교육비 중간값[8]이 1,166달러인 데 비해, 흑인들에게 들어가는 교육

---

8) 〔옮긴이주〕 비교 단위가 금액일 경우 평균값(average)을 사용하면 극단적인

비 중간값은 477달러에 불과했다. 9)

　이와 같은 미국 교육의 불평등성을 주제로 미국교원연합회와 미국교육위원회(American Council on Education)에서 나온 안내책자가 《미국 교육에서 미완의 사업들》(Unfinished Business in American Education)이다. 국민들과 교육자들이 직면한 과제는 학교체제를 전통적 이념과 공교육이라는 현실에 따라 완성하는 것이었다. 이와 비슷한 주제로 〈뉴욕타임스〉지 벤저민 파인(Benjamin Fine)은 1947년에 《우리 아이들은 속고 있다》(Our Children Are Cheated)라는 책을 출판하였다. 교육의 '위기'는 재정적 위기이자 도덕적 위기로서, 전통적 이념을 구현하는 데도 실패하였으며, 대공황과 세계대전에 의해 좌절된 교육 발전의 상승곡선을 재확립하고자 하는 노력도 실패했다고 그는 생각했다. 6개월 동안 미국 전역을 다니면서 파인 기자는 많은 교육자, 입법관계자들과 대화를 나누었다. 대도시의 학교뿐만 아니라 산골의 학교까지 탐방한 후 그가 내린 결론은 다음과 같다.

　공교육체제는 거의 붕괴되었다. 교직은 낮은 임금과 형편없는 사기 저하로 인해 사람들이 기피하는 직업이 되었고, 과밀학급에 2부제 수업 등으로 학부모들은 더 이상 공교육을 믿지 않고 자녀들을

값에 영향을 받는다. 이런 이유에서 평균값을 대푯값으로 사용하는 경우 왜곡된 정보를 제공할 수 있다는 우려 때문에 중간값(median)을 사용한다. 중간값은 비교하는 집단의 중간 순위에 해당하는 값을 의미하기 때문에 양극단의 값에 의한 왜곡을 피할 수 있다는 장점이 있다.

9) H. M. Bell, *Matching Youth and Jobs*, 261~267; Thomas, *Occupational Structure and Education*, ch. xiv; Norton and Lawler, *Unfinished Business in American Education*, 3, 8~9, 24~25.

사립학교에 보내고자 했다. 대공황과 세계대전 기간 동안 학교 건물을 짓지 않은 관계로 대부분의 학교 건물들이 매우 낡았다. 뉴욕을 예로 들면 50년 이상 된 학교 건물이 200개나 있었다. [10]

교사 부족 문제가 가장 심각했다. 이 문제는 세계대전 중 태어난 1,300만 명의 아동이 초등학교에 입학해 학생 수가 급격히 팽창하기 전부터 이미 심각한 상태였다. 교직을 떠난 35만 명의 자리를 메우기 위해 단기 교사자격증을 발부하여 12만 5천 명의 교사가 채워졌다. 이로 인해 이미 확립되었던 교사의 최저학력 기준도 다소 완화되었다(1947년 교사들의 절반 이하가 대학 학위를 가진 것으로 나타났다). 국가적 수준으로 보면 수십만 명의 교사가 필요했지만 당시 교사 양성기관은 그 정도를 감당할 수 없었다. 샌프란시스코의 교육감은 파인 기자에게 "우리가 필요한 만큼의 교사를 확보하는 일은 불가능하며, 따라서 우리는 가르치기를 희망하는 사람이면 누구나 교사로 채용할 것이다"라고 말할 정도였다. 450명의 교장에게 "세계대전 이전보다 교사들의 사기가 더 떨어졌는가"라고 물어본 결과 54%가 "그렇다"고 응답하였다. 수만 명의 교사들은 자신의 임금 수준이 너무 낮고 교실환경이 좋지 않다는 이유로 파업을 진행하거나 미국 교원노조에 가입하였다. 버펄로의 어느 호전적인 라틴어 교사는 1947년 2월 어느 추운 날 파업에 참가하면서 다음과 같은 선언하였다. "나는 항상 파업에 반대했다. … 나는 학생들이 학교에 오지 못하도록 하는 일이 옳지 않다고 생각한다. 그러나 이 도시는 이런 방

---

10) Norton and Lawler, *Unfinished Business in American Education*; Fine, *Our Children Are Cheated*, ix~xi, 1, 185~186.

식을 원하는 것 같다. 우리 교사들도 사람이지 않은가? 당신은 우리 교사들이 얼마나 더 오랫동안 짓밟혀야 한다고 생각하는가?"11)

공교육에 적정한 재정이 투입되어야 한다는 운동에 다양한 단체들이 교사들과 함께 참여했다. 이익집단들은 전통적으로 내려오던 주장을 펼쳤다. 전국제조업협회(National Association of Manufacturers)와 상공회의소(Chamber of Commerce)는 교육을 많이 받으면 소득이 높아진다고 주장했으며, 미국노조연맹(American Federation of Labor)은 교사들의 낮은 임금과 자의적 행정활동, 정치에 동원되는 행태 등으로 인해 학교교육의 민주적 목적이 훼손되었다고 지적했다. 산업별 노동조합 회의(Congress of Industrial Organizations)는 '교육시설이 부재하거나 부족한' 지역에 기회를 확장시키고, 성인을 대상으로 하는 무상교육을 위한 연방지원을 승인하는 결의안을 통과시켰다. 12)

1950년대에 이르자 그와 같은 집단들과 정치집단이 서로 연합하여 공동의 노력을 기울인 결과 교육조건이 상당히 개선되었다. 교육경비도 1943~1944년의 5,385만 6천 달러에서 1951~1952년에는 14억 7,732만 2천 달러로 급증했다. 1953년에 뉴욕시 교육위원회는 1840년대에 지어진 학교를 폐쇄함과 동시에 신설학교 312개를 위한 재원 5억 달러를 확보했다. 공립학교 지원 총액이 29억 688만 6천 달러에서 1955년경에는 109억 5,504만 7천 달러로 증가했다. 교육비 증가는 학생 수 증가를 앞질렀다. 그러나 교육비용도 주 정

---

11) Fine, *Our Children Are Cheated*, 6, 8, 14~15, 25, 67, 82~83, 102.
12) 같은 책, 212~221.

부마다 달랐으며, 같은 주라도 지방에 따라, 같은 교육청이라도 사회경제적 배경 변인에 따라 아주 큰 차이를 보였다. 제2차 세계대전 이후 교육개혁가들에 의해 부활된 교육기회의 평등성이라는 목표가 여전히 답보 상태였음을 보여 주는 현상이라 할 수 있다. 13)

빈곤층을 비롯한 사회적 약자층을 위한 각종 주장들이 빛을 바랜 이유 중 하나는 1940년 후반에서 1950년대 동안 냉전체제가 강력해졌기 때문이다. 제2차 세계대전 1년 동안 미국이 군사적 목적으로 지출한 돈은 미국 전체 역사상 교육에 지출한 돈을 합한 것보다 더 많았다. '평화로운 해'라 할 수 있는 1955년에 연방정부는 국방비로 400억 달러를 지출했는데, 이는 전체 공교육비의 4배에 해당하는 금액이었다. 그러나 냉전체제는 금전적 차원 이외에도 학교교육에 다양한 방식으로 영향을 주었다. 매카시즘(McCarthyism)의 영향에 따라 많은 진보적이고 자유적인 교사들이 해고당하고 침묵을 강요당했다. 이념적으로도 순종해야 한다는 압력이 학생들에게 부과되었으며, 초등학교 어린이들이 모의 핵공격에 대비하여 책상 밑으로 몸을 움츠리면서 공식적 일상생활 양식의 형태로 공포감을 학습했다. 또한 소련의 전문 지식과 경쟁해야 한다는 점이 교육정책의 주요 동기가 되었다. 1958년 국가안보교육법(National Defense Education Act) 제정으로 인해 교육에 대한 연방 지원이 증가한 것을 예로 들 수 있다. 교육 관련 여론 주도층은 교육을 통해 얻는 역량은

---

13) *Biennial Survey of Education, 1950~1952*, 17; *New York Times*, Aug. 10, 1953, 25; *Biennial Survey of Education 1954~1956*, 20; Sexton, *Education and Income*; James, Kelly, and Garms, *Determinants of Educational Expenditures*.

곧 공산주의에 대항할 수 있는 무기의 성격을 지닌다고 국민들이 인식하도록 유도했다. 과거에는 학교가 군사교육과 같은 시간에 애국심을 고취시키거나, 전쟁을 위한 시설로 사용되었다. 그러나 냉전체제 이후에는 군산복합체의 필요성이 교육정책에 지속적이면서도 중요한 요소로 간주되었다. 공산권 사회와의 경쟁에 골몰한 1950년대에는 교육학이나 정치학 모두 진보주의자들이 방어적 태도를 취할 수밖에 없었다. 14)

교육기회 평등이라는 능력주의 사회의 관점과 군산복합체가 필요하다는 시각 사이에 갈등이 존재하지 않는다고 인식한 진보주의자들도 있었다. 이들은 사회정의 추구와 공산주의에 반대하는 열망은 공존할 수 있다고 보았다. 제임스 코넌트(James Bryant Connant) 교육대변인은 빈곤 상황에 처한 도시 흑인들 문제에 대중의 관심을 유도할 때 "공산주의는 불만에 차 있고 좌절한 상태의 실업자들에게 쉽게 퍼진다. … 과연 우리는 무엇으로 빈곤층 사람들이 공산주의라는 무자비한 압력을 견디는 데 도움을 줄 수 있겠는가?"라는 표현을 사용하였다. 그는 《슬럼과 교외 지역》(*Slums and Suburbs*, 1961) 이라는 책에서 도시 빈민지역에 거주하는 흑인 학생들이 학교도 그만두고 직장도 구하지 못한 사회적 역동성을 잘 그려 냈다. "인간적인 비극 상황 외에도 이와 같은 상황이 지속된다는 것은 대도시의 사회

---

14) Norton and Lawler, *Unfinished Business in American Education*, 35; U. S. Bureau of the Census, *Statistical Abstract*, 390; U. S. Bureau of the Census, *Historical Statistics*, 209; Alison, *Searchlight*, chs. xix~xxi; Zitron, *New York City Teachers Union*, chs. xxxi~iv; Curti, *Roots of American Loyalty*; Brameld et al. , "Battle for free schools".

적, 정치적 건강을 크게 해칠 것이다"라고 그는 덧붙였다. 1960년 중반 도시에서 발생한 폭동 사례는 그의 분석이 일면 타당했음을 보여 준다. 15)

코넌트가 지적하였듯이, 1940년대 이후 30년간 미국의 도시에서 거대한 인구학적, 경제적 변화가 진행되었다. 1960년대 교육개혁가의 관심은 이와 같은 변화에 집중되었다. "만약 오랜 기간 동안 경제적으로 빈곤하고 문화적·지적으로 낮은 수준에 있는 많은 사람들이 특정 지역에 모여 사는 현상이 지속되고, 국가의 예비인력이 계속해서 취약계층에서 나오고, 이들에게 양질의 교육을 제공하지 못한다면, 우리들의 문화 발전을 위한 노력과 대의제 정당기관을 발전시키고자 하는 노력은 끔찍한 상태로 바뀔 수도 있다"며 뉴턴 에드워드(Newton Edwards)는 경고하였다. 사실 1940년대에서 1970년대에 이르기까지 도시로 이주한 수백만 명의 사람들은 대부분 경제적으로 교육적으로 가장 취약한 시골 지역에서 온 사람들이었다. 흑인들은 주로 남부 시골 출신이었는데 그들은 그곳에서 대대로 대규모 농장에서 일하던 사람들이었다. 푸에르토리칸(Puerto Ricans)들은 주변 섬에서 비참한 생활을 하던 자들이었으며, 애팔래치안(Appalachian)들은 18세기 이래로 고립된 지역에서 거의 변함없는 생활을 해온 사람들이었다. 멕시코인들은 캘리포니아 공장에서 온 사람들이었고, 미시시피에서 무시당하고 착취당한 흑인들은 시카고와 뉴욕으로 이동하였다. 치카노(Chicano) 16)들은 로스앤젤레스

---

15) Conant, *Slums and Suburbs*, 2, 34; Grissom, "Education and the cold war".

학교 창을 통해 바라본 1935년 뉴욕.

근처 스페인어를 사용하는 지역인 샌 호아킨 벨리에서 노동자로 거주했다. 미국 인디언들은 오클랜드 보호소에 머물면서 자신의 전통을 지켜 나갔다. 도시의 빈민지역을 떠도는 사람들이 수백만 명에 달했다. 1955년에서 1960년 동안 흑인 인구의 절반이 대도시 지역에서 북부 도시로 이동하였다. 17)

미연방 주택관리국 주택기금과 도로기금을 통한 연방정부의 보조금 지원으로 전후 많은 백인 중산층들은 도시를 떠나기 시작했다.

---

16) 〔옮긴이주〕 멕시코계 미국 남성을 일컫는 말.

17) Edwards, *Equal Education Opportunity For Youth*, 151; Taeuber and Taeuber, "Negro population in the United States", 125.

1960년에서 1970년 사이 도시를 떠난 백인 비율은 1.2%밖에 되지 않지만 대도시의 경우에는 그 비율이 매우 높았다. 뉴욕 9.3%, 시카고 18.6%, 클리블랜드 26.5%, 세인트루이스 31.6%, 필라델피아 12.9%의 백인들이 도시를 떠났다. 같은 시기 동안 그들의 공백을 흑인들이 채워 나갔다. 전체 도시에서 흑인 비율이 32.6% 증가하였다. 보스턴, 뉴어크, 밀워키, 뉴욕, 로스앤젤레스와 같은 대도시의 경우 흑인 증가율이 50%가 넘었다. 1970년에 애틀랜타, 뉴어크, 워싱턴 D.C.에서는 전체 인구 중 흑인이 절반 이상을 차지하였다. 1966~1967년에 재학생 가운데 유색인종이 절반 이상을 차지하는 도시는 10개 정도였다. 18)

도시 이주 유형의 결과로 1960년대 도시에는 노년층, 빈곤층, 실업자들이 밀집하여 거주하게 되었다. 1969년에는 도시 빈곤층에 속하는 사람들 가운데 백인들은 약 1/10 정도였으며 흑인은 1/4이나 되었다. 재학생 가운데 빈곤층에 속하는 학생 비율이 일반 인구 중 빈곤층 비율과 비교하여 급격한 증가를 보였다. "1950년에는 미국의 14개 대도시에 재학 중인 학생의 1/10이 사회경제적 약자층이었는데, 1960년에는 이 비율이 1/3로 급증하였으며, 1970년대 초반에는 거의 1/2 수준이 되었다"고 레이먼드 험멜(Raymond Hummel)과 존 네이글(John Nagle)은 보고하였다. 19)

20세기 초반 동안 도시의 산업체들은 주로 대도시로 이주해 오는

---

18) Hummel and Nagle, *Urban Education in America*, 76~77, 103; Harrington, *Other America*.

19) Hummel and Nagle, *Urban Education in America*, 115, 78~80.

많은 하층민들을 흡수하였다. 그러나 제 2차 세계대전과 1950년대에서 1960년대를 거치며 많은 공장들이 주로 교외지역에 세워졌다. 1947년 미국의 12개 대도시 지역 산업노동자 비율은 60.8%였으나 1970년에는 그 비율이 40% 이하로 떨어졌다. 이와 동시에 제조업에 취업하는 인원수도 사무직이나 서비스직과 비교하여 급격하게 하락하였다. 1950년에는 육체노동자가 사무직 노동자보다 100만 명이 더 많았으나, 1970년에는 사무직 노동자가 4,770만 명인 반면 육체노동자는 2,740만 명이었다. 상업, 건설, 사무직과 같은 직업에 취업할 때 유색인종들은 심한 인종차별을 경험하였다. 더구나 사무직에서 직원을 고용할 때 읽기, 쓰기, 셈하기와 같은 기본적 기술에 더 높은 기준을 적용하기 시작했다. 그로 인해 이전에는 직장을 구하는 데 요구되는 교육수준이 그리 높지 않았고, 산업체에서 요구하는 학력도 높지 않았지만 점차 그와 같은 교육체제가 변화되어야 할 도전적 과제를 사회가 요구하게 되었다.[20]

우리가 살펴보았듯이 과거에 도시에 사는 흑인 부모와 학생들은 교육을 통해 성공하고자 하는 높은 기대를 종종 갖고 있었다. 고용구조가 이런 기대를 억눌러 직업이 일종의 신분제도가 되어 버린 시기에도 그런 기대감은 존재하였다. 1954년 미국 대법원이 내린 브라운 인종차별 금지 판결(Brown desegregation decision)은 미국 내 흑인들에게 희망을 주었으며 교육적 정의가 드디어 법률의 제재 형태로 구현되었다고 반겼다. 브라운 판결에서 대법원은 '미국의 민주주의 사회에서 선량한 시민을 양성하는 데 교육이 가장 중요하다는

---

20) 같은 책, 213, 215~216.

믿음'을 확인하였다. 또한 대법원은 학교는 매우 중요하기 때문에 인종을 토대로 차별한다는 것은 흑인 학생이 학교를 다닐 수 없게 되어 수정헌법 제14조에 명시된 평등한 보호를 받지 못한다는 것과 같다고 지적하였다. 대법원은 "오늘날의 학교교육은 학생들에게 문화적 가치를 일깨워 주고, 미래의 직업을 위한 훈련을 제공하며, 자신의 환경에 적응할 수 있도록 도와주는 역할을 하는 가장 중요한 기관"이라고 명시하고 "이 시대에 어떤 학생이라도 동등한 교육 기회를 갖지 못한다면 그 학생이 장래에 성공적인 삶을 영위할 것이라고 기대하기 어렵다"고 선언했다. 인종차별은 공교육이 표방하는 이념, 다시 말해 이론적으로 모든 학생들을 공립학교라는 같은 지붕의 학교 아래 둔다는 것을 거부하는 것이다. 따라서 대법원이 과거의 인종차별적 조치를 시정하고자 하는 원칙들은 그리 새로운 것은 아니었다. 21)

인종과 관련된 사회정의를 추구함에 있어 교육이 중심 무대가 되고자 법이 만들어지는 일련의 과정은 너무 느리게 진행되었을 뿐만 아니라 많은 고통을 수반하면서도 항상 불충분한 결과를 낳았다. 브라운 판결 이후 흑인들은 법이 자신의 편에 있다고 믿고 자신의 자녀들을 모든 백인 학교에 보내고자 하였는데, 이 과정에서 이들은 단지 백인 학생들로부터 흑인 여학생을 보호하기 위해 군대가 필요하다는 말을 들어야만 했다. "20년 이상 백인 가정의 하인으로 있던 흑인 여성에게 있어 자신의 손자가 학교 가는 길에 백인 건달들이

---

21) *Brown v. Board of Education*; *Report of the National Advisory Commission on Civil Disorders*; Newby and Tyack, "Victims without 'Crimes'".

돌을 던질 때 자신의 주인이었던 백인이 굽실거리며 숨는다는 것은 믿을 수 없는 일이다"라고 루이스 로맥스(Louis Lomax)는 적었다. 데이지 베이츠(Daisy Bates)는 리틀 록(Little Rock)에 사는 흑인 부모들에게 그들의 자녀들이 꾹 참아야 한다고 말했다. "우리는 이 인종차별 폐지에 대한 노력이 이 세대 내내 진행될 것인지, 아니면 결코 진행되지 않을 것인지 결정해야 한다."22)

워싱턴 D.C., 세인트루이스, 볼티모어와 같이 백인과 유색인종이 분리된 학교가 있는 몇몇 도시에서는 인종차별 폐지 정책이 순조롭게 진행되었다. 그러나 북부지역의 대부분 도시에서는 인종차별 방지와 관련된 법적 상황이 명료하지 않았다. 그곳에서 학교 내의 인종차별 현상에는 법의 규제보다 그 지역이 어떤 지역인가 하는 문제가 더 큰 영향을 주었다. 도시 빈민지역 거주자들은 대부분 가난한 유색인종이었는데, 이들은 디트로이트나 시카고와 같은 도시에서 연구된 결과를 통해 그들의 학교에는 거의 변화가 없었다는 점을 알게 되었다. 건물도 낡았고, 교사자격증이 없는 교사도 많았고, 과밀학급에, 자신들이 사용하는 교재나 도구도 낡은 것들이었다. 북부 도시에서 인종차별 방지에 대한 요구들은 대부분 흑인들에 의해 이루어졌으며, 요구사항도 모든 인종의 학생들을 혼합해야 한다는 모호한 열망이 아니라 학교교육의 질이 평등해야 한다는 현실적인 것이었다. 백인 중심의 권력 구조는 백인 학생들과 흑인 학생이 함께 있는 경우 흑인 학생들을 적절하게 가르치도록 위임되어 있었다. 왜냐하면 실제 경험상으로는 흑인 학생들에게 차별화된 학교가

---

22) Lomax, *Negro Revolt*, 74; Bennet, *Before the mayflower*, 318~319.

항상 불평등하다는 점을 가르쳤기 때문이다. 23)

그러나 인종차별 방지를 통해 보다 나은 교육을 하려는 노력은 실망스러운 수준이었다. 뉴욕을 예로 들면, 1954년 12월 교육위원회는 다음과 같은 단호한 선언을 내렸다. "법에 의해서나 실제로 차별이 이루어지는 경우, 동일한 인종을 중심으로 학교교육을 실시하는 환경은 사회적으로 비현실적일 뿐만 아니라 민주적 교육이라는 목표를 달성하는 데 방해가 된다." 10여 년이 지난 후 수많은 위원회가 조직되어 조사가 이루어졌지만 현실은 거의 변하지 않았다. 전체 학생 가운데 흑인이나 푸에르토리칸 학생들이 90% 이상 되는 학교가 두 배로 증가했기 때문이다. 모든 약속에도 불구하고 1965년 할렘 지역 학부모회의는 "차별화된 학교에서 학업성취도 수준을 보면 비참할 정도로 부적절하며 이런 학교들은 매년 증가하고 있다"고 선언할 정도였다. 북부지역의 교육위원회와 교육지도자들은 백인과 유색인종이 함께 학교에 다니는 것에 반대하였다. 이런 현상은 인종차별 폐지를 비교적 손쉽게 적용할 수 있는 소도시에서도 마찬가지였다. 북부지역의 상동적 태도(stereotype)의 관점에서 보면 역설적으로 남부지역 도시에서 오히려 학교를 인종별로 나누어 운영하는 것을 금지하는 법률로 인해 인종 면에서 완전히 통합된 학교가 출현하게 되었다. 시카고처럼 도시 빈민지역이 거대한 도시나 워싱턴 D. C.처럼 학생 대부분이 흑인인 도시에서 흑인과 백인을 골고루 배분하여 교육을 시키는 것은 거의 불가능했다. 어떤 경우에도 도시에서

---

23) Drake, "Social and economic status of the Negro in the United States", 15; Rogers, *110 Livingston Street*. Meyer Weinberg는 통합교육에 대한 연구들을 탁월하게 수집·정리하였다.

인종차별을 폐지하는 운동은 실망스런 수준이어서 1967년 인권위원회에서는 다음과 같은 결과를 발표하였다. 거의 모든 대도시에서 학교의 흑인 학생 비율이 90~100%인 학교가 브라운 판결 이후에도 급격히 증가했다. 1960년대 말에는 법적 구속에 따라 교육청의 경계를 넘어서까지 버스로 통학할 수 있게 하였으나 일부 학부모와 정치가들은 그와 같은 법령에 저항하는 강력한 반대 정치력을 형성하였다. 24)

보다 나은 교육을 위한 흑인들의 요구에 따라 나타난 반응 중 하나가 '보상교육' 운동이었다. 교육운동에 적극적인 흑인 운동가들과 그와 노선을 함께 백인들의 주장에 따라, 학교에서는 흑인 자녀에게 더 심각한 문제는 '문화적 결핍'이라고 흑인 지역사회에 알리기 시작했다. 1950년대 말과 1960년 초 여러 재단의 기금과 함께, 1965년에 제정된 초중등교육법(Elementary and Secondary Education Act) 제1부(Title 1)에 의거한 연방교육재정 지원을 바탕으로 보상교육이 진행되었다. 저소득층과 유색인종 학생의 학업성취도가 특별히 낮은 경우 이들의 학업성취도를 향상시킬 목적이었다. 브라운 판결과 인종차별 금지가 민주적 보통 학교라는 공언된 이념을 제도화하는 시도였던 것과 마찬가지로, 보상교육 운동은 '문화적으로 결핍'된 아동을 위해 유일한 최선의 교육제도를 만들려는 또 다른 시도였다. 25)

---

24) Harlem Parents Committee, *Education of Minority Group Children*, 2, 17, 34; U. S. Commission in Civil Rights, *Racial Isolation in the Public Schools*, II, 12~19.
25) Wilkerson, "Compensatory education".

심리학자들과 교육학자들은 저소득층 학생들의 성적이 낮은 이유
가 다른 학생들은 가정이나 그 지역사회에서 학업성취와 관련된 경
험을 하는 반면, 이 학생들은 그와 같은 부분에서 결핍이 있기 때문
이라고 주장했으며 이를 '문화적 결핍'이라 불렀다. 1964년 보스턴
의 부교육감은 그와 같은 결핍의 의미를 다음과 같이 설명했다. "이
런 학생들의 대부분은 성취수준이 매우 낮다. … 그들의 제한된 경험
으로 인해 그 학생들은 교육과정 지침이 정하고 있는 예상된 결과를
충족시키지 못한다. 지금까지 오랫동안 부모들의 무관심으로 인해
제대로 다루어지지 못했던 그들의 잠재력을 최대한 실현하는 수준
까지 학업성취도를 증진시키는 일이 우리의 희망이다." 보스턴 교
육위원회 위원장은 이 문제를 보다 간단명료하게 표현하였다. "우
리의 학교가 열등한 것이 아니다. 우리는 학생들을 열등한 방식으로
취급해 왔을 뿐이다." 문제는 학생들에 있지, 교육체제나 사회체제
에 있지 않다. 26)

　보상교육과 관련하여 초기 연구자들과 전문가들의 대부분의 노력
이 좋은 의도와 함께 성공도 일부 거두었다. 1960년대 보상교육의
대부분이 유럽에서 이민 온 학생들을 가르치고 사회화하고자 했던
초창기 시도와 유사한 방식으로 이루어졌다. 대부분의 전문가가 교
육학을 당연스럽게 정상과학으로 보았고 이를 바탕으로 개인에 대
한 심리학적 분석이 이루어졌다. 그리고 도시학교의 현존하는 구조
와 기본적 교육과정을 담은 유일한 최선의 교육제도 또한 당연시하

---

26) Boston assistant superintendent and school board chairman, Ryan,
　Blaming the Victim, 32, 31에서 인용.

였다. 교실에서 단음절어로 중얼거리는 학생들은 길거리에서 친구들과 놀 때에도 단음절 중심의 단어를 사용한다는 것을 연구자들이 몰랐을 수도 있었다. 고등학교 교사는 학교에서 수학 때문에 힘들어하는 학생을 보았다. 그러나 그 교사는 그 학생이 자신이 살고 있는 지역에서 이루어지는 밀거래의 전문가일수도 있다는 점을 몰랐다. 학교의 문화와 지역사회의 문화가 잘못 결합되는 경우 문화인류학자의 눈에는 분명하게 보이는데, 단지 교실에서만 '결핍'으로 나타난다는 것이다. 흑인 심리학자 케네스 클락(Kenneth Clark)은 문화적 결핍 모형이 잔인한 변명에 불과하며, 오랜 신화의 새로운 변형이라고까지 했다. "초창기에 특정 인종이 열등하다는 이론을 제기한 사람들은 자신의 인종은 우월하다고 생각한 사람들의 일부였던 것과 마찬가지로, 현재에 문화적 결핍 이론을 주장하는 사람들은 사실 알고 보면 특권층의 구성원이라는 점이다. 그들은 자신의 특권적 지위를 자신의 내면적·지적 능력과 결부시키고 교육적 성공까지 연결시킨다."[27]

보상교육에 투여된 노력과 기금은 목표했던 만큼 학생들의 학업성취도를 증진시키지는 못하였다. 이후에 좀더 정교한 노력을 기울여 '헤드 스타트'(Head Start) 프로그램이나 '상한선'(Upper Bound) 프로그램 등으로 학업성취도 증진이라는 소정의 목적을 달성하기도 했다. 확실한 것은 실제 빈민지역에 투입된 기금이 매우 적었다는 점이다. 많은 돈이 학교 상층부의 관료들에게 투입되었으나 그것이

---

27) K. Clark, *Black Ghetto*, 131; Wilkerson, "Blame the Negro child!"; A. Mann, "Historical overview".

학교 수준으로 제대로 내려갔다고 믿기 어려웠는데 이를 비유삼아 나온 말이 "참새에게 먹잇감을 많이 주기 위해 말에게 먹이를 많이 주는 것"[28]이라는 것이다. 종종 많은 돈이 중산층 관료들이 새로운 프로그램을 운영하는 데 투입되었다. 빈민지역의 학부모들은 자신의 자녀들의 성적이 낮은 상황이 지속된다는 것을 알게 되었고 점차 그 전문가들의 전문적 지식에 대한 믿음이 깨져 갔다. 그들은 자녀들이 글을 읽을 줄 모른다는 단순한 개인적 불행이 공공의 문제로 급속하게 확산되고 있다는 것을 두려워했다. 뉴욕의 흑인들 사이에서는 다음과 같은 농담 섞인 말들이 유행했다. 어느 부모가 물었다. "할렘 지역에서 교육이 무엇이라 생각하세요?" "그것 참 좋은 생각입니다"라고 다른 부모가 답했다. 교육에 대해 더 쓰라린 경험이 있는 사람들은 교육이 가지는 고의적인 인종학살적 성격에 대해 말하기 시작했다. [29]

1960년 중반에 취약계층 사이에서는 또 다른 유행이 생겨났다. 랭스턴 휴즈(Langston Hughes)가 말했듯이 꿈의 실현이 너무 오랫동안 연기되면 그것은 분노로 변한다는 것이다. 인권운동과 "가난과의 전쟁"으로 인해 저소득층과 유색인종들의 희망과 기대감은 높아졌다. 브라운 판결로 인해 모든 학생이 공통의 교육을 받을 수 있게 되었지만 백인들은 반대하였다. 교육의 혜택을 받지 못하는 사람

---

28) 〔옮긴이주〕 경제학 이론 가운데 '말과 참새' 이론이 있다. 말에게 먹이를 많이 주면 그 배설물이 참새에게 또 다른 먹이가 된다는 의미로, 상층부에게 경제적 이익을 주면 그 효과가 중산층이나 하층에게 도움이 되는 방향으로 나타난다는 것이다.

29) D. K. Cohen, "Compensatory education".

들을 위해 학교교육을 개선하려면 많은 자금과 관심이 필요하다고 전문가들은 주장하였다. 그러나 그런 학생들의 낮은 학업성취도는 계속되었고, 희망은 점차 환상 내지는 분노로 바뀌면서 이를 비판하는 수위도 높아졌다.[30)]

근심이 깊어진 이유 중 하나는 비판적 서적들이 대거 쏟아져 나왔기 때문이다. 1890년대 조셉 라이스와 같이 초창기 교육개혁에 대해 비판적 시각을 가진 책들은 추문을 폭로하는 수준 정도였으나, 이제는 그 비판의 양과 강도가 예전보다 훨씬 강했다. 《내려만 가도록 지정된 계단 올라가기》(Up the Down Staircase) 나 《초창기의 죽음》(Death at an Early Age) 과 같은 베스트셀러의 논조는 풍자부터 힐난한 분노에 이르기까지 다양했다. 그 밖에 조금 덜 알려진 십여 권의 책에서도 시민의 요구에 불응하는 관료제의 단점을 그대로 드러내었으며, 사회계층 또는 교육수준이 낮은 사람들의 고통과 절망, 도시학교에서의 폭력 문제와 거대한 규모의 교육적 실패에 대한 내용을 담고 있었다. 이와 같은 서적에서 교육과 관련하여 성공담은 거의 없고, 결국 교육개혁도 실패했다고 밝히고 있다.[31)]

이처럼 대중적이면서도 생생한 설명이 담긴 책들 외에도 1960년대에는 〈콜먼 보고서〉(Coleman Report) 와 《공립학교에서의 인종 고립》(Racial Isolation in the Public Schools) 과 같은 수많은 연구물들이 발표되었다. 도시들과 주 정부들은 예전에 관료들이 대외비라 하여 공개하지 않았던 학업성취도 수준을 교육청별, 학교별, 학생 집단

---

30) Jones, "The issues at I. S. 201", 156; Goldberg, "I. S. 201".
31) 1970년의 개혁 평가의 다양성에 대해 보려면 "Education in America" 참조.

별로 발표하기도 하였다. 보상교육의 노력에도 불구하고 빈곤층의 학생이나 소수인종의 학생들의 성적은 매년 뒤처지는 경향을 보인다는 연구결과들이었다.[32]

이와 같은 연구결과와 대중적인 서적들이 나오던 때, 마침 학부모와 교육정책 전문가들은 학교교육의 결과가 장래에 희망하는 직업을 구하는 데 아주 중요한 통로가 된다는 것을 새롭게 인식하기 시작했다. 미국이 점차 학력주의 사회로 발전하고 고용주들은 직원을 채용할 때 계속해서 더 많은 교육경력을 요구하게 되었다. 이바 버그(Ivar Berg)는 이와 같은 사회를 "위대한 훈련을 통해 약탈하는 사회"라고 비꼬기도 했다. 그리하여 19세기의 학교교육은 이전에는 꿈도 못 꿀 중요성을 확보하게 되었다. 오늘날 교육의 실패라고 하면 저임금 직장이나 실업의 원인이 되는 중도탈락을 말한다.[33]

학교교육의 실패와 중요성에 대한 대중의 새로운 인식은 도시교육에 대한 전통적 이념과 실제 현실 사이의 강한 긴장감을 유발시켰는데, 특히 '문화적으로 서로 다른 사람' 간의 긴장이 심했다. 공교육에 대한 민주적 이론과는 대조적으로 도시 빈민지역의 부모들은 자신의 자녀가 학교에서 차별당하고, 학교정책을 결정하는 데 거의 목소리도 내지 못하면서, 복잡한 기술사회에서 경쟁력을 갖추기에도 미흡할 정도의 교육을 받고 졸업하고 있다는 것을 알게 되었다.

그 결과 소외집단의 많은 사람들은 '이익집단'의 형태로 통치구조

---

32) Coleman et al., *Equality of Educational Opportunity*; U. S. Commission on Civil Rights, *Racial Isolation in the Public School*. Coleman 보고서의 논의, 개혁의 영향력에 대해서는 "Equal educational opportunity" 참조.
33) Berg, *Education and Jobs*.

에서 활동할 수 있는 전통적 기업 모형을 대신하여 자신들이 직접 통치하는 지역사회 통제방식을 원하게 되었다. 그들은 동화되는 것보다 스스로 결정할 수 있는 역할을 선택했다. 그들은 백인들이 말하는 순종의 의미나 동일성, 또는 '유일한 최선의 교육제도'에서 익숙한 실패경험으로 정의된 '평등'을 거부했다. 수많은 흑인들에게 학교교육은 '정치를 초월하는 것'이 아니라 흑인의 권력을 획득하기 위한 투쟁의 수단이었다. 이와 같은 주민통제에 대항했던 인종차별주의자로 유명한 시어도어 빌보(Theodore Bilbo) 상원의원은 적어도 다음과 같은 원리를 이해했을 수도 있다. "교육의 정치적 중립성과 관련된 이 모든 논쟁들은 지식인들에게 농담에 불과하다." "당신의 정치에서 학교를 들어내어 나의 정치로 갖다 놓는다는 의미일 뿐이다." 이른바 주류 문화에 속한 구성원들은 학교도 사회에서 볼 수 있는 다원주의가 반영되어야 하고 모든 학생과 학부모들은 다양한 형태의 학교교육 가운데 자신이 원하는 교육을 선택할 수 있어야 한다는 것이다. 34)

학교제도 구조 밖의 집단들이 새로운 영향력을 요구하고 새로운 유형의 교육을 제안하는 동안 도시의 학교 안에서는 권력의 재편이 이루어졌다. 뛰어난 교육정치학자 스테판 베일리(Stephen Bailey)는 1969년에 주장하기를 "교육위원회와 관련된 서적이나 논문을 읽는 것은 제 2차 세계대전 이전의 교재와 제 1차 세계대전 이전의 지도를 갖고 현대 지리학을 연구하는 것과 다를 바 없다. 대륙도 거기

---

34) Luthin, *American Demagogues*, 61; "Alternative schools"; "The imperatives of ethnic education".

있고 산과 호수와 강도 그대로 있는데 똑같지는 않다"고 하였다. 1960년대의 교사와 학생, 인종을 중심으로 한 지역사회는 권력 집단으로 그전과 전혀 다른 의미를 지니고 있었다.[35]

현존하는 권력 배분에서 가장 큰 도전을 불러일으킨 집단은 호전적인 교사들이었다. 특히 미국교원노조(AFT)의 교사들이 강력했다. 장래에 대통령이 될 닉슨(Nixon)이 1960년 베이징을 방문한 것이 믿기 어려운 일인 것처럼 1960년대 말에 미국교원연합회와 미국교원노조를 합병하여 거대한 조직으로 만들자는 놀라운 이야기들이 나왔다. 우리가 살펴본 바와 같이 도시의 교사들이 종종 호전적일 때가 있었지만 결과는 산발적이고 지엽적으로 끝났다. 그들은 권력 집단으로 뭉치면, 종종 불평등하면서 터무니없이 낮은 보수체계 등을 불만사항으로 삼았고, 강력한 집단 정체성과 함께 상호보호의 원칙을 표방하였으며, 자신의 기대를 높이면서 정치적인 전략을 구상할 수 있는 유능한 지도자를 찾아다녔다. 1960년대 동안 비슷한 상황들로 인해 교사들의 호전성이 다시 커지게 되었다. 1950년대에는 도시 학교에서 근무하는 교사들의 임금은 교외지역의 교사들보다 낮았으며 비슷한 훈련을 받은 다른 직업에 종사하는 사람들보다 훨씬 낮았다. 그리고 학교 내의 폭력 문제와 학교 밖으로부터의 각종 압력으로 인해 교사들은 학교정책을 형성하는 데 아무런 영향을 미칠 수가 없었다. 교사부족 문제와 강력한 정년보장 정책으로 인해 평회원들이 안정감을 얻게 됨에 따라 앨버트 쉔커(Albert Shanker)와 같이 단호하면서도 유능한 지도자가 미국교원노조에서 나왔다.[36]

---

35) Bailey, "New dimensions in school board leadership", 97.

교사들의 권력 획득과 관련하여 전환점이 된 사건은 뉴욕시 교원노조(United Federation of Teachers in New York City)에 의해 촉발된 두 차례의 연이은 파업이었다. 이 파업에는 미국교원노조 조합원 5만 3천 명이 가담했는데, 그들 가운데 절반은 뉴욕 시 교원노조 소속이었다. "1960년과 1962년에 발생한 두 차례의 파업에서 성공을 거둠으로써 앞으로 이어질 교사들의 권력 투쟁에 일종의 모델이 된 셈이었다"고 미국교원노조의 전임 회장이었던 찰스 코겐(Charles Cogen)은 말했다. 이 두 차례의 파업이 진행되는 사이에 미국교원연합회와 경쟁관계에 있던 교원노조가 단체협상 선거에서 승리하였다. 이런 결과로 인해 1962년에 미국교원연합회는 교원노조와 경쟁하는 과정에서 전략적으로 '전문가 중심의 협상'에 대한 결의를 채택하였다. 미국교원연합회가 말하는 전문가 중심의 협상은 어떤 문제를 해결하기 위해 노동을 강조하기보다 주 정부 차원의 교육부를 활용한다는 면이 단체협상과 큰 차이가 있다고 하였지만, 사실 이 두 협상 간의 차이를 구별하는 것이 그리 쉽지는 않았다. 왜냐하면 미국교원연합회가 말하는 '전문가 중심의 제재'가 파업을 통해 이루어지는 사례와 크게 다르지 않았기 때문이다. 1960년대 동안 교사들의 호전성은 두 집단 모두에게서 급속히 증가하였다. 1946년에서 1965년까지 미국교원연합회 관련 집단들이 22차례의 '직무 정지'를 하였는데 여기에 1만 6,450명의 교사가 참여하였다. 그런데 1966년 한 해 동안만 직무 정지를 당한 미국교원연합회 소속 교사가 그 수의 두 배를 넘었다. 1967년 9월에 디트로이트나 뉴욕과 같은 도시

36) Griffiths, *Human Relations*, 106; Cole, *Unionization of Teachers*, 8~33.

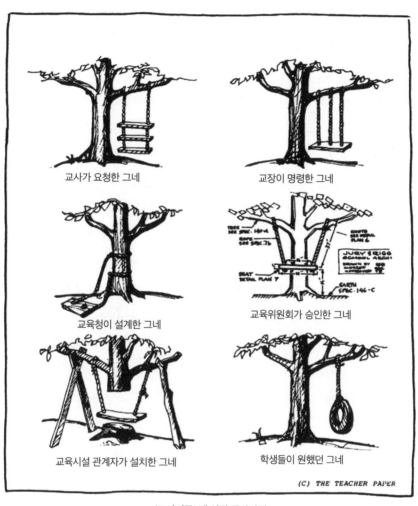

교사가 요청한 그네   교장이 명령한 그네

교육청이 설계한 그네   교육위원회가 승인한 그네

교육시설 관계자가 설치한 그네   학생들이 원했던 그네

(C) THE TEACHER PAPER

〈교사신문〉에 실린 풍자만화

에서 파업에 참가한 교원노조 교사 숫자는 약 10만 명에 달했다. 37)

1969년에 미국교원연합회에 가입한 교사가 1백만여 명이었던 것에 비해 미국교원노조에 속한 교사는 13만 5천 명으로 그 수가 훨씬 적었지만 대도시에서는 교사들의 임금협상 대표를 선출하는 선거에서 미국교원노조가 승리를 할 정도로 권한이 강했다. 그러나 1960년대 말에 이르러서는 두 단체도 거의 비슷해져 갔다. 1965년에 실시된 미국교원연합회 투표에서 고용자와 협상하는 과정에서 단체행동에 찬성하는 교사가 전체의 90%가 되었으나 1968년에는 파업에 동의하는 교사가 전체의 1/3 수준으로 떨어졌다. 1960년대 중반에 공립학교 교사들은 거의 폭도에 가까운 흥분상태에서 일하고 있었다고 미국교원연합회 간부는 밝히고 있다. 이런 현상은 교육행정가들의 행정활동에도 영향을 주었다. 앨런 로즌솔(Alan Rosenthal)이 언급했듯이 교육감에게 가장 중요한 문제는 그들이 교사들과 협상을 해야 하는지 말아야 하는지의 문제가 아니라 어떤 종류의 문제에 대해 어떻게 협상하는가였다. 협력 원칙에 동의하면서 로스앤젤레스 교원노조는 미국교원연합회와 연합하여 1970년에 파업을 주도하였다. 1972년 6월에 뉴욕주 교원연합회(New York State Teachers' Association)는 뉴욕 교원노조와 힘을 합하여 뉴욕주 교원단체(New York State United Teachers)를 결성하면서 전체 회원이 30만 명에 달했다. 교원단체 합병의 전문가라 할 수 있는 교원노조 위원장 앨버트 쉔커는 머지않은 장래에 전국 단위에서 모든 교원단체가 합쳐져 단일 교원노조가 생겨날 것이라고 예상하였다. "미래의 교육의

---

37) Cogen, Rosenthal, *Pedagogues and Power*, 8, 16, 18에서 인용.

물결은 곧 동네 구멍가게 수준이 아니라 A&P38) 가 될 것이다. "39)

　교사들의 권력 획득과 관련된 움직임은 쉔커 위원장과 같은 지도자가 변화를 추구하기 위한 열망으로 다른 집단과 투쟁해야 하는 상황으로 치달았다. 교원노조는 보다 넓은 협상의 범위를 요구하면서, 1960년대 중반 이후 교육위원회 중심으로 교육의 권한이 분권화되어 있던 상황에서 학교에 대한 통제권을 더 얻기 위해 싸워야만 했다. 뉴욕에서 1968년에 발생한 파업은 기간도 길었고 그 심각성도 상당했다. 흑인과 백인 간의 첨예한 대립 속에서 교육위원회가 갖고 있는 교사에 대한 권한에 모두의 관심이 집중되었다. 교원단체 인사들은 주민통제에 반대했기 때문에 교육행정가들과 힘을 합치게 되었다. 교원노조는 뉴욕 입법부를 설득하여 1969년 분권화 법에 따라 교육위원회의 1/3에게만 최소한의 권한을 주도록 했다. 그리고 보다 폭넓은 교육에 대한 권한 행사를 위해 가톨릭계와 같은 다른 이익집단과 연합하여 흑인과 푸에르토리칸에게 중립적인 교육위원회를 선출하도록 하였다. 1970년에 279명의 교육위원 가운데 16.8%가 흑인이었으며 10.8%가 푸에르토리칸이었다. 12개 교육청에서는 흑인과 푸에르토리칸이 85% 이상이었는데, 그 가운데 절반의 교육청만이 이 인종집단이 다수인 교육위원회를 구성했다. 교원노조와 쉔커 위원장과 같은 지도자들이 인권운동, 인종차별 반대운동에 적

---

38) 〔옮긴이주〕 'The Great Atlantic and Pacific Tea Company'의 약자로 미국 전역에 음식점 체인을 가진 회사를 말한다.

39) West, "What's bugging teachers", 88; Rosenthal, *Pedagogues and Power*, 17, 19, 23; Glynn, "Blueprint for power", 46~49, 50; Braun, *Teachers and Power*, 69~70, 85.

극적인 활동을 벌였지만 도시 빈민지역에 거주하는 많은 사람들은 교사들의 권력 획득 요구를 자신들의 정당한 열망과 특권에 대한 공격으로 인식했다. 40)

　미국교원노조는 주민통제 방식에 반대했을 뿐만 아니라 교직의 안정성을 위협할 가능성이 있는 기업체에 주로 사용되는 성과계약이나 바우처 (*voucher*) 와 같은 변화를 위한 제안에도 반대했다. 단체협약을 통해 교원노조는 교사의 임금을 향상시키기 위한 노력을 기울이면서 다른 교육정책에 대한 권한도 추구하였다. 1969년 앨런 로즌솔은 5개 대도시의 185명의 교사 지도자들은 인사정책, 교육과정, 학교조직에서 교사들의 영향력이 미미하다고 보고했다. 쉔커 위원장과 같은 지도자들은 교사들이 학교교육의 형식과 내용을 결정할 수 있을 때에 미국에서 진정한 교육개혁이 일어날 수 있다고 믿었다. 자신이 살고 있는 사회의 목적을 결정할 권한이 시민에게 있어야 한다고 그는 말했다. "시민들이 그 목적을 일단 정하기만 한다면, 시민들이 자신의 자녀가 읽을 수 있고 셈할 수 있으며 그 밖에 다른 일들을 할 수 있도록 가르치고 싶다고 결정하기만 한다면, 그와 같은 목적을 달성할 수 있도록 가장 효과적인 조직과 구조를 만드는 일을 교사와 같은 전문가들에게 맡겨야 한다고 나는 생각한다. "41) 교사에게 권한이 거의 없었던 1950년대 말부터 1970년에 이르기까지 도시학교에서는 새로운 권력 기관이 형성되었다. 그로 인해 세기말에 교육위원회의 권한은 축소되고 강력한 교육감이 중심

---

40) Demas, "School elections", 4.
41) Braun, *Teachers and Power*, 150; Rosenthal, *Pedagogues and Power*, 128.

이 된 중앙집권적인 통제방식에 비교할 만한 잠재적 영향력을 지닌 교사집단이 생겨난 것이다. 쉔커 위원장이 꿈꾸었던 자율성을 교사들이 실제로 획득했는지는 불확실했다. 캘리포니아주의 스툴 법안 (Stull Bill)에 나타난 '책무성'[42]과 교사들의 임금 인상에 반대한 납세자들의 움직임을 통해 교사들이 조직력을 동원하여 권력을 획득하고자 하는 시도에 많은 장애물이 있었음을 보여 준다. 그러나 분명한 것은 교육개혁안에 반대할 수 있는 가장 강력한 집단이 바로 교사집단이었다는 점이다. 교사들을 무시하거나 교사들의 지원을 받지 않고는 그 어떤 교육개혁도 변화를 위한 현실적인 전략을 내놓을 수 없었다. 교사들의 기술과 열정, 활력과 헌신 없이는 교실에서 의미 있는 개선이 이루어질 수 없었다. [43]

교육개혁과 관련하여 1960년대에는 낙관적인 방안들과 높은 기대감, 과감한 실험정신을 바탕으로 몇몇 성공 사례들이 실제로 나오게 되었다. 물론 어떤 사례들은 절망적인 수준인 것도 있고 실패한 안도 있었으며 불신을 초래하거나 아예 무시당하는 안들도 있었다. 통합, 보상, 주민통제, 성과계약, 바우처, 대안학교, 탈학교와 같은 새로운 개혁안들이 빠른 속도로 쏟아져 나왔다. 일반인들이 보기에 이와 같은 개혁안 가운데 일부는 '그 밥에 그 나물'이라고 인식되기도 했고, 또 다른 안들은 비교적 새로운 것으로 인식되기도 했다.

---

42) 〔옮긴이주〕 캘리포니아주 스툴 법안(Stull Bill)에 따라 자격증을 가진 모든 사람들의 성과는 2년에 한 번씩 평가되어야 하며, 평가 기준은 각 교육청이 객관적으로 정하도록 하는 책무성 조항을 말함.

43) Popham, *Designing Teacher Evaluation Systems*; "Teacher evaluation"; Elliott and Wigderson, "Fitting the pieces".

요약하자면, 오늘날 이루어지고 있는 교육개혁안들은 이해관계를 달리하는 안들이 혼합되어 있기도 하고, 교육에 대한 요구사항들을 달리 해석해서 나온 안들이 섞여 있으며, 수사적으로 만병통치약이라 할 정도로 안에서부터 부질없는 안이라고 할 정도로 복잡다양한 것이 특징이다.

미국의 학교교육에 대해 비판적 시각을 가진 많은 학자들은 미국 국민들이 전통적으로 학교가 그 권한과 범위를 초월하는 광범위한 사회변화를 이룰 수 있다고 기대해 왔다고 논박했다. 교육에 대한 미국인의 신념은 미국사회에 필요한 다양한 유형의 사회정의(예를 들어 소득 재분배나 산업 사회에서의 민주적 성격 강화, 충분한 주택 보급, 적정한 의료보장제도 등)를 대체하는 것으로 인식했다는 것이다. 나는 이 논평에 많은 진실이 담겨 있다고 생각한다. 그러나 좀더 공정하고 평등한 사회에서조차 구성원들이 복잡다양하고, 기술 발전이 빠르게 진행되며, 각 부처 간 상호의존성이 높은 상황이 지속되는 한 특정한 학교교육은 필수불가결한 요소라 생각한다. 그리고 취약계층이 현재의 사회체계 안에서 또 다른 종류의 기회를 갖기 위해서는 기존의 학교교육을 통해 획득한 읽기나 셈하기 정도의 기본적 기술을 능가하는 역량과 사회경제적 체제가 어떻게 작동하는지에 대한 충분한 지식을 얻는 것이 필요하다. 과거 몇몇 사람들이 순진하게 가정했던 것처럼 학교교육이 사회적 계층 이동을 설명하지 못한다는 것이 곧 교육의 무용함을 말하는 것은 아니다. 고용주가 채용할 때 지원자의 기본적 기술이나 교육경력을 바탕으로 결정을 내리는 한, 학교교육을 제대로 받지 못한 사람들은 대부분 실업자로 전락하거나 아주 궂은일을 하게 될 것이기 때문이다.

지식인 가운데 탈학교 또는 의무교육의 폐지를 주장하는 사람들이 있다. 그러나 학부모가 학교교육을 그만 시키고자 하는 강한 의지를 보인다는 증거도 희박하고, 학교에 고용된 사람들처럼 현 시스템에서 일하는 사람들이 자신이 하던 일을 접고 직장을 떠날 것 같지도 않다. 1973년 9월에 실시된 교육 관련 여론 조사에서 지난 5년 중 4년 동안 시민들이 가장 염려한 부분은 "규율 부족"이었으며, "학교교육이 여러분의 장래 성공에 어느 정도 중요한가?"라는 질문에 "매우 중요하다"라고 응답한 사람들이 76%나 되는 것으로 나타났다 ("꽤 중요하다"고 답한 사람도 19%를 차지했다). 학교 교육환경이 최악인 도심의 학교에서도 시민들은 기본적으로 공교육을 지지하는 것으로 나타났다. 1968년 도시에 거주하는 학부모를 대상으로 자신의 자녀가 받고 있는 학교교육에 대한 의견조사에서 오하이오주 콜럼버스와 신시내티의 학부모 93%가 자신의 자녀를 맡은 교사들이 보통 이상으로 열심히 가르치고 있다고 인식하는 것으로 나타났다. 그들은 교장에게도 비슷한 평가를 하고 있었으며 응답한 사람의 3/4은 학교가 학교만의 독특하면서도 어려운 문제에 직면해 있지만 나름대로 합리적으로 대처하고 있다고 보았다. 44)

공교육에 대안으로 삼을 만한 각종 안들이 많이 나왔지만 도시의 빈곤층을 위한 교육을 개선하는 데 가장 효과적인 방안은 공립학교 안에서 나와야 한다고 보는 듯했다. 1960년대 활기를 띠었던 교육개혁을 위한 열망도 조금씩 식어 가고 빈곤퇴치 운동이 다소 후퇴하면

---

44) Gallup, "Fifth annual Gallup Poll"; Kleine, Nystrand, and Bridges, "Citizen views of big city schools"; Illich, *Deschooling Society*.

서, 도시의 학생들을 가르쳐야 하는 기본적 과제는 과거의 경우와 같이 학교에서 하루 내내 그리고 오랜 헌신을 할 수 있는 교사의 손에 달려 있었다. 오늘날 효과적인 교육개혁안을 만들기 위해서는 유일한 최선의 교육제도를 발견할 수 있다는 오랜 가능성을 재평가할 필요가 있으며, 학교를 지역사회의 영향력으로부터 격리해야 한다는 주장과 부적절한 인종적 차이에 대해 재음미할 필요가 있다. 취약계층을 위한 학교교육이 성공을 거두기 위해서는 교육자들은 다음과 같은 사실을 명심해야 한다. 우선 그들은 교육과 관련된 의사결정을 할 수 있도록 지역사회의 대표들과 권한을 공유해야 한다. 또한 그들은 다양한 인종 집단의 학생들을 가르칠 때 그들에게 맞는 학습패턴을 고려해야 하며, 현재의 체제 안에서 대안을 개발하고, 과거 행정가 중심의 진보주의가 만든 관료제의 단점을 수정해야 한다. 오래된 교육개혁안들은 새롭게 수정될 필요가 있는데, 이제는 20세기 초에 나온 권력과 권위의 개념에 대한 믿음이 떨어지기 때문이다. 이 사회에서 각 집단들은 더 이상 중앙집권주의가 인간의 요구에 효과적으로 부응한다고 생각하지 않는다. 그리고 엘리트나 전문가들이 지니고 있는 계몽적이면서 가부장적인 신뢰도 더 이상 존재하지 않으며, 현존하는 계급이 인종집단에 따라 권력을 분배하는 방식의 사회정의나 불가피성을 수용하지도 않는다. 학생들을 잘 가르치고 다양한 사회상을 반영하며 사회정의 추구에 기여할 수 있는 도시의 학교를 창조하기 위해서 우리에게 지속적으로 필요한 것은 무한한 상상력과 지혜와 의지일 뿐이다.

감사의 글

이 책에 관해 연구하고 저술했던 지난 7년 동안 많은 사람들이 도움을 주었는데 그 사람들에게 일일이 감사를 표하려면 몇 페이지는 할애해야 할 것이다. 많은 학자들에게 나의 감사를 표시하기 위해 메모도 많이 해놓았는데, 특히 이 책이 실제로 나올 수 있도록 가장 많이 헌신한 학생들에게 감사를 표하고 싶다. 일리노이대학과 스탠퍼드대학의 동료들과 함께 대화를 나누며 논문을 교환해서 읽고, 복도에서 논쟁하며 우정 어린 조언을 해준 것에 감사한다. 그 밖에도 많은 역사학자들이 조언과 비판을 해주었다. 로렌스 크레민(Lawrence Cremin), 데이비드 해먹(David Hammack), 칼 케이슬(Carl Kaestle), 마이클 카츠(Michael Katz), 마빈 라저손(Marvin Lazerson), 로버트 맥콜(Robert McCaul)과 셀윈 트로엔(Selwyn Troen)이 바로 그들이다. 내가 이들의 이름을 거론했다고 해서 이 책에 실린 오류를 그들의 탓으로 돌리고자 하는 의도는 절대 없다. 사실 그들은 의견이 매

489

우 다양해서 이 책의 내용에 동의하지 않는 부분도 많이 있을 것이다.

이 연구를 위해 지원을 해준 카네기 사(Carnegie Corporation)와 미국의 교육부에도 감사드린다. 그리고 나의 연구조교들에게도 감사한다. 모빌라지 아데누비(Mobilaji Adenubi), 마이클 버코위츠(Michael Berkowitz), 폴 채프먼(Paul Chapman), 래리 쿠반(Larry Cuban), 로버트 커밍스(Robert Cummings), 데보라 대니얼스(Deborah Daniels), 토비 에드슨(Toby Edson), 주디 로젠바움(Judy Rosenbaum)과 애프러다이티 스카라토(Aphrodite Scarato)가 그들이다. 이 책의 초안을 입력한 도로시 파라나(Dorothy Farana)는 스탠퍼드대학에서 동료로서 많은 도움을 주었다. 편집을 맡은 낸시 클레멘트(Nancy Clemente)에게도 감사한다.

연구자들이 자신의 아내의 역할과 헌신에 감사하는 것이 일상적인 일인데 나의 아내는 자신의 일을 꾸준히 해오면서 가족과 학생과 독자들에게 기쁨을 주었다.

'일반 독자'이면서 예리한 친구인 린다 달린(Linda Dallin)과 리카 라이더만(Ricka Leiderman), 그리고 수잔 로이드(Susan Lloyd)는 나의 원고에 대해 솔직하면서도 유용한 평가를 해주었다.

이 책에는 내가 이미 발표한 연구들을 수정하여 사용한 부분도 포함되어 있다. "관료주의와 보통 교육: 오리건주 포틀랜드의 사례를 중심으로, 1851~1913"[*American Quarterly*, *19*(1967년 가을), 475~498], "가톨릭의 권력, 흑인의 권력, 그리고 학교"[*Educational Forum*, *32*(1967년 11월), 27~29], "도시학교: 세기말의 중앙집권적 통제"[in Jerry Israel, ed., *Building the Organizational Society*(New York: Free Press, 1972), 57~72], "시골학교에서 도시학교 시스

템: 정치사적, 사회사적 관점으로"〔미국 교육부 과제(No. 0-0809) 최종보고서, 1972년 9월 1일. ERIC ED075955에서 찾을 수 있음〕, "최상의 제도: 역사적 분석"〔in Herbert J. Walberg and Andrew Kopan, eds., *Rethinking Urban Education*(San Francisco: Jossey-Bass, 1972), 231~246〕, "부족(*Tribe*)과 보통학교: 시골교육에서 지역사회 통제"〔*American Quarterly*, 24(1972년 봄), 3~19〕, "범죄 없는 희생: 흑인 교육에 관한 역사적 관점"〔Robert G. Newby, *Journal of Negro Education*, 46(1971년 여름), 192~206〕이 그것이다.

옮긴이 해제

데이비드 타이악(David Tyack) 교수는 미국 공교육 역사에 관한 《최선의 교육제도》를 1974년에 내놓았다. 19세기 후반에서 20세기 중반까지 미국교육의 역사를 대도시의 학교제도를 바탕으로 공교육 제도의 특징을 그려 냈다. 《최선의 교육제도》는 1870년대부터 1940년대 사이 미국 대도시를 중심으로 공교육제도가 어떻게 확립되고 변화되었는지를 광범위하면서도 세밀한 자료를 중심으로 우리들에게 제시한다. 에필로그에서는 1940년대 이후부터 이 책이 나오는 시기까지의 미국 교육의 문제를 다루었다. 미국 교육을 언급할 때 가장 많이 인용되는 1차 사료 중 하나라 할 수 있다.

이 책의 중심 주제는 시골학교 체제가 도시화에 따라 어떻게 도시학교 체제로 변모되었는가에 있다. 도시의 교육체제는 19세기 미국의 시골 지역 모형을 기초로 한다. 학교는 법적 의미로 지역사회에 속해 있을 뿐만 아니라 사회적 의미에서도 지역사회의 일부였다. 도시화, 산업화가 진행됨에 따라 학교가 보다 체계적이면서도 합리적으로 운영되기 바라는 사람들에 의해 시골 모형의 학교교육 체제는 다양한 압박을 받게 되었고 결국 그들에게 굴복하였다.

시골학교가 도시학교로 변화되는 과정은 갈등과 통합의 복잡한 과정을 거쳤다. 도시학교는 지배구조(*governance*)가 중앙집권화되었으며, 행정구조도 전문화되었다. 시골학교 체제의 중요한 교육적 실천 토대가 지역사회를 중심으로 한 지식과 문화적 전통이었다면, 도시학교 체제의 핵심은 과학적 방법을 통한 각종 측정평가와 함께 각 분야의 전문가들의 전문지식이었다고 할 수 있다. 그 결과 타이악 교수는 좀더 공식적이고 단일화된 교육제도(*one best system*)가 그 제도를 통해 불리한 위치에 있던 다양한 교육주체들에게 일정한 도움을 주었다고 결론짓는다.

이와 같은 해석은 도심에 위치한 학교교육의 역사와 관련된 연구물의 중요한 토대가 되었다. 이 책이 발간된 후 많은 교육사학자들이 타이악 교수의 주장을 연구해 왔다. 도시학교 행정의 전문성 강조 경향에 대한 분석, 교단의 여성화 문제, 초기 교원노조 활동과 교육의 발전 간의 관련성 문제, 흑인을 비롯한 유럽 출신 이민자들과 같은 각종 소외계층이 겪은 고통과 그에 대한 도시학교 행정관료들의 대응성(*responsiveness*) 분석 등의 연구들이 그것이었다. 타이악 교수가 기대한 바와 같이 후속 연구들이 그의 해석에 대한 문제의식을 표출하기는 했지만 그의 논의를 대신하지는 못했다는 평가가 주를 이루고 있다. 《최선의 교육제도》는 미국의 교육제도사에서 가장 영향력 있는 연구물이라 할 수 있다. 이 책은 19세기 이후 도시에서 형성된 공교육의 역사를 구성하는 학교제도와 관련된 구조적 특징들을 다양한 이념적 토대와 실증적 자료를 바탕으로 균형 있는 시각으로 제공함으로써, 21세기 미래사회를 대비한 교육개혁에 관심을 둔 모든 사람들에게 유용한 시사점을 주고 있다.

1장은 학교에 대한 지배구조 또는 통치구조로 번역되는 거버넌스(*governance*) 분석으로 시작한다. 학교교육에 대한 지배구조가 '지역사회 통제'에서 '전문가 통제'로 전환되는 과정을 분석하였다. 지방분권의 역사, 책무성의 기원 등에 관심 있는 독자는 1장을 읽으면 좋을 듯하다.

2장과 3장에서는 19세기 도시를 중심으로 '유일한 최선의 교육제도'를 찾기 위해 펼치는 교육계 지도자들의 노력과 그에 반대하는 세력 간의 복잡한 경쟁양상을 분석하였다. 교육을 통한 도시 발전, 도시 발전을 통한 미래사회 발전을 꿈꾸면서 교육 부분의 발전 가운데 교육행정 조직 및 의사결정 과정을 개선하고자 하는 관료제 모형에 관심 있는 독자는 2장의 19세기 후반 교육개혁주의자라 할 수 있는 교육감의 주장을 찾으면 좋을 듯하다. 그밖에 학생 전체를 대상으로 한 학업성취도 평가와 그 결과 공개에 따른 문제점, 관료제가 사회의 부조리를 수정할 수 있는 장점도 있지만 사회적 불평등을 영속화할 수도 있다는 경고 등도 시사하는 바가 큰 대목이다.

4장은 1890년에서 1920년 동안 도시 중심 교육의 대표적 특징인 하향식 교육개혁운동을 다루었다. 도시의 엘리트(주로 재계 인사, 대학총장과 교육학과 교수, 진보주의적 성향의 교육감 등)들은 학교를 중앙집권적 방식으로 운영하기를 희망했다. 소수의 엘리트가 주도한 교육위원회, 그리고 교육감 중심의 학교 운영체제 확립과 그 정치적 과정을 분석하였다. 뉴욕과 필라델피아, 세인트루이스, 샌프란시스코의 사례 분석에서 전문가 중심의 중앙통제 방식에도 다양한 종류가 있음을 알 수 있다. 교육감 직선제, 교육행정과 일반행정의 관계, 교육감과 시장의 동맹 가능성 등에 관심 있는 독자는 4장을 읽기를 권한다.

5장은 1890년에서 1940년까지 도시학교 교육의 주요 변화를 기술하였다. 이 기간 동안 학교정책 구조도 복잡해졌고, 규모도 확대되었다. 그리고 학교의 기능도 분화되어 '지능'과 '학습'의 성격도 변화했다. 학생 수의 증가, 새로운 교수법의 개발, 학교교육에 대한 전통적 이념과 실천방식의 변화는 각 계층에 속한 사람들이 달리 인식하게 되었고, 타이악 교수는 다양한 계층의 이해관계를 역동적으로 분석하였다. 지능, 시험, 교육과정과 교수법 같은 교육학의 핵심 영역에 관심 있는 독자와 다문화, 그리고 소외 계층의 불평등 문제에 관심 있는 독자는 5장을 읽기를 권한다.

에필로그에서는 학교교육의 구조, 권력관계, 그리고 이데올로기에 주목하여 도시학교 교육체제의 위기를 진단한다. 당시 진행된 교육개혁을 위한 만병통치약 같은 제안들, 예를 들어 책무성, 지역사회 통제, 또는 보상교육과 같은 제안들은 전혀 새로운 것이 아니라는 것이다. 타이악 교수는 당시 이루어진 권력투쟁은 과거에 겪은 갈등의 새로운 형태에 불과하다고 보았다. 그는 사회를 통제하고 특정 관점을 강요할 때 나타나는 의도, 방법, 효과가 어떤 유형으로 전개되는지를 추적하였다. 에필로그에 나타난 문제는 현재 우리나라 교육 관련 문제에도 여전히 적용할 수 있는 내용이 많다. "학교가 사회의 다양한 계층의 이해관계를 반영하면서도 사회정의(*social justice*) 추구에 기여할 수 있는 교육을 실시하는 데 필요한 것은 우리의 지속적인 상상력(*imagination*)과 지혜(*wisdom*)와 의지(*will*)일 뿐이다." 보편교육, 보통교육의 목적이 사회정의 추구와 연결되어 있음을 그는 프롤로그에서도 에필로그에서도 강조하였다.

참고문헌

Abbott, Edith, and Sophonisba Breckinridge. *Truancy and Non-Attendance in the Chicago Schools.* Chicago: University of Chicago Press, 1917.

Abelow, Samuel P. *Dr. William H. Maxwell, The First Superintendent of Schools of the City of New York.* Brooklyn: Schebor, 1934.

Adams, Charles Francis, Jr. "Scientific common school education". *Harper's New Monthly Magazine,* 61 (Oct. 1880), 935~940.

Addams, Jane. *Democracy and Social Ethics,* ed. Anne F. Scott. Cambridge, Mass. : Harvard University Press, 1964.

_____. *Twenty Years at Hull-House, with Autobiographical Notes.* New York: Macmillan, 1939.

Addresses delivered at a Joint Meeting of the Civic Club, Department of Education and the Public Education Association, March 3, 1894. Philadelphia: n. p. , 1894.

Alexander, Carter. *Some Present Aspects of the Work of Teachers' Voluntary Association in the United States.* Contributions to Education, no. 36. New York: Teachers College, Columbia University, 1910.

Alford, Robert T. "School district reorganization and community integration". *Harvard Educational Review,* 30 (Fall 1960), 350~371.

Alison, David. *Searchlight: An Exposé of New York City Schools.* New York: Teachers College Press, 1951.

Almack, John C. "Historical development of school administration".

School and Society, 43 (May 9, 1936), 625~630.

"Alternative Schools". *Harvard Educational Review*, 42 (Aug. 1972).

"Alternative Schools". *Phi Delta Kappan*, 54 (March 1973).

Anderson, William E. "Qualification and supply of teachers for city schools". *NEA Address and Proceedings*, 30th Annual Meeting, Toronto, 1891, 422~430.

Anderson, Theodore, and Mildred Boyer. *Bilingual Schooling in the U. S.* Washington, D. C.: GPO, 1970.

Andrews, Charles. *The History of the New York African Free-Schools.* New York: Negro Universities Press, 1969 (originally published in 1830).

Antin, Mary. *The Promised Land.* Boston: Houghton Mifflin, 1912.

Aptheker, Herbert, ed. *A Documentary History of the Negro People in the United States.* New York: Citadel Press, 1963 (originally published in 1951).

Ariè, Philippe. *Centuries of Childhood: A Social History of Family Life.* New York: Random House, 1962.

Arp, Julius B. *Rural Education and the Consolidated School.* Yonkers-on-Hudson: World Book, 1918.

Atzmon, Ezri. "The educational programs for immigrants in the United States". *History of Education Journal*, 9 (Sept. 1958), 75~80.

Ayres, Leonard P. *Laggards in Our Schools: A Study of Retardation and Elimination in City School Systems.* New York: Charities Publication Committee, 1909.

_____. *School Organization and Administration: Cleveland Education Survey.* Cleveland: Survey Committee of the Cleveland Foundation, 1916.

Bailey, Stephen K. "New dimension in school board leadership". In William E. Dickinson, ed., *New Dimensions in School Board Leadership: A Seminar Report and Woodbook*, 96~110. Evanston, Ill.: National School Boards Association, 1969.

Bair, Frederick Haigh. *The Social Understandings of the Superintendent of Schools.* Contributions to Education, no. 625. New York: Teachers College, Columbia University, 1934.

Baker, Ray Stannard. *Following the Color Line: An Account of Negro Citizenship in the American Democracy.* New York: Young People's Missionary Movement of the United States and Canada, 1908.

Banfield, Edward C., and James Q. Wilson. *City Politics.* Cambridge, Mass.: Harvard University Press, 1966.

Barber, Marshall. *The Schoolhouse at Prairie View.* Lawrence: University of Kansas Press, 1953.

Barnard, Henry. "Gradation of public schools, with special reference to cities and large villages". *American Journal of Education*, 2 (Dec. 1856), 455~464.

Beach, Mark. "History of education". *Review of Educational Research*, 39 (Dec. 1969), 561~576.

Beale, Howard K. *Are American Teachers Free? An Analysis of Restraints upon the Freedom of Teaching in American Schools.* New York: Charles Scribner's Sons, 1936.

_____. *A History of Freedom of Teaching in American Schools.* New York: Charles Scribner's Sons, 1941.

Beckham, Albert. "A study of attendance in Negro children of adolescent age". *Journal of Abnormal and Social Psychology*, 34 (April-June 1934), 18~29.

Bell, Daniel, ed. *The Radical Right: The New American Right.* Expanded and updated ed. Garden City, N.Y.: Anchor, 1964.

Bell, H. M. *Matching Youth and Jobs.* Washington, D.C.: American Council on Education, 1940.

Bell, Howard H. "Negroes in California, 1849~1859". *Phylon*, 28 (Summer 1967), 151~160.

Bennett, Lenore. *Before the Mayflower: A History of the Negro in America.*

Chicago: Johnson, 1962.

Bercovici, Konrad. *On New Shores*. New York: Century, 1925.

Bere, May. *A Comparative Study of the Mental Capacity of Children of Foreign Parentage*. Contributions to Education, no. 154. New York: Teachers College, Columbia University, 1924.

Berg, Ivar E. *Education and Jobs: The Great Training Robbery*. New York: Praeger, 1970.

Berkowitz, Michael. "An act to enforce the educational rights of children". Unpub. seminar paper, Stanford University, 1972.

Berrol, Selma Cantor. "Immigrants at school: New York City, 1898~1914". Unpub. Ph. D. diss., City University of New York, 1967.

_____. "The schools of New York in transition, 1898~1914". *Urban Review*, 1(Dec. 1966), 15~20.

_____. "William Henry Maxwell and a new educational New York". *History of Education Quarterly*, 8(Summer 1968), 215~228.

Berry, Charles Scott. "Some problems of Americanization as seen by an army psychologist". *School and Society*, 13(Jan. 22, 1921), 97~104.

The Bible in the Public Schools. Cincinnati: Robert Clarke, 1870.

Bidwell, Charles E. "The school as a formal organization". In James G. March, ed., *Handbook of Organizations*, 972~1022. Chicago: Rand McNally, 1965.

Biennial Survey of Education in the United States, 1950~52: Statistics of State School Systems. Washington, D. C.: GPO, 1955.

Biennial Survey of Education in the United States, 1945~56: Statistics of State School Systems. Washington, D. C.: GPO, 1959.

Billington, Ray. *The Protestant Crusade, 1800~1860: A Study of the Origins of American Nativism*. New York: Macmillan, 1938.

Blascoeur, Frances. *Colored Schoolchildren in New York*. New York: Public Education Association, 1915.

Blau, Peter M., and Otis Dudley Duncan. *The American Occupational Structure.* New York: Wiley, 1967.

Bobbitt, Franklin. "General organization and management, part I". *Report of the School Survey of Denver.* Denver: School Survey Committee, 1916.

Bogardus, Emory S. *Essentials of Americanization.* Los Angeles: University of Southern California Press, 1919.

Bond, Horace Mann. *The Education of the Negro in the American Social Order.* Englewood Cliffs, N. J.: Prentice-Hall, 1934.

Bosche, Joanne. "The administration of San Francisco schools, 1910 ~1925". Unpub. seminar paper, Stanford University, 1970.

Bourne, Randolph. "The Portland school survey". *New Republic,* 5 (Jan. 8, 1916), 238~239.

Bourne, William Olan. *History of the Public School Society of the City of New York.* New York: William Woodland, 1870.

Bowers, C. A. *The Progressive Educator and the Depression: The Radical Years.* New York: Random House, 1969.

Boyer, Philip A. *The Adjustment of a School to Individual and Community Needs.* Philadelphia: n. p.: 1920.

Brameld, Theodore, et al. "The battle for free schools". *Nation,* 173 (Oct. 27-Dec. 15, 1951).

Braun, Robert J. *Teachers and Power: The Story of the American Federation of Teachers.* New York: Simon and Schuster, 1972.

Brigham, Carl C. *A Study of American Intelligence.* Princeton: Princeton University Press, 1923.

Brim, Orville G. *Sociology and the Field of Education.* New York: Russell Sage Foundation, 1958.

Bromsen, Archie. "The public school's contribution to the maladaptation of the Italian boy". In Caroline C. Ware, *Greenwich Village, 1920 ~1930,* 455~461. Boston: Houghton Mifflin, 1935.

Brooks, Samuel S. *Improving Schools by Standardized Tests*. Boston: Houghton Mifflin, 1922.

_____. "Some uses for intelligence tests". *Journal of Educational Research*, 5 (March 1923), 217~238.

Brown, Elmer Ellsworth, et al. *Report of the Commission Appointed to Study the System of Education in the Public Schools of Baltimore*. Washington, D. C.: GPO, 1911.

Brown et al. v. Board of Education of Topeka et al., 347 U. S. 483 (1954).

Buchanan, John T. "Compulsory education". In Winthrop Talbot and Julia E. Johnsen, eds., *Americanization*, 2nd ed., 204~205. New York: H. W. Wilson, 1920.

Buckingham, B. R. "Child accounting". *Journal of Educational Research*, 3 (March 1921), 218~222.

Bulkley, William L. "The industrial condition of the Negro in New York City". *Annals of the American Academy of Political and Social Science*, 28 (May 1906), 590~596.

Bunker, Frank Forest. *Reorganization of the Public School System*. U. S. Bureau of Education, Bulletin no. 8. Washington, D. C.: GPO, 1916.

Burnett, Jacquetta Hill. "Ceremony, rites, and economy in the student system of an American high schools". *Human Organization*, 28 (Spring 1969), 1~10.

Burstall, Sara A. *Impressions of American Education in 1908*. London: Longmans, Green, 1909.

Burton, Warren. *The District School as It Was*. Boston: T. R. Marvin, 1852.

Butler, Nicholas Murray. *Across the Busy Years*, 2 vols. New York: Charles Scribner's Sons, 1939.

_____. "Editorial". *Educational Review*, 12 (Sept. 1896), 196~207.

Butler, Nicholas Murray, and William Gaynor. "Should New York have a paid board of education?". *Educational Review*, 42 (Sept. 1911), 204~210.

Button, Henry Warren. "A history of supervision in the public schools, 1870~1950". Unpub. Ph. D. diss., Washington University, 1961.

Caldwell, Otis W., and Stuart A. Courtis. *Then and Now in Education: 1845, 1923*. Yonkers-on-Hudson: World Book, 1925.

Caliver, Ambrose. "Certain significant developments in the education of Negroes during the past generation". *Journal of Negro History*, 35 (April 1950), 111~134.

_____. "Negro high school graduates and nongraduates: Relation of their occupational status to certain school experiences". U. S. Office of Education, Pamphlet no. 87. Washington, D. C.: GPO, 1940.

Calkins, David L. "Black education and the nineteenth-century city: Cincinnati's colored schools, 1850~87". Unpub. paper delivered at the American Educational Research Association Meeting, New York, 1972.

Callahan, Raymond E. *Education and the Cult of Efficiency*. Chicago: University of Chicago Press, 1962.

_____. *The Superintendent of Schools: An Historical Analysis*. Report Résumé ED 010 410. Washington, D. C.: U. S. Office of Education, 1967.

Carney, Mabel. *Country Life and the Country School*. Chicago: Row, Peterson, 1912.

Carnoy, Martin, ed. *Schooling in a Corporate Society: The Political Economy of Education in America*. New York: McKay, 1972.

Caswell, Hollis L. *City School Surveys: An Interpretation and Appraisal*. Contributions to Education, no. 358. New York: Teachers College, Columbia University, 1929.

Chamberlain, Arthur H. "The growth and enlargement of the power of the city school superintendent". University of California, *Publications*, 3, no. 4 (May 15, 1913).

Chancellor, William E. *Our Schools: Their Administration and Supervision.* Boston: D. C. Heath, 1915.

Chapman, Paul D. "The intelligence testing movement: Reorganizing the schools for the meritocracy". Unpub. seminar paper, Stanford University, 1972.

Charters, W. W., Jr. "Social class analysis and the control of public education". *Harvard Educational Review,* 23 (Fall 1953), 268~283.

Chase, Amanda Matthews. *Primer for Foreign-Speaking Women: Part I.* Sacramento: Commission of Immigration and Housing of California, 1918.

Chicago City Council. *Recommendations for Reorganization of the Public School System of the City of Chicago: Report of an Investigation by the Committee on Schools, Fire, Police, and Civil Service of the City Council of the City of Chicago; Testimony of Educational Experts Who Appeared before the Committee.* Chicago: City of Chicago, 1917.

Chicago Merchants' Club. *Public Schools and Their Administration: Addresses Delivered at the Fifty-Ninth Meeting of the Merchants' Club of Chicago.* Chicago: Merchants' Club, 1906.

Church, Robert L. "Educational psychology and social reform in the progressive era". *History of Education Quarterly,* 11 (Winter 1971), 390~405.

_____. "History of education as a field of study". In Lee C. Deighton, ed., *Encyclopedia of Education, IV,* 415~424. New York: Macmillan, 1971.

Cinel, Dino. "Literacy versus culture: The case of the immigrants". Unpub. seminar paper, Stanford University, 1973.

"Cities reporting the use of homogeneous grouping and of the Winnetka technique and the Dalton plan". U. S. Bureau of Education, City

School Leaflet no. 22. Washington, D. C.: GPO, 1926.

Clark, Kenneth. *Dark Ghetto*. New York: Harper & Row, 1965.

Claxton, Philander, et al. *The Public School System of San Francisco, California: A Report to the San Francisco Board of Education of a Survey Made under the Direction of the United States Commissioner of Education*. U. S. Bureau of Education, Bulletin no. 46. Washington, D. C.: GPO. 1926.

"The Cleveland meeting". *American School Board Journal*, 10 (March 1895), 9.

"The Cleveland plan". *American School Board Journal*, 11 (Dec. 1895), 10~11.

Clifford, Geraldine Joncich. *The Sane Positivist: A Biography of Edward L. Thorndike*. Middletown, Conn.: Wesleyan University Press, 1968.

Cofer, Lloyd M. "We face reality in Detroit". *National Educational Outlook among Negroes*, I (Nov. 1937), 34~37.

Coffman, Lotus Delta. *The Social Composition of the Teaching Population*. Contributions to Education, no. 41. New York: Teachers College, Columbia University, 1911.

Cohen, David K. "Compensatory education". In Herbert J. Walberg and Andrew T. Kopan, eds., *Rethinking Urban Education*, 150~164. San Francisco: Jossey-Bass, 1972.

_____. "Immigrants and the schools". *Review of Educational Research*, 40 (Feb. 1970), 13~28.

Cohen, David K., and Marvin Lazerson. "Education and the corporate order". *Socialist Revolution*, 2 (March-April 1972), 47~72.

Cohen, Sol. "The industrial education movement, 1906~17". *American Quarterly*, 20 (Spring 1968), 95~110.

_____. *Progressives and Urban School Reform*. New York: Bureau of Publications, Teachers College, Columbia University, 1964.

Cole, Raymond E. "The city's responsibility to the immigrant". *Immigrants in America Review*, I (June 1915), 36~41.

Cole, Stephen. *The Unionization of Teachers: A Case Study of the UFT*. New York: Praeger, 1969.

Coleman, James. S., et al. *Equality of Educational Opportunity*. Washington, D. C. : GPO, 1966.

Collegiate Alumnae Association. *Some Conditions in the Schools of San Francisco: A Report Made by the School Survey Class of the California Branch of the Association of Collegiate Alumnae, May 1, 1914*. San Francisco: n. p. , 1914.

Committee of Fifteen. "Report of the sub-committee on the organization of city school systems". *Educational Review*, 9 (March 1895), 304~322.

Committee of Graduate School of Education, University of Nebraska. *The Rural Teacher of Nebraska*. U. S. Bureau of Education, Bulletin no. 20. Washington, D. C. : GPO, 1919.

Committee of Teachers of Philadelphia Public Schools. *Negro Employment: A Study of the Negro Employment Situation and Its Relation to School Programs*. Philadelphia: n. p. , 1943.

Committee of Ten. *Report*. New York; Published for the National Education Association by American Book Co. , 1894.

Committee of Twelve on Rural Schools, National Education Association. "Report". In *Report of the Commissioner of Education for the Year 1896 ~97*. Washington, D. C. : GPO, 1898.

Committee on City School Systems. "School superintendence in cities". *NEA Addresses and Proceedings*, 29th Annual Meeting, New York, 1890, 309~317.

Committee on School Inquiry, Board of Estimate and Apportionment, City of New York. *Report*. New York: City of New York, 1911~1913.

Commonwealth Club of California. *Transaction*, 12 (Jan. 1917~Jan. 1918).

Conant, James Bryant. *Slums and Suburbs: A Commentary on Schools in Metropolitan Areas.* New York: McGraw-Hill, 1961.

"Confessions of public school teachers". *Atlantic Monthly*, 78 (July, 1896), 97~110.

"Confessions of three school superintendents". *Atlantic Monthly*, 82 (Nov. 1898), 644~653.

Corning, Hobart M. *After Testing - What? The Practical Use of Test Results in One School System.* Chicago: Scott, Foresman, 1926.

Cornwell, Elmer E. "Bosses, machines, and ethnic groups". *Annuals of the American Academy of Political and Social Science*, 352 (March 1964), 27~39.

Counts, George S. *School and Society in Chicago.* New York: Harcourt, Brace, 1928.

_____. *The Selective Character of American Secondary Education.* Chicago: University of Chicago press, 1922.

_____. *The Social Composition of Boards of Education.* Chicago: University of Chicago Press, 1927.

Covello, Leonard. *The Heart is the Teacher.* New York: McGraw-Hill, 1958.

_____. "A high school and its immigrant community - A challenge and an opportunity". *Journal of Educational Sociology*, 9 (Feb. 1936), 331~346.

_____. "The school as the center of community life in an immigrant area". In Samuel Everett, ed. , *The Community School*, 125~163. New York: D. Appleton-Century, 1938.

_____. *The Social Background of the Italo-American School Child.* Leiden: E. J. Brill, 1967.

Cremin, Lawrence A. *The American Common School: An Historic Con-*

ception. New York: Bureau of Publications, Teachers College, Columbia University, 1951.

_____. "Curriculum-making in the United States". *Teachers College Record*, 73(Dec. 1971), 207~220.

_____. *The Transformation of the School: Progression in American Education, 1876~1957.* New York: Knopf, 1961.

_____. *The Wonderful World of Ellwood Patterson Cubberley: An Essay on the Historiography of American Education.* New York: Bureau of Publications, Teachers College, Columbia University, 1965.

"The crisis in education and the changing Afro-American community". *Freedomways*, 8(Fall 1968).

Cronbach, Lee J. *Essentials of Psychological Testing.* New York: Harper & Row, 1970.

Cronin, Joseph M. "The centralization of the Boston public schools". Unpub. paper delivered at the American Educational Research Association Meeting, Minneapolis, Feb. 1971.

_____. *The Control of Urban Schools: Perspective on the Power of Educational Reformers.* New York: Free Press, 1973.

Crooks, James B. *Politics and Progress: The Rise of Urban Progressivism in Baltimore, 1895 to 1911.* Baton Rouge: Louisiana State University Press, 1968.

Crozier, Michael. *Bureaucratic Phenomenon.* Chicago: University of Chicago Press, 1964.

Cubberley, Ellwood P. *Changing Conceptions of Education.* Boston: Houghton Mifflin, 1909.

_____. "Organization of public education". *NEA Addresses and Proceedings*, 53rd Annual Meeting, Oakland, 1915, 91~97.

_____. *The Portland Survey.* Yonkers-on-Hudson: World Book, 1916.

_____. *Public Education in the United States: A Study and Interpretation of American Educational History.* Rev. ed. Boston: Houghton Mifflin,

1934.

_____. *Public School Administration: A Statement of the Fundamental Principles Underlying the Organization and Administration of Public Education.* Boston: Houghton Mifflin, 1916.

_____. *Rural Life and Education: A Study of the Rural-School Problem as a Phase of the Rural-Life Problem.* Boston: Houghton Mifflin, 1914.

_____. "The school situation in San Francisco". *Educational Review,* 21 (April 1901), 364~381.

_____. *State and Country Educational Reorganization.* New York: Macmillan, 1914.

Curti, Merle. *The Roots of American Loyalty.* New York: Columbia University Press, 1946.

_____. *The Social Ideas of American Educators.* Paterson, N. J. : Littlefield, Adams, 1959.

Curtis, Henry S. *Recreation for Teachers, or the Teacher's Leisure Time.* New York: Macmillan, 1918.

"The 'Czar' movement". *American School Board Journal,* 10 (March 1895), 8.

Dabney, Charles W. *Universal Education in the South.* Chapel Hill: University of North Carolina Press, 1936.

Dabney, Lillian G. *The History of Schools for Negroes in the District of Columbia, 1807~1947.* Washington, D. C. : Catholic University of America Press, 1949.

Dalby, Michael T. , and Michael Werthman, eds. *Bureaucracy in Historical Perspective.* Glenview, Ill. : Scott, Foresman, 1971.

Dallas, Neva, et al. , comps. *Lamplighters: Leaders in Learning.* Portland, Ore. : Binfords and Mort, 1959.

Daniel, Walter G. "The aims of secondary education and the adequacy of the curriculum of the Negro secondary school, " *Journal of Negro Education,* 9 (July 1940), 465~473.

Daniels, John. *America via the Neighborhood.* New York: Harper & Brothers, 1920.

Daniels, Virginia. "Attitudes affecting the occupational affiliation of the Negroes". Unpub. Ed. D. diss., University of Pittsburgh, 1938.

Darling, Arthur Burr. "Prior to Little Rock in American education: The Roberts case of 1849~1850". *Massachusetts Historical Society Proceedings,* 72 (Oct. 1957~Dec. 1960), 126~142.

Davis, Helen. "Some problems arising in the administration of a department of measurements". *Journal of Educational Research,* 5 (Jan. 1922), 1~20.

Davison, Berlinda. "Educational status of the Negro in the San Francisco bay region". Unpub. M. A. thesis, University of California, Berkeley, 1921.

Dearborn, Walter F. *Intelligence Tests: Their Significance for School and Society.* Boston: Houghton Mifflin, 1928.

Deffenbaugh, W. S. "The smaller cities". In U. S. Bureau of Education, Bulletin no. 48. Washington, D. C.: GPO, 1918.

_____. "Uses of intelligence and 'achievement tests in 215 cities". U. S. Bureau of Education, City School Leaflet no. 20. Washington, D. C.: GPO, 1926.

DeFord, Miriam Allen. *They Were San Francisco.* Caldwell, Idaho: Caxton, 1941.

Demas, Boulton H. "The school elections: A critique of the 1969 New York City school decentralization". A Report of the Institute for Community Studies, Queens College, City University of New York, 1971.

Department of Education, State of Ohio. *The Classification of Pupils in Elementary Schools.* Columbus: Heer, 1925.

DeWeese, Truman A. "Better school administration". *Educational Review,* 20 (June 1900), 61~71.

_____. "Two years' progress in the Chicago public schools". *Educational Review*, 24 (Nov. 1902), 325~327.

Dewey, John. *Democracy and Education*. New York: Macmillan, 1916.

_____. *The Educational Situation*. Chicago: University of Chicago Press, 1902.

_____. "Individuality, equality, and superiority". *New Republic*, 33 (Dec. 13, 1922), 61~63.

_____. *The School and Society*. Chicago: University of Chicago Press, 1899.

Dick, Everett. *The Sod-House Frontier*. New York: D. Appleton-Century, 1937.

Dickinson, Virgil E. "Classification of school children according to mental ability". In Lewis M. Terman, ed., *Intelligence Tests and School Reorganization*, 32~52. Yonkers-on-Hudson: World Book, 1922.

_____. *Mental Tests and the Classroom Teacher*. Yonkers-on-Hudson: World Book, 1923.

_____. "The relation of mental testing to school reorganization". Unpub. Ph. D. diss., Stanford University, 1919.

_____. "The use of mental tests in the guidance of eighth-grade and high school pupils". *Journal of Educational Research*, 2 (Oct. 1920), 601~610.

Dillon, Lee A. "The Portland public schools from 1873 to 1913". Unpub. M. A. thesis, University of Oregon, 1928.

Dixon, Robert S. "The education of the Negro in the City of New York, 1853~1900". Unpub. M. S. thesis, College of the City of New York, 1935.

Dixon, Royal. *Americanization*. New York: Macmillan, 1916.

Dogherty, Marian A. *'Scusa Me Teacher*. Francestown, N. H.: Marshall Jones, 1943.

Dolson, Lee Stephen. "The administration of the San Francisco public schools, 1847 to 1947". Unpub. Ph. D. diss., University of California, Berkeley, 1964.

Dooley, William H. *The Education of the Ne'er-Do-Well*. Cambridge, Mass. : Houghton Mifflin, 1916.

Dorchester, Daniel. *Romanism versus the Public School System*. New York : Phillips and Hunt, 1888.

Dorsett, Lyle W. *The Pendergast Machine*. New York : Oxford University Press, 1968.

Douglass, Bennet Cooper. *Professional and Economic Status of the City Superintendent of Schools in the United States*. New York : n. p., 1923.

Downs, Anthony. *Inside Bureaucracy*. Boston : Little, Brown, 1967.

Drake, St. Clair. "The social and economic status of the Negro in the United States". In Talcott Parsons and Kenneth B. Clark, eds., *The Negro American*, 3~46. Boston : Beacon, 1967.

Draper, Andrew S. "Common schools in the larger cities". *The Forum*, 27 (June 1899), 385~397.

_____. *The Crucial Test of the Public School System*. Urbana, Ill. : published by the author, 1898.

_____. "Plans of organization for school purposes in large cities". *Educational Review*, 6 (June 1893), 1~16.

Dreeben, Robert. *On What Is Learned in School*. Reading, Mass. : Addison Wesley, 1968.

Drost, Walter. *David Snedden : Education for Social Efficiency*. Madison : University of Wisconsin Press, 1967.

DuBois, W. E. B. "Does the Negro need separate schools?". *Journal of Negro Education*, 4 (July 1935), 328~335.

_____. "Pechstein and pecksniff". *The Crisis*, 36 (Sept. 1929), 313~314.

_____. *The Philadelphia Negro: A Social Study.* New York: Schocken Books, 1969 (originally published in 1899).

Duncan, Hannibal G. *Immigration and Assimilation.* Boston: D. C. Heath, 1933.

Dunne, Finley Peter. *Mr. Dooley at His Best.* New York: Charles Scribner's Sons, 1938.

Dushkin, Alexander M. *Jewish Education in New York City.* New York: Bureau of Jewish Education, 1918.

Dutton, Samuel Train, and David Snedden. *The Administration of Public Education in the United States.* New York: Macmillan, 1912.

Dwight, Timothy. *Travels in New-England and New-York.* 4 vols. New Haven, Conn.: published by the author, 1821~1822.

Eaton, John. *The Relation of Education to Labor.* Washington, D. C.: GPO, 1872.

"Education in America". *Saturday Review,* 53 (Sept. 19, 1970), 61~79.

Education of the Immigrant. U. S. Bureau of Education, Bulletin no. 51. Washington, D. C.: GPO, 1913.

Edwards, Newton. *Equal Educational Opportunity for Youth.* Washington, D. C.: American Council on Education, 1939.

Eggleston, Edward. *The Hoosier School-Master.* New York: Hill and Wang, 1965 (originally published in 1871).

Eggleston, J. D., and Robert Bruere. *The Work of the Rural School.* New York: Harper, 1913.

Eliot, Charles W. "Educational reform and the social order". *School Review,* 17 (April 1909), 217~222.

_____. "School board reform". *American School Board Jornal,* 39 (July 1908), 3.

_____. "Undesirable and desirable uniformity in schools". *NEA Addresses and Proceedings,* 31st Annual Meeting, New York, 1892, 82~86.

Eliot, Edward C. "A nonpartisan school law". *NEA Address and Proceedings*, 44th Annual Meeting, Asbury Park, Ocean Grove, N. J., 1905, 223~231.

_____. "School administration: The St. Louis method". *Educational Review*, 26 (Dec. 1903), 464~475.

Elliott, Frank, and Harry Wigderson. "Fitting the pieces: PPBS and the Stull Bill". *California School Boards*, 31 (Sept. 1972), 8~10, 15~17.

Elsbree, Willard S. *The American Teacher: Evolution of a Profession in a Democracy.* New York: American Book, 1939.

Elson, Ruth. *Guardians of Tradition: American Schoolbooks of the Nineteenth Century.* Lincoln: University of Nebraska Press, 1964.

Ensign, Forest. *Compulsory School Attendance and Child Labor.* Iowa City: Athens Press, 1921.

"Equal educational opportunity". *Harvard Educational Review*, 38 (Winter 1968).

Ettinger, William L. "Facing the facts". *School and Society*, 16 (Nov. 4, 1922), 505~512.

Everett, Edward. *Orations and Speeches: On Various Occasions.* Boston: Little, Brown, 1878.

Fantini, Mario D. "Options for students, parents, and teachers: Public schools of choice". *Phi Delta Kappan*, 52 (may 1971), 541~543.

Fantini, Mario D., and Gerald Weinstein. *The Disadvantaged: Challenge to Education.* New York: Harper & Row, 1968.

Filene, Peter F. "An obituary for 'the progressive movement'". *American Quarterly*, 22 (Spring 1970), 20~34.

Fine, Benjamin. *Our Children Are Cheated: The Crisis in American Education.* New York: Henry Holt, 1947.

Finkelstein, Barbara Joan. "Governing the young: Teacher behavior in American primary schools, 1820~1880; A documentary history".

Unpub. Ed. D. diss., Teachers College, Columbia University, 1970.

Fishel, Leslie H. "The north and the Negro, 1865~1900: A study in race discrimination". Unpub. Ph. D. diss., Harvard University, 1953.

Fishlow, Albert. "Levels of nineteenth century investment in education". *Journal of Economic History*, 26 (Dec. 1966), 415~436.

Fishman, Joshua. *Language Loyalty in the United States*. The Hague: Mouton, 1966.

Foner, Philip S., ed. *The Life and Writings of Frederick Douglass*. 4 vols. New York: International Publishers, 1950~1955.

Forcey, Charles. *The Crossroads of Liberalism*. New York: Oxford University Press, 1961.

Fox, Bonnie R. "The Philadelphia progressive: A test of the Hofstadter-Hays thesis". *Pennsylvania History*, 34 (Oct. 1967), 372~394.

Galarza, Ernesto. *Barrio Boy*. Notre Dame, Ind.: University of Notre Dame Press, 1971.

Gallup, George H. "Fifth annual Gallup poll of public attitudes toward education". *Phi Delta Kappan*, 55 (Sept. 1973), 38~50.

Gans, Herbert J. *The Urban Villagers: Group and Class in the Life of Italian-Americans*. New York: Free Press of Glencoe, 1962.

Garland, Hamlin. *A Son of the Middle Border*. New York: Macmillan, 1941 (originally published in 1914).

Gear, Harold Lyman. "The rise of city-school superintendency as an influence in educational policy". Unpub. Ed. D. diss., Harvard University, 1950.

Gersman, Elinor M. "Progressive reform of the St. Louis school board, 1897". *History of Education Quarterly*, 10 (Spring 1970), 3~21.

_____. "Separate but equal: Negro education in St. Louis, 1875~ 1900". Unpub. M. S., Washington University, 1972.

Gilbert, Charles B. "The freedom of the teacher". *NEA Addresses and Proceedings*, 45th Annual Meeting, Winona, Minn. , 1903, 164~ 177.

_____. *The School and Its Life: A Brief Discussion of the Principles of School Management and Organization.* New York: Silver, Burdett, 1906.

Gilland, Thomas M. *The Origins and Development of the Powers and Duties of the City-School Superintendent.* Chicago: University of Chicago Press, 1935.

Gittell, Marilyn. *Participants and Participation: A Study of School Policy in New York City.* New York: Praeger, 1967.

_____. "Urban school reform in the 1970's". *Education and Urban Society*, 1 (Nov. 1968) , 9~20.

Glazer, Nathan, and Daniel Patrick Moynihan. *Beyond the Melting Pot: The Negroes, Puerto Ricans, Jews, Italians, and Irish of New York City.* Cambridge, Mass. : M. I. T. Press, 1963.

Glynn, Lenny. "A blueprint for power: Unions". *Learning*, 1 (March 1973) , 46~50.

Gold, Michael. *Jews without Money.* New York: Avon Books, 1965 (originally published in 1930).

Goldberg, G. S. "I. S. 201: An educational landmark". *IRCD Bulletin*, 2 (Winter 1966-67) , 1~8.

Gompers, Samuel. "Teachers' right to organize". *American Federationist*, 22 (Oct. 1915) , 857~860.

_____. "Teachers' right to organize affirmed". *American Federationist*, 21 (Dec. 1914) , 1083~1085.

Goodlad, John I. , and Robert H. Anderson. *The Nongraded Elementary School.* Rev. ed. New York: Harcourt, Brace, and World, 1963.

Goodwin, M. B. "History of schools for the colored population in the District of Columbia". In Henry Barnard, ed. , *Special Report of the Commissioner of Education on the Condition of Public Schools in the*

District of Columbia, 192~300. House Executive Document 315, 41C, 2S. Washington, D. C. : GPO, 1869.

Gordon, Milton M. *Assimilation in American Life: The Role of Race, Religion, and National Origins.* New York: Oxford University Press, 1964.

Gove, Aaron. "Contributions to the history of American teaching". *Educational Review,* 38 (Dec. 1909), 493~500.

_____. "Duties of cty superintendents". *NEA Addresses and Proceedings,* 24th Annual Meeting, Madison, Wis. , 1884, 26~33.

_____. "Limitations of the superintendents' authority and of the teacher's independence". *NEA Addresses and Proceedings,* 43rd Annual Meeting, St. Louis, 1904, 152~157.

_____. "The trail of the city superintendent". *NEA Addresses and proceedings,* 39th Annual Meetings, Charleston, 1900, 214~222.

Grace, Alonzo G. "The effect of Negro migration on the Cleveland public school system". Unpub. Ph. D. diss. , Western Reserve University, 1932.

Greeley, Horace. *Hints toward Reforms.* New York: Harper & Brothers, 1853.

Green, Constance McLaughlin. *The Secret City: A History of Race Relations in the Nation's Capital.* Princeton: Princeton University Press, 1967.

Greer, Colin. *The Great School Legend: A Revisionist Interpretation of American Public Education.* New York: Basic Books, 1972.

Griffiths, Daniel E. *Human Relations in School Administration.* New York: Appleton-Century-Crofts, 1956.

Grissom, Thomas. "Education and the Cold War: The role of James B. Conant". In Clarence J. Karier et al. , *Roots of Crisis: American Education in the Twentieth Century,* 177~197. Chicago: Rand McNally, 1973.

Gross, Beatrice, and Ronald Gross, eds. *Radical School Reform*. New York: Simon and Schuster, 1970.

Grubb, Norton, and Marvin Lazerson. *Education and Industrialism: Documents in Vocational Education, 1870~1970*. Forthcoming in the Classics in Education series published by Teachers College, Columbia University.

Grund, Francis. *Aristocracy in America*. New York: Harper & Row, 1959 [originally published in 1839].

Gump, Paul V., and Roger Barker. *Big School, Small School: High School Size and Student Behavior*. Stanford, Calif.: Stanford University Press, 1964.

Gusfield, Joseph. *Symbolic Crusade: Status Politics and the American Temperance Movement*. Urbana, Ill.: University of Illinois Press, 1966.

Guthrie, James W., and Edward Wynne, eds. *New Models for American Education*. Englewood Cliffs, N. J.: Prentice-Hall, 1971.

Gutman, Herbert G. "Work, culture, and society in industrializing America, 1815~1919". *American Historical Review*, 78 (June 1973), 531~588.

Haggerty, M. E. "Recent development in measuring human capacities". *Journal of Educational Research*, 3 (April 1921), 241~253.

Haley, Margaret. "Why teachers should organize". *NEA Addresses and Proceedings*, 43rd Annual Meeting, St. Louis, 1904, 145~152.

Hamilton, Gail [Mary Abigail Dodge]. *Our Common School System*. Boston: Estes and Lauriat, 1880.

Hammack, David C. "The centralization of New York City's public school system, 1896: A social analysis of a decision". Unpub. M. A. thesis, Columbia University, 1969.

Handlin, Oscar. *John Dewey's Challenge to Education: Historical Perspectives on the Cultural Context*. New York: Harper and Brothers,

1959.

_____. "The modern city as a field of historical study". In John Burchard and Oscar Handlin, eds. , *The Historian and the City*, 1~26. Cambridge, Mass. : M. I. T. Press, 1963.

Haney, John D. *Registration of City School Children*. New York: Teachers College, Columbia University, 1910.

Hanus, Paul Henry. *Adventuring in Education*. Cambridge, Mass. : Harvard University Press, 1937.

Hardin, Clara A. *The Negroes of Philadelphia: The Cultural Adjustment of a Minority Group*. Philadelphia: n. p. , 1945.

Harlem Parents Committee. *The Education of Minority Group Children in the New York City Public Schools, 1965*. New York: Harlem Parents Committee, n. d.

Harrington, Michael. *The Other America: Poverty in the United States*. New York: Macmillan, 1962.

Harris, Neil. *Review of The Irony of Early School Reforms: Educational Innovation in Mid-Nineteenth Century Massachusetts*, by Michael B. Katz. Harvard Educational Review, 39(Spring 1969), 383~389.

Harris, P. M. G. "The social origins of American leaders: The demographic foundations". *Perspectives in American History*, 3(1969), 159~344.

Harris, William T. "City school supervision". *Educational Review*, 3 (Feb. 1892), 167~172.

_____. "Elementary education". In Nicholas M. Butler, ed. , *Monographs on Education in the United States*, 79~139. Albany, N. Y. : J. B. Lyon, 1900.

Harris, William T. , and Duane Doty. *A Statement of the Theory of Education in the United States as Approved by Many Leading Educators*. Washington, D. C. : GPO, 1874.

Hartmann, Edward G. *The Movement to Americanize the Immigrant*. New

York: Columbia University Press, 1948.

Hayes, Geroge. "Vocational education and the Negro". In *Proceedings of National Society for the Promotion of Industrial Education*, 71~74. New York: National Society for the Promotion of Industrial Education, 1917.

Hays, Samuel P. "Political parties and the community-society continuum". In William Nisbet Chambers and Walter Dean Burnham, eds., *The American Party Systems: Stages of Political Development*, 152~181. New York: Oxford University Press, 1967.

_____. "The politics of reform in municipal government in the progressive era". *Pacific Northwest Quarterly*, 55(Oct. 1964), 157~169.

Hazard, Joseph T. *Pioneer Teachers of Washington*. Seattle: Seattle Retired Teachers Association, 1955.

Hazlett, James Stephen. "Crisis in school government: An administrative history of the Chicago public schools, 1933~1947". Unpub. Ph. D. diss., University Chicago, 1968.

Heller, Herbert Lynn. "Negro education in Indiana from 1816 to 1869". Unpub. Ph. D. diss., Indiana University, 1951.

Hentoff, Nat. *Our Children Are Dying*. New York: Viking, 1966.

Herney, John D. "The movement to reform the Boston school committee in 1905". Unpub. M. S., Harvard University, 1966.

Herrick, Mary J. *The Chicago Schools: A Social and Political History*. Beverly Hills, Calif.: Sage Publications, 1971.

_____. "Negro employees of the Chicago board of education". Unpub. M. A. thesis, University of Chicago, 1931.

Herriott, Robert E., and Benjamin J. Hodgkins. *The Environment of Schooling: Formal Education as an Open System*. Englewood Cliffs, N. J.: Prentice-Hall, 1973.

Higgins, Shelley. "School reform in Los Angeles, 1903~1916". Unpub. seminar paper, Stanford University, 1970.

Higham, John. *From Boundlessness to Consolidation: The Transformation of American Culture, 1848~1860*. Ann Arbor: William L. Clements Library, 1969.

_____. *Strangers in the Land: Patterns of American Nativism, 1860~1925*. New York: Atheneum, 1966.

Hines, Harlan C. "What Los Angeles is doing with the results of testing". *Journal or Educational Research*, 5 (Jan. 1992), 45~57.

Hinsdale, B. A. "The American school superintendent". *Educational Review*, 5 (Jan. 1894), 42~54.

_____. *Our Common Schools*. Cleveland: published by the author, 1878.

Holli, Melvin G. *Reform in Detroit: Hazen S. Pingree and Urban Politics*. New York: Oxford University Press, 1969.

Holloway, Mary K. "A study of social conditions affecting Stowe Junior High School girls with suggestions for a program of guidance". Unpub. M. A. thesis, University of Cincinnati, 1928.

Holsinger, Donal B. "The elementary school as modernizer: A Brazilian study". Unpub. M. S. , Stanford University, 1973.

Homel, Michael. "Black education in Chicago". Unpub. preliminary draft of Ph. D. diss. , University of Chicago, 1972.

Horvath, Helen. "The plea of an immigrant - Abstract". *NEA Addresses and Proceedings*, 61st Annual Meeting, Oakland-San Francisco, 1923, 680~682.

Howe, Irving. "The Lower East Side: Symbol and fact". In Allon Schoener, ed. , *The Lower East Side: Portal to American Life (1870~1924)*, 11~14. New York: The Jewish Museum, 1966.

Hubbert, Harvey H. "What kind of centralization, if any, will strengthen our local system?". *NEA Addresses and Proceedings*, 37th Annual Meeting, Washington, D. C. , 1898, 986~989.

Hummel, Raymond C. , and John M. Nagle. *Urban Education in*

America: *Problems and Prospects*. New York: Oxford University Press, 1973.

Hutchinson, Edward P. *Immigrants and Their Children, 1850~1950*. New York: Wiley, 1956.

Huthmacher, J. Joseph. "Urban liberalism and the age of reform". *Mississippi Valley Historical Review*, 49 (Sept. 1962), 231~241.

Iannaccone, Lawrence. *Politics in Education*. New York: Center for Applied Research in Education, 1967.

Iannaccone, Lawrence, and Frank W. Lutz. *Politics, Power, and Policy: The Governing of Local School Districts*. Columbus: Charles E. Merrill, 1970.

Illich, Ivan. *Deschooling Society*. New York: Harper & Row, 1970.

"Immigration". *Massachusetts Teacher*, 4 (Oct. 1851), 289~291.

"The imperatives of ethnic education". *Phi Delta Kappan*, 53 (Jan. 1972).

Inkeles, Alex. "Social structure and the socialization of competence". *Harvard Educational Review*, 36 (Summer 1966), 265~283.

Issel, William H. "Modernization in Philadelphia school reform, 1882 ~1905". *Pennsylvania Magazine of History and Biography*, 94 (July 1970), 358~383.

_____. "Teachers and educational reform during the progressive era: A case study of the Pittsburgh Teachers Association". *History of Education Quarterly*, 7 (Summer 1967), 220~233.

Jackson, Kenneth T., and Stanley K. Schultz, eds. *Cities in American History*. New York: Knopf, 1972.

James, H. Thomas, James A. Kelly, and Walter I. Garms. *Determinants of Educational Expenditures in Large Cities of the United States*. Stanford, Calif: School of Education, Stanford University, 1966.

Jay, John. "Public and parochial schools". *NEA Addresses and Proceedings*, 28th Annual Meeting, Nashville, 1889, 152~179.

Jencks, Christopher, et al. *Inequality: A Reassessment of the Effect of*

Family and Schooling in America. New York: Basic Books, 1972.

Jenks, Albert E. "Types of important racial information which teachers of Americanization should possess – Abstract". *NEA Addresses and Proceedings,* 62nd Annual Meeting, Washington, D. C., 1924, 569.

Jennings, Frank. "It didn't start with Sputnik". *Saturday Review,* 50 (Sept. 16, 1967), 77~79, 95~97.

Johnson, Clifton. *The Country School in New England.* New York: D. Appleton, 1895.

_____. *Old Times Schools and School Books.* New York; Dover, 1963 [originally published in 1904].

Johnson, Herbert B. *Discrimination against the Japanese in California: A Review of the Real Situation.* Berkeley: Courier Publishing Co., 1907.

Johnson, Ronald Mabberry. "Captain of education: An intellectual biography of Andrew S. Draper, 1848~1913". Unpub. Ph. D. diss., University of Illinois, 1970.

Joint Committee on Rural Schools, George A. Works, Chairman. *Rural School Survey of New York State.* Ithaca, N. Y.: William F. Fell, 1922.

Jones, Dorothy. "The issues at I. S. 201: A view from the parents' committee". In Meyer Weinberg, ed., *Integrated Education: A Reader,* 154~163. Beverly Hills, Calif.: Glencoe, 1968.

Jones, L. H. "The politician and the public school: Indianapolis and Cleveland". *Atlantic Monthly,* 77 (June 1896), 810~822.

Kaestle, Carl F. "The origins of an urban school system: New York City, 1750~1850". Unpub. Ph. D. diss., Harvard University, 1970.

Kallen, Horace M. "The meaning of Americanism". *Immigrants in America Review,* 1 (Jan. 1916), 12~19.

Karier, Clarence J., Paul Violas, and Joel Spring. *Roots of Crisis: American Education in the Twentieth Century.* Chicago: Rand McNally,

1973.

Katz, Michael B. *Class, Bureaucracy, and Schools: The Illusion of Educational Change in America*. New York: Praeger, 1971.

_____. "The emergence of bureaucracy in urban education: The Boston case, 1850~1884". *History of Education Quarterly*, 8 (Summer and Fall 1968), 155~188, 319~357.

_____. *The Irony of Early School Reform: Educational Innovation in Mid-Nineteenth Century Massachusetts*. Cambridge, Mass.: Harvard University Press, 1968.

_____. *School Reform: Past and Present*. Boston: Little, Brown, 1971.

Kazin, Alfred. *A Walker in the City*. New York: Harcourt, Brace, and World, 1951.

Keppel, Ann. "The myth of agrarianism in rural educational reform, 1890~1914". *History Education Quarterly*, 2 (June 1962), 100~109.

Kevles, Daniel J. "Testing the army's intelligence: Psychologists and the military in World War I". *Journal of American History*, 55 (Dec. 1968), 565~581.

Kimball, Solon T., and James E. McClellan, Jr. *Education and the New America*. New York; Random House, 1962.

Kinney, Lucien B. *Certification in Education*. Englewood Cliffs, N. J.: Prentice-Hall, 1964.

Kirkpatrick, Marion G. *The Rural School from Within*. Philadelphia: Lippincott, 1917.

Kirst, Michael W., comp. *The Politics of Education at the Local, State, and Federal Levels*. Berkeley: McCutchan, 1970.

_____, ed. *State, School, and Politics: Research Directions*. Lexington, Mass.: Heath, 1972.

Kleine, Paul F., Raphael O. Nystrand, and Edwin M. Bridges. "Citizen views of big city schools". *Theory Into Practice*, 8 (Oct. 1969), 223~228.

Kleppner, Paul. *The Cross of Culture: A Social Analysis of Midwestern Politics, 1850~1900.* New York: Free Press, 1970.

Koos, Leonard V. "The fruits of school survey". *School and Society,* 5 (Jan. 13, 1917), 35~41.

Korman, Gerd. *Industrialization, Immigrants, and Americanizers.* Madison, Wis. : State Historical Society of Wisconsin, 1967.

Kozol, Jonathan. *Death at an Early Age: The Destruction of the Hearts and Minds of Negro Children in the Boston Public Schools.* Boston: Houghton Mifflin, 1967.

_____. *Free Schools.* Boston: Houghton Mifflin, 1972.

Krug, Edward A. *The Shaping of the American High School.* New York: Harper & Row, 1964.

_____. *The Shaping of the American High School, 1920~1941.* Madison, Wis. : University of Wisconsin Press, 1972.

Lane, Roger. *Policing the City: Boston, 1822~1885.* Cambridge, Mass. : Harvard University Press, 1967.

Lannie, Vincent P. *Public Money and Parochial Education: Bishop Hughes, Governor Seward, and the New York School Controversy.* Cleveland: Press of Case Western Reserve University, 1968.

La Noue, George R. "Political questions in the next decade of urban education". *The Record,* 69 (March 1968), 517~528.

LaViolette, Forrest E. *Americans of Japanese Ancestry: A Study of Assimilation in the American Community.* Toronto: Canadian Institute of International Affairs, 1945.

Lawrence, Paul F. "Vocational aspirations of Negro youth of California". *Journal of Negro Education,* 19 (Winter 1950), 47~56.

Layton, Warren K. "The group intelligence testing program of the Detroit public schools". In *Intelligence Tests and Their Use* (twenty-first yearbook of the National Society for the Study of Education), 123~190. Bloomington, Ill. : Public School Publishing, 1922.

Lazerson, Marvin. *Origins of the Urban School: Public Education in Massachusetts, 1870~1915*. Cambridge, Mass.: Harvard University Press, 1971.

Levin, Alexandra Lee. "Henrietta Szold and the Russian immigrant school". *Maryland Historical Magazine*, 57 (March 1962), 1~15.

Levin, Henry, ed. *Community Control of Schools*. Washington, D. C.: Brookings Institution, 1970.

Levine, Adeline, and Murray Levine. "Introduction to the new edition". In Randolph S. Bourne, *The Gary Schools*, xii-lv. Cambridge: Mass.: M. I. T. Press, 1970.

Lieberman, Myron. *The Future of Public Education*. Chicago: University of Chicago Press, 1960.

Lippmann, Walter. "The abuse of tests". *New Republic*, 32 (Nov. 15, 1922), 297~298.

Litwack, Leon F. *North of Slavery: The Negro in the Free States, 1790~1860*. Chicago: University of Chicago Press, 1961.

Loeb, Max. "Compulsory English for foreign-born". *Survey*, 40 (July 13, 1918), 426~427.

Lomax, Louis. *The Negro Revolt*. New York; Harper & Row, 1962.

Lowell, A. Lawrence. "The professional and non-professional bodies in our school system, and the proper function of each". *NEA Addresses and Proceedings*, 34th Annual Meeting, Denver, 1895, 999~1004.

Lowi, Theodore J. *At the Pleasure of the Mayor: Patronage and Power in New York City, 1898~1958*. Glencoe, Ill.: Free Press, 1964.

Lubove, Roy. *The Professional Altruist: The Emergence of Social Work as a Career*. Cambridge, Mass.: Harvard University Press, 1965.

Luthin, Reinhard H. *American Demagogues: Twentieth Century*. Boston: Beacon, 1954.

Lynd, Robert S., and Helen M. Lynd. *Middletown: A Study in Con-*

temporary American Culture. New York: Harcourt, Brace, 1929.

_____. *Middletown in Transition.* New York: Harcourt, Brace, 1937.

Mabee, Carleton. "A Negro boycott to integrate Boston schools". *New England Quarterly,* 41 (Sept. 1968), 341~361.

Mack, William S. "The relation of a board to its superintendent". *NEA Addresses and Proceedings,* 35th Annual Meeting, Buffalo, 1896, 980~988.

MacRae, David. *The Americans at Home.* New York: Dutton, 1952 (originally published in 1875).

Mahoney, John J., and Charles M. Herlihy. *First Steps in Americanization: A Handbook for Teachers.* Boston: Houghton Mifflin, 1918.

Mandelbaum, Seymour J. *Boss Tweed's New York.* New York: Wiley, 1965.

Mann, Arthur. "A Historical Overview: The *Lumpenproletariat,* Education, and Compensatory Action". In Charles U. Daly, ed., *The Quality of Inequality: Urban and Suburban Public Schools,* 9~26. Chicago: University of Chicago Center for Policy Study, 1968.

Mann, George L. "The development of public education for Negroes in Saint Louis, Missouri". Unpub. Ed. D. diss., Indiana University, 1949.

Mann, Horace. *Life and Works.* Boston: Walker, Fuller, 1865~1868.

Mann, Mary Peabody, and Elizabeth Peabody. *Moral Culture of Infancy and Kindergarten Guide.* Boston: T. O. H. P. Burnham, 1863.

Marble, Albert P. "City school administration". *Educational Review,* 8 (Sept. 1894), 154~168.

Mark, H. Thiselton. *Individuality and the Moral Aim in American Education.* London: Longmans, Green, 1901.

Marks, Russell. "Testers, trackers, and trustees: The ideology of the intelligence testing movement in America, 1900~1954". Unpub. Ph. D. diss., Unviersity of Illinois at Urbana-Champaign, 1972.

Martens, Elsie H. "Organization of research bureaus in city school systems". U. S. Bureau of Education, City School Leaflet no. 14. Washington, D. C. : GPO, 1931.

Masters, Edgar Lee. *Across Spoon River*. New York; Farrar and Rinehart, 1936.

Maxwell, William H. "Professor Hinsdale on the city school super-intendency". *Educational Review*, 7 (Feb. 1894), 186~188.

_____. *A Quarter Century of Public School Development*. New York: American Book Co. , 1912.

_____. "Stories of the lives of real teachers". *World's Work*, 13 (Aug. 1909), 11877~11880.

Mayo, A. D. "Object lessons in moral instruction in the common school". *NEA Addresses and Proceedings*, 29th Annual Meeting, New York, 1880, 6~17.

McAndrew, William. "Matters of moment". *School and Society*, 28 (Nov. 3, 1928), 551~558.

McCaul, Robert L. "Dewey's Chicago". *School Review*, 67 (Autumn 1959), 258~280.

McDonald, Robert A. F. *Adjustment of School Organization to Various Population Groups*. Contributions to Education, no. 75. New York: Teachers College, Columbia University, 1915.

McKitrick, Eric L. "The study of corruption". *Political Science Quarterly*, 72 (Dec. 1957), 502~514.

McMains, John T. *Ella Flagg Young and a Half-Century of the Chicago Public Schools*. Chicago: A. C. McClurg, 1916.

Mears, Elliott Grinnell. *Resident Orientals on the American Pacific Coast: Their Legal and Economic Status*. Chicago: University of Chicago Press, 1928.

Meier, August, and Elliot M. Rudwick. "Early boycotts of segregated schools: The Alton, Illinois, case, 1897~1908". *Journal of Negro*

Education, 36 (Fall 1967), 394~402.

_____. "Early boycotts of segregated schools: The East Orange, New Jersey, experience, 1899~1906". *History of Education Quarterly*, 7 (Spring 1967), 22~35.

Mendenhall, Edgar. *The City School Board Member and His Task: A Booklet for City School Board Members*. Pittsburg, Kan.: College Inn Book Store, 1929.

Merk, Lois Bannister. "Boston's historic public school crisis". *New England Quarterly*, 31 (June 1958), 172~199.

Merton, Robert K. *Social Theory and Social Structure*. Rev. ed. Glencoe, Ill.: Free Press, 1957.

Metzker, Issac, ed. *A Bintel Brief: Sixty Years of Letters from the Lower East Side to the "Jewish Daily Forward"*. Garden City, N.Y.: Doubleday, 1971.

Miller, Harry, and Marjorie Smiley, eds. *Education in the Metropolis*. New York: Free Press, 1967.

Miller, Herbert Adolphus. *The School and the Immigrant*. Cleveland: Survey Committee of the Cleveland Foundation, 1916.

Miller, William, ed. *Men in Business*. New York: Harper Torchbooks, 1962.

Miller, W. S. "The administrative use of intelligence tests in the high school". In *Intelligence Tests and Their Use* (twenty-first yearbook of the National Society for the Study of Education), 189~222. Bloomington, Ill.: Public School Publishing, 1922.

Miller, Zane L. *Boss Cox's Cincinnati: Urban Politics in the Progressive Era*. New York: Oxford University Press, 1968.

Mills, C. Wright. *The Sociological Imagination*. New York; Oxford University Press, 1959.

Mills, Nicolaus C. "Community control in perspective". *IRCD Bulletin*, 8 (Nov. 1972), 3~11.

Moehlman, Arthur B. *Public Education in Detroit.* Bloomington, Ill. : Public School Publishing, 1925.

Moley, Raymond. "The Cleveland surveys - Net". *The Survey,* 50 (May 15, 1923), 229~231.

Moore, Charles. "The modern city superintendent". *Education,* 21 (June 1901), 1~14.

Morehart, Grover Cleveland. *The Legal Status of City School Boards.* New York : Bureau of Publications, Teachers College, Columbia University, 1927.

Morrison, John Cayce. *The Legal Status of the City School Superintendent.* Baltimore : Warwick and York, 1922.

Mosely Educational Commission. *Reports of the Mosely Educational Commission to the United States of America, October-December 1903.* London : Co-Operative Printing Society, 1904.

Mowry, Duane. "The Milwaukee school system". *Educational Review,* 20 (Sept. 1900), 141~151.

Mowry, William A. "The powers and duties of school superintendents". *Educational Review,* 9 (Jan. 1895), 38~51.

_____. *Recollections of a New England Educator, 1838~1908.* New York : Silver, Burdett, 1908.

Nash, Charles R. *The History of Legislative and Administrative Changes Affecting the Philadelphia Public Schools, 1869~1921.* Philadelphia : published by the author, 1946.

Nearing, Scott. *The New Education : A Review of Progressive Educational Movements of the Day.* Chicago : Row, Peterson, 1915.

_____. "Who's who in our boards of education?". *School and Society,* 5 (Jan. 20, 1917), 89~90.

_____. "The workings of a large board of education". *Educational Review,* 38 (June 1909), 43~51.

Nelson, A. H. "The little red schoolhouse". *Educational Review,* 23

(March 1902), 305.

Newby, Robert G., and David B. Tyack. "Victims without 'crimes': Some historical perspectives on black education". *Journal of Negro Education*, 40 (Summer 1971), 192~206.

Newlon, Jesse H. *Educational Administration as Social Policy.* New York: Charles Scribner's Sons, 1934.

Northrup, B. G. *Report of the Secretary of the Board.* Annual Report of the Board of Education of the State of Connecticut, 1872.

Norton, John K., and Eugene S. Lawler. *Unfinished Business in American Education: An Inventory of Public School Expenditures in the United States.* Washington, D. C.: American Council on Education, 1946.

Novak, Michael. *The Rise of the Unmeltable Ethnics.* New York: Macmillan, 1972.

O'Brien, Sara R. *English for Foreigners.* Boston: Houghton Mifflin, 1909.

Odell, William Rockhold. *Educational Survey Report for the Philadelphia Board of Public Education.* Philadelphia: n. p., 1965.

Olin, Stephen H. "Public school reform in New York". *Educational Review*, 8 (june 1894), 1~6.

Oregon Superintendent of Public Instruction. *Report for 1874.* Salem, Ore.: State Publishing Office, 1874.

Osofsky, Gilbert. "Progressivism and the Negro, New York, 1900~15". *American Quarterly*, 16 (Summer 1964), 153~168.

Palmer, A. Emerson. *The New York Public Schools.* New York: Macmillan, 1905.

Palmer, Albert W. *Orientals in American Life.* New York: Friendship Press, 1934.

Panunzio, Constantine M. *The Soul of an Immigrant.* New York: Macmillan, 1921.

Parks, Gordon. *The Learning Tree.* Greenwich, Conn.: Fawcett Books,

1963.

Patri, Angelo. *A Schoolmaster of the Great City.* New York: Macmillan, 1917.

Payne, William H. *Chapters on School Supervision: A Practical Treatise on Superintendence; Grading; Arranging Courses of Study; the Preparation and Use of Blanks, Records, and Reports; Examinations for Promotion, etc.* New York: American Book Co., 1903 [originally published in 1875].

Peil, Alice Applegate. "Old Oregon school days". *Oregon Historical Quarterly*, 59 (Sept. 1958), 200.

Perkinson, Henry J. *The Imperfect Panacea: American Faith in Education, 1865 ~ 1965.* New York: Random House, 1968.

Perrin, John W. *The History of Compulsory Education in New England.* Meadville, Penn.: published by the author, 1896.

Philbrick, John D. *City School Systems in the United States.* U. S. Bureau of Education, Circular of Information. no. 1. Washington, D. C.: GPO, 1885.

_____. "Report of the superintendent of common schools to the general assembly [of Connecticut], May, 1856". *American Journal of Education*, 2 (Sept. 1856), 261 ~ 264.

Pierce, Bessie Louise. *A History of Chicago, 1871 ~ 1893.* Vol. III. New York: Knopf, 1957.

Pillsbury, W. B. "Selection - An unnoticed function of education". *Scientific Monthly*, 12 (Jan. 1921), 62 ~ 74.

Pintner, Rudolph, and Helen Noble. "The classification of school children according to mental age". *Journal of Educational Research*, 2 (Nov. 1920), 713 ~ 728.

Popham, W. James. *Designing Teacher Evaluation Systems: A Series of Suggestions for Establishing Teacher Assessment Procedures as Required by the Stull Bill (AB 293), 1971 California Legislature.* Los Angeles:

Instructional Objectives Exchange, 1971.

Porter, Jennie D. "The problem of Negro education in northern and border cities". Unpub. Ph. D. diss., University of Cincinnati, 1928.

Powers, Alfred, and Howard M. Corning. "History of education in Portland". Mimeo. Portland, Ore.: W. P. A. Adult Education Project, 1937.

Prince, John T. "The evolution of school supervision". *Educational Review*, 22 (Sept. 1901), 148~161.

Pritchett, Henry. "Educational surveys". In Carnegie Foundation for the Advancement of Teaching, *Ninth Annual Report*, 1914, 118~123.

Raymer, Robert G. "A history of the superintendency of public instruction in the State of Oregon, 1849~1925". Unpub. Ph. D. diss., University of Oregon, 1926.

Reid, Robert L. "The professionalization of public school teachers: The Chicago experience, 1895~1920". Unpub. Ph. D. diss., Northwestern University, 1968.

Reller, Theodore Lee. *The Development of the City Superintendency of Schools in the United States*. Philadelphia: published by the author, 1935.

Report of the Commission on Immigration on the Problem of Immigration in Massachusetts. Boston: Wright & Potter, 1914.

Report of a Committee of the National Education Association on Teachers' Salaries and Cost of Living. Ann Arbor: National Educational Association, 1913.

Report of the Committee on Salaries, Tenure, and Pensions of Public School Teachers in the United States to the National Council of Education, July, 1905. N. p.: National Education Association, 1905.

Report of the National Advisory Commission on Civil Disorders. New York: New York Times Co., 1968.

Report to the Primary School Committee, June 15, 1846, on the Petition of Sundry Colored Persons, for the Abolition of the Schools for Colored Children. Boston: J. H. Eastborn, 1846.

Report of the Annual Visiting Committees of the Public Schools of the City of Boston, 1845. Boston: J. H. Eastburn, 1845. Reproduced in Otis W. Caldwell and Stuart A. Courtis, *Then and Now in Education: 1845, 1923.* Yonkers-on-Hudson: World Book, 1925.

Rice, Joseph M. "A plan to free the schools from politics". *The Forum*, 16(Dec. 1893), 500~507.

_____. *The Public School System of the United States.* New York: Century, 1893.

Richardson, James F. *The New York Police: Colonial Times to 1901.* New York: Oxford University Press, 1970.

_____. "To control the city: The New York police in historical perspective". In Kenneth T. Jackson and Stanley K. Schultz, eds., *Cities in American History*, 272~289. New York; Knopf, 1972.

Richman, Julia. "The immigrant child". *NEA Addresses and Proceedings*, 44th Annual Meeting, Asbury Park, N. J., 1905, 113~121.

_____. "A successful experiment in promoting pupils". *Educational Review*, 18(June 1899), 23~29.

_____. "What can be done in a graded school for the backward child". *Survey*, 13(Nov. 5, 1904), 129~131.

Ricker, David Swing. "The school-teacher unionized". *Educational Review*, 30(Nov. 1905), 344~374.

Riis, Jacob. *The Children of the Poor.* New York: Charles Scribner's Sons, 1892.

Rischin, Moses. *The Promised City: New York's Jews, 1870~1914.* Cambridge, Mass.: Harvard University Press, 1962.

Roberts, Peter. *The Problem of Americanization.* New York: Macmillan, 1920.

Rogers, David. *110 Livingston Street: Politics and Bureaucracy in the New York City School System.* New York: Random House, 1968.

Rolle, Andrew. *The Immigrant Upraised: Italian Adventurers and Colonists in an Expanding America.* Norman, Okla. : University of Oklahoma Press, 1968.

Rollins, Frank. *School Administration in Municipal Government.* New York: Columbia University Press, 1902.

Rosenthal, Alan. *Pedagogues and Power: Teacher Groups in School Politics.* Syracuse: Syracuse University Press, 1969.

Rothman, David J. *The Discovery of the Asylum: Social Order and Disorder in the New Republic.* Boston: Little, Brown, 1971.

Rudy, Willis. *Schools in an Age of Mass Culture.* Englewood Cliffs, N. J. : Prentice-Hall, 1965.

Rules and Regulations and Course of Study of the Public Schools of District No. 1, Portland, Oregon. Portland, Ore. : 1883.

Russell, Francis. "The coming of the Jews". *Antioch Review,* 15 (March 1955), 19~38.

Ryan, William. *Blaming the Victim.* New York: Pantheon, 1971.

Salmon, Lucy. *Patronage in the Public Schools.* Boston: Women's Auxiliary of the Massachusetts Civil Service Reform Association, 1908.

Sayre, Wallace S. "Additional observations on the study of administration: A reply to 'ferment in the study of organization'". *Teachers College Record,* 60 (Oct. 1958), 73~76.

Schmid, Ralph Dickerson. "A study of the organizational structure of the National Education Association, 1884~1921". Unpub. Ed. D. diss. , Washington University, 1963.

School Directors of Milwaukee. *Proceedings,* May 14, 1915. Milwaukee: published by the Board, 1915.

"The school mistress". *Harper's New Monthly Magazine,* 57 (Sept. 1878),

607~611.

Schrag, Peter. *The Decline of the WASP*. New York: Simon and Schuster, 1971.

_____. *Village School Downtown: Politics and Education; A Boston Report*. Boston: Beacon, 1967.

Schultz, Stanley K. *The Culture Factory: Boston Public Schools, 1789~1860*. New York: Oxford University Press, 1973.

Scott, Marian Johonnot. "Conference of Eastern Public Education Association". *School Journal*, 74 (April 20, 1907), 396~397.

Sears, Barnabas. *Objections to the Public Schools Considered*. Boston: J. Wilson and Son, 1875.

Sears, Jesse B. *The School Survey: A Textbook on the Use of School Surveying in the Administration of Public Schooling*. New York: Houghton Mifflin, 1925.

Sears, Jesse B., and Adin D. Henderson. *Cubberley of Stanford and His Contribution to American Education*. Stanford, Calif.: Stanford University Press, 1957.

Selznick, Philip. *Leadership in Administration: A Sociological Interpretation*. Evanston, Ill.: Row Peterson, 1957.

Senkewicz, Robert. "'To punish such super-patriotism': Catholics and amendment 37". Unpub. seminar paper, Stanford University, 1971.

Seventh Annual Report of the Board of Education together with the Seventh Annual Report of the Secretary of the Board. Boston: Dutton and Wentworth, 1844.

Sexton, Patricia Cayo. *Education and Income: Inequalities of Opportunity in Our Public Schools*. New York: Viking, 1961.

Shamwell, Earl E. "The vocational choices of Negro children enrolled in the Minneapolis public schools with an analysis of the vocational choices for the children made by their parents". Unpub. M.A. thesis, University of Minnesota, 1939.

Shatraw, Milton. "School days". *American West*, 3 (Spring 1966), 68~
71.

Shaw, Adele Marie. "Common sense country schools". *World's Work*,
8 (June 1904), 4883~4894.

_____. "The public achools of a boss-ridden city". *World's Work*, 7
(Feb. 1904), 4460~4466.

_____. "The spread of vacation schools". *World's Work*, 8 (Oct. 1904),
5405~5414.

_____. "The true character of New York public schools". *World's
Work*, 7 (Dec. 1903), 4204~4221.

Shaw, Clifford, et al. *Brothers in Crime*. Chicago: University of Chicago
Press, 1938.

Shearer, William J. *The Grading of Schools*. New York: H. P. Smith,
1898.

Shepard, Odell, ed. *The Heart of Thoreau's Journals*. Boston: Houghton
Mifflin, 1927.

Shotwell, John B. *A History of the Schools of Cincinnati*. Cincinnati:
School Life. Co., 1902.

Shrader, Victor L. "The amenders and appointees: The changing of San
Francisco's educational establishment in 1921". Unpub. seminar
paper, Stanford University, 1970.

Silberman, Charles E. *Crisis in the Classroom*. New York: Radom
House, 1970.

Silcox, Harry C. "The pursuit of black education in nineteenth-century
Boston and Philadelphia". Unpub. M. S., 1972.

Simpson, Richard L., and Ida Harper Simpson. "Women and bureau-
cracy in the semi-professionals". In Amitai Etzioni, ed., *The
Semi-Professions and Their Organization: Teachers, Nurses, Social
Workers*, 196~265. New York: Free Press, 1969.

Sinette, Elinor D. "The brownies' book: A pioneer publication for children". *Freedomways*, 5 (Winter 1965), 133~142.

Sizer, Theodore R. "Testing: Americans' comfortable panacea". Report for 1970 Invitational Conference on Educational Testing. Princeton: Educational Testing Service, 1971.

Skidmore, Thomas. *The Rights of Man to Property: Being a Proposition to Make It Equal among the Adults of the Present Generation.* New York: Alexander Ming, 1829.

Sloan, Douglas. "Historiography and the history of education: Reflections on the past few years". Unpub. M. S. , Dec. 1971.

Smith, Mary Gove. "Raphael in the background: A picture for teachers of aliens". *Education*, 39 (Jan. 1919), 270~279.

Smith, Olive M. "The rural social center". *Oregon Teachers' Monthly*, 20 (Nov. 1915), 110.

Smith, Timothy L. "Immigrant social aspirations and American education, 1880~1930". *American Quarterly*, 21 (Fall 1969), 523~543.
_____. "Protestant schooling and American nationality, 1800~1850". *Journal of American History*, 53 (March 1967), 679~695.

Smith, Toulmin. *Local Self-Government and Centralization.* London: J. Chapman, 1851.

Smith, William Carlson. *Americans in the Making.* New York: D. Appleton-Century, 1939.
_____. *The Second Generation Oriental in America.* Honolulu: Institute of Pacific Relations, 1927.

Snedden, David S. *Administration and Educational Work of American Juvenile Reform Schools.* New York: Teachers College, Columbia University, 1907.

Sone, Monica. *Nisei Daughter.* Boston: Little, Brown, 1953.

Spaulding, Frank E. *School Superintendents in Action in Five Cities.* Rindge, N. H. : Richard R. Smith, 1955.

Speed, Jonathan G. "The Negro in New York". *Harper's Weekly*, 44

(1901), 1249~1250.

Spoehr, Luther W. "Sambo and the heathen Chinee: Californians' racial stereotypes in the late 1870's". *Pacific Historical Review*, 42 (May 1973), 185~204.

Spring, Joel H. *Education and the Rise of the Corporate State*. Boston: Beacon, 1972.

_____. "Psychologists and the war: The meaning of intelligence in the Alpha and Beta Tests". *History of Education Quarterly*, 12 (Spring 1972), 3~14.

Stambler, Moses. "The effect of compulsory education and child labor laws on high school attendance in New York City, 1898~1917". *History of Education Quarterly*, 8 (Summer 1968), 189~214.

Steffens, Lincoln. *The Autobiography of Lincoln Steffens*. New York: Harcourt, Brace, 1931.

Stephenson, Gilbert Thomas. *Race Distinctions in American Law*. New York: D. Appleton, 1910.

Still, Bayrd. *Milwaukee: The History of a City*. Madison, Wis. : State Historical Society of Wisconsin, 1948.

Strachan, Grace C. *Equal Pay for Equal Work: The Story of the Struggle for Justice Being Made by the Women Teachers of the City of New York*. New York: B. F. Buck, 1910.

Strayer, George D. "The Baltimore school situation". *Educational Review*, 42 (Nov. 1911), 325~345.

_____. "Progress in city school administration during the past twenty-five years". *School and Society*, 32 (Sept. 1930), 375~378.

Strodtbeck, Fred L. "Family interaction, values, and achievement". In David C. McClelland et al., *Talent and Society: New Perspectives in the Identification of Talent*, 135~191. Princeton: Van Nostrand, 1958.

Strong, Josiah. *Our Country*, ed. Jurgen Herbst. Cambridge, Mass. :

Harvard University Press, 1963.

Struble, George. "A study of school board personnel". *American School Board Journal*, 65(Oct. 1922), 48~49.

Swett, John. *History of the Public School System of California*. San Francisco: A. L. Bancroft, 1876.

Swift, David. *Ideology and Change in the Public Schools: Latent Functions of Progressive Education*. Columbus: Merrill, 1971.

Taeuber, Karl E., and Alma F. Taeuber. "The Negro population in the United States". In John P. Davis, ed., *The American Negro Reference Book*, 96~160. Englewood Cliffs, N. J. : Prentice-Hall, 1966.

"Teacher evaluation". *California School Boards*, 31(May 1972).

Terman, Lewis M. *The Measurement of Intelligence*. Boston: Houghton Mifflin, 1916.

_____. "The problem". In Lewis M. Terman, ed., *Intelligence Tests and School Reorganization*, 1~29. Yonkers-on-Hudson: World Book, 1922.

_____. "The use of intelligence tests in the grading of school children". *Journal of Educational Research*, 1(Jan. 1920), 20~32.

Terrell, Mary Church. "History of the high school for Negroes in Washington". *Journal of Negro History*, 2(July 1917), 252~265.

Theisen, William Walter. *The City Superintendent and the Board of Education*. New York: Teachers College, Columbia University, 1917.

Thernstrom, Stephen. "Immigrants and WASPs: Ethnic differences in occupational mobility in Boston, 1890~1940". In Stephen Thernstrom and Richard Sennett, eds., *Nineteenth-Century Cities: Essays in the New Urban History*, 125~164. New Haven: Yale University Press, 1969.

_____. "Up from slavery". *Perspectives in American History*, 1(1967), 434~439.

Thomas, Alan M., Jr. "American education and the immigrant". *Teachers College Record*, 55 (Feb. 1954), 253~267.

Thomas, Lawrence G. *The Occupational Structure and Education.* Englewood Cliffs, N. J.: Prentice-Hall, 1956.

Thompson, Frank. *The Schooling of the Immigrant.* New York: Harper & Row, 1920.

Thronbrough, Emma Lou. "The Negro in Indiana: A study of a minority". Indianapolis: Indiana Historical Bureau, 1957.

Thurston, Eve. "Ethiopia unshackled: A brief history of the education of Negro children in New York City". *Bulletin of the New York Public Library*, 69 (April 1965), 211~231.

Thwing, Charles. "A new profession". *Educational Review*, 15 (Jan. 1898), 26~33.

Ticknor, George. "Free schools of New England". *North American Review*, 19 (1824), 448~457.

Todd, Helen M. "Why children work: The children's answer". *McClure's Magazine*, 40 (April 1913), 68~79.

Troen, Selwyn. "Popular education in nineteenth century St. Louis". *History of Education Quarterly*, 13 (Spring 1973), 23~40.

_____. "Public education and the Negro: St. Louis, 1866~1880". Unpub. M. S., 1972.

Tupper, C. R. "The use of intelligence tests in the schools of a small city". In Lewis M. Terman, ed., *Intelligence Tests and School Reorganization*, 92~102. Yonkers-on-Hudson: World Book, 1922.

Twelfth Annual Report of the [New York] City Superintendent of Schools for the Year Ending July 31, 1910. New York: n. p., n. d.

Tyack, David B. "Bureaucracy and the common school: The example of Portland, Oregon, 1851~1913". *American Quarterly*, 19 (Fall 1967), 475~498.

_____. "Catholic power, black power, and the schools". *Educational*

Forum, 32(Nov. 1967), 27~29.

_____. "Education and social unrest, 1873~1878". *Harvard Educational Review*, 31(Spring 1961), 194~212.

_____. *George Ticknor and the Boston Brahmins*. Cambridge, Mass. : Harvard University Press, 1967.

_____. "The kingdom of god and the common school: Protestant ministers and the educational awakening in the West". *Harvard Educational Review*, 36(Fall 1966), 447~469.

_____. "Needed: The reform of a reform". In William E. Dickinson, ed. , *New Dimensions in School Board Leadership: A Seminar Report and Workbook*, 29~51. Evanston, Ill. : National School Boards Association, 1969.

_____. "New perspectives on the history of American education". In Herbert J. Bass, ed. , *The State of American History*, 22~42. Chicago: Quadrangle Books, 1970.

_____. "Onward christian soldiers: Religion in the American common school". In Paul Nash, ed. , *History and Education: The Educational Uses of the Past*, 212~255. New York: Random House, 1970.

_____. "The perils of pluralism". *American Historical Review*, 74(Oct. 1968), 74~98.

U. S. Bureau of the Census. *Historical Statistics of the United States: Colonial Times to 1957*. Washington, D. C. , GPO, 1960.

_____. *Statistical Abstract of the United States: 1967*. Washington, D. C. : GPO, 1967.

U. S. Commission on Civil Rights. *Racial Isolation in the Public Schools*. 2 vols. Washington, D. C. : GPO, 1967.

U. S. Immigration Commission. *The Children of Immigrants in Schools*. Washington, D. C. : GPO, 1911.

U. S. Senate. *Abstracts of Reports of the Immigration Commission*, II, 1~

86. Senate Document 747, 61st Cong., 3d sess., 1910.

Van Denburg, Joseph King. *Causes of the Elimination of Students in Public Secondary School of New York City.* Contribution to Education, no. 47. New York: Teachers College, Columbia University, 1911.

Vare, William S. *My Forty Years in Politics.* Philadelphia: Ronald Swain, 1933.

Vidich, Arthur J., and Joseph Bensman. *Small Town in Mass Society: Class, Power, and Religion in a Rural Community.* Rev. ed. Princeton: Princeton University Press, 1968.

Viggers, Christine. "The importance of the women teachers' organization in the equal pay for teachers controversy". Unpub. M. A. thesis, University of Oregon, 1973.

Wade, Richard C. *The Urban Frontier.* Chicago: University of Chicago Press, 1964.

_____. "Violence in the cities: A historical view". In Charles U. Daly, ed., *Urban Violence,* 7~26. Chicago: University of Chicago Center for Policy Study, 1969.

Waller, Willard. *The Sociology of Teaching.* New York: Wiley, 1965.

Warfield, W. C. "How to test the quality of a teacher's work". *NEA Addresses and Proceedings,* 34th Annual Meeting, St. Paul, Minn., 1895, 218~231.

Warner, Sam Bass, Jr. "If all the world were Philadelphia: A scaffolding for urban history, 1774~1930". *American Historical Review,* 74 (Oct. 1968), 26~43.

_____. *The Private City: Philadelphia in Three Periods of Its Growth.* Philadelphia: University of Pennsylvania Press, 1968.

Weinberg, Meyer, ed. *Integrated Education: A Reader.* Beverly Hills, Calif.: Glencoe, 1968.

_____. *Race and Place: A Legal History of the Neighborhood School.* Washington, D. C.: GPO, 1967.

Weinstein, James. *The Corporate Ideal in the Liberal State, 1900~1918.* Boston: Beacon, 1968.

Wesley, Edgar B. *NEA, the First Hundred Years: The Buildings of the Teaching Profession.* New York: Harper & Brothers, 1957.

West, Allan M. "What's bugging teachers". *Saturday Review,* 48 (Oct. 16, 1965), 88.

West, James (Carl Withers). *Plainville, U. S. A.* New York: Columbia University Press, 1945.

Wetmore, S. A. "Boston school administration". *Educational Review,* 14 (Sept. 1897), 105~117.

White, Arthur O. "Jim Crow education in Lockport". *New York State Association Proceedings,* 67 (Spring 1969), 265~282.

White, Dana F. "Education in the turn-of-the-century school". *Urban Education,* 1 (Spring 1969), 169~182.

White, E. B. "Letter from the East". *New Yorker,* March 27, 1971, 35~37.

White, E. E. "Religion in the school". *NEA Addresses and Proceedings,* 10th Annual Meeting, Trenton, N. J., 1869, 297.

"Why superintendents lose their jobs". *American School Board Journal,* 52 (May 1916), 18~19.

Wiebe, Robert H. *The Search for Order, 1877~1920.* New York: Hill and Wang, 1967.

_____. "The social functions of public education". *American Quarterly,* 21 (Summer 1969), 147~164.

Wiley, Frank L. "The layman in school administration". *Teachers College Record,* 11 (Nov. 1910), 2~13.

Wilkerson, Doxey A. "Blame the Negro child" *Freedomways,* 8 (Fall 1968), 340~346.

_____. "Compensatory education". In Sheldon Marcus and Harry N. Rivlin, eds., *Conflicts in Urban Education,* 19~39. New York:

Basic Books, 1970.

_____. "A determination of the peculiar problems of Negroes in contemporary American society". *Journal of Negro Education*, 5 (July 1936), 324~350.

_____. "The Negro in American education: A research memorandum for the Carnegie-Myrdal study 'The Negro in America'" 3 vols. New York, 1940. Unpub. M. S. in Schomburg Collection, New York Public Library.

Winship, A. E. "What the superintendent is not". *NEA Addressees and Proceedings*, 38th Annual Meeting, Los Angeles, 1899, 307~309.

Wirth, Arthur G. *Education in the Technological Society: The Vocational-Liberal Studies Controversy in the Early Twentieth Century*. Scranton, Penn.: Intext Educational Publishers, 1972.

_____. *John Dewey as Educator: His Design for Work in Education (1894~1904)*. New York: Wiley, 1966.

Wirth, Louis. "Urbanism as a way of life". *American Journal of Sociology*, 44 (July 1938), 1~24.

Wohl, R. Richard. "The 'country boy' myth and its place in American urban culture: The nineteenth-century contribution". *Perspectives in American History*, 3 (1969), 77~156.

Woodring, Paul. "The one-room school". In Paul Woodring and John Scanlon, eds., *American Education Today*, 147~153. New York: McGraw-Hill, 1963.

Woodruff, Clinton R. "A corrupt school system". *Educational Review*, 26 (Dec. 1903), 433~439.

Woodson, Carter G. *The Education of the Negro prior to 1861*. New York: G. P. Putnam's Sons, 1915.

_____. "Negro life and history in our schools". *Journal of Negro History*, 4 (July 1919), 273~280.

Woodward, C. Vann, ed. *The Comparative Approach to American History*.

New York: Basic Books, 1968.

Woodward, Elizabeth A. "Subject matter most vital for the adjustment of the non-English-speaking woman to American life". *NEA Addresses and Proceedings*, 62nd Annual Meeting, Washington, D.C., 1924, 573~576.

Woody, Clifford, and Paul V. Sangren. *Administration of the Testing Program*. Yonkers-on-Hudson: World Book, 1933.

Woolston, Florence. "Our untrained citizens". *Survey* 23(Oct. 2, 1909), 21~35.

Wyllie, Irwin G. *The Self-Made Man in America*. New Brunswick, N.J.: Rutgers University Press, 1954.

Wytrwal, Joseph A. *America's Polish Heritage: A Social History of the Poles in America*. Detroit: Endurance Press, 1961.

Yeager, R. L. "School boards, What and why?". *NEA Addresses and Proceedings*, 35th Annual Meeting, Buffalo, 1896, 973~979.

Young, Ella Flagg. *Isolation in the School*. Chicago: University of Chicago Press, 1901.

_____. "A reply". *NEA Addresses and Proceedings*, 54th Annual Meeting, New York, 1916, 356~359.

Young, Kimball. *Mental Differences in Certain Immigrant Groups*. Eugene, Ore.: University of Oregon Press, 1923.

Zeigler, Harmon. *The Political Life of American Teachers*. Englewood Cliffs, N.J.: Prentice-Hall, 1967.

Zitron, Celia Lewis. *The New York City Teachers Union, 1916~1964: A Story of Educational and Social Commitment*. New York: Humanities Press, 1968.

찾아보기(용어)

찾아보기(인명)

데이비드 타이악 David Tyack, 1930~2016

지은이 약력

데이비드 타이악은 미국 교육사에서 빼놓을 수 없는 학자 가운데 한 사람이다. 도시학교 교육, 교육리더십, 직업교육, 경제위기와 학교교육, 학교개혁론에 이르기까지 폭넓은 교육현상을 다루었다. 미국의 공교육 발전과정에서 인종과 계급, 종교, 성과 관련된 제반 문제에 관심을 기울인 것으로도 유명하다.

그의 저서로는 이 책을 비롯하여 자신의 아내와 함께 미국의 공교육 역사에서 양성교육을 비판적으로 분석한 *Learning Together*, 래리 쿠반 교수와 함께 저술한 *Tinkering Toward Utopia* 등이 있다. 스탠퍼드대 명예교수로 재직한 그는 미국교육학회 부회장, 교육사학회 회장 등을 역임하였다.

양성관

옮긴이 약력

고려대에서 영어영문학(학사), 교육학(석사)을 공부하고 텍사스대(University of Texas-Austin) 교육행정학과에서 박사학위를 받았다. 현재 건국대 사범대학 교직과 교수로 재직 중이다. 저서로는 《대학선진화 정책의 방향과 과제》(공저, 2009), 《학습사회의 교육행정 및 교육경영》(공저, 2011), 《한국 교육행정학 연구 핸드북》(공저, 2013) 등이 있으며, 역서로는 《학교변화와 혁신》(공역, 2011), 《지식사회와 학교교육》(공역, 2011) 등이 있다.

임경민

미국 웰즐리(Wellesley)대에서 경제학(학사), 스탠퍼드(Stanford)대에서 비교교육학(석사)을 공부하였다. 졸업 후 스탠퍼드대에서 모바일 기술을 학습에 접목시키는 learning technology 연구에 참여하였으며, UCLA에서 고등교육 박사학위를 받았다. 연구분야는 이공계 분야 안에서의 성차(gender difference in STEM)이다.

552